키티피디아

고양이 _____ 님과

집사 _____ 의

행복한 반려생활을 응원하며

일러두기

* 《키티피디아》는 고양이를 키우는 반려인들을 위한 책으로, 반려인들이 일상에서 사용하는 표현들을 자연스럽게 구사하고자 했습니다. 예를 들어 반려동물은 곧 가족이라는 의미에서 다수의 경우 반려동물을 "아이"로 표현했으며, 때로 "개"를 통칭하며 "강아지"라고 표현했습니다.
* 이 책은 2016년 5월에 시작해 2018년 12월에 종방한 CBS의 고양이 전문방송 〈키티피디아〉를 기반으로 기획되었습니다. 이 프로그램에서 진행한 '동네고양이 캠페인'의 취지를 담아, 흔히 말하는 "길고양이"를 "동네고양이"로 표기했음을 밝힙니다.

키티피디아

고양이와 사람이 함께 사는 세상의 백과사전

박정윤, 여미영, 이승한, 김필원, 훈조, 이현희, soon 지음

어떤책

지은이 소개

박정윤(소룽누나)

수의사. 집냥이인 소룽이, 이비이비, 아이린, 강아지 달래를 비롯해 병원냥이 열한 마리, 병원멍이 여섯 마리, 마당냥이 세 마리와 생활하며 노령동물 전문병원을 운영하고 있다. 〈TV 동물농장〉, 〈와일드 썰〉, 〈개밥 주는 남자〉, 〈하하랜드〉, 〈굿모닝FM〉 등 다수의 방송에 출연했지만 훨씬 더 많은 시간을 동물병원 수술실에서 보낸다. 〈한겨레〉와 〈한국일보〉에서 사람과 반려동물의 공존을 이야기하는 많은 칼럼을 썼다. 지은 책으로 에세이 《바보 똥개 뽀삐》가 있다. 아직까지는 다시 태어나도 수의사가 되고 싶다.

소룽이   이비이비

아이린   달래

여미영(모모모피디)

라디오 프로듀서. 모모, 제제, 이호, 소보로의 집사. 네 마리 모두 동네고양이를 구조 입양했다. 〈키티피디아〉 방송에서는 한번도 고양이의 양치질과 목욕을 시켜 주지 않은 집사로 소롱누나의 호통을 받았지만, 지금은 일주일에 3일은 양치질해 주는 모범 집사가 되어 보려 한다.

모모

소보로

이호

제제

이승한(얼룩아범)

TV 칼럼니스트. 길에서 구조한 골목대장 얼룩이, 누나가 키우던 고양이 저스틴과 함께 살고 있는 집사. 마감에 쫓기는 생계형 집사의 전형으로, 사람도 고양이들도 모두 나이 먹고 살찌는데 뭘 어쩌면 좋을지 몰라 고민이 깊다.

얼룩이

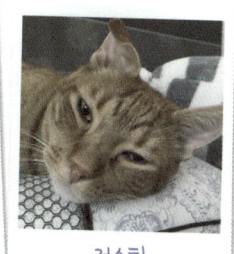
저스틴

김필원(아나엄마)

아나운서. 4년 차 고양이 집사로, 아나와 키아라를 키우고 있다. 두 마리 모두 '가정분양'이라는 이름으로 데려왔으나 지금 생각해 보면 전문 브리더들에게서 데려온 게 아니었나 하는 생각이 든다. 지난 3년간 소롱누나의 호통을 맞으며 〈키티피디아〉가 추구하는 바람직한 집사로 거듭나는 중이다.

아나

키아라

훈조(엉클조)

뮤지션. 중형견 방구와 땡구를 키우며 작업실 근처인 홍대 일대에서 동네고양이 10여 마리에게 밥을 주기 시작했다. 동네고양이 소보로를 구조해 개와 고양이의 합사를 성공적으로 이뤄 냈다.

땡구

방구

이현희(타마맘)

방송작가. 타이와 마루 형제의 엄마 집사로, 원래 고양이를 무서워하던 '고. 알. 못' 체질이었다. 5년 전 운명적으로 만난 타이와 함께 생활하면서부터 고양이의 매력에 푹 빠져 살다가, 2년 전 둘째 마루까지 함께하게 된 행복한 집사. TV 방송작가 생활 19년 만에 처음으로 도전한 고양이 방송 〈키티피디아〉에서 제작진으로서 뿐 아니라 집사로서 매일매일 많은 도움을 받고 있다.

타이 　　　　마루

soon

첫째 미유, 둘째 앵두와 살고 있는 15년 차 집사. 콩테를 이용한 편안하고 따뜻한 그림체의 웹툰 《탐묘인간》(전 6권)으로 많은 고양이 애호가들의 사랑을 받고 있다. 방송 내용에 특유의 감성을 담아 인스타그램 툰을 연재하며 〈키티피디아〉를 더 많은 청취자들의 가까이로 안내했다.

미유 　　　　앵두

차례

4   지은이 소개

0장 어쩌다 집사

20   들어가며
22   **나만 고양이 없어** 왜 고양이를 키우고 싶을까? | 나의 인생 계획에 늘 고양이와 함께
24   **그래도 집사가 되고 싶다면?** 아기 고양이를 키울까요? 다 큰 고양이를 키울까요? 고양이를 어디에서 데려올 수 있나요? | 동물보호단체의 고양이 입양 가정 심사기준은 품종묘를 사러 펫샵으로 간다?
28   결국 '나만 고양이 없어서' 슬픈 분들에게

1장 고양이님 깔끔하게 모시기

1 구강 관리

33   **들어가며** 모모모의 집사일기 | 팟캐스트: 구강 관리
36   **양치하기** 양치질이란 | 칫솔 고를 때 | 치약 고를 때 | 양치질 적응시키기
41   **구강질환** 위험성 | 증상
43   **대표적인 구강질환 ① 치주질환** 치은염이란 | 치주염이란
45   **대표적인 구강질환 ② 구내염** 고양이 만성 치은구내염이란 | 증상 | 치료
47   **대표적인 구강질환 ③ 치아흡수성병변** 치아흡수성병변이란 | 진단 | 원인 | 치료
49   **구강질환 상담실** ① 스케일링에 대하여 ② 발치해야 할까요? ③ 치아가 부러진 경우

2 코 관리

54 **들어가며** 엉클조의 집사일기 | 팟캐스트: 코 관리
56 **고양이의 후각** 고양이의 후각은 얼마나 좋은가? | 고양이에게 후각이 중요한 이유
57 **건강한 고양이 코를 위한 관리** 건강한 고양이의 코는? | 코 관리에 가장 중요한 것 금지 품목 | 코 세정할 때 준비물 | 고양이 코 닦아 주는 방법
60 **코가 이상해요** 이럴 땐 병원에 가세요 | 병원에 가기 전, 보호자가 알아 두어야 할 것들
62 **고양이 상부호흡기증후군** 상부호흡기증후군이란 | 치료 | 상부호흡기증후군이 옮나요? 예방은 어떻게 하죠?

3 눈 관리

65 **들어가며** 아나엄마의 집사일기 | 팟캐스트: 눈 관리
68 **고양이의 눈** 특징 | 고양이의 시력 | 고양이의 눈동자
70 **눈 증상 Q&A** 갈색 눈곱이 낀다? | 누런 눈곱이 낀다? | 눈물을 지나치게 많이 흘린다? 눈을 찡긋거린다? | 눈을 게슴츠레 뜬다? | 눈이 충혈됐다? | 눈물이 많이 난다?
73 **눈곱 닦기 & 안약 넣기** 눈곱 닦을 때 준비물 | 눈곱 닦는 방법 | 안약 넣는 방법
75 **대표적인 눈질환 ① 결막염** 증상 | 원인
77 **대표적인 눈질환 ② 각막궤양** 각막궤양이란 | 원인 | 증상 | 진단 | 치료
79 **대표적인 눈질환 ③ 유루증** 증상 | 원인 | 치료
81 **눈 상담실** 눈을 위한 응급대처법

4 귀 관리

83 **들어가며** 얼룩아범의 집사일기 | 팟캐스트: 귀 관리
85 **고양이의 귀** 특징 | 역할
86 **귀질환** 귀의 구조 | 원인
90 **귀 닦기** 귀 청소 꼭 해야 하나요? | 귀 청소 준비물 | 귀 청소
94 **귀 상담실** ① 귀진드기인가요? 아닌가요? ② 아무리 불러도 오지 않아요

5 발톱 관리

97 **들어가며** 얼룩아범의 집사일기 | 팟캐스트: 발톱 관리
99 **발톱 깎기** 얼마나 자주? | 발톱깎이 고르기 | 발톱 깎기
102 **발톱 깎기 상담실** 발톱이 부러지는 고양이

6 빗질하기

105 **들어가며** 얼룩아범의 집사일기 | 팟캐스트: 빗질하기

107 **빗의 종류와 특징**
109 **빗질하기 전** 빗질 장소 | 빗질 전 스킨십
111 **빗질하기** 빗질하기 | 빗질 방향
115 **윤기 좔좔 빗질 꿀팁** 단모종을 위한 빗질 꿀 아이템 | 우리 아이 윤기 나는 털 만들기
빗질 타이밍을 놓치지 않으려면

7 목욕하기
117 **들어가며** 아나엄마의 집사일기 | 팟캐스트: 목욕하기
120 **목욕 준비** 목욕이 필요한 이유 | 얼마나 자주 목욕해야 할까요?
어떤 샴푸를 고를까요?
122 **목욕하기** 목욕 준비물 | 목욕하기

8 피부 관리
126 **들어가며** 아나엄마의 집사일기 | 팟캐스트: 피부 관리
130 **피부병** 피부병의 원인 | 피부사상균증이란 | 피부사상균증의 증상 | 피부사상균증의 치료
피부사상균증의 예방 | 알레르기성 피부염이란 | 알레르기성 피부염의 치료
134 **피부 상담실**
① 턱드름 나는 고양이 – 고양이 턱드름이란 • 원인 • 치료와 관리 • OO록스 써도 될까요?
② 비듬 있는 고양이 – 고양이 비듬이 생기는 원인 • 고양이 비듬의 관리

139 **[알쏭달쏭, 재미나고 유용한 고양이 속담]**

2장 고양이님의 일상

1 먹거리에 대하여
145 **들어가며** 아나엄마의 집사일기 | 팟캐스트: 먹거리에 대하여
148 **먹거리 기본사항** 좋은 먹거리의 조건 | 고양이 먹거리의 종류와 장단점
급여방법을 확인해 봅시다 | 그릇 관리 방법
153 **좋은 사료의 기준** 좋은 사료의 선택기준
155 **사료 뒷면 읽기** 사료 뒷면 읽는 방법 | 뒷면에 나오는 용어
159 **초간단 홈메이드 특식 만들기**
160 **고양이가 먹으면 안 되는 음식** 고양이에게 주면 안 되는 음식

2 물 마시기

166 **들어가며** 타마맘의 집사일기 | 팟캐스트: 물 마시기
170 **고양이와 물** 고양이는 하루에 물을 얼마나 마셔야 할까요?
　　　물을 적게 마시면 어떤 문제가 생기나요? | 물을 너무 많이 마시는 것도 문제인가요?
172 **물그릇 체크리스트** 이상적인 물그릇의 조건 | 물은 얼마나 자주 갈아야 할까요?
　　　물높이는 얼마만큼? | 이상적인 물그릇의 위치 | 가장 중요한 것은?
176 **음수량 늘리기** 밥에 물 섞는 방법 | 물에 대한 관심을 높이는 방법
178 **집사토크**: 음수량, 이렇게 늘린다?!

3 화장실

181 **들어가며** 모모모의 집사일기 | 팟캐스트: 화장실
184 **화장실 기본사항** 우리 고양이에게 '적절한' 화장실이란 | 화장실의 위치
188 **모래 고르기** 이상적인 모래란 | 모래의 종류와 장단점 | 사막화 해결을 위한 준비물

4 의사소통

192 **들어가며** 모모모의 집사일기 | 팟캐스트: 의사소통
195 **다양한 몸짓언어** 왜 고양이들은 의사표현이 많을까 | 나를 핥아 줄 때 | 박치기를 할 때
　　　살짝 물 때 | 눈을 똑바로 응시할 때 | 냥펀치를 날릴 때
　　　수면자세로 알아 보는 고양이의 상태
199 **꼬리와 귀** 꼬리를 스칠 때 | 갈고리 꼬리를 할 때 | 꼬리를 바짝 세우고 바르르 떨 때
　　　꼬리를 탁탁 칠 때 | 꼬리를 부풀리며 위로 들 때 | 꼬리를 부풀리며 아래로 내릴 때
　　　귀 모양 읽기
202 **꾹꾹 쭙쭙 골골 3종 세트** 꾹꾹이란 | 쭙쭙이란 | 골골골이란 | 언제 골골골 하나요?
　　　골골골의 효능

5 놀이

207 **들어가며** 아나엄마의 집사일기 | 팟캐스트: 놀이
211 **놀이란** 놀이의 의미 | 놀이의 종류
213 **놀이 환경** 놀이 시간 | 놀이 도구 | 놀이 공간
215 **놀이방법** 놀이 방법과 규칙
220 **혼자서 놀기** 혼자서 노는 방법 | 퍼즐 먹이통 사용법 알려 주기 | 놀이 시간이 부족하다면?
224 **잘못된 훈육방법** 이것만은 하지 마세요 | 놀이 중 공격할 때 올바른 대응방법
226 **놀이 상담실** 다묘가정에서의 놀이방법

6 여름나기
229 **들어가며** 모모모의 집사일기 | 팟캐스트: 여름나기
232 **시원하게 해 주기** 시원한 장소 | 시원한 몸
234 **여름철 식사 관리** 사료 관리법 | 물 관리법
235 **여름나기 상담실** ① 집사가 휴가 갈 때 ② 모기향, 스프레이제 써도 되나요?

237 **[집사토크: 고양이가 좋아하는 음악]**

3장 고양이님 건강하게 모시기

1 병원 가기
245 **들어가며** 소롱누나의 집사일기 | 팟캐스트: 병원 가기
248 **이동장 고르기** 병원용 이동장의 조건
250 **이동장에 익숙해지기** 이동장 적응 단계
252 **이동하기** 이동에 익숙해지기
255 **병원에서** 병원 갈 때 준비물 | 병원과 친숙해지기 | 진료받을 때
258 **병원에 다녀온 후** 집에 돌아온 뒤 해야 할 일

2 예방접종
260 **들어가며** 아나엄마의 집사일기 | 팟캐스트: 예방접종
263 **예방접종** 예방접종이란
264 **종합백신** 종합백신이란 | 접종 시기 | 3차에 걸쳐 맞는 이유 | 접종 부위
     종합백신으로 예방하는 질병
269 **접종하기** 접종 전 체크리스트 | 접종 시 주의점
271 **접종 완료 후 할 일**

3 구충과 심장사상충 예방
273 **들어가며** 모모모의 집사일기 | 팟캐스트: 구충과 심장사상충 예방
276 **구충하기** 구충이란
277 **심장사상충** 심장사상충이란 | 예방 원리 | 진단과 치료
280 **심장사상충 예방약** 종류 | 바르는 예방약 사용 시 주의점

4 영양제

283 들어가며 타마맘의 집사일기 | 팟캐스트: 영양제
287 영양제 상담실 ① 밥 잘 먹는 아깽이 ② 눈가에 털 없는 고양이
　　　③ 허피스 진단을 받은 고양이 ④ 나이 든 고양이

5 건강검진

294 들어가며 타마맘의 집사일기 | 팟캐스트: 건강검진
298 건강검진이란 건강검진이 필요한 이유 | 건강검진 시기
300 문진과 신체검사 문진이란 | 신체검사란
302 건강검진
304 케이스별 추천 건강검진 추가 항목 ① 뚱냥이 노령묘 ② 식욕이 좋아진 고양이
　　　③ 아이를 입양했을 때(동네고양이, 둘째) ④ 자주 토하는 고양이

6 방광염과 신부전

312 들어가며 소롱누나의 집사일기 | 팟캐스트: 방광염과 신부전
315 방광염 방광염이란 | 증상 | 원인 | 치료와 관리 | 예방
318 신부전 CKD란 | 신부전이란 | 급성 신부전이란 | 급성 신부전의 증상 | 급성 신부전의 원인
　　　급성 신부전의 치료 | 만성 신부전이란 | 만성 신부전의 증상 | 만성 신부전의 치료
　　　만성 신부전의 예방법
324 신부전 고양이를 위한 홈케어

7 노령묘 돌보기

327 들어가며 얼룩아범의 집사일기 | 팟캐스트: 노령묘 돌보기
330 나이가 든다는 것
331 이럴 땐 질병을 의심하세요
333 안락한 노후를 위한 환경 만들기
337 인지장애증후군 고양이의 인지장애증후군이란 | 진단 | 치료

339 [이별하기]
342 [언젠가 다시 만나]
344 [장례방법]

4장 어려운 고양이님 모시기

1 포상놀이(클리커 트레이닝)
351 들어가며 소롱누나의 집사일기 | 팟캐스트: 포상놀이(클리커 트레이닝)
353 포상놀이(클리커 트레이닝) 클리커 트레이닝이란 | 주의점
356 클리커 장전하기 클리커 장전하기(charging) | 준비 | 실전 | 주의점
360 타깃 터치하기 준비 | 방법 | 응용

2 공격하는 고양이
363 들어가며 모모모의 집사일기 | 팟캐스트: 공격하는 고양이
366 고양이가 공격하는 이유
367 공격하는 고양이 상담실
　　① 놀이 중 공격하는 고양이 – 놀이 공격성인 경우 해결방법 • 공격성이 사라진 뒤에 할 일
　　② 낯선 사람이 오면 비명을 지르는 고양이 – 공포에 의한 공격성의 원인
　　　　　　　　　　　　　　　　　　　　　　공포에 의한 공격성의 해결
　　③ 집사를 사냥하는 고양이 – 사냥본능 공격성의 해결
　　④ 하루 종일 따라 다니다가 공격하는 고양이 – 관심 요구에 따른 공격성의 해결
377 그 외 공격의 이유들

3 다른 곳에 싸는 고양이
381 들어가며 얼룩아범의 집사일기 | 팟캐스트: 다른 곳에 싸는 고양이
384 우리 고양이가 다른 곳에 실례를 한다면
388 화장실 상담실 ① 갑작스러운 대변 실수 ② 타일에 볼일 보는 고양이
　　③ 다묘가정에서의 화장실 문제

4 위험한 주방
394 들어가며 타마맘의 집사일기 | 팟캐스트: 위험한 주방
400 위험한 주방 주방에서 체크할 곳
402 싱크대 원천봉쇄법 불쾌한 싱크대 만드는 방법
404 원인을 알면 해결이 쉬워요
406 고양이가 화재의 범인이라고?

5 고양이와 전선전쟁

409 **들어가며** 모모모의 집사일기 | 팟캐스트: 고양이와 전선전쟁
412 **전선을 좋아하는 이유** 고양이가 전선을 좋아하는 이유
413 **전선 원천봉쇄법** 전선 관심 봉쇄법 | 기피제를 사용한 전선 봉쇄법
416 **감전 시 응급처치법**

6 화상 응급처치

419 **들어가며** 소롱누나의 집사일기 | 팟캐스트: 화상 응급처치
421 **뜨거운 열에 화상을 입었을 때** 응급 대처법 | 절대 하시면 안 돼요
423 **화학약품에 화상을 입었을 때** 화학약품 화상에 대비한 응급 품목 | 응급 대처법

7 한밤중 우다다

425 **들어가며** 아나엄마의 집사일기
427 **한밤중 우다다 상담실** 세 아깽이의 한밤중 우다다

8 산책해도 될까요?

433 **들어가며** 아나엄마의 집사일기 | 팟캐스트: 산책해도 될까요?
439 **산책을 권하지 않는 이유** 산책 시 위험 요소 | 건강 관련 문제
442 **흥미로운 환경 만들기** 바깥을 호시탐탐 노리는 고양이가 있다면
현관문을 열어 달라고 보챌 때

9 뚱냥이 다이어트

445 **들어가며** 얼룩아범의 집사일기 | 팟캐스트: 뚱냥이 다이어트
448 **눈으로 확인하는 비만** 이곳을 체크하세요
450 **비만도 체크** BCS로 우리 아이 비만도 체크하기 | 적정 체중 구하기
454 **다이어트 방법 ① 식이조절** 얼마만큼 먹는 양을 줄일까요?
얼마 동안 다이어트를 해야 할까요?
456 **다이어트 방법 ② 운동** 고양이를 움직이게 하는 방법

459 **[냥프라이즈, 진실 혹은 거짓]**

5장 세상 모든 고양이님 모시기

1 둘째 고양이 입양하기

475 **들어가며** 모모모의 집사일기 | 팟캐스트: 둘째 고양이 입양하기
479 **둘째 입양하기 전에** 입양 전 생각해 볼 것
481 **단계별 합사하기** 합사 단계

2 강아지와 함께 살기

487 **들어가며** 엉클조의 집사일기 | 팟캐스트: 강아지와 함께 살기
490 **함께 살기로 결정하기 전에** 함께 살기 전 생각해 볼 것
492 **합사하기** 합사 단계
494 **함께 살 때 주의점** 주의점
496 **강아지와 함께 살기 상담실** 강아지와 고양이가 같이 살 때 화장실 고르기

3 임신부와 고양이

499 **들어가며** 아나엄마의 집사일기 | 팟캐스트: 임신부와 고양이
503 **임신, 출산과 관련된 고양이 속설**
　　고양이, 개를 키우면 모성 호르몬이 증가하며 여성호르몬 작용을 억제해서 아이가 안 생긴다?
　　나팔관이 개, 고양이 털로 막혀서 난자 배출이 안 된다?
　　난소나 나팔관에서 털이 나오는 진짜 이유 | 고양이 털이 아이 기도를 막는다?
505 **임신부가 고양이와 살면 기형아를 낳는다? 톡소플라스마에 대한 진실**
　　톡소플라스마의 감염경로 | 고양이와 톡소플라스마의 관계
　　임신부는 톡소플라스마에 어떻게 감염되나요? | 그래도 불안하다면 무엇을 해야 할까요?
508 **아기와 함께 살기** 함께 살기 단계

4 아기 고양이 구조하기

512 **들어가며** 소롱누나의 집사일기 | 팟캐스트: 아기 고양이 구조하기
515 **아기 고양이를 발견했을 때** 냥줍에 대하여 | 아기고양이를 길에서 만났을 때 체크할 것
　　얼마나 지켜봐야 하나요?
517 **구조 후 보살피기** 돌보는 방법

5 동네고양이와 함께 살아가기

522 들어가며 모모모의 집사일기 | 팟캐스트: 동네고양이와 함께 살아가기
526 동네고양이 밥 주기 동네고양이에게 줄 수 있는 먹거리 | 밥 주는 방법
528 겨울철 밥 주기 겨울철에 추천하는 사료 | 물 주는 방법 | 동네고양이 집 만들기
531 TNR TNR이란 | TNR을 하려면
535 동네고양이 상담실 ① 아픈 동네고양이를 발견했어요 ② 지역 주민과 마찰이 있어요
539 한국 동네고양이 잔혹사

541 [얼룩아범의 고양이 책장]

547 에필로그
553 찾아보기

들어가며

병원에 살고 있는 고양이들도 있지만 저(소롱누나)는 집에서도 고양이와 함께 살고 있습니다. 하늘나라로 간 오도리를 포함해서 고양이 네 마리의 집사이지요.

아이린, 이비이비, 소롱이, 그리고 천사가 된 오도리. 공교롭게도 모두 장모의 품종 고양이입니다. 친척 동생이 키우던 고양이가 출산을 해서 입양하게 된 오도리를 제외하고는 처음부터 저와 살던 아이들은 아닙니다. 소롱이는 다른 병원에 하부요로질환으로 입원했던 환자였는데, 보호자가 병원비를 내지 않고 잠적해서 동물구조협회에 보내지기 전 저에게 오게 되었습니다. 아이린은 7년 동안 '금이야 옥이야' 키우던 보호자가 결혼 후 장모가 알레르기가 있다는 이유로 하루 아침에 오갈 데 없어졌던 아이였습니다. 이비이비는 오도리의 자매였는데, 혼자 사는 피부과 의사의 집에서 방치되어 있다가 화장실 문제행동이 생기자 버려진 아이였고요.

"평생, 끝까지 함께해 주세요." 아마 이런 말을 듣는 대부분의 사람들은 '당연하지'라고 확신하며 내 경우가 아니라고 생각할 거예요. 처음부터 키우다 싫증나면 버려야지 생각하고 키우기 시작하는 사람은 없으니까요.

고양이를 키우는 것이 강아지보다 쉽다고 생각하는 사람들이 많습니다. 산책을 안 시켜도 되고, 이웃집에 방해되게 왕왕 짖어 대지도 않고요. 밥도 때맞춰 주지 않고 채워만 둬도 되고, 화장실에 모래만 부어 주면 알아서 용변을 본다고 하니, 이보다 손쉬운 반려동물이 있을까 싶을 수도 있겠죠. 이런 생각으로 고양이와 동거를 시작하면 사람도 고양이도 모두 불행해질 겁니다.

동물과 가족이 된다는 것은 감정으로만 이루어지는 일이 아닙니다. '관계'에 대한 책임을 지는 일입니다. 좋아하는 마음만 있고 물질적으로, 정신적으로, 의료적으로 책임을 질 준비는 안 되어 있다면, 누구나 동물을 버리는 장본인이 될 수 있습니다. 길에 내다버리는 것만 '유기'가 아닙니다. 가족이 된 이상 어떤 이유로든 '포기'를 하는 것도 결국은 '유기'라고 생각합니다. 저와 함께 살게 된 이비이비, 소롱이, 아이린, 모두 보호자가 동물학대범은 아니었어요. 오히려 자신들이 동물을 좋아하는 사람들이라고 생각할 겁니다. 어쩌면 고양이를 좋아하는 우리에게 필요한 건 고양이를 잘 키울 수 있다는 자신감보다 자신 없으면 처음부터 키우지 않는 용기가 아닐까요?

나만 고양이 없어

"고양이를 키우고 싶다면?
집사가 되는 순간부터 내 인생은 내 것이 아니라 생각해야죠."

1. 왜 고양이를 키우고 싶을까?
고양이는 매력적입니다. "고양이 왜 키우려고 하셨어요?"라고 물으면 "일단 안 짖잖아요", "대소변도 안 가르쳐도 된다고 해서요", "산책 안 시켜도 되니까요" 등등 자기 편의의 이유를 대시는 분들, 그런 분들은 아직 고양이를 키울 준비가 덜 되었다고 생각합니다. 고양이를 입양하고 싶다면 내가 왜 고양이를 키우려고 했는지 스스로 먼저 생각해 보셔야 할 거예요.

- 개보다 고양이가 편하다는 건 아주 큰 착각입니다.
- 키우시는 분들 다 아시겠지만 대소변 가리는 것? 그 이상을 우리가 해 줘야 합니다. 그리고 짖는 것? 강아지는 짖으면 혼내기라도 하죠.
- 안 짖는데 왜 아랫집에서 인터폰이 올까요? (한숨)

2. 나의 인생 계획에 늘 고양이와 함께
사실 처음부터 엄청 대단한 마음으로 고양이를 키우는 분들은 없습니다. 모모모피디도, 아나엄마도, 처음에 겁 없이 고양이를 집에 데리고 온 사람들이고요. 하지만 이것만은 꼭 알아 주세요. '고양이랑 내가 평생 같이할 수밖에 없구나'라는 다짐이 먼저 서면 된다는 것.
고양이를 비롯한 모든 반려동물은 교환하거나 반품하는 물건이 아닙니다. 몇 년 키우다 생길 수 있는 모든 변수를 생각해 보셔요. 결혼, 출산 등도 고려해야 하지만, 병 들고 나이 든 고양이가 될 때의 경우도 생각해 주세요.

'친구들이 많이 키우니까 나도 한번 키워 봐야지'라고 생각하지 마시고, 앞으로 나의 인생 계획에 고양이가 함께할 수 있는지를 생각해 보세요. 내가 지금 20대 후반이면 40대 중후반이 될 때까지 내 인생 계획에 고양이가 늘 함께 있어야 한다는 겁니다. 그럴 자신이 있을 때 키우는 겁니다.

 향후 15년 정도는 내 인생이 내 뜻대로만 풀리지는 않겠구나, 라는 걸 인지하시고요. 제가 고양이를 들인 다음부터는 여행을 못 가요. (웃음)

그래도 집사가 되고 싶다면?

"집사가 되기로 결정한 당신에게 다음 고민을 던져 드리죠. ^^;"

Q. 아기 고양이를 키울까요? 다 큰 고양이를 키울까요?
A. 아기 고양이는 그야말로 천사죠. 바라만 보고 있어도 모든 근심이 하루아침에 날아가는 것 같습니다. 하지만 아기 고양이는 다 큰 고양이보다 많은 보살핌을 필요로 합니다. 고양이의 성격 형성에도 보호자의 역할이 중요합니다. 사람 아기를 키우는 것과 마찬가지입니다. 어린아이가 있는 집이라면 가급적 어린 고양이를 키우는 것은 피해 주세요. 또, 오랜 시간 혼자 둬야 하는 경우에도 아기 고양이를 키우는 것은 바람직하지 않습니다.

다 큰 고양이를 키우는 경우에는 위와 같은 부담이 적어집니다. 고양이의 성격을 이미 알고 있는 상태에서 입양하기 때문에 어느 정도 예측이 가능합니다. 고양이가 너무 소심하다거나 경계가 심하다고 주저할 필요는 없습니다. 처음에는 경계심을 보이더라도 가족과 익숙해지면 친근한 성격을 보이는 고양이들은 너무나 많으니까요. 또, 아기 고양이를 키우기 시작할 때보다 처음에는 경제적인 부담이 적습니다. 접종이나 중성화 수술이 완료된 상태로 입양을 기다리는 다 큰 고양이들도 많아요.

Q. 고양이를 어디에서 데려올 수 있나요?
A. 사지 말고 동물보호단체에서 입양하세요.

동물 보호 및 구조 단체 홈페이지에 들어가면 입양할 수 있는 고양이들을 찾으실 수 있습니다. 그 외 SNS를 통해 아이를 구조해 임시보호와 입양을 보내려고 하는 개인 구조자들을 찾을 수 있습니다. 대표적인 동물보호단체와 구조자들의 모임, 그리고 모바일 앱을 소개합니다.

한국고양이보호협회 www.catcare.or.kr
동물자유연대 www.animals.or.kr
동물권행동 카라 ekara.org
멍냥부족 www.facebook.com/dogncattribe
포인핸드 pawinhand.kr (모바일 앱)

Q. 동물보호단체의 고양이 입양 가정 심사기준은
A1. 고양이를 키워 본 가정이 1순위
입양 심사의 첫 번째 기준은 고양이 양육 경험입니다. 아무래도 고양이를 키워 본 사람이 고양이의 특성과 생리를 잘 알고 있을 테니까요. 그래서 고양이를 키우고 있거나 떠나보낸 가정이 1순위입니다.

A2. 경제력
현실적으로 고양이를 키우려면 돈이 많이 듭니다. 평생 책임져야 하잖아요. 사료값, 모래값, 나이가 들어 아프면 병원비도 무시할 수 없고요. 최소한의 경제력은 생각할 수밖에 없습니다.

A3. 가족구성원 중 아이가 있는지
서너 살 정도의 어린아이가 있는 집으로 입양을 갔다가 바로 파양이 되는 경우도 많기 때문인데요, 고양이는 당연히 할퀼 수 있는 동물이잖아요. 공격적인 동물이라서가 아니고 자기를 건드렸을 때 나타나는 고양이의 방어본능 행동이 그렇습니다. 어린아이가 있는 가정은 원인 제공의 문제를 떠나서 사람 아이 중심으로 생활이 돌아갑니다. 이 때문에 고양이가 해코지를 당하거나 미움을 받게 되는 일들이 발생하고요. 또는 심사를 거쳐서 입양을 간 지 1~2주 됐는데 아이에게 몰랐던 알레르기가 있었다며, 어쩔 수 없이 고양이를 돌려 보내야겠다고 밝혀 오는 집들도 있습니다. 이런 이유들로 어린아이가 있는 가정은 순위를 높게 두기 어렵습니다.

A4. 입양하는 사람의 태도
보통은 기관에서 입양 전 방문하시라고 안내를 하는데요, 그때 "꼭 가야 하나요? 입양할 때 가면 안 되고요?" 하시는 분들이 있어요. 어떻게 보면 가족을 맞이하는 일인데 그런 정도의 수고도 하지 않으려는 분들은 심사에서 탈락이 되죠.

 입양 심사기준이 너무 까다롭다고요?
입양을 주관하는 단체 입장에서는 최악의 경우를 생각할 수밖에 없습니다. 10년이 다 지나서, 노령묘가 되어서 파양되는 고양이들도 있기 때문에요. 최선의 가정을 찾기 위해 끊임없이 점검하는 것이라고 생각해 주시면 좋겠습니다. 입양하려는 사람과 입장이 다를 수밖에 없다는 점을요.

Q. 품종묘를 사러 펫샵으로 간다?
A. 품종묘는 흔히 말하는 '고양이 분양샵'에만 있다고 생각하시는데, 절대 아닙니다. 유기동물보호센터 등 구조된 아이들이 있는 곳에도 너무 많은 품종묘들이 있어요. 개인적인 취향으로 품종묘를 선호하실 수 있어요. 다만, 고양이 분양샵에 가시는 것은 절대 추천하지 않습니다.
덧붙여 고양이 품종에 대해서, 뱅갈이나 샴, 페르시안 같은 종류만 품종이라고 하기 어렵지 않나요? 우리나라 코숏(코리안숏헤어)도 다 나름의 품종이잖아요. 턱시도, 치즈태비(노랑둥이), 얘네도 다 어쩜 그렇게 똑같이 태어나냔 말이죠. 다 품종입니다.

 사실 아메리칸숏헤어도 그 동네 길고양이잖아요. 근데 거기에 이름을 붙이고 종의 특성에 대해 정의를 내리면서 품종이 된 게 아닐까 싶어요.

유기고양이는 '불쌍해서' 입양할 일이 아닙니다.

강아지든 고양이든 유기동물 입양은 감사한 일입니다. 하지만 입양하는 순간 그 고양이나 개는 우리 집 아이라는 점을 명심하면 좋겠습니다. 가끔 동물병원에 와서 "우리 애는 유기견이었어요. 8년 전에 우리가 입양했어요" 하고 우리 집 아이에게 유기동물 딱지를 계속 붙여 두고 사는 보호자들을 봅니다. 우리 집에 아이를 데려온 순간부터 그 아이는 '고아'가 아닙니다. 불쌍한 마음, 안됐다는 마음이 그런 식으로 표현되지는 않았으면 좋겠습니다. 보이지 않는 차별이 있을 수 있으니까요. 동정심이 많은 분이라면 입양 대신 임시보호 봉사가 더 맞을 수 있습니다.

결국 '나만 고양이 없어서' 슬픈 분들에게

"슬기로운 랜선 집사가 되는 법"

한때 SNS에서 "#나만고양이없어"라는 태그가 유행했었습니다. 고양이 집사가 급증하는 가운데 터져나온, 집사가 되지 못해서 슬픈(?) 분들의 탄식이었죠. 그 분들의 경우는 '키우고 싶다'는 마음과 '키울 수 있을까?' 하는 이성의 싸움에서 아직까지는 이성이 승리하고 계신 '장한 분들'이시죠! 하하하! 큰 칭찬과 위로를 드리고 싶습니다! 사실 키우는 용기보다 키우지 않는 용기가 더 어렵거든요.

고양이를 키우고 싶은데 아직 자신이 없거나 키우기 어려운 여건인 경우에 '랜선 집사'가 되는 경우도 많은데요, 그래서인지 유튜브 영상의 상위권에 랭크되는 영상 중에는 늘 고양이 영상이 있습니다.

귀엽고 유명한 고양이들은 수많은 랜선 집사의 조공을 받기도 한다고 들었습니다. 보고 있으면 힐링이 되고, 절로 미소가 번지고, 가끔은 엄청난 귀여움에 "꺄악~" 하는 비명을 지르게도 되죠.

랜선 집사는 좋은 대안이지만, 약간 염려가 되는 부분도 있습니다. 고양이와 함께 사는 생활을 너무 아름답게만 볼 수도 있다는 점이에요. 집사의 생활은 때로는 큰 희생을 필요로 합니다. 때로는 고통과 후회의 시간이기도 합니다. 어쩌면 랜선 집사로서의 생활이 더 행복할 수도 있어요. ^^;;

그래도 아쉬운 분들을 위해 '업그레이드 랜선 집사'가 되는 법을 소개하려고 합니다. '와이파이 집사'라고나 할까요. (웃음)

동물단체나 고양이 보호소에 있는 아이들의 대부모가 되어 주는 건 어떨까요. 가족이 없는 고양이 중에 마음이 가는 한 친구가 보인다면 대부모를 신청해 보세요. (실제로 존재하는 제도입니다.) 그리고 그 아이의 랜선 집사가 되는 겁니다. 간식도 보내고 일상 소식도 전달받고, 시간이 된다면 방문해서 얼굴도 보고……. 따뜻한 집사의 손길을 기다리는 친구들은 너무나 많습니다. 직접 키우지는 못하지만 나의 관심이 그 아이의 외로움을 달래 주고 일상을 풍요롭게 해 준다면, 누구보다 최고의 집사가 되신 겁니다. '나만 고양이 없어'라고 슬프다면, 동물단체 대부모로 나의 고양이를 만들어 보세요!

잠깐! 고양이 카페에 가시는 분들에게

일반적으로 고양이 카페라고 하면 다양한 품종 고양이들이 있습니다. 어떻게 보면 아이들이 마치 고양이 도감처럼 전시되어 있는 느낌이 들기도 합니다. 그 아이들을 보면서 자꾸 품종묘에 대한 로망을 품게 되는 것 같습니다. 고양이들은 품종별로 고려해야 할 문제들이 있습니다. 유전적으로 가지는 질병도 있고요. 키울 때 겪는 어려움은 고려하지 않고 외모만 보고 선택하는 실수를 범할 수 있어요.

길에서 구조된 동네고양이들만 있는 카페라면 모르지만, 품종묘만 있는 카페라면 가지 마시라고 말씀드리고 싶습니다. 게다가 고양이들의 위생이나 처우가 좋지 않은 경우라면 고양이 카페를 반대할 수밖에 없죠. 고양이 카페 하시는 분들께는 죄송하지만 저희의 생각은 그렇습니다.

1장
고양이님 깔끔하게 모시기

구강 관리

🐾 나눌 이야기

· 양치하기
· 구강질환
· 대표적인 구강질환 ① 치주질환
· 대표적인 구강질환 ② 구내염
· 대표적인 구강질환 ③ 치아흡수성병변
· 구강질환 상담실

모모모의 집사일기

고백 하나 할까요?

저는 지난 3년간 <키티피디아>를 제작하면서 집사가 꼭 해야 하는, 꽤나 많은 일들을 알게 됐습니다. <키티피디아>를 제작하고 편집하고 모니터링하면서, 누구보다 내용을 가장 많이 숙지하게 되었고요. 하지만 하지 않은 일들이 당연히 있습니다. 그중에서도 최악은 양치질입니다. (소롱누나가 이 글을 읽지 않기를.) '모모는 성격이 너무 고약해서 양치는 어림도 없지', '치석 간식 그리니○를 열심히 주자!' 이런 생각으로 무려 4년간 모모를 양치없이 키워 왔습니다.

제가 고양이들에게 양치를 시켜야겠다고 결심한 건, 넷째 고양이 소보로를 들이면서부터입니다. 길에서 구조될 당시부터 소보로는 피눈물을 흘리는 아이였어요. 물론 지금은 건강합니다만 어릴 때 칼리시바이러스에 감염된 만큼 잇몸이 정말 좋지 않습니다. 아직 두 살이 안 되었을 아이인데, 잇몸이 안팎으로 빨갛거든요. 치주염이 이미 꽤 진행된 상태죠. 습식캔을 주면 설거지하듯 싹싹 먹어 주는 먹성 좋은 아이라서 그나마 다행입니다. 앞으로 소보로가 10년도 넘게 더 살아야 할 텐데, 사람도 오복 중 하나가 치아 건강이라는데……. 이런 생각을 하다 보니 당장 양치를 시작할 수밖에 없었습니다. 그렇다고 소보로만 할 수 있나요? 다른 세 마리도 어쩔 수 없이!

저녁마다 저와 네 마리 고양이는 눈치싸움을 합니다. 살짝 쓰다듬는 척 잡아 보려는 어색한 손짓을 눈치채곤 후다닥 도망가는 녀석들! 이 신경전은 대체로 완력으로 끝납니다. 역시 또 고백컨대 저는 소롱누나의 조언처럼 오랜 시간을 들여 진득하게 양치질을 좋아하도록 습관을 들여 주지는 못했네요. (소롱누나가 정말 이 글을 읽지 않아야 할 텐데요.) 비록 저는 그렇게 못 했지만 여러분은 <구강 관리> 편을 꼭 읽고 그대로 해 주세요. 부디…….

 오늘의 주제는 '고양이 구강 관리'입니다.

 소롱누님한테 많이 혼날 것 같아서, 오늘 이 자리를 좀 피하고 싶었습니다. 나오지 말까 고민했어요. (웃음)

 집사님들이라면 다들 이 주제에 대해 걱정이 많으실 거예요.

 엄청난 죄책감들이 있지 않을까요? 소롱누님이 "여러분, 아이들 치아 관리 어떻게 해 주시나요?" 이렇게 질문하면 다 눈 내려 뜨시게 될걸요?

 고양이는 개와 달리 치아가 몇 개 없고, 치아 뿌리도 깊지 않기 때문에 구강 관리가 굉장히 중요해요.

 아냐, 키아라, 미안해~.

 몇 없는 것도 안 챙겨 주고.

 또 조금만 염증이 생겨도 굉장히 빨리 진행이 돼요. 큰 병으로 발전하는 거죠. 고양이는 입으로 음식도 먹지만 그루밍도 해야 하잖아요? 먹는 것과 그루밍을 다 해야 하기 때문에 입안 관리가 정말 중요합니다. 장수의 비결이기도 하고요. 역시나, 두 분은 아이들의 구강 관리를 어떻게 하고 계시나요? 양치질은 해 주세요?

 저는 헌법에 보장된 저의 묵비권을 행사하려 합니다. (모두 웃음)
매번 양치질을 해 주려고 입을 벌리잖아요? 입을 벌리는 순간 애가 혀를 움직여서 제 손가락을 치우려고 하고 저항을 격렬하게 하죠. 양치를 해 주다가 제가 물리기도 하고 긁히기도 하고요. 매일매일 아이들 귀 닦아 줘, 양치해 줘, 그러다가 베어…… 난리를 피우면서도 매일같이 해 주는데, 사실 잘 하고 있는지는 모르겠습니다. 양치질 한번 끝나면 서로가 상처만 남고 두 번 다시 안 볼 사이처럼 떨어져 있으니까.

 저는 아는 분이 1년 반 전에 고양이 치아 닦는 티슈 주문하면서 제 것도 샀다며 주셨는데요, 아직 다 쓰지 않았고…… 솔직히 몇 번을 닦아 줬는지 기억이 나질 않습니다. 여기 앉아 있는 자체가 참 여러분께 죄송한 일이네요.

 일단 사람은 최소 하루에 몇 번 양치질을 하나요?

- 안 합니다! 저도 안 합니다! (모두 웃음)
- 집사로서 죄의식을 조금이라도 덜어 보려고 사람의 존엄을 내려놨어. 대단하시다. 과연 프로 방송인! (웃음)
- 할 말이 없네요, 진짜. 고양이 양치질은 원래 최소 하루에 한 번.
- 하루에 한 번?!
- 네. 정말 필요해요. 아나어머님이 양치질을 하실 때 고양이도 해야 된다고 생각해 주시면 좋아요. 하루에 한 번은 꼭이요. 두 번이면 더 좋죠.
- 매일 해야 될 게 너무 많네요, 선생님.
- 때려도 됩니까? 방송 중에? (웃음)

양치하기

"천천히, 조금씩.
양치질에 익숙해질 때까지는 시간이 필요해요."

Q. 양치질이란

A. 양치는 단순히 **플라크를 제거하고 치석을 예방하는 것**뿐만 아니라 그 이상의 의미가 있습니다.
양치질하는 습관을 통해 **입안의 문제를 집사가 조기에 발견**할 수 있습니다.
너무 늦었다고 체념하지 마시고 지금이라도 손을 쓰면 아이들의 구강질환이 더 심해지는 걸 막을 수 있습니다. 우리 아이 입안 건강을 더 꼼꼼하게 살펴보는 습관을 지금부터라도 들이세요. 내가 양치질할 때마다 고양이의 양치질도 생각해주세요.

Q. 칫솔 고를 때

A1. 작고 부드러운 칫솔

골무 모양 등 다양한 칫솔이 나오는데요, 그중 칫솔모가 작고 부드러운 제품을 추천합니다. 사람 칫솔 중 칫솔모가 굉장히 작은 갓난아기용도 괜찮습니다.

A2. 스타킹

플라크(치태)를 물리적으로 부드럽게 제거해야 하므로 양치질하기에는 칫솔이 가장 좋습니다만, 고양이가 칫솔에 거부감을 가질 수도 있고, 그 때문에 급하게 양치질을 하면 제대로 치아를 닦이지 못하는 경우도 생깁니다. 그럴 때는

스타킹을 추천합니다. 스타킹을 두 겹으로 만들어서 치약을 묻혀 사용해 주세요. 까끌까끌해서 손으로 그냥 닦이는 것보다 훨씬 효과적일 뿐 아니라 세심하고 꼼꼼하게 닦아 줄 수 있어요.

Q. 치약 고를 때
A. 고양이가 써도 되는 치약인지 강아지 전용인지 확인하세요.
인터넷에 검색해 보시면 양치질 관련 용품이 많이 나와 있습니다. 일반 치약보다는 효소치약을 쓰면 좋고요, 강아지 전용 치약이 아닌지 꼭 확인해 주세요.

Q. 양치질 적응시키기
A. 매일 조금씩 꾸준히 해 주세요.

1) 긴장 풀기
양치질하기 전에 반드시 긴장을 풀어 주셔야 해요. 긴장이 풀려서 "그르릉 그르릉" 할 때까지 만져 주시고요.

2) 양치 적응
단계별로 시작하는데요, 이 긴 과정에서 애가 싫어하면 반드시 멈추셔야 합니다.

1단계: 입을 만지는 데 대한 거부감 없애기
제일 먼저 치약에 대한 호감도를 높입니다. 맛있는 치약(개, 고양이 치약은 먹어도 됩니다)을 사람 손에 묻혀서, 간식처럼 핥아 먹게 하거나 코밑이나 입술에 바르는 것부터 시작해서 치약에 적응을 시킵니다. 손에 치약을 묻혀 맨 처음은 입술 앞부분에만 살짝 발라 주고 그다음은 앞쪽 잇몸, 그다음은 옆 입술에 발라주는 식으로 매일매일 치약 묻은 손으로 입을 만지는 데 익숙하게 해 줍니다. 단, 고양이 성격상 톡톡 치듯 건드리면 싫어하기 때문에 치약을 묻힌 손으로 입을 만질 때에는 천천히 부드럽게 쓰다듬듯이 만져 줍니다. 치약을 묻히는 게 아니라 치약을 묻힌 손으로 입을 쓰다듬어 준다는 게 포인트!
성격에 따라 1단계보다 2단계에 먼저 적응하는 아이들도 있어요. 우리 아이의 반응을 살펴 다음 단계를 진행하세요.

2단계: 입에 손가락 넣기

입술이나 입 주변을 자유롭게 만질 수 있다면 며칠(혹은 1~2주) 정도는 치약을 묻혀서 볼 깊숙이 어금니 쪽에 손을 넣고 잠시 기다리세요. 손이 들어갈 때의 거부감을 잊을 수 있게 다른 손으로는 고양이의 얼굴, 목, 이마, 몸을 쓰다듬어 기분 좋게 해 주세요. 볼 안에 있는 손은 그냥 가만히 있다가 고양이가 싫어하는 순간 빼세요. 다음 날 조금 더 길게, 그다음 날 조금 더 길게, 이런 식으로 시간을 늘려 가도 괜찮다면 반대쪽도 같은 방식을 적용해 주세요.

3단계: 손을 넣고 턱 고정하기

손을 넣고 입을 잡거나 턱을 잡아서 고양이가 얼굴을 움직이지 않게, 입을 벌리지 않게 딱 잡아 주세요. 그 시간이 아이에 따라서 3초가 될 수도 있고 5초가 될 수도 있고 10초가 될 수도 있겠죠. 일단 넣고 3초 지나서 싫어하면 바로 빼세요. 그런 다음에 놀아 주시거나 간식을 주시며 매일 반복하여 시간을 늘려 갑니다.

4단계: 치아 문지르기

몇 주 동안 손 넣는 훈련을 해서 손에 대한 거부감이 덜어지면 그다음부터는 손을 넣어서 살짝 원을 그리듯이 치아를 부드럽게 문질러 줍니다. 처음에는 송곳니, 다른 송곳니, 그다음 어금니, 또 다른 어금니 등 점차적으로 도달하는 치아 개수를 늘려 갑니다. 완전히 손가락으로 치아를 한번에 쑥 훑어 줄 수 있기까지 거의 한 달이 걸립니다.

아이가 잘 닦기 시작한다면 송곳니와 어금니를 신경 써서 닦아 주세요.

5단계: 칫솔로 교체하기

몇 주 익숙해지면 그다음에 손 대신 **스타킹이나 거즈**를 이용해서 문질러 주시면 됩니다. 이후에 칫솔도 시도하실 수 있겠죠.

3) 보상하기

양치질 후에는 보상을 해 주셔야 합니다. 낚싯대를 좋아하면 낚싯대로 놀아 주고, 레이저를 좋아하면 레이저포인터로 놀아 주고, 간식을 좋아하면 그리니O 같은 간식을 활용해서 못다 한 양치질을 해 주시면 됩니다.

🐾 **질문 있어요!**

 저희 얼룩이는 치약만 꺼내도 어디론가 사라집니다. 치약을 입에 묻히는 것도 쉽지 않아요.

 얼룩이는 양치질에 대한 나쁜 기억이 있어서 치약만 보고도 진저리를 칠 거예요. 양치질에 대한 나쁜 기억이 있는 친구들은 치약부터 다른 향으로 바꿔 주세요. 새로운 치약으로 마치 양치질을 태어나서 처음 해 주시는 것처럼 다시 시작해 주세요.

 치아 관리 껌이나 그리니O 같은 기능성 간식만으로는 안 되나요? 얼룩이는 양치질을 할 때는 전쟁을 치르는데 그리니O는 정말 좋아하거든요. 양치할 때마다 못할 짓을 하는 것 같아서…….

 치아 관리하는 껌이나 기능성 간식의 기본 요소는 효소제입니다. 침하고 섞여서 음식물을 분해하고 세균 번식을 막는 역할을 해 주는 정도입니다. 고양이가 정 양치질을 거부한다면 그거라도 먹여야겠지만 우선은 양치질에 적응할 수 있도록 애써 주시면 좋겠습니다. 칫솔질이 가장 좋아요. 게다가 이런 간식은 살이 찐다는 단점이 있습니다. 그래서 얼룩이가…….

구강질환

"양치 습관이 있다면
정말 많은, 난치성의 고양이 구강질환을 조기에 발견하고 치료할 수 있습니다."

Q. 위험성
A. 고양이 구강질환, 생각보다 정말 많습니다.
특히 전체 고양이의 25~30%가 만성 악성 치은구내염을 갖고 있습니다. 이 병은 난치성인데 치은염, 치주염이나 세균으로 인해 시작되기도 합니다.
'우리 아이는 아닐 거야, 스케일링하면 되지. 아프면 나중에 치석 제거하면 되지' 라고 안이하게 생각하지 말아 주세요. 조금만 치석이 생겨도, 조금만 치주염이 진행돼도 치아흡수성병변(치아가 녹는 병)이 올 수 있습니다. 그러니 **양치하는 습관으로 고양이의 입안을 자주 살피며 조기 발견해 주시는 게 정말 중요합니다.**
(구강질환의 종류는 p.43 참고)

Q. 증상
A. 구강질환은 초기에 알기 어렵습니다. 다음 증상이 보이면 구강질환을 의심해 보세요.

☐ 갑자기 건사료를 잘 못 먹고 캔을 달라고 한다.
☐ 먹는 속도가 느려졌다.
☐ 밥그릇 주위에 쪼개진 사료들이 흩어져 있다.
☐ 과도하게 침을 흘린다.

☐ 자꾸 입을 벅벅 문지른다.
☐ 그루밍을 할 때 입 주변이 지저분해진다.
☐ 재채기를 하며 머리를 흔든다.
  (윗니 쪽에 치아흡수성병변이 있어서 구내염까지 같이 오면 재채기를 유발할 수 있습니다.)

대표적인 구강질환 ① 치주질환

"고양이 치주염은 구내염, 치아흡수성병변으로까지 진행됩니다.
그래서 조기 발견이 정말 중요해요."

치주질환은 크게 두 가지로 나뉩니다.

1. 치은염
2. 치주염

Q. 치은염이란
A. 치아를 둘러싼 연부 조직인 잇몸에만 염증이 있는 상태.
잇몸이 붓거나 빨개진 상태로, 스케일링을 하면 원상회복이 됩니다.

경미한 염증으로
잇몸에 붉은 경계가
보이는 상태

Q. 치주염이란
A. 잇몸이 똑같이 부어 있지만, 치은염이 심해져서 잇몸 아래와 치조골까지 염증이 진행된 상태. 총 4단계로 나뉩니다.
치료를 하거나 스케일링을 해도 **이전과 같은 상태로 돌아가지 못합니다.** 대신 더 심해지지 않게 관리를 할 수는 있습니다. 치주염까지 진행되지 않도록 열심히 양치를 해 주세요.

1단계: 정상적인 치주 상태를 0단계라고 한다면, 1단계는 치은염이 진행된 상태를 말합니다. 굉장히 초기 상태이고, 조기에 치료하면 완전 회복이 가능한 단계입니다.

2단계: 초기 치주염으로, 잇몸이 발갛고 부어 있으며, 염증으로 슬슬 잇몸뼈가 녹기 시작합니다. 고양이는 생각보다 적은 치석만으로도 치주염이 확 진행됩니다. '치석이 있네'라고 생각되면 치주염 1단계 이상이라고 볼 수 있습니다.

3단계: 잇몸이 많이 부어 있고 살짝만 건드려도 피가 납니다. 치주염이 상당히 진행되었고, 이미 잇몸뼈가 녹아서 뿌리가 반 정도만 묻혀 있는 상태입니다. 강아지나 고양이에게 이제 양치를 좀 해 볼까 했는데, "우리 애는 양치질만 하면 피가 나요"라고 하시는 경우라면, 3단계 치주염으로 봐야 합니다.

4단계: 잇몸뼈의 대부분이 녹아 있고 건드리면 농이 나올 수도 있습니다. 그런 상태에서는 치아가 좌우로, 그리고 위아래로 흔들릴 수 있어서 들썩들썩하죠. 어느 날 갑자기 쑥 치아가 뽑혀 나오기도 합니다.

양치질을 잘하면 치은염, 치주염을 예방할 수 있어요.
또, 양치질은 치주질환의 치료법이기도 합니다. 그러니 양치질은 아무리 강조해도 지나치지 않습니다! 하루 한 번씩 꼭꼭, 자나 깨나 양치질!

대표적인 구강질환 ② 구내염

"고양이 구내염은 구강 전반에 걸쳐 염증이 진행되는
아주 심각한 질병입니다."

Q. 고양이 만성 치은구내염이란

A. 고양이 만성 치은구내염(FCGS: Feline Chronic Gingivostomatitis)은 입천장, 입술, 혀, 볼 안쪽, 인두(목구멍 안쪽), 구강 점막 등에서 염증이 생기는 악성 구강 염증 질환입니다.

치료가 굉장히 어렵고 완치도 어렵습니다. 원인도 다양하기 때문에 그에 맞춰 치료를 해야 합니다.

입을 열어 보면 잇몸이나 볼이 벌겋게 부어 있거나 혀 테두리가 헐어 있는 모습을 확인하실 수 있을 겁니다. 목구멍까지 벌겋게 염증이 진행된 경우도 있습니다.

구강 내에 있는 세균이 원인일 수도 있지만 바이러스(특히 칼리시바이러스)에 의한 구내염도 많습니다. 림프구 같은 면역세포들이 잇몸에 침착해서 생기는 면역질환도 고양이 치은염의 흔한 원인입니다.

정확한 원인을 찾아서 치료하는 것이 중요합니다.

초기 치주염부터 시작이 될 수 있는 질환임을 알아 두세요.

Q. 증상

A. 다음 증상이 보이면 만성 치은구내염을 의심해 보세요.

☐ 아이가 밥을 잘 먹지 않고 침을 많이 흘린다. (구강 뒤쪽으로 진행 의심)
☐ 체중이 준다.
☐ 컨디션이 안 좋아진다.
☐ 침을 계속 흘린다.
☐ 입을 발로 자꾸 긁는다.
☐ 그루밍을 못 한다.

구내염을 수시로 확인하려면 하품할 때를 노려 보세요

집에서 양치질이든 손가락으로 치약을 발라 주든 아이의 입안을 수시로 볼 수 있는 상태면 좋습니다. 그 외에 아이가 정면에 앉아서 하품할 때 입안을 들여다보세요. 하품할 때 전체 구강이 다 노출되므로 혓바닥과 목구멍으로 넘어가는 부분까지도 확인할 수 있습니다. 그 일대가 벌겋다면 병원에 빨리 가셔야 합니다.

Q. 치료

A. 원인을 찾아서 원인에 맞는 치료를 하는 것이 중요합니다. 내과적 약물치료나 스케일링뿐 아니라 발치가 필요한 경우도 있습니다. 만성 구내염으로 면역억제제, 항생제, 소염제를 쓰고 재발하기를 반복한다든가, 스케일링 후 몇 번의 치료를 했는데도 낫지 않는다면 발치를 고려해 주세요. 이런 경우는 전발치(전체 치아를 뽑는 것)를 하거나 작은 어금니, 큰 어금니를 먼저 발치해서 치료하는 게 필수적입니다. 발치 치료가 100% 구내염을 제거하지 못할 수도 있지만 고양이의 통증을 줄이는 효과가 있습니다.

대표적인 구강질환 ③ 치아흡수성병변

"세 살 이상 고양이 절반 이상이 갖고 있어요."

Q. 치아흡수성병변이란

A. 치아흡수성병변(feline odontoclastic resorptive lesion)이란 치아가 녹는 질병입니다. 한번에 눈 녹듯이 싹 없어지는 게 아니라 군데군데 없어집니다. 뿌리부터 녹기도 하고 위에서부터 없어지는 경우도 있습니다.

세 살 이상의 고양이 중에 절반 이상이 한 개 이상의 치아에 흡수성 병변을 갖고 있을 정도로 흔한 질병이고 심한 통증을 유발합니다. 치아흡수성병변과 구내염을 같이 갖고 있는 고양이도 굉장히 많습니다.

증상은 앞에서 얘기한 치은구내염 증상과 유사합니다. 심한 통증 때문에 침을 흘리거나 씹지 않고 삼키는 식으로 사료를 섭취하고, 식욕은 있고 음식물에 관심은 있는데 잘 먹지 못합니다.

Q. 진단

A. 치아흡수성병변이 있다고 해서 당장 나타나는 증상이 따로 있지는 않습니다. 따라서 앞서 말씀드린 구강질환으로 의심되는 증상을 참고하시고 증상이 발현하면 병원에 가셔요.

스케일링할 때 치과방사선도 함께 촬영하길 추천드려요. 염증 심한 잇몸 부위의 치아가 녹은 것을 눈으로 확인할 수도 있지만, 뿌리부터 녹는 경우도 있어서 겉으로만 봤을 때는 잘 모를 수 있어요. **치과방사선을** 꼭 찍어서 녹아 있는 치아를 확인해 보시길 권합니다.

Q. 원인

A. 확실하게 원인을 알지는 못합니다. 다만 나이가 들어 치아흡수성병변이 생기는 경우가 많다 보니 나이 들수록 더 자주 치아를 확인해 주면 좋겠습니다. 몇 가지 가설 중에 동네고양이처럼 마그네슘 함량이 높은 음식을 먹는 고양이, 자주 구토하는 고양이(구강 안이 산성화가 되면서 치아 부식이 더 심해지는 경우), 영양제를 너무 많이 먹는 고양이, 비타민 D를 과도하게 섭취하는 고양이에게 치아흡수성병변이 자주 나타난다는 주장이 있습니다.

Q. 치료

A. 녹는 치아가 확인되었다면 발치가 우선적인 치료방법입니다. 눈으로 봤을 때 아파 보이지 않아도 통증을 유발하고 주변 조직을 녹여서 상태를 더 악화시킬 수 있으니까요.

구강질환 상담실

① 스케일링에 대하여

모모와 제제는 이제 다섯 살이 되지만 제가 양치질을 해 준 횟수는;;;;
요즘 아이들 양치를 시작하고 보니 모모와 제제 둘 다 송곳니에 누런 치석이 껴 있는 것 같은데요, 이 아이들을 그냥 양치만 시켜도 될지, 아니면 스케일링을 받아야 할지 모르겠더라고요. 스케일링은 치아가 어떤 상태일 때 하면 될까요?

- 모모모

치석이 약간 있는 정도라면 잇몸의 손상 정도를 확인합니다. 만약 잇몸이 붉어지기 시작했다면 치주염이 있다는 신호이므로 미루지 않고 반드시 스케일링을 하시는 것이 좋습니다. 또한 어금니나 송곳니에 치석이 노랗게 쌓여 있다면 스케일링을 해야 할 때입니다.

교과서적으로는 1년 1회 스케일링을 권장합니다. 제일 좋은 것은 보호자가 고양이의 치아 상태를 확인해서 1~2년에 한 번 수의사에게 치아 상태를 알리고 스케일링이 필요한지 문의하는 것입니다. 고양이 잇몸 사진을 찍어서 병원에 가져가셔도 좋고요. "우리 아이 치아 상태가 이런데 스케일링해야 할까요?" 하고 물어보시는 거죠. 사진을 찍을 때는 송곳니, 어금니까지 다 나오게 해 주세요. 한 명은 고양이 입술을 젖히고 다른 한 명은 사진을 찍어서 두 치아가 모두 보이게 찍으시는 게 좋습니다.

스케일링은 마취를 하고 진행하므로, 전반적인 고양이 건강 상태를 살펴보고 결정해야 합니다. 마취 없이 스케일링을 하는 방법이 있다고 해도 추천하지 않습니다.

> 소보로는 최근 스케일링을 했는데도 여전히 잇몸이 발갛고 침도 자주 흘립니다. 애교도 많고 개냥이고 제 손에 박치기도 잘하는 녀석이, 입 근처에 손을 대려고만 하면 쏜살같이 도망가서 양치도 잘 못 해 주고 있어요;;; 스케일링을 한 지 6개월 정도밖에 안 됐는데 또 하기도 그렇고…… 무슨 문제가 있는 걸까요?   - 모모모

스케일링을 자주 하는데도 효과는 잠시뿐이고 또다시 침을 흘리고 아파한다면 치과방사선까지 찍어 보시기를 권합니다. 개든 고양이든 치은염일 때 병원에 오는 경우는 거의 없습니다. 대부분 치주염 초기가 지난 상태로 옵니다. 특히 고양이는 기본적으로 치아도 작고, 몇 개 없고, 뿌리도 얕고, 숨어 있는 치아도 많습니다. 병원에 올 정도면 이미 치아가 녹아 있는 상태일 수도 있고요. 치주염, 구내염, 치아흡수성병변까지 진행되는 거죠. 그러므로 고양이가 이미 치주질환이 있는 상태에서 스케일링을 할 때는 치과방사선까지 찍어 보시는 편이 좋습니다. 겉보기에 멀쩡해도 뿌리가 안 좋은 경우가 많거든요. 비용이 적지 않아서 매번 찍을 수는 없지만 여러 증상이 보이거나 치아 통증을 연상시키는 반응이 있다면 치과방사선을 꼭 찍어 보셔요.

② 발치해야 할까요?

> To 키티피디아
> 뚱치는 제가 5년 정도 동네고양이로 보살핀 아이입니다. 침을 많이 흘리고 밥 먹는 걸 불편해해서 몇 번 약을 타다 먹였지만 최근 상태가 너무 안 좋아져서 아예 구조를 했습니다. 병원에서 구내염이 너무 심하다고 전발치를 권하셨는데요, 발치하면 완치가 되나요? 그리고 사람도 치아를 뽑으면 잘 먹지 못하는데 뚱치도 전발치를 하고 나면 먹는 데 지장이 생길까 봐 걱정이 돼요.   - 603호

약을 먹어서도 증상 개선이 없다면 불편해하는 치아를 찾아서 발치할 필요가 있습니다. 상당수의 고양이들이 전발치를 한 뒤 지속적인 통증에서 벗어나

게 됩니다. 단, 발치로 아이의 구내염이 완치되지 않을 수도 있습니다. 만성 구내염과 치은염의 원인은 칼리시바이러스, 치아흡수성병변, 치주염 등 너무 다양하고, 그 대부분이 같이 섞여 있기 때문이죠. 따라서 발치로 해결될 수 있는 경우인지 검사를 하고 담당 수의사 선생님과 충분히 상의하신 뒤 발치를 결정해 주세요.

또한 많은 보호자들이 치아를 전부 발치하는 것에 대해 우려를 표하십니다. 전 발치를 하면 아이들이 사는 데 어려움을 겪지 않을까 하고요. 하지만 고양이의 치아는 저작(씹는 행위)에 많이 이용되지 않아요. 발치를 하고도 음식을 먹는 데 큰 불편함이 없어요. 생각보다 구내염과 치은염으로 인한 통증과 염증이 어마어마합니다. 그래서 염증의 원인이 되는 치아를 제거하고 나면 아이들이 훨씬 편안할 수도 있어요. 발치가 효과적인 경우, 고양이 성격이 밝아지기도 합니다. 너무 아프니까 얼굴 주변에 가까이만 와도 화를 내던 고양이가 통증이 사라지니 훨씬 편안해지는 거죠. (물론 발치로 완치가 되지 않을 수도 있지만요.) 발치를 했다면 뿌리 끝까지 완전히 제거됐는지 확인해야 합니다.

③ 치아가 부러진 경우

> 제가 예전에 구조해서 지금 친구가 키우고 있는 '개울'이라는 아이가 있어요. 이 아이가 구조할 때부터 송곳니가 약간 부서진 상태였는데 그런 식으로 치아가 부서지는 경우도 있나요? 그대로 둬도 되나요?
> — 얼룩아범

밖에서 살던 애들 중에 특히 송곳니가 잘 부러지는 아이들이 많아요. 어금니도 마찬가지고요. 치아가 부러지고 한참 뒤에 발견했는데 '생각보다 괜찮은 거 같아' 하고 그냥 지나가는 경우도 많죠.

그런데 치아, 특히 송곳니에 치수가 노출되면 통증이 되게 심합니다. 더군다나 고양이는 송곳니에 치수가 치관 끝까지 있거든요. 치아 맨 바깥쪽을 둘러싸고 있는 게 에나멜인데 이 에나멜이 깨져서 치수가 조금이라도 노출이 되면, 그 자체로도 아플뿐더러 만약 그곳으로 감염이 되면 더 엄청난 통증이 생깁니다.

그래서 가능하면 신경치료를 하시고 치수를 수복해 주시는 게 좋습니다. 그렇지 않고 너무 오래됐고 이미 많이 부러져서 회복이 어렵다면 발치를 하는 것도 괜찮아요. 먹이를 줬을 때 어느 한쪽으로만 씹는 건 아닌지 살펴보는 것도 하나의 팁이 될 수 있죠. 부러진 쪽으로 잘 안 씹는다면 그쪽에 통증이 있을 수 있다는 얘기니까 검사를 해 보는 게 좋을 것 같습니다.

코 관리

🐾 나눌 이야기

· 고양이의 후각
· 건강한 고양이 코를 위한 관리
· 코가 이상해요
· 고양이 상부호흡기증후군

엉클조의 집사일기

흡연이란 행위 자체가 죄는 아니지만, 그렇다고 자랑할 만한 일도 아닙니다. 특히나 누군가에게 피해를 주고 있다면 말이죠. 녹음실에서 함께 생활하고 있는 프렌치불독 방구와 땡구 그리고 서교동에서 구조한 소보로까지, 세 아이가 저의 무지함 때문에 꽤나 고생을 했을 것으로 생각됩니다. 담배 냄새를 지우겠다고 향초, 디퓨저, 캔들워머까지 동원했으니, 이 정도면 '후각 파괴자'라고 할 수 있겠습니다.

공기청정기가 있으니까 괜찮다면서 스스로 합리화를 했었는지도 모르겠습니다만, 결혼 후에는 아내인 모모모띠가 흡연은 집 밖에서 하고, 집에 돌아와서 애들(모모, 제제, 이호, 소보로) 만지기 전에 꼭 비누로 손을 씻으라고 해서 열심히 지키려고 노력하고 있습니다. 열심히 그루밍하는 고양이들에게는 유해물질이 더욱 직접적으로 영향을 줄 수 있다고 하고, 개는 또 후각이 아주 발달되어 있으니, 개나 고양이 둘 모두에게 담배의 유해함은 말할 것도 없겠지요.

아무쪼록, 이 참에 "모두 다 같이 금연을!"이라고 자신있게 말하면 좋겠지만 저 스스로도 지킬 자신이 없어서, 일단은 최대한 다른 존재에게(동물 포함) 피해를 주지 않는 방향으로 개선해 나가겠습니다. 흡연 집사님들, 우리 같이 반성해요.

🙍 키아라는 가끔 코딱지가 붙어 있어요. '애가 콧물이 났구나' 그런 생각을 하면서 떼 주는데 코 관리도 해 줘야 하나요?

🙎 그렇죠. 흔히 말하는 코딱지는 흑갈색의 마른 분비물이에요. 눈에서 분비된 눈물이 코 뒤로 흘러 내려와서 마르는 건데요, 이건 정상적인 분비물입니다. 문제는 누런 코예요.

🙍 코가 질질 나오잖아요?

🙎 네. 코로 숨은 쉬는데 누런 코가 들어갔다 나왔다 하기도 하고, 코가 막혀서 숨 쉴 때 색~ 색~ 소리가 나기도 하고요.

👨 저희 집 고양이들은 누런 코가 나온 적은 없어요.

🙎 허피스바이러스에 감염되었을 때 눈과 함께 코도 감염되기 때문에 고양이가 한번 "킁!" 하면 농성 콧물이 바닥에 튀기도 해요. 특히 건조한 날씨에는 더 잘 챙겨 주셔야 해요. 건조하면 콧물이 더 많이 생겨요.

🙍 아~ 건조하면!

🙎 건조하면 콧물을 더 많이 만들어서 콧속을 보습하기 때문에 그런 것 같아요. 실제로 모모모피디네 제제가 두 달 정도 재채기를 해서 병원에 갔었대요. 모모모피디 자백으로는 집이 건조하고 먼지가 많아서였다고 하더라고요. 결국에는 집사가 부지런하지 않아서 고양이가 코에 문제가 생긴 것 같다는 얘기죠. (웃음) 아니, 그런데 모모모피디님, 도대체 왜 그러신 거죠? (웃음)

🙎 병원에서 '집이 더러워서 그렇습니다. 더럽게 키웠습니다'라는 진단을 받은 거예요? (웃음) 저분이 겉보기에는 말끔하고 세련된 도시 여성 아닙니까?

👨 저분이 말투나 매너가 굉장히 잘 정돈되어 있는, 그런 분인데 말이죠.

🙎 모모모피디는, 집이 건조하다고 느꼈다면 뭔가 조치를 취했을 텐데 자신은 괜찮았다, 뭐 이런 변명을 하시는데요, 사람은 코로만 숨 쉬는 게 아니고 입으로도 숨을 쉬어요. 그리고 사람은 콧구멍이 굉장히 크거든요. 고양이에게 가장 뛰어난 감각은 청각이지만 그다음이 후각이에요. 냄새에 굉장히 민감하고, 상부호흡기질환도 많고요. 코와 기관지 쪽이 약하니까요, 코 관리에 신경을 써 주세요.

고양이의 후각

"고양이는 후각이 사람보다 10배쯤 좋습니다"

Q. 고양이의 후각은 얼마나 좋은가?

A. 고양이에게 후각은 청각 다음으로 뛰어난 감각으로, 고양이는 코가 축축해야 냄새분자가 잘 달라붙어 있어서 냄새를 잘 맡습니다. 고양이 후각은 코 점막 안에 있는 후각수용체의 개수로 기능을 측정할 수 있는데요, 이 후각수용체가 사람은 1천만 개 정도인 데 비해, 고양이는 6,500만~1억 개, 그리고 개는 2억 개 정도라고 합니다. 고양이가 사람보다 10배 이상 냄새에 민감합니다.

Q. 고양이에게 후각이 중요한 이유

A. 고양이에게 후각은 시각보다 중요합니다. 냄새로 공기를 감지할 뿐 아니라, 본능적으로 **냄새를 통해 이게 사냥감인지, 적인지, 먹이인지를 감별**할 수 있습니다. 무리지어 사냥을 하는 동물이라면 뭔가 나타났을 때 공격할지, 아닐지를 정하는 등 서로 소통하겠지만 고양잇과의 동물은 단독생활을 하기 때문에 모든 결정에 자기가 오롯이 책임을 져야 하죠. 그래서 냄새에 굉장히 민감하고 후각이 중요합니다. 또 고양이의 코는 온도도 느낄 수 있습니다. 온도 변화에 가장 민감한 부위가 코인데요, 음식의 온도를 잴 때도 코를 사용합니다.

건강한 고양이 코를 위한 관리

"냄새를 잘 맡으면 식욕도 좋죠.
그래서 코 관리가 고양이 건강 관리엔 아주 중요합니다."

Q. 건강한 고양이의 코는?
A. (잠잘 때, 자고 일어난 직후를 빼고는) 축축해야 건강한 것

Q. 코 관리에 가장 중요한 것
A. 습도 관리

건조함은 코 관리에 굉장히 치명적일 수 있습니다. 공기가 건조하면 코가 마르고, 코 점막이 건조해지면 코 점막의 후각수용체가 기능을 못합니다. 그러면 냄새를 잘 못 맡아 식욕도 떨어지고요. 그뿐 아니라, 코 점막에 면역과 관련된 여러 가지 수용체들이 있는데 코가 마르면 국소적으로 면역력이 떨어져서 감기에 잘 걸리게 됩니다. 그럴 때는 가습기 사용을 추천합니다.

Q. 금지 품목
A1. 연기 나는 물질

향초, 디퓨저, 담배 등 연기가 나는 물건이라면 뭐든지 연기분자가 그대로 바닥에 떨어지거나 아이들 몸에 닿게 됩니다. 고양이가 호흡으로 연기를 마실 뿐 아니라, 연기분자가 몸에 붙으면 그루밍을 하며 먹게 되기 때문에 문제가 됩니다.

1) 향수, 향초, 디퓨저, 방향탈취제, 모기향 등

특히 고양이는 상부호흡기질환, 코와 기관지 쪽이 약하기 때문에 아무리 몸에

좋다고 하는 초라도 개나 고양이에게 써도 안전한지를 꼼꼼히 살펴보아야 합니다. 피우게 된다면 환기에 신경 써 주시고요.

2) 담배

최근 연구에 따르면 "흡연자와 함께 사는 고양이가 비흡연자와 함께 사는 고양이보다 악성 림프종에 걸릴 확률이 2배 높아진다"고 합니다. 후각이 뛰어난 고양이가 담배연기를 들이마시기도 하고, 그루밍을 하면서 털에 달라붙은 유해물질을 섭취하기 때문입니다. 그래서 집사라면 반드시 금연하는 것이 좋고 금연이 어려우면 집 밖에서 흡연해야 합니다. 흡연 후에는 물수건으로라도 몸을 닦으시면 좋겠습니다.

 참고 기사: 〈간접흡연은 당신의 개, 고양이, 금붕어를 죽일 수 있다〉

🐾 질문 있어요!

 페브리O 사용은 괜찮나요?

 페브리O 같은 방향탈취제도 향수, 향초, 모기향과 같다고 생각하시면 됩니다. 고양이 건강에 해로우니, 고양이를 키우는 집이라면 베이킹소다, EM 발효액 등을 사용해서 보다 안전한 탈취제를 만들어 사용하는 것이 바람직합니다.

A2. 아로마 오일

아로마 오일은 농축된 에센셜 오일입니다. 한 방울에도 아주 많은 식물이 들어 있습니다. 고양이에게 독성이 있는 식물이 굉장히 많기 때문에 주의해 주세요. 라벤더 오일 한 방울이 라벤더 한 다발과 같다고 보시면 됩니다. 몸에 좋거나 향이 좋다고 직접 얼굴이나 몸에 발라 주거나 진한 아로마가 함유된 제품을 사용하는 것은 금지입니다. 전문가와 충분히 상의하고 사용하셔요.

Q. 코 세정할 때 준비물
A. 면봉, 솜 그리고 오일(코코넛 오일 또는 아몬드 오일)

Q. 고양이 코 닦아 주는 방법
A. 코딱지가 없으면 굳이 안 닦아 줘도 됩니다.

만약 나이가 들어서 호흡기에 문제가 있거나 코가 마르거나 심각한 신부전을 앓는 중이라면 코가 마르고 코딱지가 종종 생길 수 있습니다. 그럴 때는 **면봉이나 솜을 물에 충분히 적셔서**(마른 면봉은 애들이 아파해요), 아니면 코코넛 오일이나 아몬드 오일을 묻혀서 살살 닦아 주시면 됩니다.

코가 이상해요

"코, 이럴 땐 어쩌죠?"

Q. 이럴 땐 병원에 가세요.
☐ **농성 코, 누런 코를 흘릴 때**
맑은 콧물을 흘리는 건 정상일 수 있습니다. 알레르기로 인한 비염이나 이물로 인한 재채기, 상부호흡기증후군 때문에도 맑은 콧물이 나올 수 있어요. 대부분의 맑은 콧물은 심각한 질환과 관련이 없는 경우가 많습니다. 하지만 누런 코나 혈액이 섞인 콧물을 흘린다면 문제가 있는 겁니다.

☐ **콧물을 수시로 닦아 줘야 할 만큼 콧물이 날 때**
만약 맑은 콧물이라도 콧물을 수시로 닦아 줘야 할 만큼 줄줄 흐른다면 병원에 가 보셔야 합니다.

☐ **코피가 날 때**
코피는 드문 경우인데, 종양일 수도 있습니다. 비강 내 종양이 생기는 경우가 상당수 있습니다. 마취검사를 해야 해서 검사가 까다로운 편입니다.

☐ **계속 재채기를 할 때**
"칙칙!" 하고 콧물을 튀기며 재채기를 하는 경우가 있어요. 재채기는 콧속에 뭔가 자극이 있을 때 나타나는 반사작용입니다. 일반적으로 재채기를 하는 고양이의 대부분은 상부호흡기증후군을 보이는 경우예요. 우리가 재채기를 하는 이유와 좀 유사합니다. 알레르기 때문일 수도 있고, 콧속을 자극하는 원인에 의해서이기도 합니다. 콧속에 이물이 있거나 종양 때문일 수도 있어요. 특히나 연속으로 재채기를 발작적으로 한다면 콧속에 뭔가 들어가 있는지 의심해 보셔야 해요. (우리도 코가 답답할 때 코를 풀고 재채기를 하는 것처럼, 고양이도 콧속에 이물이 있는 경우에 불편한 느낌 때문에 발작적으로 재채기를 하거든요.) 콧물이 줄줄 나고 재채기를 미친 듯이 한다면 의심해 볼 필요가 있습니다.

또 나이가 많은 고양이가 갑자기 재채기를 하고 콧물을 줄줄 흘린다면 비강 내 종양을 의심해 볼 수 있는데요, 단순한 호흡기질환에 준해서 치료하는데, 크게 개선이 없고 증상이 지속된다면 CT나 비강내시경 등 좀 더 정밀한 검사를 해서 정확한 진단을 받아 보세요.

Q. 병원에 가기 전, 보호자가 알아 두어야 할 것들

A. 고양이 코 검사는 쉽지 않기 때문에 미리 다음 사항들을 체크해서 병원에 가세요. 검사 시 참고가 될 수 있습니다.

☐ 콧물이 언제부터 났는지
☐ 주로 어떤 모양으로 나오는지
☐ 콧물 색은 어떤지
☐ 횟수는 어떤지
☐ 닦아 주고 얼마 만에 다시 나는지
☐ 숨소리는 어떤지

고양이 상부호흡기증후군

"고양이 중 70%가 갖고 있는 질환입니다."

Q. 상부호흡기증후군이란

A. 일명 '고양이 감기'라고 하는 콧물, 재채기를 주 증상으로 하는 호흡기질환입니다. 허피스바이러스, 칼리시바이러스, 전염성 비기관지염, 클라미디아 등 여러 바이러스가 원인일 수 있고요, 특히 허피스바이러스가 상재해 있으면서 스트레스를 받거나 면역력이 약해지면 반복해서 재발합니다. 여러 개의 바이러스에 복합적으로 감염되어 재채기, 콧물부터 기침까지 다양한 증상을 보이기도 하고, 허피스바이러스만 감염되어 있다면 바이러스가 눈의 각막을 손상시켜서 눈을 찡긋거리거나 아파하는 증상을 보일 수 있습니다.

반복적인 재채기나 눈 찡긋거림이 있다면 PCR검사(흔히 바이러스검사라고 합니다)를 받아서 원인이 되는 바이러스를 확인하시는 편이 좋아요. 특히 여러 고양이가 함께 사는데 새로운 고양이를 입양할 때는 정확하게 검사할 필요가 있습니다.

Q. 치료

A. 증상이 미약한 경우에는 안약이나 내복약을 처방해서 치료합니다. 대부분은 재발이 잦기 때문에 집에서 잘 먹이고 잘 쉬게 해 주는 것이 중요합니다. 면역력을 높이기 위해 고양이 인터페론*을 구매해서 먹이는 경우도 있습니다.

★ 고양이 인터페론

고양이 인터페론(recombinant feline interferon)은 고양이 유래 유전자 재조합 인터페론이다. '인터페론'은 바이러스에 감염된 동물의 세포에서 만들어지는 항바이러스성 단백질로 면역치료에 활용된다. '고양이 인터페론'은 자연발생된 인터페론과 동일한 방식으로 재조합된 인터페론으로, 고양이 바이러스질환에 항바이러스제로 활용된다. 최근 국내에 정식 유통되기 시작했다.

어린 고양이의 경우는 훨씬 증상이 심각해집니다. 식욕도 떨어지고 목숨이 위험할 수도 있습니다. 어린 고양이는 단순히 약만 처방받는 게 아니라 입원해서 적극적으로 치료하는 것이 도움이 됩니다.

Q. 상부호흡기증후군이 옮나요?
A. 맞습니다. 감염된 고양이와 접촉하면 감염될 수 있어요. 겉으로 건강해 보여도 찡긋거림이나 재채기, 콧물이 있는 고양이는 바이러스가 잠복한 경우가 많으니 주의하셔요.

Q. 예방은 어떻게 하죠?
A. 예방접종이 그나마 가장 도움이 되는 예방법입니다. 100% 예방해 주지는 못하지만 감염되어 발병했을 때 증상 발현이 덜 심각할 수 있습니다.

눈 관리

🐾 나눌 이야기

- 고양이의 눈
- 눈 증상 Q&A
- 눈곱 닦기 & 안약 넣기
- 대표적인 눈질환 ① 결막염
- 대표적인 눈질환 ② 각막궤양
- 대표적인 눈질환 ③ 유루증
- 눈 상담실

아나엄마의 집사일기

　부끄러운 고백이지만 키아라는 유명 인터넷 고양이 카페에서 '가정분양'이라는 말에 사진만 보고 데리고 온 아이입니다. 아기냥이들은 다 '심쿵' 하는 면모를 가지고 있지만 특히 샴 링스포인트 아기들은 하얀 호랑이 같은 느낌이 납니다. 은회색 털에 줄무늬, 푸른 눈의 아기냥이를 보고 저는 지금 데리고 오지 않으면 앞으로 이런 아이는 만날 수 없겠다는 느낌을 받았습니다. 사실을 얘기할수록 부끄러워지네요.

　모두 외모와 품종 중심으로 고양이를 선택하고 사고팔 수 있다고 생각했던 때의 일입니다. 지금 생각해 보면 그 사진이 실제로 키아라가 맞았는지도 알 수 없는 노릇일 정도로 인터넷 카페에서의 분양은 맹점이 많으니 저 같은 집사가 또 생기지 않기를 바랄 뿐입니다.

　처음 키아라를 만났을 때 감격은 지금도 생생합니다. 손바닥보다 조금 큰 아기 고양이였지요. 그런데 키아라는 저희 집에 온 지 얼마 안 돼 계속 재채기를 했고 기침도 점점 심해졌습니다. 아침저녁으로 일단 시작하면 네다섯 번 거칠게 숨을 토해 냈습니다. 심지어는 구토로 연결되기도 했고요. 그럴 때마다 병원에 데리고 가면 일주일분의 가루약을 처방받을 수 있었는데 약을 먹일 때만 잠시 호전될 뿐 약을 끊으면 기침이 다시 시작되었습니다.

　입양 후 1년이 되어서야 바이러스 추적검사를 시도했습니다. 그 결과 키아라에게 허피스바이러스와 마이코플라스마가 있다는 사실이 밝혀졌습니다. 제가 처음 병원에 키아라를 데리고 갔을 때(6개월 미만의 아기일 때) 그 검사를 했다면 병세를 훨씬 완화할 수 있었다는 얘기를 그때서야 들었습니다. 그런 검사가 있는지조차 몰랐던 저는 병원에서 권하지 않으면 무엇도 시도할 수 없었던 초보 집사였던 것이죠. (이 책을 읽으시는 집사님들, 병원 선택도 중요하고, 꼼꼼한 검사도 중요합니다. 검사비용 아꼈다가 나중에는 더 큰 비용을 쓰게 될지 모릅니다.) 그 와중에 아나 역시 눈물을 흘리기 시작했습니다. 수의사 선생님은 아나에게도 바이러스가 전염되었을 거라고 말씀하셨습니다. 거의 1년 가까이 함께 살아왔으니 격리는 이미 늦은 때였습니다.

    정말 열심히 두 고양이 눈에 안약을 넣어 주었습니다. 냉장보관을 요하는 안약을 꺼내서 두 고양이 무사히 투여하는 일은 정말 전쟁이었어요. 겨우겨우 그 고생을 끝낸 덕분이었는지, 다행히 지금은 아나, 키아라 모두 눈과 관련한 질환은 없습니다. 다만 키아라의 기침은 지금도 진행 중이지요. 아예 저는 동물병원용 네뷸라이저(이비인후과 등에서 사용해 보셨을 거예요. 약물을 수증기로 만들어 흡입할 수 있도록 하는 기계입니다)를 구입해서 수시로 약물 증기를 쐬어 주고 있습니다.

    저는 지금도 아나와 키아라의 얼굴을 마주하며 눈가의 눈곱을 정리해 줍니다. 워낙 아기 때부터 습관처럼 그래 왔더니 이제는 두 녀석 모두 고개도 돌리지 않고 눈곱 정리를 합니다. 으레 하루에도 몇 번씩 있는 집사의 애정표현이라고 생각해 주는 것 같습니다. 가장 민감하고 탈도 자주 나는 고양이의 눈. 아나와 키아라는 가을 하늘을 닮은 눈 색깔을 가지고 있는데요, 그 하늘같이 예쁜 눈을 들여다보며 오래도록 두 아이들과 이야기 나누고 싶습니다.

🧑 제 지인 중에 고양이가 요즘 눈곱이 많이 끼네, 하고 무심코 지나갔다가 각막 이상을 진단받은 친구가 있어요. 눈곱이, 참 우습게 보다가 큰 코 다칠 수가 있는 것 같아요.

👩 저희 키아라는 "칫! 칫!" 이렇게 재채기를 하는데, 제가 방치했다가 칼리시바이러스, 마이코플라스마 모두 만성이 됐잖아요.

👩 눈물, 콧물, 재채기, 모두 고양이에게 흔히 나타나는 증상들이기 때문에 가볍게 보실 수가 있어요. 그런데 이것들이 과도하거나 오래 지속된다면 질병을 꼭 의심해 보셔야 해요. '고양이? 원래 눈물 많지', '콧물? 가끔 날 수 있지', '재채기는 간지러워서 하는가 보네' 이렇게 넘어가다 보면 병을 키우는 수가 있어요. 그런데 가끔 동물병원으로 고양이 눈곱이 갈색이라고 큰일 났다고 오시는 분들이 있는데, 고양이의 갈색 눈곱은 정상입니다. (웃음)

🧑 갈색 눈곱이요?

👩 네, 휴지로 닦았는데 약간 피처럼 갈색이 묻어나오니까 걱정들 하시는 거죠.

👩 우리 아나가 얼굴 한가운데가 '초코 포인트'잖아요. 눈곱도 초코색이에요. (웃음) 그래서 저는 털에서 물이 빠졌나 보다고 생각하고 있었는데요.

👩 초코 포인트여서 초코색 눈물이 흐른다? (웃음)

👩 털색이랑 눈물색이랑 너무 똑같으니까~ (웃음) 마치 보호색처럼 똑같거든요.

🧑 털에서 물이 빠지면 그거야말로 문제 아닌가요? (모두 웃음)

👩 무슨 얘길 하시든 아나어머님은 제 상상을 뛰어넘어요.

🧑 고양이가 체액을 깔맞춤하는구나.

👩 여러분 죄송합니다. (웃음)

고양이의 눈

"반짝반짝 너의 눈♥"

Q. 특징

A. 매력적으로 반짝이는 고양이 눈은 사람의 눈과는 상당한 차이가 있습니다. 타고난 사냥꾼인 고양이의 눈은 어두운 곳에서 움직이는 사냥감을 잡기 위해 특화되어 있습니다. 고양이의 망막 뒤에 반사판이라는 세포층이 거울과 같은 역할을 해서 망막으로 들어오는 빛을 반사합니다.

밤에 사냥하는 고양이의 눈은 빛에 민감하게 반응하도록 만들어져 있습니다. 고양이 눈은 동공이 사람보다 3배 정도 더 확장되어 어둠 속에서 더 많이 빛을 흡수합니다. 덕분에 어두운 곳에서도 **사람보다 5배**는 더 잘 볼 수 있습니다.

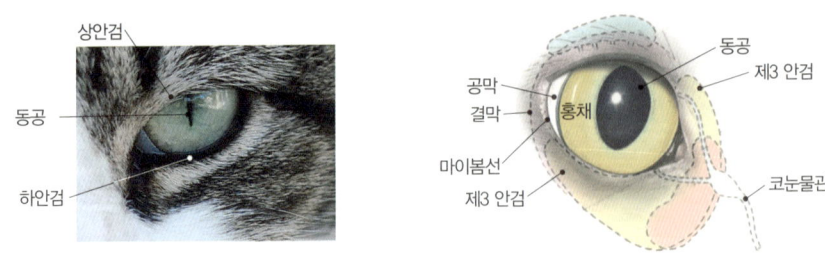

Q. 고양이의 시력

A. 움직이는 물체를 보는 시력은 뛰어나지만 정지한 것을 보는 시력은 떨어지는 편입니다. 시력은 0.2~0.3 정도라 멀리 있는 사물을 잘 못 보는 데다, 색약이라 파란색, 노란색, 초록색은 볼 수 있지만 빨간색은 구별하지 못합니다.

Q. 고양이의 눈동자

A. 밝은 빛에는 동공이 세로로 가늘게 수축합니다. 가끔 고양이의 이런 눈 모양이 무섭다고 하는 사람도 있는데요. 고양이는 빛의 세기에 따라 정확하게 동공을 조절합니다. 빛이 강하면 동공이 세로로 좁게 수축되고 눈꺼풀은 살짝 닫혀 자신의 눈을 보호할 수 있습니다.

또, 고양이의 동공 크기는 감정의 변화에 따라서도 바뀝니다. 그래서 고양이의 눈을 보면 어떤 기분인지 짐작할 수 있습니다. 놀랐거나 두려울 때는 동공이 확장됩니다. 동공이 수축했을 때는 긴장했거나 공격 직전일 수 있습니다. 그렇게 보면 영화 〈슈렉〉의 장화 신은 고양이는 공포에 떠는 고양이의 눈빛이란 뜻일 수도 있겠죠?

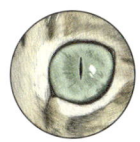
밝은 빛에
동공이 축소된 모습

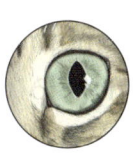
평상시
눈의 모습

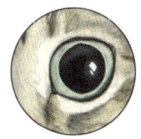
어두운 곳에서 혹은 두려워서
동공이 확장된 모습

눈 증상 Q&A

"눈, 이럴 땐 어쩌죠?"

Q. 갈색 눈곱이 낀다?
A. 갈색은 눈물 안에 있는 정상적인 색소 성분 포르피린(porphyrin)으로, 건강한 고양이에게서도 나타납니다. 포르피린은 소변 등 여러 경로로 배출되는 성분입니다.

Q. 누런 눈곱이 낀다?
A. 색깔만을 가지고 정상이다, 비정상이다 확진할 순 없지만 보통 반투명의 눈곱은 질환의 증상은 아닙니다. 그러나 누런색, 연두색, 농성 분비물 같은 눈곱은 염증의 증후일 수 있습니다.

Q. 눈물을 지나치게 많이 흘린다?
A. 이그조틱 고양이나 페르시안 고양이 등 얼굴 앞부분이 눌린 고양이는 눈에서 코까지 각도가 낮고 길이가 짧아서 흘러나온 눈물이 눈 아래에 쉽게 고입니다. 또 눈물이 수북한 털에 계속 쌓이다 보니 색소가 침착되어 눈밑이 갈색으로 변하기도 합니다. 그 부위가 너무 축축해지면 심지어 효모균이 자라기도 합니다. 그래서 얼굴 앞부분이 눌린 페르시안, 이그조틱 고양이들의 경우, 눈물을 제대로 닦아 주지 않으면 빨래가 쉰 것 같은 냄새가 날 때도 있습니다. 고양이가 눈물을 계속 주룩주룩 흘리고 눈밑이 갈색으로 변해 있거나 축축하다면, 유루증이 의심되니 병원에 가서 검사를 받아 보세요. (유루증은 p.79 참고)

Q. 눈을 찡긋거린다?

A. 사람도 눈에 털이 들어가거나 먼지만 들어가도 눈을 깜박거리게 되고 불편해 하잖아요. 고양이도 눈을 잘 뜨지 못하고 찡그리거나 깜박인다면 눈이 아프다는 의미입니다. 상처가 났을 가능성이 크니 병원으로 꼭 데려가세요.

Q. 눈을 게슴츠레 뜬다?

A. 찡긋거리는 것과 마찬가지로 눈을 게슴츠레 뜨는 경우에도 눈에 통증이 있을 가능성이 있습니다. 병원에 가서 검사를 꼭 받아 보셔요.

Q. 눈이 충혈됐다?

A. 흔히 단순한 결막염이라 생각할 수도 있지만, 녹내장이나 포도막염 등 심각한 질환에서도 이러한 증상이 나타날 수 있습니다. 눈이 피곤해서 충혈됐다고 생각하지 마시고 병원에 가세요.

Q. 눈물이 많이 난다?

A. 단순히 눈물의 양이 많아지거나 알레르기 때문에 눈물이 많이 날 수도 있지만 통증이 원인인 경우도 생각보다 많습니다. 특히 한쪽만 눈물을 흘린다든가 눈물을 흘리는 쪽의 눈을 불편해한다면 빨리 병원에 가서 정확한 검사를 받아 보세요.

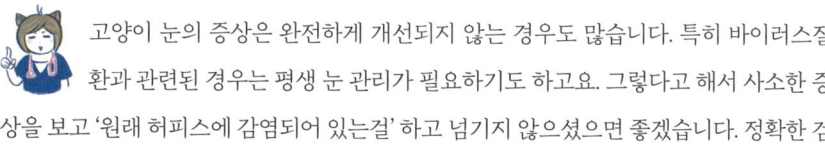

고양이 눈의 증상은 완전하게 개선되지 않는 경우도 많습니다. 특히 바이러스질환과 관련된 경우는 평생 눈 관리가 필요하기도 하고요. 그렇다고 해서 사소한 증상을 보고 '원래 허피스에 감염되어 있는걸' 하고 넘기지 않으셨으면 좋겠습니다. 정확한 검사를 통해 조기에 발견하면 치료 효과도 빠르고 증상도 악화되지 않을 수 있거든요.

질문 있어요!

 고양이가 눈을 한쪽만 찡긋거려서 병원에 갔는데 눈에 상처는 안 났다고 해요. 그런데 계속 윙크하듯 찡긋거리는데, 왜죠?

 허피스바이러스에 감염됐을 가능성이 큽니다. 종합접종을 했더라도 면역력이 떨어지거나 스트레스가 있으면 허피스바이러스가 발병합니다. 이렇게 상처가 없는데도 찡긋찡긋하는 증상을 자주 보이는 고양이라면 집에 상비약을 두고 그때그때 적절한 조치를 해 줄 필요가 있습니다.

눈곱 닦기 & 안약 넣기

"안약 넣기는 백허그로 재빠르게"

Q. 눈곱 닦을 때 준비물
A. 인공눈물(또는 생리식염수), 솜(또는 티슈)

Q. 눈곱 닦는 방법
A. 눈 자체가 아니라 눈꼬리 앞쪽을 닦습니다.
1) 인공눈물이나 생리식염수를 눈앞, 내안각 쪽으로 흘러내리게끔 떨어뜨립니다.
2) 앞꼬리를 솜이나 티슈로 살짝 눌러서 닦습니다. (문질러서 닦지 않도록 주의)
3) 마른 눈곱을 손톱으로 긁어 떼면 피부에 상처가 날 수 있으니 추천하지 않습니다. 특히 손톱이 긴 상태라면 절대 금지입니다. 그리고 물티슈는 알코올 성분이 있으니 가급적 쓰지 마세요.

Q. 안약 넣는 방법
A. 뒤에서 안고 빠르게 넣습니다.
1) 안약을 몸 뒤로 숨긴 채 아이를 부릅니다.
2) 아이를 뒤에서 안습니다.
3) 한 손으로 아이가 좋아하는 부위(예를 들면 미간 등)를 만져 긴장을 풀어 주다가 아주 빠르게 눈꺼풀을 위로 들어 올리고 안약을 한 방울 잽싸게 넣습니다.
4) 다시 아무 일도 없는 듯 좋아하는 부위를 만져 주고, 필요하다면 같은 방식으로 다른 쪽에도 안약을 넣습니다.

🐾 질문 있어요!

 모모는 덩치가 큰데 약을 넣으려고만 하면 온몸을 뒤틀며 저항해요. 이럴 땐 어떻게 하죠?

 모모처럼 안약을 거부하는 아이들은 담요로 보정을 해서 안약을 처치하는 것도 좋은 방법입니다. 모모가 움직이지 못하게 담요로 모모를 싸는 방법인데요. 이러한 담요 보정법은 몇 가지가 있습니다. 몸 전부를 부리토처럼 말아서 싸는 방법, 혹은 담요를 목에 스카프처럼 두르고 부리토처럼 싸는 방법 등. 담요나 큰 타월을 이용해서 고양이를 완력으로 제압하는 일을 피하고 효과적으로 보정하는 방법입니다. 모두가 전문적인 보정을 할 수는 없지만 안약 넣기 편한 방법을 소개해 드릴게요. 아이를 담요 위에 앉히고 담요의 한쪽 끝을 스카프 두르듯 목에 둘러 감아서 고정합니다. 그리고 나머지 몸도 담요로 감아 주세요. 이렇게만 해도 안약을 넣는 데에 도움이 될 것입니다.

대표적인 눈질환 ① 결막염

"찡긋찡긋, 윙크가 아니랍니다."

Q. 증상
A. 결막 충혈, 눈곱, 눈물, 찡긋거림 등 다양한 증상을 보입니다. 눈 주변을 자꾸 그루밍해서 더 만지려고도 합니다. 결막염이 심해지면 눈곱과 눈물이 들러붙으면서 눈 주위가 짓무르고 눈을 못 뜨는 상황이 될 수 있습니다. 결막염 때문에 불편해진 눈을 문지르거나 비비는 과정에서 각막염으로 진행될 수도 있고요. 심한 통증을 느낄 수도 있습니다.

Q. 원인
A1. 세균성 감염: 클라미디아 감염증
클라미디아는 세균의 한 종류로, 특히 어린 고양이가 많이 감염되는데요, 역시 한번 감염되면 잠복해 있다가 면역력이 떨어지면 다시 발병하는 악질적인 균입니다.

증상으로 눈이 충혈되고 붓는데 대부분은 한쪽 눈만 심하게 붓거나 눈곱이 낍니다. 만약 어린 고양이 중에 밥을 못 먹고, 눈곱은 심한데 기침이 없다면 클라미디아 감염일 가능성이 큽니다. 고양이에 따라서 다리를 저는 증상이 나타날 수도 있습니다.

클라미디아 세균은 외부에 노출되면 이틀 안에 죽습니다. 하지만 전염력이 강해서 직접 접촉을 통해 여러 고양이가 서로 감염을 일으키기 때문에 일단 눈곱이 심하게 낀 고양이라면 다른 고양이로부터 격리할 필요가 있습니다.

A2. 바이러스 감염: 허피스바이러스 감염증

눈곱 낀 고양이가 기침까지 한다면 허피스바이러스 감염일 확률이 큽니다. 허피스바이러스는 신경절 안에 평생 잠복해서 수시로 재발하는 바이러스라는 점이 무섭습니다. 우리나라 고양이들이 결막염에 많이 걸리는 건 밀집 사육으로 인해 허피스바이러스에 감염되는 경우가 많아서입니다. 다묘가정에서도 허피스바이러스 감염증이 흔히 발생하는데요, 바이러스 자체를 제거하는 일은 어렵지만 이로 인한 결막염 등의 염증은 신속하게 치료해야 각막염, 각막궤양 등 염증의 발전을 막을 수 있습니다. (허피스바이러스는 3-2장 〈예방접종〉 편 p.266 참고)

A3. 모래

사막화가 고양이들의 결막염에도 영향을 줍니다. 결막염이 있다면 고양이 화장실 모래를 바꿔 보시거나 모래를 자주 갈아 주시는 게 좋습니다. 하지만 집사 마음대로 화장실 모래를 바꾸는 일이 쉽지만은 않습니다. "건강에 좋으니 펠릿을 쓰렴", "두부 모래는 어떨까?" 달래 본다고 한들 고양이가 새로운 모래에 적응하지 못한다면, 원래 모래로 돌아가는 수밖에 없습니다. (고양이 화장실 모래는 2-3장 〈화장실〉 편 참고)

질문 있어요!

클라미디아균, 어디선가 들어 봤는데요?

맞습니다. '클라미디아'라는 균은 사람들의 생식기에 감염되는 균입니다. 가끔 이 사실을 알고 고양이의 클라미디아 감염증이 사람에게도 옮을 수 있는지 물어보시는 분들이 있는데요, 대답은 '아니오'입니다. 클라미디아균은 여러 종류가 있는데요, 주로 사람에게 감염되는 것은 chlamydia trachomatis입니다. 반면, 고양이에서 주로 감염되는 클라미디아는 chlamydia psittaci입니다. 같은 클라미디아균이어도 전혀 다릅니다. chlamydia psittaci는 고양이의 상부호흡기계 질환을 일으킵니다. 주로 밀집 사육된 고양이에게 많이 감염되며, 감염된 고양이는 콧물, 재채기, 기관지염, 결막염 등의 증상을 나타낼 수 있습니다.

사람이 chlamydia psittaci에 감염되었다면 고양이가 아니라 앵무새, 카나리아 등 조류가 원인일 겁니다. '앵무병'이라고 불리는데요, 조류의 배설물을 흡입하게 됐을 때 걸릴 수 있습니다.

대표적인 눈질환 ② 각막궤양

"잘못하면 영원히 눈을 잃을 수 있는 심각한 질병입니다."

Q. 각막궤양이란
A. 눈의 가장 바깥에 있는 각막층에 상처가 나 생기는 질환입니다. 각막에 염증이 생겨 투명한 각막이 혼탁해집니다. 매끈한 각막 표면이 우둘투둘하고 움푹 들어간 상처가 생긴 상태가 각막궤양입니다.

Q. 원인
A. 그루밍을 하다가 눈에 상처가 나기도 하고, 가끔 운 나쁘게 먼지나 이물질 혹은 모래가 눈에 들어가서 상처가 나기도 합니다. 속눈썹이 눈을 찔러서 각막이 자극되어 상처가 생길 수도 있죠. 고양이끼리 혹은 고양이와 강아지가 파바바박! 한 번씩 붙는 과정에서 눈을 다칠 수도 있습니다. 이런 상처가 심각한 염증으로 진행되면서 각막궤양이 됩니다.

Q. 증상
A. 눈을 잘 뜨지 못합니다.
각막궤양이 생기면 통증으로 눈을 잘 뜨지 못합니다. 눈물을 심하게 흘리고 빛을 잘 못 보고 눈을 긁기도 하죠. 결막염의 증상 중에도 '눈을 잘 못 뜬다'가 있었는데요, 경미한 각막궤양의 증상은 정말 결막염과 비슷합니다. 구별이 쉽지 않아요. 그래서 병원에서 진단을 받아야 합니다. 미루지 마시고 병원에 바로 가셔요. 만약 병원에 당장 못 가는 상황이라면 항생안약을 넣어 주고, 눈을 비비지 않게 넥칼라를 꼭 씌웁니다. 그다음 날에는 꼭 병원에 가서야 합니다.

Q. 진단
A. 각막궤양은 형광염색제를 사용한 간단한 검사를 통해 진단받을 수 있습니다. 그 외에도 검안경검사, 안압 측정 등 기본적인 안과검사를 하게 됩니다.
형광염색검사의 원리는 간단합니다. 깨끗한 유리창이 있는데 이걸 날카로운 물건으로 긁었다고 생각해 보세요. 멀리서 봤을 때는 유리창이 깨끗해 보이지만 그 위에 염색약이나 물감을 칠하고 다시 씻어 내면 긁힌 자리에만 진하게 색깔이 남습니다. 그런 원리로 형광염색검사를 통해 각막궤양을 확인합니다.

Q. 치료
A. 약물치료와 넥칼라가 필수입니다. 눈 치료는 골든타임을 놓치면 안 됩니다. 눈의 상처는 바로 치료해 주면 쉽게 아물 수 있습니다. 각막 표면의 상처는 3~4일 항생안약을 넣어 주는 일만으로도 아물기 시작합니다. 하지만 치료의 골든타임을 놓치면 눈은 영원히 회생 불가능한 상태가 될 수 있습니다.
가끔 "우리 애는 넥칼라를 너무 힘들어해요", "우리 애는 잘 안 긁는데 안약만 넣고 넥칼라는 안 하면 안 돼요?" 하시는 분들이 있습니다. 실제로 고양이 눈에 안약을 넣으면 안약 자극 때문에 눈을 더 간지러워합니다. 눈의 상처는 한번 비비면 바로 심각해질 수 있습니다. 이미 난 상처를 잘못 관리했다가 상처가 깊어진다면 약물치료만 해도 됐던 질환이 수술을 요하는 질환으로 발전할 수도 있고, 눈 모양 자체에 변형이 오거나 눈동자의 색상이 혼탁해질 수 있고, 심하면 녹내장까지 진행될 수 있습니다. 아무리 고양이가 힘들어한다고 해도 주치의가 넥칼라가 필요하다고 한다면 반드시 씌워 주세요.

대표적인 눈질환 ③ 유루증

"눈만 축축하게 젖어 있는 고양이는
매일의 관리가 필요합니다."

Q. 증상
A. 다음 증상이 보이면 유루증을 의심해 보세요.

☐ 아무리 닦아 줘도 눈물이 많이 난다.
☐ 갈색 눈물이 나고 눈 아래가 갈색으로 물들어 있다.
☐ 눈밑이 지저분하고 축축하다.
☐ 얼굴에서 축축한 걸레 냄새가 난다.

Q. 원인

A1. 품종적인 소인(이그조틱 혹은 페르시안 고양이)
얼굴이 눌려 있는 고양이들은 코 눈물관, 즉 코 밖으로 눈물이 배출되는 관이 막혀 있거나 그 부위에 염증이 생겨 눈물이 코로 배출되지 못하고 눈 밖으로 역류할 수 있습니다.

코에서 역류한 눈물에 효모균이 번식할 수 있다.

A2. 속눈썹이 눈을 찌르는 경우
'첩모'라고 하는 가느다란 속눈썹이 눈을 찌르는 방향으로 나거나 안검내반증 때문에 속눈썹이 눈을 찌르는 경우가 있습니다.

Q. 치료

A1. 눈물을 수시로 닦아 줍니다.
고양이 전용 혹은 개+고양이 전용으로 나오는 아이 워시(eye wash) 제품, 또는 식염수로 자주 닦아 줍니다. 절대 물티슈는 안 됩니다. 물티슈엔 알코올 성분이 있는 경우가 많아요.

A2. 눈앞의 털을 밀어 줍니다.
눈은 큰데 얼굴은 눌려 있고 눈앞에 털이 있으면 털이 눈을 찌를 수가 있습니다. 이 때문에 눈이 자극받아 눈물이 많이 나는 경우라면 털을 밀어 주세요. 병원이나 미용실에서 털을 자주 깎아서 눈이 찔리지 않게 할 수 있습니다.

A3. 성형수술을 합니다.
이그조틱이나 페르시안 고양이 중에는 구조적으로 안면 성형수술이 필요한 경우도 있습니다. 뼈 자체가 눌린 모양이기 때문에 이를 수술로 교정하기가 쉽지는 않은 것이 사실이고요. 이그조틱이나 페르시안 고양이를 입양하실 계획이라면, 이런 관리를 해 줄 수 있느냐를 신중하게 생각해 보시면 좋겠습니다. 힘들다고 생각된다면 키우지 않는 편이 맞습니다.

눈물 영양제는 주의해 주세요

몇 년 전 인터넷에서 '눈물 영양제'라는 이름으로 판매된 제품들이 있습니다. 유루증이 있는 고양이에게 사용할 수 있다고 해서 한동안 유행이었는데요, FDA(미국식품의약국)에서는 이 눈물자국 제거제에 대해서 우려를 표명한 바 있습니다. 타이로신 타르트레이트(tylosin tartrate)라는 항생제 성분이 들어 있기 때문입니다. 타이로신은 누낭염(눈물샘에 해당하는 누낭에 생기는 염증)이 있을 때 수의사가 처방하는 약물입니다. 그 외에는 사용하지 않고요. 문제는 타이로신이 쓰인 제품들이 인터넷에서 '영양제'라는 이름으로 둔갑되어 마치 눈을 건강하게 해 주면서 눈물자국을 없애 준다고 알려졌다는 점입니다.

보호자들 중 대다수는 이 제품들에 항생제가 있다는 사실을 인지하지 못하셨을 테지만, 항생제는 과용하거나 장복했을 때 문제를 일으킬 수 있습니다. 혹시 무언가 영양제를 쓰려는데 성분이 정확하지 않다면 주치의에게 가져가서 써도 되는 제품인지 물어보시는 게 좋겠습니다.

눈 상담실

눈을 위한 응급대처법

> 제제가 한밤중에 눈을 찡긋거리면서 나타나서 예전에 받아 둔 안약을 넣어 준 적이 있는데요, 이렇게 해도 괜찮은가요?   - 모모모

집에 가지고 있는 안약이 어떤 기능의 안약인지 알아야 할 것 같습니다. 만약 허피스바이러스로 결막염이 자주 있어서 상비약을 가지고 있더라도 사용하실 때는 신중해야 합니다. 찡긋거리는 이유가 각막에 난 상처 때문일 수도 있으니까요. 이때 스테로이드가 있는 소염안약을 상비약으로 가지고 있다가 사용하면 상처를 더 악화시킬 수 있어서 오히려 해가 될 수 있습니다.
안약을 넣기보다는 넥칼라를 씌워서 날이 밝으면 병원에 가시기를 추천드립니다.

> 안약의 종류가 여러 개 있나요??   - 모모모

안약의 종류는 많습니다. 항생안약, 소염안약, 안압을 낮추는 약, 통증을 낮추는 약 등등 먹는 약처럼 기능별로 여러 가지가 있습니다. 같은 기능이더라도 다른 종류의 안약을 여러 개 처방하기도 합니다. 예를 들면 '항생안약 1', '항생안약 2' 이런 식으로요. 그래서 처방받은 안약이 어떤 종류인지만이라도 메모해서 붙여 두시는 게 중요합니다. 또 안약을 받으면 받은 날짜를 표시해 두세요. 모든 안약은 개봉 후 1개월 이내에 쓰고 버리는 게 가장 좋습니다. 냉장보관을 하더라도 최대 2개월은 넘기지 마셔요. (2년 전 안약을 갖고 계신 모모모피디님! 냉장고의 그 안약은 당장 버리세요!)

귀 관리

🐾 나눌 이야기

- 고양이의 귀
- 귀질환
- 귀 닦기
- 귀 상담실

얼룩아범의 집사일기

　신사동 짝귀들. 우리 집 고양이들에게 종종 하는 말입니다. TNR을 거쳐 왼쪽 귀 끄트머리가 잘린 뒤에 우리 집으로 온 얼룩이야 그렇다 치지만, 한쪽 귀만 스코티시폴드마냥 접힌 귀로 살아가고 있는 저스틴을 볼 때면 죄책감이 차올라요. 사정인 즉슨 이렇습니다. 저스틴은 귀진드기를 앓고 있었는데 귓속이 유달리 좁아서 귀 청소가 쉽지 않았어요. 이 방법 저 방법을 다 써 봤지만, 제 귀에 뭔가 들어오는 순간 경악을 하며 발버둥 치는 저스틴을 달래는 건 언제나 어려운 일이었거든요.

　아이가 너무 싫어하니 좀 덜 자주 해 줄까 하는 마음에 귀 청소를 다소 게을리하던 어느 날, 저스틴은 뒷발로 귀를 긁다가 제 귀에 상처를 내 먹었습니다. 저스틴과 함께 살고 있던 남자들은 상처 안에 진물이 차오를 때까지 그걸 눈치 못 채고 있었을 만큼 둔했고, 상황을 알아채고 병원에 달려갔을 땐 이미 한쪽 귀가 물만두 수준으로 부풀어 오른 뒤였죠. 그때, 저스틴의 오른쪽 귀 연골은 그 모양 그대로 굳어져 버렸습니다.

　수술을 마친 소용누나는 진물이 빠져나갈 수 있게 일부러 환부를 다소 열어 놓았다며 매일 소독하며 딱지가 앉지 않게 해 주라고 신신당부를 하시더군요. 지시받은 대로 한다고 했는데, 저스틴은 회복력도 남다른 고양이였습니다. 매일 소독을 하며 딱지를 불려 떼어 줬음에도 저스틴의 귀는 빠른 속도로 아물어 버렸어요. 결국 저스틴은 다시 수술대에 올라야 했습니다. "저스틴은 슈퍼 고양이인가 봐요. 뭔가 혈청을 연구해야 할까 봐." 그래, 회복이라도 빠르니 다행입니다만.

　저처럼 고양이가 싫어하는 일을 하는 게 영 마음이 안 내키는 분들도 제법 있으실 거예요. 애가 저렇게 싫어하는데. 그렇지만 세상엔 싫어도 해야 하는 일들이 있더라고요. 저스틴의 짝귀를 볼 때마다 전 마음이 안 좋다는 이유로 귀 청소를 게을리한 자신을 책망합니다. 말 나온 김에 저스틴 귀 청소나 하러 가야겠네요.

얼룩아범님, 저스틴 귀 잘 닦아 주시나요?

저스틴은 귀진드기로 수술까지 받았음에도 귀 닦아 주는 걸 썩 좋아하지 않아요. 그래서 생각처럼 자주는 못 해 줘요.

저희 애들은 귀가 되게 깨끗하던데……. 깨끗한데 꼭 따로 씻어 줘야 하나요?

한번 귀진드기가 있던 아이는 잘 봐 줘야 하는데요, 귀진드기 자체는 없어졌지만 귀진드기로 인한 염증 때문에 외이염을 앓았을 가능성이 있거든요. 세균이나 다른 곰팡이 감염 등 2차 감염이 있어서 염증을 일으키고 난 뒤니까요, 귀가 한번 아팠던, 외이염을 앓았던 고양이라면 이후에도 귀에 문제가 생길 수 있어요. 귀가 깨끗하고 건강한데 괜히 안에다가 면봉 넣고 솜 넣고 해서 귀를 닦아 줄 필요는 없고요, 크게 문제가 없는 고양이라면 2주에 한 번, 아니면 한 달에 한 번 정도 귀를 닦아 주면 돼요. 아나어머니, 귀 닦아 보신 적 없으시죠?

없는 것 같아요. (웃음)

없는 사람도 꽤 많아요.

모모모피도 없대요.

저도 사실 소룡누나한테 이렇게 닦아 주면 됩니다, 얘기 듣기 전에는 잘못된 방법으로 닦고 있던 터라 충격과 공포였거든요.

면봉으로 닦나요?

그렇게 하면 귓병에 걸리고요, 오히려 안 건드렸으면 더 나았을걸 하는 경우가 있어요. 동물병원에서 면봉으로 고양이 귀 청소해 주는 모습을 보고 멋모르고 집에서 해 봤다가는 모세혈관이 터질 수도 있고요. 저희 저스틴도 모세혈관이 터진 적이 있거든요.

먼저 귀 청소를 안전하게 해 주는 방법부터 챙겨야겠네요.

고양이의 귀

"어벤저스급의 고성능 안테나"

Q. 특징
A. 고양이의 귀는 매우 고성능입니다. 귀로 얻는 외부의 정보가 어마어마합니다. 고양이가 소리를 듣는 가청범위는 60~65,000Hz입니다. 개보다 2배, 사람보다 8배나 청각이 뛰어납니다. 사람이 시각으로 대부분의 정보를 얻는다면 고양이는 기본적인 정보를 얻는 데 1차적으로 청각을 사용합니다. 소리가 들려오는 방향이나 거리를 가늠하기 위해 좌우 180도로 귀를 움직일 수 있습니다. 귀 끝에는 바람의 방향을 느끼거나 음파를 감지하는 '방모'라고 하는 작은 털이 있는데, 성장하면서 점차 짧아집니다.

Q. 역할
A. 먹이가 보이지 않을 때에도 소리로 정확하게 먹이의 위치를 파악할 수 있습니다. 가끔 뭔가 보이지 않는 것에 집중하는 모습을 보일 때가 있는데, 예전에는 이런 이유로 '귀신을 본다'는 오해를 사기도 했습니다. 이럴 때 우리에게 들리지 않는 소리를 듣고 있었겠죠? 고양이는 상대가 움직이려고 할 때, 즉 어떤 행동을 하기 전에 나오는 초음속의 소리를 알아듣고 사람들이 반응을 보이기 전에 미리 알아차릴 수 있다고 합니다.

귀질환

"고양이 귓병은 한번 생기면 재발 가능성이 높습니다."

Q. 귀의 구조
A. 고양이의 귀는 해부학적으로 귓바퀴 – 수직이도– 수평이도로 이루어져 있습니다. 이도의 길이는 짧지만 안쪽에서 굽어 있기 때문에 습기가 차면 귓병이 쉽게 발생할 수 있습니다.

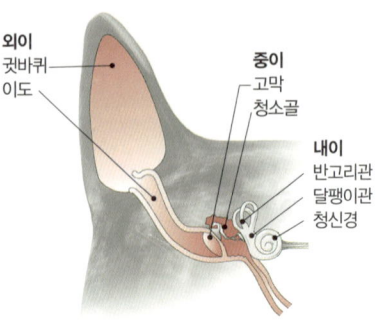

귀질환은 어느 부위에 생겼냐에 따라 명칭이 다릅니다. 귓바퀴와 이도에 생기는 외이염, 중이(고실, 고막, 청소골)에 생기는 중이염, 내이(반고리관, 전정기관, 달팽이관)에 생기는 내이염으로 나뉩니다. 이 중 가장 흔한 외이염이 우리가 평소 말하는 '귓병'인데요. 여기서는 외이염에 대해서 이야기 나눠 보겠습니다.

Q. 원인
A1. 귀진드기
귀진드기는 귓속에 사는 하얗고 자그마한 벌레입니다. 육안으로는 쉽게 볼 수 없고 확대경으로 보면 버글버글 기어 다니는 게 보입니다.

귀진드기가 귓속에 있으면서 뿜는 분비물이 귀지랑 결합하면 굉장히 시큼한 냄새가 나는 갈색 물질이 됩니다. 대개는 이 물질이 귀에 꽉 차서 밖으로 흘러나온 모습을 보고 귀진드기 감염을 추측하게 됩니다.

특히 귀진드기는 입양한 지 얼마 안 된 어린 고양이들에게 많습니다. 귀진드기는 감염된 고양이들과 접촉하면서 생기는데, 번식장이나 펫샵처럼 여러 마리가 밀집되어 있는 곳이 가장 흔한 감염경로입니다. 귀진드기에 감염되면 분비물만 생기는 게 아니라 얼굴과 귀 뒤를 심하게 긁습니다. 귀를 계속 털고 긁는 고양이의 귓속에 카메라를 넣어 보면 하얀 벌레들이 바글바글, 어떨 때는 카메라 쪽으로도 기어 와요. '안녕?' 이러면서. (웃음)

귀진드기를 예방하려면 귀진드기까지 예방하는 구충제를 쓰시면 됩니다.(구충제는 3-3장 〈구충과 심장사상충 예방〉 편 참고)

A2. 세균 혹은 곰팡이균

외이염은 보통 세균이나 곰팡이 때문에 생기는 경우가 많아요. 귀가 늘 습하고 눅눅하면 '말라세치아'라는 효모균의 감염이 쉽게 발생합니다. 말라세치아는 곰팡이균의 일종으로 귀질환을 유발하는 가장 대표적인 균입니다. "우리 고양이는 벌레는 없는데 귓병이 있대요" 하는 경우의 90% 가까이가 이 감염증입니다.

말라세치아 곰팡이균 역시 갈색 분비물을 만들어 냅니다. 문제는 무좀처럼 자꾸 재발한다는 점입니다. 반복적으로 재발하기 때문에 말라세치아가 완전히 제거될 때까지 확실히 치료를 해 주어야 합니다. 이후에도 재발 방지를 위해 관리를 꾸준히 해 주어야 하고요. 세균 감염이나 곰팡이균 감염으로 인한 심각한 외이염은 세균배양으로 세균의 종류를 확인하고 효과적인 항생제를 선택해서 치료하는 것이 좋습니다.

A3. 알레르기

특이적인 환경 알레르기나 음식 알레르기로 외이염이 발생할 수 있습니다. 피부 알레르기와 동시에 나타나기도 하고, 귀 양쪽에 영향을 줍니다. 2차적으로 세균성 혹은 곰팡이성 외이염이 생길 수 있으며, 알레르기성 외이염의 경우에는 빨갛게 붓고 귀 안에 황갈색 분비물이 많이 생깁니다. 귀 청소를 해도 며칠 만에 다시 분비물이 많이 생길 수 있고요. 머리를 흔들면 귀에서 물소리가 나기도 합니다. 귀를 자주 긁거나 털어서 이개혈종이 생기기 쉽습니다.

치료를 위해 알레르기의 원인을 찾아서 제거하고, 2차 감염을 개선하고, 염증을 완화하는 약물치료가 필요합니다.

질문 있어요!

 저희 저스틴이 바로 이개혈종이 생겼었어요!

 네, 귀를 심하게 긁고 머리를 흔들면 귓바퀴 피부 안쪽에 있는 모세혈관이 터져 출혈이 생기는데요, 귓바퀴 안쪽에서 생긴 출혈로 피가 고여 귓바퀴가 붓게 되죠. 꽤 흔히 발생합니다. 이개혈종이 있으면 대부분 외과적인 수술로 치료하고 기간은 2주 이상 걸립니다. 이개혈종은 이개혈종 자체만이 아니라 귓병의 근본 원인을 찾아 함께 치료해야 합니다. 그렇지 않으면 재발합니다. 한쪽만 수술했다고 안심하시면 안 됩니다, 얼룩아범님! 귓병이 치료되지 않으면 반대쪽도 수술할 수 있습니다.

A4. 선천적으로 귀가 단단하게 안으로 말린 품종

보통은 귓바퀴가 연골이잖아요. 이 연골은 다양한 방향으로 바람이 들어오게 하면서 귀를 환기시켜 주는 중요한 역할을 합니다. 그런데 어떤 종의 고양이들은 이 귓바퀴가 굉장히 단단하고 귀 끝이 안쪽으로 말려 있어요. 환기가 되지 않다 보니 고양이 중에 그렇게 귀가 접힌(폴드) 형태의 아이들이 귓병을 달고 살 수밖에 없습니다.

또 치료를 하려고 해도 안이 딱딱해서 그냥 닦아 내는 정도로만 할 수 있고, 탄성이 없다 보니 고양이에게는 치료가 정말 고통스러운 일이 됩니다. 귓병이 만성

질환이 될 수밖에 없는 조건이죠. 귀가 접힌 종을 선택하실 때는 이 점을 감안하셔야 합니다.

귀 닦기

"면봉 말고 솜으로 닦아 주세요."

Q. 귀 청소 꼭 해야 하나요?
A. 애들마다 달라요.
눈으로 봤을 때 깨끗하고, 솜으로 귓바퀴를 닦았는데 분비물이 묻어나지 않는다면 굳이 할 필요는 없습니다.
한 달에 한 번, 혹은 2주에 한 번 정도 육안으로 먼저 갈색 귀지가 밖으로 나오는지 확인하세요. 귀지가 보이면 절단솜을 얇게 반으로 가른 뒤, 세정제를 묻혀 손가락 닿는 데까지 귓구멍을 닦으세요. 갈색 분비물이 많이 묻어나면 2~3일에 한 번씩 귀 청소를 해 주시고, 그렇지 않은 경우는 겉에 묻어 나는 먼지나 귀지 정도만 닦아 주세요.

질문 있어요!

 아나나 키아라는 귀가 깨끗한 편인데, 청소를 시도해 봤어요. 그랬더니 귀를 계속 흔들고 다니더라고요. 그래도 계속해 줘야 할까요?

 '긁어부스럼' 만들지 마세요. 아나나 키아라처럼 보기에도 깨끗하고 귓병을 앓은 적이 없는 고양이라면 가능한 한 귀를 건드리지 않는 편이 나을 수도 있습니다.
고양이 귀는 굉장히 깨끗한데 무리하게 귀 청소를 하다가 귓병이 나는 경우도 있거든요. 겉으로 봤을 때 깨끗하고 냄새가 나지 않고 한번 솜으로 닦았는데 분비물이 별로 없다면 더 이상의 귀 청소는 안 하셔도 돼요.
만약 귓바퀴를 봤는데 빨갛다거나 냄새가 난다거나 분비물이 묻어 있다면, 또는 저스틴처럼 귀를 자주 닦아 주는데도 귀를 자주 털거나 귀, 목, 얼굴 부위를 자꾸 긁는다면, 귓병이 있는 것입니다. 귓병이 있는 상태에서 정확한 치료 없이 염증이 있는 귀를 무리해서 닦는다면 고양이에겐 큰 고통이 될 거예요. 예방접종이나 검진을 위해서 동물병원에 갔을 때 다시 한번 고양이의 귀 상태를 확인해 보시고, 고양이에게 너무 큰 스트레스를 주지 않고 귀를 관리해 줄 수 있는 방법을 고민해 주세요.

Q. 귀 청소 준비물
A. 귀 전용 세정제, 절단솜(화장솜, 얇은 솜)

귀지 자체가 지방, 기름입니다. 기름 성분이 있기 때문에 기름기를 닦아 낼 수 있는 귀 전용 세정제가 필요합니다. 귀 점막이 매우 약하기 때문에 솜을 얇게 절단해서 세정제에 적셔 살살 닦아 주도록 합니다.

Q. 귀 청소
A. 단계별로 진행합니다.

1단계: 솜 넣기

얇은 솜을 먼저 귓속에 쏘옥 집어넣습니다. 살살 넣어 주세요. 너무 두꺼운 솜은 이도를 막아 버릴 뿐, 안으로 쏙 들어가기 어렵기 때문에 얇은 솜이 좋습니다. (너무 깊숙이 넣으면 나중에 빼기 어려우니 주의하세요.)

2단계: 세정제 넣기

솜이 있는 상태에서 세정제를 솜에 살살 흘려 넣어 주세요. 강아지와 달리 고양이는 세정제 자체를 귀 안으로 직접 넣으면 난리가 납니다.

3단계: 마사지하기

세정제가 흘러 들어간 상태에서 솜이 있는 채로 문질문질 마사지를 해 주세요. 마사지할 때 턱을 살짝 잡고 고정한 상태에서 부드럽게 문질러 주세요. 마사지

를 하는 이유는 귓속으로 흘러 들어간 세정제로 이도 점막에
눌어붙어 있는 귀지를 불려 주기 위해서입니다. 2~3초가
아니라 10초 이상은 문질문질 해 주세요. (고양이들이 곧
귓속의 솜을 털어 버릴 거라서 마사지 시간을 길게 유지하기는
어려우실 거예요. 물론 시간이 너무 짧지 않아야 솜에 귀지가 묻
어 나올 수가 있습니다.)

4단계: 솜 빼기

마사지를 한 뒤에는 가볍게 솜을 쏙 제거해 주세요.

5단계: 귀 털기

솜을 빼면 고양이가 귀를 좌우로 타다닥
털 거예요. 바로 털지 않으면 귀를 살짝
호~ 불어서 귀 털기를 유도하는 방법도 있습
니다. 단, 고양이의 노여움을 살 수 있으니 주의
하세요.

6단계: 귓바퀴 닦기

귀를 털고 난 뒤에는 반드시 다시 세정제를 솜에 묻혀서 귓바퀴를 닦아 줍니다.
털었을 때 함께 나온 분비물들이 귓바퀴에 묻어 있거든요.

질문 있어요!

 면봉이나 의료용 포셉에 솜을 말아서 닦아 주면 안 되나요?

 귀 청소를 하실 때 솜을 의료용 포셉에 말아서 너무 세게 닦아 주면 귀 점막에 손상이
갈 수 있습니다. 고양이 귀 점막은 잇몸처럼 부드러운 조직입니다. 솜을 말았더라도
반복해서 문지르게 되면 벌겋게 달아오르거나 상처가 날 수 있어 오히려 귓병을 유발
할 수 있습니다.

또 고양이는 이도의 길이가 짧지만 사람과 달리 안쪽에서 굽어 있기 때문에 섣부르게 면봉을 귓속에 깊이 넣어 청소하면 고막이 손상될 수도 있습니다.

귀 청소 동영상도 참고해 주세요

 소롱누나의 귀 청소 동영상

귀 상담실

① 귀진드기인가요? 아닌가요?

To 키티피디아
안녕하세요. 〈키티피디아〉를 들으면서 하나하나 알아 가는 초보 집사입니다.
저희 덜룩이 귀를 살펴보니 귓바퀴를 따라 귀지 같은 것이 점점이 이어져 있더라고요. 이게 귀진드기인가요?
- 박마리아

'귓바퀴를 따라 점점이 있는 갈색 분비물이 귀진드기냐'고 물어보신 거라면 답은 '아니오'입니다. '이런 증상이 귀진드기 질환의 증상인가요?'라고 물으신다면 답은 '그렇다'입니다.

만약 덜룩이 귀를 자주 닦아 주는데도 귀를 젖혔을 때 냄새가 많이 나고 갈색 귀지가 많다면, 그때는 가까운 병원에 가서 귓속을 한번 확인해 보세요. 귓속에 하얀 벌레들이 오글오글 기어다니고 있다면 그건 귀진드기 감염이 맞고요, 치료약을 쓰셔야 합니다. 그리고 귀진드기가 귓속 점막과 각질층을 뜯어먹고 살기 때문에 외이염 치료도 해 주실 필요가 있습니다.

② 아무리 불러도 오지 않아요

> To 키티피디아
> 같이 산 지 2년 된 아이의 이름을 바꿔야 되나 고민입니다. 자기 이름을 못 알아들어서요. 불러도 오지 않고요. 고양이는 귀가 나쁜가요? 잘 알아듣는 발음이 따로 있나요?
> — 연남동 D

저는 어느 정도 이름은 좀 쉬워야 한다고 생각해요. 그릉이, 구릉이, 가랑이…… 이런 식으로 이름이 비슷비슷하면 알아듣기 힘들죠. 그리고 저는 이름을 불러 주는 것도 일종의 교감이라서, 이름을 불러 주는 목소리의 톤도 중요하다고 생각해요. 위협적인 톤으로 "이리 와!"라고 하면 가기 싫을 수가 있잖아요.
그런 문제가 아니라면 청력검사를 해 보세요. 고양이 중에 청력이 없는 아이들도 있으니까요. 그런데 제가 볼 때는 청력 문제는 아닌 것 같아요. 일반적으로 고양이의 청력은 굉장히 좋아요.
만약 청력에 이상이 없다면, 알아들었지만 안 오는 것일 수도 있어요. 사람들이 착각하는 게, 우리가 고양이를 부른다고 해서 고양이가 꼭 와야 할 이유는 없어요. 청력이 정상인데도 오지 않는다면, 오도록 만드는 수밖에 없어요. 귀가 안 들리는 게 아니라 말을 안 듣는 것뿐이니까요.
청력이 괜찮다는 가정하에, 만약 집사가 "덜룩아~" 하고 불러서 갔을 때마다 귀 청소를 했었다거나 양치질을 했었다거나, 덜룩이로서는 원하지 않는 무언가를 해야 했다면 덜룩이는 그런 일들을 기억하고 반응을 하지 않는 것일 수도 있어요. 항상 뭔가 좋지 않은 일이 있었다고 기억하는 거죠. 이전에 그런 일이 있지 않았는지 생각해 보시면 좋겠습니다.

발톱 관리

🐾 나눌 이야기

- 발톱 깎기
- 발톱 깎기 상담실

얼룩아범의 집사일기

　야 이 녀석아, 좀 가만히 있어 봐. 저스틴이 비명을 치며 발버둥 댑니다. 아이와 씨름하는 저는 저스틴의 뒷발에 차일까 싶어 온몸에서 긴장을 풀지 못하고요. 누가 들으면 본격 고양이 학대의 현장처럼 보일 만한 이 광경은, 저스틴의 발톱을 깎아 주는 우리 집의 일상입니다. 스트레스 해소 삼아 스크래처를 긁어 대는 고양이들의 발톱은, 잠깐만 방심하면 어느새 놀라울 만큼 날카롭게 갈려 있지요. 애써 갈아 놓은 발톱을 번번이 잘라 내는 인간이 귀찮고 싫은지, 얼룩이도 저스틴도 발톱을 깎으려 들면 언제나 완강하게 저항합니다. 특히 몸길이(꼬리까지) 80cm에 몸무게는 10야옹을 넘기는 거구인 저스틴의 발톱을 깎는 일은 늘 준비와 각오, 내 피 땀 눈물, 내 마지막 춤을 다~ 음, 아무튼 그런 것들을 필요로 합니다.

　저스틴의 뒷발 차기는 가히 무공의 최고 경지에 이르렀다 할 만합니다. 처음에는 제 티셔츠를 찢어 먹고 가슴팍에 상처를 남기더니, 언제부터인가 티셔츠는 안 찢으면서도 제 가슴에서 피를 내는 신묘한 경지에 올랐더군요. 어찌 된 일인가 싶어 티셔츠를 가만히 살펴보니, 발톱이 들어갔다 나온 작은 구멍만 뽁 하고 나 있습디다. 작은 구멍에 발톱을 걸고 가슴팍을 긁고는 다시 발톱을 빼내는 찰나의 기술. 황비홍이 구사했다던, 그림자도 흔적도 없이 날아오는 발차기 무영각이 이보다 빨랐을까요. 이제 노령묘가 되어 가는 저스틴이 이처럼 강고한 무공을 자랑한다는 건 다행이라 생각하며, 오늘도 전 가슴팍에 후시딘을 펴 바릅니다.

　처음부터 고양이 발톱을 잘 자르는 기술을 익혀서 조심스레 접근했더라면 어땠을까요? 어설프기 짝이 없었던 과거의 저 때문에, 이제 아이들은 제가 발톱 손질용 가위만 들어도 일단 경계태세에 돌입합니다. 허공답보로 도망갈 준비가 된 얼룩이, 무영각을 날릴 자세를 취한 저스틴. 집 안에서 펼쳐지는 강호의 풍경은 흥미진진합니다만, 혹여 이런 풍경이 부담스러운 분들은 이번 〈발톱 관리〉 편을 잘 읽어 주세요. 본시 강호는 무정하니 설익은 무공으로 발을 들였다간 반드시 피를 보게 될 것입니다.

오늘은 고양이들의 발톱에 대해 얘기해 볼 텐데요. 발톱인가요? 손톱인가요? (웃음) 제가 아나, 키아라 발톱을 깎고 있으면 그거 꼭 해야 하냐고들 물으세요. 쟤들이 사람이랑 살아야 해서 깎지, 평소에는 안 깎고 살지 않냐면서요.

사람이랑 사니까 깎여야 하는 거죠. 바깥에서 살면 딱딱한 땅 밟고 다니고 나무에 스크래치도 하니까 손톱을 깎을 필요가 없지만요.

네, 고양잇과 동물은 개랑은 달라요. 발톱 보시면 아시겠지만 구조적으로 차이가 있어요. 고양이는 평소 걸을 때 발톱이 나오지 않아요. 위험할 때만 발톱을 내밀죠. 평소에는 피부 안에 감추고 살기 때문에 걸어 다니는 것만으로는 발톱이 닳지 않아요. 그래서 반드시 깎아 줘야 합니다.

저희 집 저스틴은 저와 살기 이전에 제 가족과 살았는데요, 발톱이 아주 날카롭고 힘이 세요. 애가 덩치가 있으니까 더 그런데, 저스틴은 지금 앞발톱이 없어요. 한때 미국에서 고양이 앞발톱 제거하는 시술이 유행이었나 봐요. 저스틴은 제 가족과 미국에서 살 때 그 시술을 했다고 하더라고요.

그건 너무했다. 운동성 자체에 문제가 생기지 않을까요?

저희 집에 도착했을 때 이미 저스틴은 앞발톱이 없는 상태였죠.

예전에는 발톱을 내미는 신경을 절단하거나 발톱을 뽑아 내는 수술을 하기도 했었대요. 지금은 하지 않아요. 고양이 본성을 제거하는 일이니까 사실 강력하게 반대해야 할 시술이죠. 전형적인 동물학대와 인간 중심 사고방식이고요.

아무튼 그런 시술도 한동안 있었을 만큼 집에서 인간하고 사는 고양이들은 벽지나 가구 등에 엄청난 손상을 입힌다는 얘기잖아요. 그러니, 피해를 입지 않으려면 끊임없이 발톱을 깎아 줘야 하는 거죠.

무엇이든 다 할퀴어도 괜찮으니 나는 고양이 발톱 안 깎이겠다는 입장은 어때요?

그건 좋지 않은데요. 전 실내에 사는 고양이는 발톱을 깎여야 한다고 봐요. 고양이는 계속해서 발톱을 갈아서 새로운 발톱이 나오도록 해야 돼요. 스크래치를 하면 할수록 발톱이 계속 벗겨진단 말이에요. 하지만 스크래치를 하면 발톱이 아주 날카롭게 갈려요. 이런 고양이의 꾹꾹이를 받으면 굉장히 고통스럽죠. 핀에 찔리는 것 같은 느낌일 만큼. 또 하나는 고양이들 성향 자체가 아무리 스크래처를 잘 마련해 줘도 금방 싫증을 내거든요. 한동안은 열심히 하다가 시간 지나면 안 하잖아요. 그사이 발톱은 길게 자라서 꺾이거나 부러지고요. 발톱은 꼭 깎아 주세요.

발톱 깎기

"한번에 모두 다 깎지 않아도 됩니다."

 고양이 발톱의 특징은 껍질이 벗겨지면서 계속 새 발톱이 올라오도록 해 줘야 한다는 점입니다. 사람과 함께 실내 환경에 사는 고양이는 자연 상태에서처럼 빨리 발톱이 닳거나, 발톱을 갈 일이 많지 않아서 사람이 주기적으로 꼭 발톱을 관리해 주어야 합니다.

Q. 얼마나 자주?
A. 3주에 1회 정도 깎아 줍니다.

발톱은 3~4주에 한 번 정도 깎아 줍니다. 발톱을 깎지 않는 때에도 중간중간 자주 발을 만져 주어서 발을 만지는 것에 대한 거부감이 줄어들도록 해 주세요. 발을 잡아서 발톱이 나오게 발가락을 가볍게 눌러 주는 연습만 해 주셔도 좋겠습니다.

Q. 발톱깎이 고르기

A. 고양이 발톱은 두껍고 겹겹으로 이루어져 있어서 계속 큐티클이 벗겨집니다. 특히 나이 든 고양이한테는 발톱 깎는 일이 굉장히 중요합니다. 열 살이 넘은 고양이는 스크래치를 하지 않는 경우가 많으니까요. 또 하나, 심리적으로 불안정하고 몸 상태가 안 좋으면 사람도 손톱을 물어뜯듯이 발톱을 뜯는 고양이도 있습니다. 발톱질환이 생길 수도 있고요. 그런 이유들로 깔끔하게 잘 잘리는 발톱깎이는 아주 중요합니다.

발톱깎이, 평생 쓰는 거 아닙니다

발톱깎이 날도 무뎌집니다. 한번에 발톱이 또각또각 잘려야 하는데, 잘리다 만 채로 덜렁덜렁 끊겨서 여러 번 자르게 되면 고양이도 화가 나겠죠? 고양이 전용 발톱깎이를 사시고, 날이 무뎌지거나 녹이 슬면 교체해 주세요. 발톱깎이는 사용 후에 기름칠을 하고 말려 두는 게 좋고요. 녹 슬지 않게끔.

Q. 발톱 깎기
A. [안아 주기 - 발 만지기 - 발가락 눌러서 발톱 내밀기 - 발톱 깎기]의 과정입니다.

발톱 깎는 습관은 천천히 부드럽게 들여 주세요. 처음부터 [안아 주기 - 발 만지기 - 발가락 눌러서 발톱 내밀기 - 발톱 깎기] 이 모든 단계를 한번에 다 못할 수도 있습니다. 그러니 맨 처음에는 발에 손을 대고 칭찬으로 간식을 주는 것부터 시작하셔도 좋아요. 거부감이 들지 않는 선에서 단계별로 천천히! 하루에 발톱 한 개씩만 하셔도 좋습니다. 하나씩 하나씩! 무조건 천천히!

발을 만지는 단계까지 익숙해지면, 나머지 단계를 시행해 보세요. 발가락을 눌러

서 발톱이 나오게 합니다. 여기까지만 성공하면 발톱 깎기는 어렵지 않습니다. 발톱을 깎는 구체적인 방법은 다음과 같습니다.

발가락을 눌러 발톱이 나오면 흰색 발톱 안에 핑크색 속살이 보일 겁니다. **핑크색 속살이 있는 위치에서 3~5mm 정도 간격을 두고 잘라 주세요.** 절대 속살에 바짝 자르면 안 됩니다. 여기로 혈관과 신경이 지나가거든요. 이 핑크색 살을 건드리면 피도 나지만 엄청난 통증을 불러일으킨다는 점을 주의하세요.

적당하게 자르는 일이 어렵다면 처음에는 욕심내지 마시고, 발톱 끝 날카로운 부분만 잘라 주세요. 또 하나, **엄지발톱(며느리발톱)도 잊지 말고 꼭 잘라 주세요.**

질문 있어요!

 발톱 자르다가 피가 났어요!

 발톱을 너무 짧게 깎은 경우에는 피가 날 수 있어요. 고양이도 아파서 소리를 꺅! 지를 거고요. 이때는 깨끗한 거즈나 티슈로 피가 나는 발톱을 5분 정도 눌러서 압박지혈해 주세요. 대부분의 경우는 이렇게 지혈이 됩니다. 피가 난 채로 고양이가 화장실로 도망가거나 숨어서 발가락을 핥아 오염시키지 않게 꼬옥 안고 계셔야 합니다.
만약 이렇게도 지혈이 안 된다면 너무 당황하지 마시고 발을 수건으로 감싸서 바로 병원으로 가시면 됩니다.

 뒷발톱도 잘라야 하나요?

 고양이는 앞발톱보다 뒷발톱이 짧습니다. 점프 같은 걸 할 때 뒷발을 디딤 발로 쓰기 때문에 더 많이 닳죠. 그래서 저는 보통 뒷발은 깎지 마시라고 이야기합니다. 그냥 깎는 시늉만 하시라고요. 굳이 안 깎아 주셔도 됩니다.

발톱 깎기 상담실

발톱이 부러지는 고양이

> To 키티피디아
> 안녕하세요. 일주일에 한두 번 하던 청소를 냥님들 때문에 매일 하게 된, 야근에 바쁜 직장인입니다. 그런데 청소를 하다 보면 아이들 발톱이 보입니다. 발톱 자르다가 부러지기도 하고요. 사람도 손톱이 약하면 잘 부러지잖아요. 그래서 에센스를 바르기도 하고요. 고양이도 그런 게 필요한가요? 그냥 잘 먹이면 될까요? (뭐가 부족했던 거냐, 이놈들!!!)
> — 방화동 P

사진이 없어서 명쾌하게 얘기하긴 어렵지만 몇 가지 의심되는 원인과 관리법을 말씀드리겠습니다.

의심되는 원인

1) 우선 **발가락이나 발톱 주위에, 발톱이 시작되는 그 부위에 염증이나 피부질환 또는 각질이 있는지** 확인해 보세요. 약간 각질도 있고 피부가 허옇게 일어나 있으면 소독을 해 주세요. 사람으로 치면 발톱 무좀 같은 게 있는지 확인해 보는 거죠.

2) **발톱 자르는 주기가 너무 길어서** 그럴 수도 있어요. 발톱 자르는 주기가 1개월이 넘어가면 이미 길어질 대로 길어진 발톱이 자동으로 탈락하는 거죠. 이런 일이 잦아지면 발톱이 약해지고 부러지는 일도 더 자주 생깁니다.

3) 방화동 P님과 같이 사는 **고양이들이 나이가 많다면 진짜로 영양부족**일 수 있어요. 만약 영양부족이라면 **수분, 미네랄이 많은 사료**로 바꿔 주시는 것도 괜찮습니다. 그리고 나이가 있으면서 다묘가정인 경우에는 고양이 한 마리 한 마리

가 모두 밥을 잘 챙겨 먹는지 모를 때가 있거든요. 밥을 잘 먹지 못하는 고양이가 있다면, 모질 상태, 피부 상태(특히 각질)로도 영양부족이 나타날 거예요. **발톱뿐 아니라 다른 부분은 어떤지도 같이 확인해서 고양이 영양 상태를 전체적으로 점검해 보시면 좋겠습니다.**

관리법

에센스를 굳이 발라 줄 필요는 없을 것 같아요. 뭐라도 발라 주고 싶다면, 이럴 때는 코코넛 오일을 권하고 싶은데요, 코코넛 오일이 냄새가 달달해서 고양이들이 그 부위를 오히려 더 자주 핥으면 그것도 문제가 될 수 있어요. 혹시 건조해서 발톱이 잘 부러지는 것 같다면, **코코넛 오일을 손에다가 약간 덜어서 문지른 뒤, 손바닥에 남은 여분을,** 그러니까 아주 적은 양을 고양이 발톱 부위에 발라 주는 정도면 될 것 같습니다. 오메가 3, 오메가 6 등이 들어간 **고양이 피부영양제**를 먹여도 괜찮고요.

빗질하기

🐾 나눌 이야기

· 빗의 종류와 특징
· 빗질하기 전
· 빗질하기
· 윤기 좔좔 빗질 꿀팁

얼룩아범의 집사일기

별빛이 내린다. 샤라랄라라랄라. 샤라랄라라랄라. 아침에 일어나 눈을 뜰 때면 뇌리를 스치는 노래입니다. 창밖에서 쏟아지듯 들어오는 햇살에, 허공에 가득하게 떠다니는 고양이 털들이 부딪히는 광경이란. 깔끔한 사람들에게는 분노를, 천식 환자들에게는 공포를 유발할 만한 이 충격적인 광경이, 이제 제겐 아무렇지도 않습니다. 빗질을 조금만 게을리하면 자연스레 볼 수 있는 광경이기 때문이거든요. 봄날엔 벚꽃이 흩날리고, 여름엔 빗줄기가 굿고, 가을엔 낙엽이 떨어지고, 겨울엔 눈이 나리고, 밤에는 별빛이 내리는 것처럼, 제 방에는 때가 되면 고양이 털이 흩날린다고 생각하면 마음이 한결 편합니다. 콜록콜록. 잠깐만, 기침 좀 하고 계속 얘기할게요. 샤라랄라라랄라.

물론 포기해 봐야 편한 건 마음뿐이라서, 부지런히 빗질을 해 주는 것만이 상책입니다. 아이들이 발치에 와서 몸을 부빌 때면, 집에 종류별로 사 놓은 빗들을 꺼내어 빗질을 해 주죠. 마사지빗, 사랑빗, 퍼미네이터를 차곡차곡 꺼내어 빗질을 시작하면, 녀석들은 좋다고 그릉거립니다. 그릉거리는 것까진 좋은데, 너무 좋아서 주체를 못하는지 자꾸만 일어나서 뒹굴거리는 게 번거롭죠. 아이고, 좀 가만히 있어 봐. 털 빠지잖아. 10분 넘게 빗질을 했는데도 털은 끊임없이 나오고, 전 흡사 하염없이 베를 짜는 직녀의 심정이 되어 빗질을 반복합니다. 이렇게 털이 많이 빠질 거면 모아서 스웨터라도 만들어 볼까. 평소에도 옷에 온통 고양이 털을 묻히고 다니는데, 그 털들을 찍찍이로 미는 것보다 아예 고양이 털옷을 만들어 입는 편이 더 빠르지 않을까. 별 이상한 생각을 다 하면서요.

한참 빗질을 해 주고 나면 기분이 썩 좋은지, 얼룩이와 저스틴 모두 찍 뻗어서 그르릉거리며 잠을 청합니다. 그 모양새를 보고 있자면 허탈한 마음도 한결 가시죠. 좋냐, 이 바보들아. 빗에 낀 털들을 모아 손바닥으로 동글동글 말아 쥐어 봅니다. 방금 잠든 아이들 몸에서 옮아온 온기가 손바닥 가득 뜨끈하네요.

 털뿜시즌('털을 뿜어내는 시기'라는 뜻)이라고 하죠. 봄에 특히 제대로 털 빗기가 필요한데요.

 우리 아이 피부가 좀 지저분하다, 그런데 목욕은 딱히 안 시키고 있다, 그러면 매일의 빗질이 필요합니다. 빗질은 위생 관리뿐만이 아니라 교감과 교육을 병행할 수 있는 가장 좋은 방법 중에 하나입니다. 자칫하면 매일의 고문이 될 수도 있겠고요. (웃음)

 저희 집 애들은 빗 들고 있으면 저한테 빗질해 달라고 안겨요. 너무 세게 해 주면 당연히 싫어하는데 그것도 하다 보면 노하우가 쌓이니까요. 빗질을 잘해 주면 애들이 노곤노곤 녹아요.

 좋아하는 애들은 진짜 좋아하고요. 빗질을 자주 해 주고 몸을 자주 만져 주면 아이들 몸 상태를 체크하기 쉬워요. 얼룩아범님도 보면 항상 빗질을 해 주다 보니까 사소한 딱지나 피부 트러블도 금방 발견하시잖아요.

 발견하고 그걸로 바로 무슨 조치를 취해 주진 않아요. 더 심해지면 그때서야……. 내버려 두면 낫는 경우들도 종종 있으니까요.

 아나어머니도 천 원 주고 산 빗으로 잘해 주고 계시다고요?

 네, 이게 원래 빗으로 나온 건 아니고 구둣솔로 나온 돼지털 브러시인데요. 애들한테 해 주니까 아주 효과가 좋아서 아나는 털이 윤기가 엄청 흘러요. 키아라는 원래 우아한 아인데 저랑 살면서 없어 보이는 애가 됐거든요. (웃음) 그런데 천 원짜리 돼지털 브러시로 마치 헤어샵에서 항상 케어받는 고양이처럼 요즘 굉장히 있어 보여요. 그래서 그 돼지털 브러시를 저도 쓰고 있습니다. (웃음)

 네, 그렇게 고양이도 털을 빗질하는 시간을 즐거운 시간으로 여길 수 있도록 해야 해요. 빗질 매일 해야 하는 거라며, 의무적으로 빡빡 빗기기 시작하면 고양이에게 또 다른 트라우마를 남기게 되니까요.

빗의 종류와 특징

"잘 고른 빗 하나, 열 목욕 안 부럽다."

다양한 빗의 종류와 특징을 하나씩 알아봅시다.

	대상	역할	사용방법 및 특징	참고
일자빗	장모종	엉킨 털을 푼다.	빗살 간격이 넓은 것, 촘촘한 것이 있는데 먼저 넓은 빗으로 빗고, 그다음 엉킨 털을 촘촘한 빗으로 빗는다. 털이 숨을 쉴 수 있도록 결과 반대 방향으로 빗질하고, 그다음 다시 결 방향으로 빗질한다.	털이 심하게 엉켜 있다면 먼저 병원이나 미용실에 가서 그 털을 해결한 후 빗질한다.
브러시	단모종	털에 묻은 먼지를 없애고 윤기를 개선한다. 피부에서 빠졌는데 몸에서 빠져나오지 못한 털도 제거 가능	나일론 재질 혹은 돼지털, 멧돼지털 등 동물털로 만든 종류가 있다. 돼지털이 좀 더 부드럽고 멧돼지털은 좀 더 뻣뻣하다. (멧돼지 브러시는 장모종이 사용하기도 함.) 정전기가 덜한 편이다.	아나엄마네는 돼지털 구둣솔
슬리커(핀브러시)	단모종	잘 쓰면 모든 단모종 털 빗기가 끝날 수 있다.	털 끝부분부터 안으로 빗어 들어간다. 네모난 헤드에 가깝게 바짝 부여잡고, 톡톡톡 쳐 내듯이 부드럽고 가볍게 터치하며 빗는다.	잘못하면 빗질에 대한 트라우마를 가지기 쉽다. 빗질 강도에 주의

퍼미네이터 (쉐드킬러)	단모종	털갈이할 때 빠져나오지 못한 속털까지 빗겨 준다.	한 손잡이에 두 개의 날. 성긴 빗과 촘촘한 빗이 있는데 먼저 성긴 빗으로 엉킨 데를 쓸어 주고, 촘촘한 빗으로 죽은 털을 긁어 낸다.	
실리콘 브러시 (고무 브러시)	단모종	빗질 효과는 작지만 마사지 효과가 있다.	실리콘이라 부드럽기 때문에 빗질을 싫어하는 아이들도 거부감 없이 빗을 수 있다. 목욕할 때도 쓸 수 있다.	빗질을 처음 시작한다면 추천
사랑빗	장모종 단모종 품종별 구성	엉킨 털도 편하게 빗을 수 있다.	탄성이 좋아 아이들이 힘들어하지 않고 통증이나 상처 없이 빗을 수 있다. 참빗 느낌	〈키티피디아〉 고양이님들의 만족도가 가장 높았던 빗

슬리커의 강도가 감이 잘 안 온다면?

팔뚝 안쪽 맨살에 대고 고양이 털 빗듯 가로지르며 긁어 보면 강도를 알 수 있습니다. 고양이 빗질은 어느 정도면 적당한지 내 피부를 통해 먼저 강도를 조절해 보세요.

빗질하기 전

"마사지 테라피스트가 된 듯 부드럽게 스킨십"

Q. 빗질 장소
A. 장모라면 테이블을, 단모라면 아이가 좋아하는 장소를 추천합니다.
아이가 장모라면 빗질을 좀 많이 해야 하잖아요? 그러기 위해서는 애들을 돌리고 눕히고 할 수 있는 테이블 같은 공간이 좋습니다. 애들이 다니는 곳 중에 어느 정도 높이가 있는 곳을 선택하는 거죠. 평소에 아이가 편안하게 왔다갔다 하면서 즐길 수 있는 공간으로요. 아이가 올라서지 못하는 너무 높은 테이블이나 평소에 금지구역으로 정해서 출입을 제한하는 테이블이라면 좋지 않겠죠. 테이블을 택했으면 억지로 안아 올리기보다는 자연스럽게 올라오도록 평소에 가르쳐 줍니다. (가르쳐 주는 방법은 4-1장 〈포상놀이〉 편 참고)
단모종인 아이들은 굳이 테이블이 필요 없습니다. 무릎 같은 데 올라와 앉으면 보상으로 쓰다듬어 주면서 빗질을 하시면 됩니다.

Q. 빗질 전 스킨십
A. 스킨십을 통해 빗질에 대한 거부감을 줄입니다.
빗질에 적응하기 위한 첫 번째 과정은 '신뢰구축 스킨십'입니다. 말 그대로 빗질이 아닌 쓰다듬기를 통해 몸을 만지는 것에 익숙해지도록 하는 거죠. 신뢰구축 스킨십의 과정 역시 한번에 다 완료하는 것이 아니라 조금씩 천천히 스킨십의 부위를 늘려 갑니다.
무릎이나 테이블에 올라오면 제일 좋아하는 머리나

이마, 턱밑을 먼저 손바닥으로 쓰다듬어 주면서 이 상황에 익숙해지게 합니다. 그러다가 싫어하는 부위(겨드랑이, 사타구니, 엉덩이, 발)도 한 번씩 만져 줍니다. 예를 들면 좋아하는 이마나 등을 만져 주다가 싫어하는 겨드랑이를 한두 번 쓰다듬고, 애가 다시 인상을 쓰려고 하면 얼른 다시 좋아하는 부위를 만져 주는 식이죠. 또 좋아하는 부위를 만지다가 다시 싫어하는 부위로. 그렇게 반복합니다. 이렇게 해 둬야 겨드랑이나 사타구니, 엉덩이를 빗질할 때에도 거부감이 줄어듭니다.

신뢰구축 과정은 부드럽고 침착하게 해 주세요. 부위를 넓혀 가면서 아침저녁으로 신뢰구축 스킨십을 반복해 주세요. 하루에 한 번이어도 괜찮습니다. 규칙적으로 꾸준히 해 주세요. 단, 부산하게 여기저기 만지게 되면 아이들이 '뭐하는 짓이야?!' 하고 더 긴장할 수 있습니다. 마사지 테라피스트가 된 느낌으로 부드럽게 해 주는 것이 중요합니다. 오늘 내가 원하는 부위까지 만져 주지 못했어도 아이가 이 스킨십을 충분히 즐길 수 있도록 해 주는 것이 이 과정의 포인트입니다.

빗질하기

"아이들이 짜증 내면, 오늘은 여기까지만"

 신뢰구축 스킨십으로 몸을 만지는 것에 익숙해지면
스킨십 사이에 빗질을 끼워 넣으며 매일 빗질을 조금씩 시작합니다.

Q. 빗질하기
A. 단계별로 진행합니다.

1단계: 스킨십 사이에 빗질을 살짝 끼워 넣는다.

처음 빗질을 할 때는 고무 브러시를 쓰시면 좋고요, 반드시 좋아하는 부위부터 시작합니다. 고양이가 스킨십하기를 좋아하는 부분이 머리랑 등이잖아요. 이런 부위를 빗은 뒤 얼른 손으로 다시 쓰다듬어 줍니다. 이때 손을 빗 모양, 갈고리 모양으로 만들어서 쓰다듬어 주셔도 됩니다. 그런 다음에 같은 방식으로 한두 번 더 빗고 다시 손으로. 이런 식으로 횟수를 늘려 주세요.

이걸 하루에 다 할 생각은 하지 마시고, 어느 정도 하고 맛있는 거 먹고 놉니다. 아까 두세 번 빗질했을 때 괜찮았다면 몇 시간 뒤 다시 빗질 횟수를 늘려 시도해 봅니다. 그러면 어느 순간 고무 브러시를 적당히 참아 낼 수 있는 시기가 옵니다. 그때부터는 고무 브러시로만 빗질을 해 주는 거죠. 애들이 싫어하거나 몸을 빼 버리면 그냥 쓰다듬어 주고 내보내는 편이 좋습니다. 자연스럽게 하고, 내일 이 시간에 다시 하는 거죠.

2단계: 익숙해지면 브러시를 바꾼다.
고무 브러시에 익숙해지면 솔 달린 브러시를 써 봅니다. 똑같이 몇 번 손으로 쓰다듬어 준 뒤 좋아하는 부위를 브러시로 한 번, 그 다음에 반복. 이런 식으로 진행하되, 빗은 부드러운 솔이 달린 브러시, 즉 돼지털 브러시 같은 게 좋겠습니다.

3단계: 슬리커를 이용한다.
고무 브러시, 돼지털 브러시에 익숙해졌다면 슬리커를 이용해 봅니다. 모든 종류의 빗을 구비해 둘 수는 없는 노릇인데요, 슬리커 하나만 잘 사용하면 충분히 단모종의 모든 빗질을 잘 끝낼 수 있을 정도로, 단모종에게 슬리커는 아주 좋은 빗입니다. 털 겉부터 안으로 깊숙이 들어가서 빗겨 준다는 느낌으로 살살 긁어 주면 죽은 털이 빠져나올 겁니다.

만약 고양이가 슬리커를 싫어한다면, 고양이가 단모종이라면, 부드러운 솔이나 고무 브러시 정도만 계속 써도 됩니다. 사랑빗 역시 탄성이 좋아 엉킨 털을 잘 풀면서도 통증이 없는 편이니 이걸 쓰셔도 좋습니다.

Q. 빗질 방향
A. 결 따라 빠르게

1) 등
목덜미에서부터 엉덩이까지 쭉쭉 한번에 빗습니다.

2) 목덜미와 머리
뺨에서 목덜미 방향으로 빗겨 주세요. 머리도 큰 거부감이 없으니 머리부터 목 방향, 결 방향대로 먼저 다 빗겨 주세요. 등을 빗기면서 목덜미나 머리로 자연스럽게 옮겨가시면 됩니다. 주의할 점은 아이들이 빗질하며 몸을 홱 돌릴 때가 있으니 빗이나 손으로 눈을 찌르지 않게 조심해야 한다는 점입니다.

3) 얼굴

얼굴 부위에는 부드러운 브러시, 부드러운 칫솔을 추천합니다. 혹은 탈지면에 물을 묻혀서 눈, 코, 입 주변을 부드럽게 닦고 마른 티슈로 꾹꾹 눌러 물기를 제거하는 방법도 좋습니다.

4) 겨드랑이

고양이의 등이 내 배에 닿도록 무릎 위에 아이를 편안하게 앉혀 주세요. 고양이의 팔을 들어서 배가 보이는 상태에서 겨드랑이를 빗어 줍니다. 겨드랑이에서 발바닥 쪽으로, 털이 난 방향으로 빗질을 한 뒤, 다시 겨드랑이에서 배 쪽 방향으로 빗질을 합니다.

장모종 고양이의 겨드랑이는 굉장히 털이 잘 뭉치는 부위이므로, 반드시 일자빗으로 빗어 주세요. 뭉친 부분은 병원이나 미용실에 가서 풀어 주어야 합니다.

5) 배와 기타 부위

겨드랑이를 빗길 때와 같은 자세로 고양이를 앉힌 상태에서 목덜미에서 배 쪽으로 빗깁니다. 겨드랑이를 빗길 때 배 쪽을 연결해서 빗겨 주셔도 괜찮습니다. 배는 아주 민감한 부위이기 때문에 가볍게 빗기고 빨리 끝내세요.

옆구리, 다리와 사타구니 쪽은 옆으로 눕힌 상태에서 빗질하는 게 좋겠습니다. 꼬리도 결을 따라 쓰다듬어 주다가 살살 빗이 한 번씩 지나가게 빗어 줍니다.

손에 살짝 물을 묻혀 빗질하기

빗질을 할 때 물을 살짝 묻히면 털이 덜 날립니다. 손에 물을 약간 묻힌 뒤 손가락을 빗 모양으로 구부려서 마사지해 주듯 몸에 물을 묻혀 주세요.

빗질 열심히 해 주면 집사한테도 좋아요

저(소롱누나)는 알레르기 천식과 비염이 있습니다. 그런데 아이들 빗질을 열심히 해 주고 물수건으로 몸을 닦아 준 다음부터는 알레르기가 덜해지더라고요. 옛날에는 옆에 고양이가 지나가기만 해도 계속 재채기를 했는데 이제는 재채기도 하지 않습니다. 알레르기는 고양이 비듬이나 각질 때문에도 생기니까요. 빗질로 계속 관리를 해 준다면 알레르기 문제를 어느 정도 해결할 수 있습니다. 하루에 한 번만 빗질을 해 줘도 재채기와 콧물이 훨씬 많이 줄어든답니다. 또한 빗질은 고양이의 헤어볼 문제를 해결하는 데에도 조금은 도움이 됩니다.

윤기 좔좔 빗질 꿀팁

"한 끗 다른 빗질하기"

Q. 단모종을 위한 빗질 꿀 아이템
A. 돼지털 구둣솔
굳이 비싼 빗이 아니어도 됩니다. 깨끗한 새 구둣솔만으로도 위생 관리와 교감의 두 가지 효과를 다 잡을 수 있습니다. 스킨십은 좋아하는데 빗질을 싫어하는 아이에게 효과적으로 사용할 수 있습니다.

Q. 우리 아이 윤기 나는 털 만들기
A. 스웨이드(쎄무) 천 조각을 이용해 보세요.
스웨이드, 소위 '쎄무'라고 말하는 천 조각 하나로 반짝반짝 빛나는 털을 만들 수 있습니다. 제가 사용해 본 것 중 최고의 효과였어요. 빗질 뒤 에센스를 바르는 느낌으로 고양이 털의 결을 따라 스웨이드를 부드럽게 문지르세요. 그렇다고 빗질도 안 하고 스웨이드만 문지르시면 안 됩니다. 빗질 후 광을 내는 느낌으로 해 주세요.

Q. 빗질 타이밍을 놓치지 않으려면
A. 빗을 여러 군데 둡니다.
고양이가 무릎에 앉았을 때 스킨십처럼 빗질을 시도해 보려면 빗이 가까이에 있어야 합니다. 정해진 위치 한 군데에만 있으면 타이밍을 놓치는 경우가 생깁니다. 당분간은 빗을 여러 군데 놔두고 언제든 고양이를 빗겨 줄 수 있도록 해 보세요.

목욕하기

🐾 나눌 이야기

· 목욕 준비
· 목욕하기

아나엄마의 집사일기

　처음 팟캐스트를 시작했을 때의 충격이란! 저는 정말 아나, 키아라에 대해 아무것도 모른 채로 저 좋은 대로 동거를 하고 있었다는 생각을 했습니다. 아나와 키아라는 목욕할 때마다 얼마나 괴로웠을까요? 어릴 때 언니와 함께 욕조에 들어가 목욕을 하며 꺄르르꺄르르 샤워기로 서로의 얼굴에 물을 뿌렸을 때를 떠올리며 아나, 키아라에게 물을 뿌려 댔는데, 저에게는 재미난 장난이었지만 아나, 키아라에겐 공포 그 자체였겠구나, 큰 반성을 했습니다.

　요즘은 목욕을 잘 시키지 않을뿐더러(여전히 저는 나쁜 집사입니다아ㅠㅠ) 손님맞이 목욕 정도를 시키는데 절대로, 결코 얼굴에 물을 뿜지는 않습니다. 얼굴은 소중하게 보호해 주죠. 6개월 전에 시켰었으니까(^^;) 또 한 번 시켜 줘야 하는데 녀석들에게 얼마나 원망을 들을지요. 벌써 목욕을 끝낸 후 녀석들이 원망하는 눈으로 흘끔흘끔 저를 쳐다보며 숨어서 쫄딱 젖은 몸을 그루밍할 것이 그려집니다.

　저처럼 지금도 목욕하기에 너무나 서투른 집사님들께 한 말씀만 드려 봅니다. 집사는 즐거운 마음에 샤워기를 고 귀여운 얼굴에 들이밀 수 있지만 녀석들에게 평생 목욕이란 물고문이라는 트라우마를 안겨 줄 수 있으니 그것만은 피해 달라는 말씀을요.

🧑 가끔 인터넷에 물 좋아하는 고양이라고 해서 반신욕을 하는 고양이 동영상이 올라오는데요, 볼 때마다 저 집사분은 전생에 무슨 공을 세우셨길래, 싶어요. 애들은 물 싫어하잖아요.

👩 처음부터 물에 담글 수 있는 아이들은 굉장히 드물지만 의외로 물을 되게 좋아하는 애들도 있어요. 노르웨이숲이나 메인쿤 같은 품종은 실제로 수영을 좋아한다고 알려져 있어요.

👩 세상에! 그런데 저는 고양이는 목욕을 안 해도 되지 않냐는 이야기를 많이 들었어요. 그루밍으로 다 되는 거 아니야? 하면서요.

👩 목욕을 시킬 필요가 없다고 단정 지어서 얘기하는 분들이 있기는 해요. 첫 번째는 고양이는 그루밍, 자기 몸단장이나 몸 관리를 워낙 잘하잖아요. 혀에 돌기 같은 게 있어서 약한 브러시 느낌으로 뭉쳐 있는 털을 핥아서 제거할 수 있고요. 두 번째는, 아주 예전에는 고양이 피부에 대한 연구가 부족하다 보니까 고양이 전용 샴푸가 별로 없었어요. 그래서 오히려 샴푸를 하고 나니 털이 더 빠지는 경우들이 더러 있었거든요. 각질이 생기고 긁는 증상도 나타나고 피부가 빨갛기도 하니까 아예 목욕시키지 말자가 된 거죠. 세 번째로는 고양이가 워낙 물을 싫어하는 동물이라고 알려져서 목욕 중에 고양이가 천장으로 튀어 올라갔다거나 집사 옷을 찢었다는 이야기들이 널리 퍼진 거죠. 주로 이 세 가지가 결합되어서 고양이는 목욕이 필요 없다는 결론에 도달한 것 같아요.

👩 저도 아나를 처음 데려왔을 때 피부염을 심하게 앓아서 약용샴푸를 사서 씻겨 주어야 했거든요. 초보 집사였을 땐데, 애를 무조건 욕조에다 넣었어요. 아기 고양이라, 아무리 뛰어 봤자 욕조에서 탈출할 수는 없잖아요. 문 딱 닫아 놓고, 아기 목욕시킬 때처럼 내 체온하고 비슷하게 온도를 유지하면서 목욕을 시켰는데, 아나가 트라우마 상태가 되었어요. 게다가 제가 얼굴 씻기느라 얼굴에 샤워기를 갖다 대었더니…….

👩🧑 오, 마이 갓!

👩 그때부터 막 물을 털고 난리가 났었죠. 저도 다 젖고요. 요즘은 제가 샤워기로 머리를 감으면 아나가 꼭 욕실로 와서 봐요. 젖는 건 싫어하면서 물 떨어지는 모습을 보는 건 또 좋아하더라고요. 그럴 때 '오늘 목욕 한번 시켜 봐?' 하면서 문을 딱 닫아요. 그러면 애가 늦었구나, 체념하죠. 저는 아나를 잡아서 욕조에 집어넣고, 샤워기로 얼굴도 꼭 한 번 씻기고.

고양이들이 사람이 샤워하면 밖에 와서 우는 경우가 많잖아요. 그게 들어오고 싶어서가 아니라 집사가 그렇게 고통스러운 일을 당하고 있는데 내가 구해 줘야지, 하고 우는 거라는 얘기를 들은 적이 있어요. (웃음)

저희 집도 몇 년 전에 떠난 오도리랑 이비이비가 자매인데 평소에 서로 데면데면하게 지내는 사이거든요. 그런데 한 아이가 목욕을 하러 들어가잖아요? 그때는 무슨 이산가족처럼 밖에서 "아웅아웅!" 하고 울어요. 이비이비가 목욕을 하러 들어가면 오도리가 문을 긁으면서 "빨리 열어라" 하는 것처럼 울고, 반대 상황도 마찬가지고요. 평소에 정말 둘이 안 친한데 목욕할 때만 그래요. 목욕 끝날 때까지 계속요.

왜 그럴까요?

정말 위기 상황이라고 생각하는 것 같아요.

모모모피디도 자기가 화장실 안에서 물 떨어지는 소리를 내면 바깥에서 제제하고 모모가 문을 긁고 머리로 박고 난리가 난대요. (웃음) 그걸 그렇게 위협적으로 생각하나?

네. 일단 물에 담가졌던 경험이 있는 애들은 트라우마가 생겨서 그러는 경우가 있어요. 그래서 물에 갑자기 처넣으면 안 되는 겁니다, 아나어머님!

목욕 준비

"살다 보면 목욕이 꼭 필요한 때가 있습니다.
그럴 때를 대비해서라도 목욕하는 습관을 들여 주세요."

Q. 목욕이 필요한 이유

A. 사실, 모모모피디님네 이호와 소보로는 태어나서 단 한번도 목욕을 한 적이 없습니다. 저희 병원의 상당수의 고양이들도 목욕 경험이 없습니다. 대다수의 고양이들이 목욕을 하지 않습니다. 장모종을 제외하고는 목욕을 굳이 하지 않아도 별 문제가 없는 것도 사실입니다.

그래서 정말 목욕만은 못 하겠다, 하는 고양이라면 억지로 시킬 수는 없지만, 저는 주기적으로 목욕을 꼭 시켜 주라고 권장하고 싶습니다. 의외로 고양이들이 피부병이 잘 생깁니다. 만약 고양이가 피부병을 앓게 된다면 약욕을 해야 하는 상황이 생길 텐데요, 지금까지 목욕 한번 안 하고 산 고양이라면 약욕 치료 자체가 불가능할 수 있습니다. 그럴 때를 대비해서라도 목욕을 권장합니다. 특히 장모종에게 더 권장하고요. 비듬이 생겼거나 털이 지나치게 기름지고 떡 졌을 때, 목욕이 필요합니다.

또, 보호자가 동물의 각질이나 비듬에 알레르기 반응이 있다면 고양이 목욕으로 알레르기를 완화할 수 있습니다.

Q. 얼마나 자주 목욕해야 할까요?

A. 고양이마다 다르지만, 평균적으로 장모는 한 달에 한 번, 단모는 3개월에 한 번을 권장합니다. 소롱이의 경우 비듬이 많은 편이라 주기적으로 약물 목욕이 필요합니다. 이비이비와 아이린 역시 장모종이라 최소 한 달에 한 번은 목욕을 하고요. (물론 전쟁터……)

Q. 어떤 샴푸를 고를까요?
A. 고양이 전용 샴푸를 고르세요.

사람 샴푸는 절대 사용하면 안 됩니다. 갓난아기용 저자극, 비싼 유기농 샴푸라고 해도 사람용은 안 됩니다. 사람과 고양이 피부는 확연하게 다르기 때문입니다. 첫째로, 고양이 피부는 사람보다 훨씬 두께가 얇습니다. 둘째로, 고양이는 털이 많다 보니 피지선 분비량이 많습니다. 셋째로, 고양이 피부는 ph지수가 7~7.5로 약알칼리성에 가까운 중성입니다. 사람은 ph 5.5 정도로 약산성입니다. 그래서 고양이가 사람 샴푸를 쓰면 아무리 저자극이라고 해도 피부가 건조해지거나 불긋불긋해질 수 있습니다. 고양이는 계속해서 습윤 상태를 유지해야 하는 동물이므로, 사람용 샴푸는 절대 쓰지 마세요.

질문 있어요!

목욕을 너무 싫어하는 고양이들에게 추천할 만한 대안은요?

지저분해서 닦아 줄 필요가 있는 경우에는 수건이나 부드러운 면장갑에 따뜻한 물을 묻혀서 고양이의 몸을 싹 훑어 주세요. 전에 배운 신뢰구축 스킨십을 물을 묻혀서 한다고 생각하시면 됩니다. (신뢰구축 스킨십은 1-6장 〈빗질하기〉 편 p.109 참고) 이후 꼼꼼하게 빗질을 해 주시고 다시 한번 마른 수건으로 싹 닦아 주시면 됩니다.

고양이에게 물티슈를 사용해도 되나요?

물티슈는 안 됩니다. 그루밍을 하기 때문에 물티슈 성분이 고양이 피부에 어떻게 작용할지 알 수 없기 때문입니다.

드라이샴푸로 해 주면 안 될까요?

고양이가 물을 너무 싫어하기 때문에 드라이샴푸를 사용하는 경우도 있습니다. 드라이샴푸는 물기가 없는 상태에서 바르고 닦아 주는 샴푸인데요, 혹시라도 샴푸의 잔여물로 피부 트러블이 생길 수 있으니, 샴푸 후에 미지근한 물을 손에 묻혀서 샴푸한 부분을 닦아 주시고, 수건으로도 한 번 더 닦는 방법을 추천합니다.

목욕하기

"아이의 성향에 따라 단계별로 진행합니다."

Q. 목욕 준비물
A. 대야, 컵, 면장갑(또는 수면 양말), 샴푸, 작은 수건, 큰 수건

Q. 목욕하기
A. 아이의 성향에 따라 단계별로 진행하되, 싫다고 하면 멈춥니다.

1단계: 대야에 앉히기

대야에 앉히는 것부터 시작합니다. 대야를 마루에 두든, 화장실에 두든 그 안에 앉아 있는 상태에서 간식을 주세요.

2단계: 물 묻히기

대야에 앉히기에 성공했다면, 작은 수건을 적셔서 엉덩이 쪽부터 물을 묻히거나, 작은 컵에 받아 놓은 물을 엉덩이 쪽부터 부어서 조금씩 몸을 적셔 줍니다. 물은 뜨겁지 않고 따뜻한 정도의 온도면 됩니다. 물을 묻힐 때 절대 샤워기부터 시작하시면 안 됩니다. 샤워기 소리는 공포 그 자체일 수 있어요
이 과정에서도 간식을 주고 쓰다듬어 줍니다. 만약 적시는 과정에서 아이가 싫어하면 큰 수건으로 몸을 닦아 내보냅니다.

2-1단계: 샤워기에 적응하기

샤워기를 사용할 때에는 샤워기를 몸에 밀착시켜, 2단계 물 묻히기와 마찬가지

로 엉덩이 쪽부터 적셔 줍니다. (물 묻히기 과정을 샤워기로 반복한다고 생각하시면 됩니다.) 물을 묻힐 때에도, 헹굴 때에도 샤워기 소리가 나지 않도록 몸에 밀착시켜 주세요.

3단계: 샴푸로 씻기
맨손에 샴푸를 쓰면 샴푸를 제대로 헹구지 못한 상태에서 고양이가 발버둥을 치거나 잔여물을 미처 제거하지 못한 상태에서 고양이를 놓치는 일이 있을 수 있습니다. 그래서 물을 묻힌 면장갑이나 수면 양말을 목욕 스펀지처럼 쓰면 좋습니다. 거기에 샴푸를 묻혀서 고양이 몸을 문질러 주세요.
얼굴과 귀 쪽은 씻어 내기 어렵기 때문에 샴푸를 하지 않는 편이 좋습니다. 샴푸는 한번 사용하면, 잔여 성분이 남지 않도록 수차례 헹궈 주어야 합니다. 충분히 헹굴 수 없는 부위에는 샴푸를 묻히지 마세요. 그런 의미에서 얼굴에도 묻히지 않는 편이 좋습니다.

4단계: 보습제 바르기
목욕 후에는 보습제를 뿌려 주면 좋습니다. 미스트 같은 습윤제를 미리 뿌려 두고 털을 말려도 좋고, 털을 말린 뒤에 습윤제를 뿌려도 좋습니다.

5단계: 말리기
타월로 먼저 몸을 말립니다. 목욕하고 나면 샴푸 냄새를 없애기 위해서 고양이들이 열심히 그루밍을 시작할 텐데요, 그러기 전에 세안용 수건이 아닌 작은 수건 여러 장으로 몸을 재빨리, 열심히 말려 주면 좋겠습니다. 그런 다음에 약냉풍 바람으로 선풍기나 드라이어를 사용해 주시고요. 약냉풍이라도 드라이어 소리가 너무 크다면 선풍기를 더 권장합니다.
귀 뒤(귀와 목이 연결되는 부분), 겨드랑이, 배와 사타구니, 다리 뒤쪽 부분에 특히 털이 잘 엉키므로 이곳들을 더 신경 써서 말려 주세요.

 **스포츠타월을 쓰시면 좋아요**

스포츠타월처럼 표면이 매끌매끌한 타월에는 털이 덜 박힙니다. 그리고 스포츠타월을 반으로 잘라 작게 만들어 사용하면 고양이 털을 재빠르게 문질러 말려 주기 편합니다. 개인적인 선호가 있겠지만 크고 긴 수건보다 핸들링하기 편한 작은 크기의 수건을 추천드립니다.

질문 있어요!

 혹시라도 고양이 귀에 물이 들어가면 어떡하죠?

 고양이는 귀에 물이 들어가는 즉시 반사적으로 귀를 털기 때문에, 사실 귀에 물이 들어갈 일은 없습니다. 얼굴을 붙들고 샤워기로 얼굴을 씻어 주지만 않는다면요, 아니어머니!

피부 관리

나눌 이야기

· 피부병
· 피부 상담실

아나엄마의 집사일기

　초보 집사로서 아나의 피부병을 감당하면서 두 가지 바이러스를 잡느라 약을 먹이고 바르고 하는 과정은 정말 집사와 고양이 둘 다에게 다시 겪기 힘든 고생이었던 것 같습니다. 피부질환은 아나를 데리고 와서 열흘이 되지 않아 일어난 일이었어요. 처음 데리고 올 때부터 귀 옆으로 털이 빠지면서 피부질환이 시작되고 있었는데 그 심각성을 모르고 방치를 했던 게 화근이었습니다. 아나는 몸 이곳저곳의 털이 숭숭 빠지면서 가려워하고 아파했습니다. 뒤이어 찾아온 링웜. 제가 아나 덕분에 '링웜'인가 하는 그 피부병에 같이 걸려 보니 감염된 부분이 마치 신경통처럼 욱신욱신거리고 온몸이 심한 몸살을 앓는 듯 아팠습니다. 처음엔 이게 링웜인지도 모르고 통증 때문에 피부과에 갔는데 의사 선생님께서 "고양이 키우세요?" 하고 물으시더라고요. 그때 알았어요. 아나에게 옮았다는 것을요. 감염 부위가 정말 박하맛 사탕 '홀스'와 비슷한 모양이 되거든요. 그 부분을 중심으로 열이 나고 깊이 욱신거리는 거죠. 링웜이 등과 배에 몇 개씩 생겨서 온몸을 두드려맞는 듯했습니다. 보기에도 굉장히 끔찍했고요. 저보다 훨씬 몸이 작은 아나는 얼마나 아팠을까, 지금 생각해도 가슴이 아려 옵니다. 손바닥보다 조금 큰 아기냥이의 몸에 어디 그 동그라미 붉은 반점이 생길 데가 있다고요. 링웜 때문에 아나는 눈도 못 뜨고 몸을 웅크린 채로 앓았습니다.

　저는 일주일치 약을 처방받고 주사를 맞았습니다. 그랬더니 바로 호전이 되더군요. 아나도 동물병원에서 받은 약을 먹고 바르면서 점차 나아졌습니다. 이후로 다른 피부질환을 겪지는 않았으니 다행이에요.

　치료하는 과정은 정말 고통스러웠지만 링웜을 함께 경험하고 나서야 비로소 아나와 저는 서로 뗄래야 뗄 수 없는 애착관계를 맺을 수 있었습니다. 말 못 하는 고양이의 통증을 제가 똑같이 느꼈으니까요. 그 이후에 아나는 정말 저의 고양이가 되어 주었습니다.

　요즘의 피부 관리 얘기를 나눠 볼게요. 어떤 집사님은 칫솔이나 플라스틱 꼬리빗으로 털을 빗어 주기도 하시던데, 개인적으로는 플라스틱은 비추입니다. 저는 다이0 반려동물 코너에서 구입한 구둣솔 모양의 돼지털 빗으로 아이들의 털을 관리합니다. '가성비 갑'인 아이템이죠. 특별히 키아라는 털 관리에 열광합니다. 제가 이 빗을 들기만 해도 키아라는 저에게 달려와 앉습니다. 등 빗기를 마치면 알아서 뒤집어 배를 보입니다. 앞발을 들어서 빗질을 해도 가만히 있습니다. 털 빗기를 할 때 키아라의 협조는 믿어지지 않을 정도예요. 아나를 빗어 주는 소리만 들어도 키아라가 나타납니다.

아나는 귀찮아하면서도 털 빗기를 마칠 때까지 몸을 맡기고 기다려 주는 편입니다. 이 빗을 사용한 후 한 달 만에 아나의 털은 반들반들 윤기가 흐르고 부드러워졌어요. 털 관리는 키아라가 더 즐기는데 효과는 아나에게서 더 확실히 봤네요. 우리 피부에는 다소 거친 느낌이 드는 빗이지만 아나와 키아라에게는 아주 시원한 느낌을 주나 봐요. 졸지에 저는 최고의 피부관리사가 된 듯한 기분을 내고 있습니다. 아이들의 모질이 확연히 개선되는 것을 보고 놀란 제가 사랑용으로 돼지털 빗을 하나 더 구입해 머리카락을 빗고 있다는 건 '안 비밀'입니다!

 오늘은 고양이들의 스킨케어, 피부 관리에 대해 이야기해 보도록 하겠습니다.

 개는 군데군데 피부병이 생겨도 그게 쉽게 번지는 일은 별로 없는데, 고양이는 그루밍을 하잖아요. 피부병이 한번 생기면 번지기도 쉽고 잘 낫지도 않아요. 그루밍해서 침을 통해서 자꾸 균을 옮기니까요. 예를 들어 등에만 땜빵이 있었는데 핥아서 발 쪽으로도 옮길 수 있는, 충분히 그런 가능성이 있어서 관리를 잘해 주어야 해요.

 저희 아나가 얼마나 고생을 했는지 말도 못 해요. 완전 애기, 2개월령 때 제가 데리고 왔는데요. 동물병원 선생님이 진짜 화를 내시면서, 제가 의사 선생님 호통에 그때 많이 단련이 되었어요. (웃음) 저한테 대체 얘를 어디서 데려왔냐고. 균을 배양해 보니까 두 가지나 있다고요. 분양해 준 쪽은 연락도 안 되더라고요. 근데 아이 피부병이 일주일 만에 확 퍼지는 거예요. 그 몸이 어디 퍼질 데가 있다고. 귀 옆에 살짝 있던 병변이 갑자기 뒷다리에 이만큼 있고, 등의 털이 한 움큼 빠져 있고. 기절할 뻔했었어요. 고양이 피부병이 호락호락하지가 않더라고요. 그리고 되게 아파해요.

 피부병은 우리 눈에 보이니까 빨리 발견할 수 있다고 생각하기 쉽지만 털에 덮여 있으면 발견하기 어려울 수가 있거든요. 꾸준히 만지면서, 애 몸에 뭐 안 났나 살피지 않으면 어느 정도 병이 진행된 이후에나 발견하게 되더라고요.

 맞아요. 그래서 꾸준히 빗질을 해 주는 게 중요해요. 소룡이 같은 경우, 소룡이가 처음 왔을 때, 저희 어머니가 얘는 왜 자꾸 털이 푸석푸석하냐는 거예요. 다른 애들은 똑같이 먹어도 털이 윤기가 나고 촘촘한데, 얘는 푸석푸석하고 듬성듬성하다고. 저도 그 당시엔 바빠서 잘 못 봤는데 어느 날 쓱 쓰다듬었는데 털이 이렇게 뭉텅이로 빠지는 거예요.

 아이고!

 그렇게 된다니까요. 얼마나 깜짝 놀랐는데요. 저희 아나가 그때 그랬어요.

 그게 피부병이에요. 곰팡이성 피부병이요. 그래서 약 먹고 치료받고 했었는데, 제 탓이죠. 제가 저희 집 애들한테 신경을 못 쓴 탓이었죠.

 심지어 링웜은 제가 같이 걸려가지고요. 등에 군데군데 동그랗게, 나 아파 죽는 줄 알았어~. (웃음)

 아나가 걸렸던 게 링웜. 피부사상균증이라는 거였죠.

인수공통인가요?

 네, 사람한테도 옮겨요. 모든 곰팡이가 다 이런 피부사상균증인 것도 아니고, 이 경우에도 아주 심각한 문제를 일으키진 않지만, 사람한테도 옮길 수 있는 피부병이 있죠.

피부병

"피부만의 문제가 아닐 수도……"

고양이 피부 관리의 첫 번째 조건은 당연히 건강한 피부입니다. 사실 고양이는 별도의 피부 관리가 필요 없습니다. 피부병만 생기지 않는다면요. 그런데 그루밍을 하기 때문에 피부병이 생기면 번지기도 쉽고 잘 낫지도 않아요. 목욕도 쉽지 않아서 치료가 어렵습니다. 그러니 피부병을 일으키는 다양한 원인을 찾아보고 미리미리 관리해 봅시다.

Q. 피부병의 원인
A1. 곰팡이, 세균 감염
A2. 알레르기(음식, 환경에 대한 알레르기 때문에 생기는 피부병변)
A3. 내분비 이상
A4. 영양결핍
A5. 면역 기능 이상
A6. 과도한 그루밍(심리적인 문제)

피부병의 원인은 생각보다 다양합니다. 곰팡이, 세균 감염과 알레르기를 제외한 다른 원인은 단순한 피부만의 문제가 아닙니다. 피부병에 준해서 1차적으로 치료를 했는데도 호전이 되지 않는다면 진짜 원인을 찾기 위해 좀 더 정확한 검사가 필요할 수 있습니다. 여기에서는 가장 흔한 피부병인 피부사상균증과 알레르기성 피부염에 대해서 이야기하겠습니다.

Q. 피부사상균증이란

A. 고양이의 곰팡이성 피부병 중 가장 흔한 질환입니다. 흔히 '링웜'이라고도 불리고요. 개와 사람에게서도 발생하는 피부병입니다. 사람에게 피부사상균증을 일으키는 곰팡이균 중 하나가 마이크로스포룸 캐니스(microsporum canis)인데요. 이 균이 고양이 곰팡이성 피부병 원인의 80~98%를 차지합니다.

간혹 보호자분들 중에 다른 고양이와 접촉한 적이 없는데 왜 피부병에 걸렸는지 궁금해하는 분들이 있습니다. 피부사상균에 의한 피부병은 감염된 동물뿐만 아니라 환경과의 접촉에 의해서도 전염됩니다. 곰팡이는 어느 곳에나 상재해 있습니다. 감염은 어디서든 생길 수 있는 거죠. 건강한 피부를 가진 고양이는 튼튼한 각질층이 있어서 감염이 쉽지 않아요. 각질층은 피부의 여러 층 중 가장 바깥에 있는 층으로, 세포는 죽은 상태이지만 피부를 보호하는 데 중요한 역할을 합니다. 수분 증발을 막아서 보습을 도와주고, 외부의 더러운 물질이나 세균이 몸으로 들어오는 걸 막아 주면서 '피부장벽' 역할을 합니다.

따라서 각질층이 약해지면 피부가 건조해지고 곰팡이 감염도 쉬워집니다. 또한 피부의 문제뿐만이 아니라 당뇨나 신부전 등 내과적 문제도 유발될 수 있으니 평소의 건강 상태를 확인하는 것도 중요합니다.

Q. 피부사상균증의 증상

A. 감염된 부위에 털이 빠지거나 딱지가 생깁니다. (군데군데 땜빵이 생겨요.)
탈모 부위에 각질이 생기고 비듬이 심합니다.
소양감(가려움증)은 아주 심하지 않아요.

Q. 피부사상균증의 치료

A1. 내복약 복용

항곰팡이약을 장기간 복용하게 됩니다. 내복약을 1~2주만 복용하고 그만두면 바로 재발할 거예요. 평균 4주 이상 복용하게 되는데, 항곰팡이약을 장기간 복용하면 간이나 신장에 무리가 갈 수 있기 때문에 병원에서 정확한 검사 후 의사 선생님의 처방을 받아 복용하세요.

A2. 외용제 적용
감염 부위에 소독약, 연고를 적용할 뿐만 아니라 약용샴푸를 이용하여 약물 목욕을 하기도 합니다. 내복약만 먹는 것보다는 약용샴푸로 약물 목욕을 병행하는 것이 치료 효과가 높아요. 내복약 중단 후에도 약물 목욕을 2주 정도 지속해 주셔야 완전히 치료가 된답니다.

Q. 피부사상균증의 예방
A. 감염된 고양이와 접촉을 막는 것도 필요하지만 자주 청소해서 깨끗한 환경을 만드는 게 중요하겠죠. 빗자루로만 청소해서는 안 돼요. 청소기를 쓰셔야 합니다. 일반적으로 생각하는 청소 범위 외에도 소파나 침구, 고양이 방석까지도 청소기를 사용해, 곰팡이 포자를 빨아들여 없애는 것이 중요합니다. 특히 우리 아이가 나이가 아주 많거나 아주 어리거나 또는 면역력이 약한 상태라면 집사의 청결에도 주의를 기울여 주세요.
사람이 감염된 고양이를 만지면 팔뚝이나 목 부위에 옮기 쉽습니다. 목욕시키거나 소독할 때는 긴팔 옷을 입고, 만진 후에는 손과 팔, 목 부위를 깨끗이 씻어 주세요.

Q. 알레르기성 피부염이란
A. 고양이의 알레르기성 피부염은 잘 모르는 사이에 심각하게 진행되는 경우가 많습니다. 벼룩 등의 외부기생충, 특정 음식, 또는 식품첨가물에 대한 알레르기 반응으로 피부염이 생깁니다. 알레르기 물질을 흡입하고 발생할 수도 있습니다. 보호자가 모르고 알레르기성 물질에 계속 노출시킨다면 증상은 악화될 겁니다. 알레르기 반응이 있는 환경에 노출시키거나 알레르기 반응을 일으키는 식품을 계속 먹인다면 말이죠. 심하게 가려워하고 2차 세균 감염으로 염증 반응을 보입니다. 처음에는 귀 뒤나 얼굴에만 염증이 있다가 문제가 되는 음식을 반복적으로

먹는 경우에는 피부염이 온몸으로 번져 심한 탈모와 각질이 생길 수 있습니다.

Q. 알레르기성 피부염의 치료

A. 원인 파악이 중요합니다. 벼룩이나 외부기생충 때문이라면 구제제를 사용해서 원인을 해결합시다. 음식이나 식품첨가물 때문이라면 저알러지 사료(가수분해 사료)나 곡물에 의한 알레르기를 제한한 그레인프리 사료, 원료를 제한한 음식 등으로 알레르기를 일으키는 항원을 막는 식이요법을 선택합니다. 식품첨가물이 없는 홈메이드나 자연식으로 교체해서 식이조절을 하는 방법도 있습니다.

피부 상담실

① 턱드름 나는 고양이

> To 키티피디아
> 안녕하세요. 저는 무독성 고수준 살균소독제 OO록스라는 제품을 세탁하기 힘든 캣타워나 쿠션에 뿌려 주곤 합니다. 대부분 스프레이형이고 무독성이라고 나와 있어요.
> 뒷면에 아이들 피부질환을 막는 데 사용해도 된다고도 쓰여 있길래, 이 제품을 아이 턱드름에 소독제 대용으로 화장솜에 묻혀서 닦아 주려고 하는데요, 저희 고양이들에게 괜찮을까요?
>   - 별이고모집사

 우선 턱드름에 대해 알아보고 질문에 답을 하도록 하겠습니다.

Q. 고양이 턱드름이란
A. 턱 주변에 거뭇거뭇하게 생기는 턱 여드름
고양이 여드름은 턱이나 그 주변에 분비물이 쌓여서 생깁니다. 블랙헤드처럼 보이며, 심해지면 모낭염으로 진행되어 치료가 필요합니다.

Q. 원인
A. 턱드름은 정확히 원인이 밝혀지진 않았지만, 대부분은 모낭이 막혀서 생깁니다. 피지선은 주로 턱, 꼬리, 눈꺼풀, 입술 등에 분포되어 있는데요, 여드름이란 정의 그대로 피지선이 막혀서 분비물이 모낭 밖으로 나오지 못하고 검은 깨처럼

블랙헤드를 만들어요. 그걸 코메돈(comedone)이라고 하지요. 깨처럼 까맣게 막힌 블랙헤드에 염증이 생기면 부어오르고 가렵고 농포가 잡힙니다.
원래 고양이가 그루밍을 하고 얼굴도 발로 잘 닦지만 턱 아래는 깨끗하게 닦기 어려워요. 오목한 그릇에 담긴 음식을 먹으면서 음식의 잔여물이 묻어 있거나, 피지선 분비가 지나치게 많아 턱밑 피부에 피지가 쌓이면서 위생 상태가 불량해지는 것이 원인이 될 수 있어요. 스트레스나 모낭충, 곰팡이 감염, 세균 감염이 또 다른 원인이기도 하고요.

Q. 치료와 관리

대부분은 미관상 좋지 않을 뿐 특별한 치료가 필요하지는 않아요. 다만, 가려워하거나 염증이 심해서 부어오르고 붉어지면 치료가 필요합니다.

A1. 약물치료

1) 소독제 등 외용제로 소독 관리

가능하면 턱 주변의 털은 밀어서 깨끗하게 유지하고 외용제를 바르기 쉽게 해 주세요.
소독 전에는 따뜻한 물수건이나 물주머니를 30초 정도 턱에 대서 모공이 충분히 열리게 해 주면 도움이 됩니다. 모공이 열린 후 외용제를 쓰면 약물이 충분히 흡수될 거예요.
소독 외에도 3~5일에 한 번 정도는 턱 부위를 깨끗이 닦아 주세요. 먼저 따뜻한 물로 닦아서 모공을 확장시키면 세정에 도움이 될 거예요.

2) 항생제 처치

턱드름이 심해서 많이 붓고 고름이 잡혀 있다면 항생제 처치가 필요합니다. 증상이 개선된다고 해도 이후 일주일은 약물치료를 더 유지한 뒤에 투약을 중단합니다. 보통 최소 3주간은 약물치료를 받습니다. 항생제나 항진균제는 병원에서 정확한 진단 후 수의사와 상담해서 투약 기간과 약물을 결정하세요.

A2. 식기 관리

1) 약간 넓적한 그릇으로 바꿔 주세요.
오목한 그릇은 No No. 턱에 음식물이 닿지 않도록 합니다.

2) 플라스틱 그릇보다는 사기그릇이 좋아요.
플라스틱은 음식의 잔여물이 깨끗하게 없어지지 않아요. 덧붙여 스테인리스 그릇은 전자레인지에 돌릴 수 없어 소독이 어려우므로 추천하지 않습니다.

3) 자주 세척, 자주 소독
그릇을 닦은 뒤에 물기가 있는 채로 음식을 주시면 안 돼요. 충분히 마른 뒤에 음식을 담아 주세요.
그릇을 씻은 후 전자레인지에 30초 정도 돌려서 소독을 해 주시면 빨리 마르기도 하고 일석이조랍니다. (밥그릇 관리는 2-1장 〈먹거리에 대하여〉 편 p.152 참고)

Q. ○○록스 써도 될까요?
A. 요즘 ○○록스는 사람 병원, 산후조리원, 그리고 펫샵이나 동물병원에서도 소독제로 많이 쓰는 제품이더라고요. 무독성 소독제라고 해서 검색창에 '반려동물 소독제' 이렇게 쳐도 나옵니다. 이 제품의 주성분은 차아염소산으로 인체에 무해하다고 알려진 성분이긴 합니다. 그래서 집을 청소하고 소독하는 데 쓰는 것은 좋다고 생각해요.

다만 "턱드름 소독용으로 이 제품 정말 효과적이에요"라고는 얘기하기 어려울 것 같습니다. 피부에 직접 도포하는 경우 저는 더 조심스럽게 쓰셔야 한다고 생각합니다. 또, '열심히 소독해야 돼'라고 생각해서 열 번, 스무 번씩 한곳에 분사하는 것도 좋지 않겠죠. 흡입량의 안전범위가 어느 정도인지 알 수 없기 때문에, 조금 더 신중하게 생각해 주세요.

② 비듬 있는 고양이

To 키티피디아
저희 집 고양이는 비듬이 좀 있는 편입니다. 목욕을 시키면 몸이 더 건조해질 것 같아서 목욕은 시키지 않고 있습니다. 비듬이 심한 것 같아 걱정이 되는데, 이거 괜찮나요?
- swing999

비듬은 단순히 피부가 건조해서 생길 수도 있고, 피부질환 때문에 나타날 수도 있습니다. 병원에서 정확한 검사를 해 보셔야 합니다.

Q. 고양이 비듬이 생기는 원인

A. 피부층에 각질이 있는 건 당연합니다. 각질층은 마치 페이스트리처럼 여러 층으로 되어 있어서, 계속해서 각질 탈락이 일어나고 아래에서는 새로운 각질층이 생겨납니다. 그런데 **피부병이 있거나 영양 상태가 좋지 않거나 혹은 너무 건조하거나, 약용샴푸를 많이 써서 피부가 굉장히 스트레스를 받는 상태라면, 각질은 우수수 떨어져 나가는데 새로운 각질층이 그만큼 빠르게 생겨나지 못합니다.** 탈락되는 만큼 재생이 되어야 하는데, 각질 재생을 원활하게 할 수 있는 피부 상태가 아닌 거죠. 그 결과로 비듬이 생깁니다.

Q. 고양이 비듬의 관리

A. 건강한 피부 상태로 만들어 각질의 탈락을 막아야 합니다. 보습도 같이 잡고, 질병인지 아닌지 **병원에서 진단을 하는 것이 필요합니다.**
만약 병원에서 '큰 질병이 아니다' 또는 '질병이 없다'고 했다면 자주 빗질 관리를 해 주어야 합니다. 따뜻한 물수건으로 전신의 각질을 닦아 낸 뒤 빗질을 해 주고, 다시 한번 전신을 닦아 내는 식으로 고양이 몸을 청결하게 해 주세요.
그러고 난 뒤에 보습을 위해서 보습 스프레이, 코코넛 오일을 발라 주면 좋습니다. 이때 코코넛 오일은 손바닥에 한두 방울 정도만 묻혀서 손바닥에 문질러 흡수시킨 다음에, 그 잔여물을 가지고 고양이 몸에 발라 줍니다. 털이 아니라 피부 각질에 발라야 하기 때문에 **털이 난 방향의 역방향**으로 문질러 주세요.
이때 주의할 점은, 목욕이 어렵다고 보습 스프레이나 오일만 계속 바르게 되면 각질이 떡 지듯이 엉길 수 있다는 점이에요. 피부에 붙어 있는 각질이나 빠진 털을 물수건으로라도 잘 정리한 후 보습을 해 주세요.

1. 고양이 발톱 감춘다
→ 재주 있는 사람은 그것을 깊이 감추고 함부로 드러내지 아니한다.
 군대 가면 이렇게 해야 돼요!
 회사생활도 그래요, 잘하면 일이 상으로 옵니다.

2. 고양이 우산 쓴 격
→ 돼지 목에 진주 목걸이. 격에 어울리지 않는 꼴불견.
 의외로 고양이 우산 쓰면 엄청 귀여워요. 그렇지 않나요?

3. 고양이가 얼굴은 좁아도 부끄러워할 줄은 안다
→ 얼굴이 작은 고양이도 부끄러워할 줄 아는데 어찌 사람으로서 그럴 수 있느냐는 뜻. 철면피함을 이르는 말.

4. 고양이 이마
→ 좁은 자리, 좁은 땅. '매우 좁음'을 비유적으로 이르는 말.

5. 빌려 온 고양이
→ 꿔다 놓은 보릿자루. 여러 사람이 모여 떠드는 데서 사람들과 어울리지 않은 채 혼자 덤덤히 있는 경우.

6. 3년 된 쥐를 갓 태어난 고양이가 잡는다
→ 뛰어난 사람은 어릴 때부터 남다른 재능을 나타낸다. 어린이가 어른을 꼼짝 못하게 한다는 의미.

7. 시누이 한 명은 고양이 수천 마리
→ 한 집안의 며느리에게는 시누이가 고양이 수천 마리를 대하는 것과 같이 힘들다는 뜻.
 시대 많이 변했잖아요! 일반화하지 맙시다~.

8. 작은 절에 고양이가 두 마리다
→ 가난한 집에 식구가 여럿이면 고생이라는 뜻. 형편에 맞지 않게 뭔가를 하고 있다는 의미.

9. 고양이 웃다가 수염 부러지겠다
→ 하는 짓이 너무 어이가 없고 가소로움을 비웃는 말.

10. 감주 먹은 고양이 상이다
→ 자기가 저지른 일이 탄로 날까 두려워 근심이 가득한 모습을 비유적으로 이르는 말.

11. 고양이도 자기 똥은 덮는다
→ 하물며 고양이도 자신의 뒷감당은 하는데 사람이 자신의 잘못을 처리하지 못해서야 되겠냐는 뜻.
 산업사회에 바빠 사는 우리의 모습은 반영이 안 된 것 같아요.
 주로 엄마에게 듣는 말이네요. (웃음)

12. 고양이도 왕을 뵐 수 있는데
→ 사람마다 타고난 권리가 있고 지켜져야 한다는 뜻.

13. 고양이 발바닥에 기름 발랐다
→ 눈에 띄지 않게 하는 행동을 비유하는 말. 일을 남이 모르게 슬쩍 하는 것.

14. 고양이 뿔 빼고 다 있다

→ 없는 것 없이 다 가지고 있다. 세상 풍물이 한데 다 모여 있다.

15. 과붓집 수고양이 같다

→ 수고양이 울음소리가 아기 울음소리와 비슷하다고 해서 생겨난 말. 없는 사실을 꾸며내거나 남이 오해하게끔 말하는 사람을 두고 하는 말이다.

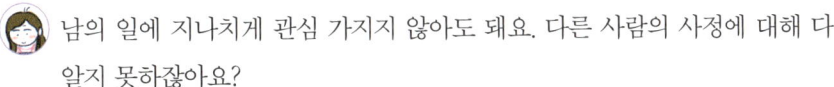
남의 일에 지나치게 관심 가지지 않아도 돼요. 다른 사람의 사정에 대해 다 알지 못하잖아요?

게다가 요즘이라면 재해석할 필요가 있네요. 이웃집에서 아이 울음소리가 들리면 축하해 주거나, 육아의 환경이 되는지 걱정해 주거나 해야죠.

(출처: 권오길, 《우리말에 깃든 생물이야기》 시리즈(전3권), 지성사 & 네이버 국어사전)

먹거리에 대하여

🐾 나눌 이야기

· 먹거리 기본사항
· 좋은 사료의 기준
· 사료 뒷면 읽기
· 초간단 홈메이드 특식 만들기
· 고양이가 먹으면 안 되는 음식

아나엄마의 집사일기

　입양 당시 아나가 먹던 사료는 소롱누님이 비추하는 사료였습니다. 각종 부산물이나 합성방부제 등 화학첨가물이 많이 들어 있기 때문이었죠. 제가 그 사료를 선택한 것은 단지 가장 유명하다는 이유에서였습니다. 제가 생각이 없었던 거죠. 그래도 의아합니다. 왜 가장 유명한 사료인데, 영양적으로는 그리도 불완전할까요? 초보 집사라면, 저처럼 '가장 유명하고 가장 많이 팔린다'는 점에 혹해 사료를 구입하는 분들이 많을 것이라고 생각합니다. 여러분, 지금이라도 늦지 않았으니 이 챕터를 읽고 각성합시다!

　소롱누님의 이야기를 듣고 난 이후부터는 아나와 키아라에게 '홀리스틱급' 사료를 먹였습니다. 신선한 생선과 고기만을 사용한다는 사료를요. 그러다 방송국을 그만두고 프리랜서가 된 저는 그만 아이들의 사료를 '홀리스틱급'에서 '슈퍼프리미엄급'으로 다운그레이드하고 말았습니다. 제 가슴은 찢어졌으나 아나, 키아라는 이 사료에도 잘 적응해 주더라고요. 그래도 지금 먹이고 있는 사료는 소롱누님이 '이 정도면 괜찮다'고 했던 사료 중 하나입니다. 가격 대비 성분이 괜찮다는 이야기였죠.

　간식까지 꼼꼼하게 챙길 수는 없지만 하루 세끼(아나, 키아라야, 너네 몇 끼 먹니?) 먹는 주사료만큼은 성분표를 꼼꼼히 살펴봅니다. 저는 닭고기 가루, 생선 가루 소위 "powder"가 쓰여 있으면 그 사료는 선택하지 않습니다.

　결국 몸으로 들어가는 것이 건강을 좌우한다는 점에선 사람도 고양이도 같습니다. 아나, 키아라는 저에게 떨어질래야 떨어질 수 없는, 오래오래 건강하게 함께하고픈 존재이고요. 여러분도 마찬가지이실 거예요. 그러니, 단어가 생소하고 어렵더라도, 우리 고양이가 먹는 사료의 등급과 성분만큼은 꼭 챙겨야겠습니다.

　프리랜서가 되고 꼬박 1년이 지난 지금, 라디오 디제이를 맡게 되었으니, 다시 홀리스틱급 사료를 넘보렵니다. 아나, 키아라~ 소심한 집사 때문에 너네가 고생이 많다.

 소롱누님, 지금 병원에서 열한 마리 돌보시잖아요. 사료비 너무 부담되지 않으세요?

 병원 안에서만 열한 마리지, 마당냥이 셋, 저희 집에 셋, 그리고 저희 아파트 밑에서 밥 먹는 애들도 있거든요. 걔네들까지 하면 정말 사료 비용이 엄청나요.

 고양이계의 마더 테레사세요. (웃음)

 그렇지 않아요, 더 많이 돌보는 분들이 얼마나 많은데요. 그리고 사실, 걔네들은 제가 있는지조차 모를 거예요. (웃음) 제가 말한 모든 애들한테 비싼 사료를 먹일 순 없거든요. 병원 아이들하고 저희 집 아이들만 좋은 사료를 먹여요.

 그래도 열네 마린데?

 네, 그렇죠. (웃음) 저희 집 아이들은 OOO을 먹였고, 병원 아이들은 △△△를 먹였고, 밖에 아이들한테는 캔을 주되 사료는 조금 등급이 낮은 걸 먹이고요. □□□, 그건 용량 대비 가격이 좀 싸거든요. 아파트에 밥 주는 애들도 그걸 먹이는데, 며칠 전에 OOO이 다 떨어져서 저희 집 아이들한테 □□□을 줬더니, 애들이 이게 뭐냐며 (웃음) 제대로 된 밥을 가져오라고 소리를 지르더라고요. 그래서 제가 그랬죠. "너희들, 저 밖에 있는 애들을 한번 생각해 봐라." 아무리 그래도 □□□을 먹질 않더라고요. 결국 말도 안 되는 캔을 버무려서 줬어요.

 고양이들이 한번 입맛을 들여 놓으면 안 바뀌더라고요.

 저는 굉장히 여러 가지를 돌려 먹여 봤어요. 아주 다양하게.

 저는 이 사료를 먹으면 애들이 탈이 난다더라, 하는 악명 높은 사료만 피하면 된다고 생각해요. 물론, 어떤 분들은 제가 먹이는 사료도 애들 몸에 좋지 않다고 할 수 있지만요. 결국 고양이마다 잘 맞는 사료가 있을 테니까요, 그냥 제가 지속적으로 먹일 수 있는 사료들을 택하게 되더라고요. 저는 프리랜서잖아요. 작년에 굵직굵직한 연재가 두세 개 빠지면서, 연수입 천만 원 정도가 허공으로 날아가는 상황이었어요. 예전처럼 고급 사료를 먹일 수는 없게 된 거죠. 그럴 때 보통, 사람들 가슴이 무너지잖아요.

 맞아 맞아.

 내가 삼각김밥 먹는 건 괜찮은데 내 고양이들이……. 자식들한테 매일 용돈 5천 원 주다가 천 원밖에 못 주게 되는 부모 심정처럼 자괴감이 들더라고요. 그래서 고양

146 _2장. 고양이님의 일상

이에게 내가 바빠져도 똑같은 정성을 쏟을 수 있고, 내가 당장 상황이 안 되더라도 지속적으로 해 줄 수 있는 것들을 해 나가자 하는 생각을 했어요. 사료 바꿀 때 약간 가슴이 아프더라고요.

🙂 그렇죠, 저도 그래요.

🙂 저는 아침에 출근하기 전에 아나, 키아라 각자 그릇에 소복하게 사료를 부어 놓고 출근해요. 이틀 정도 두면 다 먹는 것 같고요.

🙂😮 헐!! (경악)

🙂 저도 제가 지금 잘못하고 있는 느낌이 들어서…….

🙂 또 혼나셔야 합니다. (웃음)

먹거리 기본사항

"달리 '집사'입니까?
먹을 것은 딱딱 알아서 해다 바쳐야죠."

고양이의 입맛은 생후 6개월 안에 좌우됩니다.
6개월 안에 먹는 음식이 평생 아이가 선호하며 먹는 음식이라고 생각하면 됩니다. 어렸을 때부터 사람과 음식을 나눠 먹던 고양이는 커서도 사람 음식을 탐해요. 어릴 적 생선구이 백반집 밑에서 자라 생선에 입맛이 길들여진 얼룩이처럼, 고급 사료는 먹지 않고 생선을 기다리는 고양이도 있고요. 그러니 6개월 이전에 좋은 식습관을 길들여 주어야 합니다. 가능한 건식보다 습식이나 자연식으로, 좋은 성분의 먹이로 길들여 주세요.

Q. 좋은 먹거리의 조건
A1. 단백질 위주의 식단(고양이는 원래 육식동물)
A2. 습식 > 건식

야생 상태에서 고양이는 음식과 물을 따로 섭취하지 않습니다. 따라서 물을 잘 먹으려 하지 않는 습성이 있습니다. 그래서 음식을 먹는 중 수분 섭취를 돕는 것이 좋습니다. 고양이의 수분 섭취는 건강에서 상당히 중요한 부분이기 때문에 가능한 건식보다는 습식이 좋아요.

Q. 고양이 먹거리의 종류와 장단점

A1. 건사료, 습식사료(캔)

	건사료	습식사료
장점	사료 보관과 먹이 주기가 쉽다. (비교적) 용량 대비 싸다. (적은 양으로 높은 열량을 얻을 수 있다.)	수분 섭취가 용이하다. 건사료보다 소화가 잘된다. 먹는 양 대비 열량이 낮아 (비교적) 살이 찌지 않는다.
단점	먹는 양 대비 고열량 마구 먹는 아이들의 경우 살찌거나 토하기 쉽다. 수분 섭취에 따로 신경 써야 한다.	건사료보다 비싼 편이다. 한번 따고 나면 부패되기 쉬워서 30분 이내 안 먹으면 버려야 한다.

A2. 자연식

사람이 먹는 식재료를 그대로 주는 식단입니다. 익힐 수도 있고 날것으로 줄 수도 있죠. 건강한 식재료라는 것이 가장 큰 장점입니다. 하지만 쉽지 않은 도전입니다. 바쁜 집사라면 시도하기 어려운 것도 당연합니다. 또한 사람 음식 중 고양이가 먹으면 안 되는 음식을 잘 선별해야 하고(p.160 참고) 위생 상태와 영양 균형에 신경을 써야 합니다. 그래도 자연식(생식)에 도전해 보고 싶다면 재료 중에서 아주 적은 양을 갈아서 기존 먹이에 섞어 주는 방법 등을 통해 조금씩 시도할 수 있습니다. 이미 건사료와 습식에 길들여진 아이들은 잘 먹지 않을 가능성도 있거든요.

질문 있어요!

 사료가 더 좋아요? 자연식이 더 좋아요?

 사료도 자연식도 장단점이 있습니다. 식재료 자체로는 자연식이 우수할 수 있지만, 무조건 자연식이 좋다고 고기만 100% 갈아서 먹이다가 그 음식에서 얻지 못하는 영양소의 결핍 때문에 문제가 될 수 있어요. 살아 있는 동물을 잡아먹던 야생동물 시절과는 다르니까요. 또 먹거리는 개묘차를 함께 고려해야 할 주관적인 영역입니다.

일반적으로 사료보다 자연식이 좋다고 생각해서 자연식을 시도하지만, 익숙하지 않아 먹지 않는 아이들도 많습니다. 그래서 사료를 계속 먹일 수밖에 없는 경우가 많고요. 그래서 저희는 두 가지 중 하나를 고집하기보다는 장단점을 고려해서 적절히 혼합하거나 번갈아 먹이는 방식을 더 추천합니다. 또 사료를 먹이는 집사는 계속 업데이트된 정보를 수집하며 좋은 사료에 관심을 유지할 필요가 있습니다. 좋다고 알려진 사료가 몇 년 뒤 문제가 있던 것으로 밝혀질 수도 있기 때문이죠.

Q. 급여방법을 확인해 봅시다.
A1. 건식사료: 하루에 한 번 이상 새걸로 바꿔 줍니다.
　　　　작은 그릇을 여러 개 둡니다.

사료도 음식입니다. 먹던 사료는 만 하루가 지나면 산화되므로 **하루에 한 번 이상 새걸로 바꿔서 급여합니다.** 가능하다면 하루에 서너 번 이상 나눠 주는 것이 좋습니다.

한 그릇에 수북이 주기보다 작은 그릇 여러 개를 군데군데 두면 좋습니다. 그렇게 음식을 찾아 먹다 보면 몸을 움직이게 돼서 살도 덜 찌고요.

특히 와구와구 먹는 고양이는 빨리 먹는 식습관을 교정해 줘야 합니다. 이런 친구들은 **쟁반처럼 넓은 그릇에 사료를 뿌려서 천천히 먹게** 해 주세요. 우리도 음식을 마시듯이 후루룩 먹으면 포만감이 금방 안 생기듯이 고양이도 마찬가지입니다. 고양이도 급하게 먹으면 배가 부른지 모르고 폭식하게 됩니다.

A2. 습식사료: 따서 30분 안에 안 먹으면 바로 버립니다.
　　　　남은 캔은 냉장고에 밀폐보관

고양이에게 습식캔을 줬는데 20~30분이 지나도록 먹지 않는다면, 아니면 먹다가 남긴다면 남은 음식은 버리는 것이 좋습니다. 시간이 지나면 상할 위험이 있으니까요. **개봉하고 남은 캔은 반드시 밀폐용기에 넣어서 냉장고에 보관해야** 산화를 막을 수 있습니다.

습식캔을 따서 바로 주면 고양이들이 잘 먹지만, 냉장고에 보관했다가 저녁이나 다음 날 아침에 남은 캔을 주려고 하면 잘 안 먹는 경우가 많아요. 찬 음식이 싫어서 그런가 하고 데워 줘 봐도 잘 안 먹더라고요. 그만큼 맛에 민감해요. **습식캔은 냉장고에 보관을 하더라도 이틀을 넘기면 버려야 합니다.** 그래서 개인적인 생각이지만, 습식캔이 지금보다 더 작게 나오면 좋겠습니다.

질문 있어요!

 고양이는 자율배식하지 않나요?

 자율배식도 가능합니다. 하지만 고양이라고 다 알아서 소량씩 적당히 먹지는 않습니다. 성격에 따라 한꺼번에 왕창 먹는 고양이들이 있는데, 이런 아이들은 비만뿐만 아니라 먹고 토하기를 반복하면서 위장염에도 걸리기 쉽거든요. 이 경우엔 타이머가 있는 자율배식기를 쓰시거나, 아이들이 자연스럽게 자율배식을 하도록 작은 그릇 여러 개에 사료를 나눠 주세요.

 다른 먹거리로 바꿔 주고 싶은데 새 먹거리에 관심이 없어요. 어떻게 할까요?

고양이들은 음식 바뀌는 걸 굉장히 싫어합니다. 입맛이 까다로워요. 그래서 보호자 마음대로 먹이를 바꾸면 부적응 현상을 보이는 경우가 있습니다.
습식은 안 먹고 건사료만 먹었던 저희 소롱이의 먹거리 교체 경험을 소개합니다. 소롱이는 전 보호자가 네다섯 살 무렵까지 건사료만 먹여 키운 아이였는데, 하부요로질환에 걸리자 버림을 받은 케이스였어요. 재발을 막기 위해 습식을 먹어야 하는데 전혀 습식에 관심이 없었죠.
건사료에 닭가슴살을 갈아서 아주 아주 조금씩 섞어 주며 습식에 길들이기 시작했습니다. 처음에는 마른 닭가슴살을 갈아서 새끼손톱 절반 크기만큼 섞어 주는 걸로 시작해서 매일 조금씩 양을 늘렸어요. 6개월 정도 지나고 나서는 익힌 닭가슴살도 아주 잘 먹게 됐답니다. 여러분들도 인내심을 갖고 도전해 보시면 좋겠습니다.

 다른 사료로 바꿔 줬더니 설사를 해요. 더 좋은 사료인데…… 다시 원래 사료로 돌아가야 할까요?

 혹시 사료를 너무 급히 바꾼 건 아닌가요? 지금 사료에서 다른 사료로 바꿀 때는 최소한 일주일 이상의 적응기간이 필요합니다. 새로운 사료를 처음에는 1/5 정도만 섞어 주시고, 매일 1/4, 1/3, 1/2, 2/3, 3/4으로 늘린 후 완전히 교체하는 겁니다. 원래 사료는 그만큼 점점 줄이는 거죠.

그 과정에서 설사나 구토 같은 이상 반응이 나타난다면 우리 고양이에게 맞지 않는 것이니 사료 교체에 대해 다시 생각해 봐야 합니다.

Q. 그릇 관리 방법
A. 가능한 플라스틱보다는 사기나 유리 그릇이 좋습니다. 너무 좁고 오목하지 않은 것을 선택해 주시고요.
밥그릇은 소량의 세제로 깨끗하게 닦고 세제 잔여물이 남지 않도록 여러 번 헹군 뒤 말려 주세요. 물그릇을 세척할 때는 가능한 세제를 쓰지 않는 것이 좋아요. 대신 매일 여러 번 닦는다는 전제하에 베이킹소다와 식초를 묻혀서 손으로 닦아 주시는 게 좋습니다.
밥그릇과 물그릇 모두 씻은 뒤에는 전자레인지에 15초 정도 돌려 소독 후 사용하시면 좋겠습니다. 젖은 그릇에는 사료를 담지 않습니다.

좋은 사료의 기준

"장기적으로 먹이는 만큼 건강과 직결되는 사료.
원료를 꼭 확인하세요."

Q. 좋은 사료의 선택기준
A. 다음에 해당되는 사항이 많을수록 좋은 사료입니다.

☐ 합성방부제, 살충제, 항생제가 검출되지 않은 것
☐ 유전자조작물질(GMO)을 사용하지 않은 것
☐ 육류 함량이 높은 것
☐ 가공 안 된 통곡물, 허브, 채소, 과일을 사용한 것
☐ 식품 알레르기를 유발할 수 있는 옥수수, 콩, 밀을 사용하지 않은 것
☐ 저온 조리한 것

(참고: 앤 N. 마틴, 《개 고양이 사료의 진실》, 책공장더불어)

인터넷을 보면 원료를 기준으로 저급부터 고급까지, 사료의 등급을 나누고 있습니다. 그로서리, 프리미엄, 슈퍼프리미엄, 홀리스틱이 그 등급인데요, 뒤로 갈수

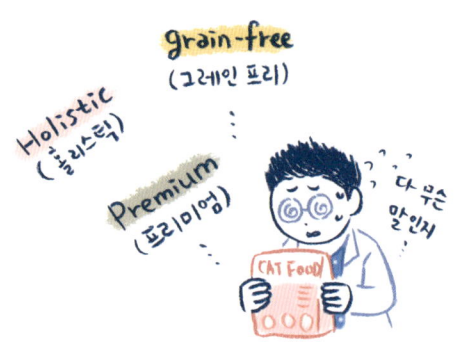

록 좋은 사료라고 알려져 있습니다. 하지만 아무리 좋은 성분의 사료여도 아이들이 먹지 않으면 소용없습니다. 어느 정도 등급 이상의 사료라면 아이들이 잘 먹고 잘 싸는 제품을 택하시면 됩니다. 제일 중요한 기준은 결국 아이들이 먹어 주시는 것이죠.

질문 있어요!

 '홀리스틱 등급'이 뭔가요?

 홀리스틱(holistic)은 사람도 먹을 수 있는 원료로 만들었다고 해서 미국농무부(USDA)의 인증을 받은 사료 등급이라고 알려져 있는데요, 막상 찾아보니 홀리스틱의 정의는 애매합니다. 미국사료관리협회(AAFCO)도 따로 등급을 정하고 있지 않더라고요. 홀리스틱이라는 용어 대신 '사람이 먹을 수 있는'이라는 의미의 'Human-Grade'를 사료의 기준으로 표시하고 있습니다. 하지만 사람이 먹는 음식 중에 고양이가 먹지 못하는 음식도 있기 때문에 'Human-Grade' 역시 사람의 음식과 동급이라는 의미는 아닙니다. 대신 '사람이 먹을 수 있을 만큼 안전하다'는 의미로 이해하시면 좋겠습니다.

 미국사료관리협회 홈페이지의 Human-Grade 설명

 제 친구가 고양이에게 '그레인프리'를 먹이지 않는 저를 죄인 취급했어요. 도대체 '그레인프리'가 뭐죠? 영어라서…….

 고양이는 원래 육식동물입니다. 야생 상태에서는 살아 있는 동물을 먹는데요, 그레인프리는 그 생식 본능에 따라 단백질을 주원료로 만든 사료를 뜻합니다. 사료들 중에는 열량을 채우기 위해 탄수화물 함량이 높은 제품들도 많아요. 그레인프리는 곡물 알레르기를 최소화하기 위해, 저급 탄수화물 원료(옥수수, 밀, 쌀, 사탕수수 등)를 배제하고 순수하게 육류로만 만든 사료입니다. 그렇다고 단백질 100%인 제품만 있는 것은 아니고요, 탄수화물을 감자나 고구마로 대신하고 과일과 채소를 첨가해서 영양분을 제공하는 제품들도 있습니다. 고양이에게도 탄수화물은 필요하니까요. 탄수화물에서 특히 중요한 부분은 섬유소예요. 많은 양이 필요한 건 아니어도 소화와 배변을 위해 필요합니다. 또, 적당한 섬유소 섭취가 헤어볼 배출에 도움이 된다는 점 잊지 마셔요. (웃음)

사료 뒷면 읽기

"최선의 사료를 선택한다기보다는 최악의 사료를 피하는 게 우리의 목적입니다."

Q. 사료 뒷면 읽는 방법

A. 스티커로 된 한글 성분표를 찾아 첫 번째부터 다섯 번째 원료까지 읽어 봅시다.

	홀리스틱 여부	사료 뒷면 다섯 가지 성분 (2017년기준)
얼룩아범네 A 사료	홀리스틱급	치킨밀(chicken meal) 현미(brown rice) 닭(chicken) 닭간(chicken liver) 살몬밀(salmon meal)
유명한 B 사료	X	탈수된 가금류 단백질(hydrated poultry protein) 쌀(rice) 식물성 단백질 분리물(vegetable protein isolated) 동물성 지방(animal fat) 식물성 섬유소(vegetable fiber)
아나엄마네 C 사료	홀리스틱급	신선한 연어 14% 신선한 청어 12% 건조 연어 12% 건조 청어 12% 건조 대구 12%
모모모네 D 사료	X	닭고기 치킨밀 싸라기 완두콩 단백질 통현미

Q. 뒷면에 나오는 용어

A1. 밀(meal)=원재료를 갈아서 재생산한 원료

A2. 치킨밀(chicken meal: 닭육분)=닭을 갈아서 재생산한 원료

사료의 뒷면에서 흔히 '치킨밀'이라는 말을 볼 수 있습니다. 치킨밀은 쉽게 말해 닭을 간 것으로, 미국사료관리협회에 따르면 '깃털, 머리, 발, 내장 등을 제외한 부위를 간 것'입니다. 하지만 경우에 따라 닭의 뼈가 포함되어 있을 가능성도 있다고 합니다. 닭고기이긴 하지만 우리가 상상하는 살코기와는 다른 개념이죠. 그렇기 때문에 믿을 만한 회사의 제품인지가 중요합니다. 갈고 난 다음에는 무엇이 들어갔는지 우리가 알 수 없기 때문이죠.

 그렇다면 닭만 써도 되지 않나요? 왜 치킨밀을 쓰는 거죠?

치킨밀 원료로 사료를 만들면 적은 양으로도 단백질 함량을 높일 수 있기 때문입니다. 보통 닭고기의 단백질 함량이 18% 정도인 데 비해 같은 양의 치킨밀은 단백질 함량이 65% 정도로 효율적이거든요. 그래서 **상당수의 고양이 사료에는 치킨밀이 원료로 들어가 있습니다. 이게 고양이 사료의 한계이기도 하고요.**

A3. 미트밀(meat meal: 육분)=어떤 고기인지 알 수 없는 정체불명의 고기들을 갈아서 재생산한 원료

미트밀은 말 그대로 고기를 갈아서 재생산한 원료로, 단일 종류의 고기일 수도 있고 여러 종류의 고기가 섞여 있을 수도 있습니다. 예를 들면 닭, 소, 돼지, 생선 등

이 다 포함되고요. 어떤 부위인지 모르나 고기에서 추출된 성분이면 모두 원료가 될 수 있는 거죠. 따라서 미트밀처럼 고기의 정체를 알 수 없는 원료를 쓴 사료보다는 어떤 동물의 고기인지를 명시한 원료를 쓴 사료를 고르세요.

 **여기서부터는 가능하면 피해 주세요!!!**

A4. 미트 앤드 본 밀(meat and bone meal: 골육분)=남은 뼈를 갈아서 재생산한 원료

도축장이나 육가공 공장에서 가공 후 남은 뼈와 뼈에 붙은 고기를 압착해서 건조 분쇄한 원료입니다. 미국사료관리협회에 따르면 골육분의 정의는 '도살된 포유류의 비장, 신장, 뇌, 간, 혈액, 뼈, 지방, 위, 소장, 대장. 이빨과 털, 뿔을 제외한 어떤 부위도 가능함'입니다. 상상해 보시면 먹이기 힘들 겁니다. 정의일 뿐 규제 사항이 아니라는 점도 꼭 기억해 두세요.

A5. OO by product(부산물)

"OO by product"라고 되어 있으면 그건 부산물을 의미합니다. 가끔 그럴듯하게 영어로 "chicken by product"라고 써 있는 경우가 있는데 사실 이건 닭의 도축 과정에서 생산되는 머리, 발, 내장 등으로 만들어졌다는 뜻입니다. 쉽게 말하면 깃털을 제외한 모든 부위로 목, 발, 발달되지 않은 알도 포함이 됩니다. (참고: 미국사료관리협회의 by product 정의) "poultry by product"는 가금류의 도축 과정에서 생산되는 부산물을 말하는 거겠죠?

A6. 합성방부제(artificial preservatives)*

대표적으로 BHA, BHT, 에톡시퀸 등이 해당됩니다. 사람의 음식에서도 방부제는 관심의 대상입니다. 요즘 새로 나오는 좋은 사료 중엔 합성방부제가 있는 사료는 거의 없지만 그래도 알아 두어야 할 기피 성분입니다. 반드시 피해 주세요.

★ 합성방부제
성분표의 BHA(butylated hydroxyanisole), BHT(butylated hydroxytoluene), 에톡시퀸(ethoxyquin)은 합성방부제다.

질문 있어요!

 그럼 도대체 뭘 먹일 수 있는 거죠? 알면 알수록 더 고민돼요. 저는 자연식을 해 주지 못하는 상황인데 죄책감이 드네요.

 자연식을 해 줄 수 없는 보통의 우리들이 노력할 부분은 좋은 품질의 건사료와 습식캔을 찾아보는 것입니다. 그중에서도 습식캔을 좀 더 많이 주면 좋겠죠.
마냥 가격이 비싸도 무조건 좋은 것을 택하라는 뜻은 아닙니다. 집사의 경제력도 무시할 수 없으니까요. 자신이 지속적으로 줄 수 있는 것을 택하시되, 가끔씩 홈메이드 간식을 만들어 주는 등의 노력을 병행할 수 있습니다. 좋은 품질의 습식캔을 특식으로 줄 수도 있고요. 단, 홈메이드 음식도 갑자기 주면 애들이 먹지 않으니 적응이 필요합니다. 처음에는 다 갈아서 사료에 비벼 주면서 시작해 보세요.

초간단 홈메이드 특식 만들기

홈메이드라도 어렵지 않은 메뉴들이 있습니다. 일주일에 한 번 정도는 이런 특식, 괜찮지 않을까요? 단, 먹어 주셔야 말이죠…….

레시피 1 〈고양이를 위한 무염치즈〉

준비물: 우유 1L, 식초 3스푼

1. 냄비에 우유 1L를 넣고 끓인다.
2. 보글보글 끓어오를 때 식초 3스푼을 넣고 저어 준다.
3. 뭉치는 게 보이면 불을 끄고 체에 밭치거나 부드러운 광목천에 넣어 물을 짠다.
4. 차갑게 식혀서 준다.

레시피 2 〈집사와 함께 먹는 닭고기죽〉

준비물: 닭고기 2컵, 현미 1컵, 당근 1/4컵

1. 분량의 익힌 닭고기, 익힌 현미, 익힌 당근을 준비한다. 닭고기는 다지거나 갈아 버린다.
2. 다같이 푹 끓인 뒤 식혀서 준다. 이때 덩어리를 잘 안 먹는다면 갈아서 준다.
   (현미 대신 퀴노아를 쓰셔도 좋아요. 너무 고급진가요? ^^)

고양이가 먹으면 안 되는 음식

 병원에서 고양이한테 사람 음식 주지 말라고 하잖아요. 홈메이드 얘기를 듣고 나니 저랑 같이 먹어도 될 것 같은데, 왜 사료만 먹으라고 하는 거죠?

 사람의 음식 중에서 어떤 것들은 고양이에게 굉장히 위험합니다.

아나는 제가 닭죽 먹고 있으면 옆에서 엄청 먹고 싶어 한단 말이에요. 닭이고 살코기니까 나눠 준 적도 있는데…….

 사람이 먹는 닭죽에는 닭만 들어 있지 않아요! 양파나 파, 마늘 등도 들어가 있잖아요. 닭죽 끓이실 때 닭만 넣었나요?

 아, 아니요…….

 이래서 사람 음식을 주지 말라고 하는 거예요. 의도하지 않아도 위험한 음식을 먹일 수 있기 때문이죠.

Q. 고양이에게 주면 안 되는 음식
A1. 양파, 파, 부추, 마늘

고양이에게 가장 위험한 것이 양파, 파, 부추, 마늘 등입니다. 이런 재료들은 대부분의 사람 음식에 들어 있잖아요. 특히, 양파에 있는 독성은 가열을 해도 없어지지 않아요. 이 독성은 고양이의 적혈구를 파괴해 용혈성 빈혈을 일으키고요. 소량으로도 굉장히 치명적일 수 있고, 언제 발병할지 알 수 없습니다. 이러한 이유로 된장찌개, 닭죽, 불고기, 갈비찜, 갈비탕을 비롯한 대부분의 사람 음식을 먹이지 말라고 하는 거죠.

질문 있어요!

 순대에 있는 간은 몸에 좋지 않나요?

 순대를 만들 때 잡내를 제거하기 위해 양파, 파, 부추, 마늘이 들어가기도 하죠? 그러니 안 됩니다. 사람 음식은 세심하게 접근해 주세요.

A2. 사람 참치캔

사람 참치캔은 고양이 참치캔과 엄연히 다른 음식입니다. 사람 참치캔에는 염분과 기름기가 많아요. 그래서 고양이에게 주면 안 됩니다. 동네고양이를 만났을 때 사료가 없어서 사람 참치캔을 사서 주시는 분들이 있는데요. 이럴 땐 차라리 사람용 닭가슴살 캔을 사서 주세요.

A3. 날생선, 날고기, 날달걀

1) 날생선: '생선은 당연히 되지 않나?'라고 생각하기 쉽지만, 회도 안 됩니다. 굽거나 익혀서 주세요. 날생선의 효소가 고양이들이 음식을 통해서만 흡수하는 영양소인 티아민(thiamine: 비타민 B1)을 파괴하기 때문입니다. 티아민은 신경과 근육활동에 필수적인 영양소로, 날생선만 먹는 아이들은 티아민 부족으로 걷기 어려워지고, 식욕저하, 구토, 발작, 혼수상태까지도 올 수 있습니다.

2) 날고기: '생식시키는 사람들도 있는데 날고기는 괜찮지 않아?'라고 생각하실 수 있는데요, 위생적이지 않은 날고기에는 살모넬라균 등이 있을 수 있습니다. 식중독에 걸리면 큰일이 발생할 수 있어요. 내키는 대로 주시기보다는 충분히 공부를 하신 뒤 적절한 레시피에 따라 급여하는 것을 추천합니다.

3) 날달걀: '완전식품인데?'라고 생각하기 쉽습니다만, **익히지 않은 흰자는 먹으면 안 됩니다.** 날달걀 흰자의 아비딘이라는 단백질이 고양이에게 꼭 필요한 필수 비타민인 비오틴 결핍증을 일으키기 때문입니다. 비오틴이 부족하면 식욕저하, 탈모, 피부염증 등이 유발될 수 있으니 달걀은 익혀서 주세요.

A4. 우유

사람 우유와 고양이 우유는 다릅니다. 사람 우유는 고양이에게 설사를 유발할 수 있어요. 락토프리 (lactose free) 우유 혹은 요즘 많이 나오는 반려동물용 우유를 주세요. 치즈 역시, 일반 치즈는 염분이 너무 많아서 안 됩니다. 무염치즈를 주세요.

꼭 주시고 싶다면 동물전용우유나 무염치즈를 주세요!

A5. 생선뼈

조류의 뼈와 마찬가지로 생선뼈는 소화도 어려울 뿐더러, 씹고 삼키는 과정에서 입안과 내장에 상처를 낼 수 있습니다.

A6. 초콜릿

초콜릿의 쓴맛을 내는 테오브로민이라는 성분이 신경계 이상을 일으켜 경련, 발작이 올 수 있고요, 목숨을 잃을 수도 있습니다. 초콜릿을 먹었다면 바로 병원에 데려가 구토를 시켜 주세요. 체내에 흡수되지 않도록 해야 합니다.

A7. 커피

카페인이 들어간 음식은 모두 안 됩니다. 초콜릿, 녹차, 홍차, 보이차, 콜라, 비타민 음료, 잠깨는 음료(레드O, O식스) 등등. 과호흡이 일어나고 열이 나고 불안해하고 카페인 중독 증상을 보일 수 있습니다. 심하면 경련하고 사망에도 이를 수 있어요. 집사라면 커피를 마실 때 뚜껑이 있는 머그컵을 쓰도록 합시다.

A8. 포도, 건포도, 청포도

포도는 많이 아시다시피 급격한 신장 손상을 일으킵니다. 껍질, 알맹이, 씨 모두 해당합니다. **포도잼, 건포도가 들어 있는 빵이나 쿠키, 포도씨유가 들어간 드레싱** 등도 모두 주의해야 합니다. 당장 증상이 나타나지 않더라도 포도는 급격히 신장을 망가뜨릴 수 있으니, 절대 주지 마세요. (와인은, 포도를 떠나서 알코올 종류이기 때문에 절대 금지인 것 아시죠?)

A9. 아보카도

개, 고양이 모두에게 아보카도는 위험한 음식입니다. 특히 새나 설치류에게는 더 적은 양으로도 치명적인 음식이죠. 아보카도는 집사만 드십시다.

A10. 건어물

염분이 많은 김, 명태포 등도 주면 안 됩니다. 칼슘, 미네랄이 많아서 고양이한테 결석이나 하부요로질환을 일으킬 수 있습니다. 육수를 내고 남은 멸치도 안 되고요. 집에서 만든 무염멸치 정도는 괜찮습니다. 만일 내가 우리 고양이에게 북어포를 주고 싶다면, 북어포를 24시간 이상 물에 담가서 염분을 빼야 합니다. 그걸 다시 말려서 파우더로 만들어서 먹이셔야 되죠.

질문 있어요!

저는 강아지와 고양이를 같이 키우는데요, 고양이 사료가 좀 더 비싸서…… 강아지 사료를 같이 먹이면 안 되나요?

고양이는 반드시 음식으로 섭취해야 하는 필수 영양소가 있다고 말씀드렸죠. 타우린 역시 그중 하나예요. 강아지는 타우린이 필요 없기 때문에 강아지 사료에는 타우린이 없어요. 그러니 강아지 사료를 고양이에게 같이 주시면 안 됩니다.

우리 고양이는 식탁 위를 좋아해요. 음식을 탐하진 않지만 식탁 위에 있는 약 상자를 좋아합니다. 감기약 뒷면의 은색 반짝이 스티커 때문인지 모르겠지만 타이레O을 자꾸 건드려요. 얼마 전엔 식탁 밑으로 떨어뜨려 갖고 놀려고 하던데요. 입에 대진 않았지만, 이대로 둬도 될까요?

타이레O에 들어 있는 아세트아미노펜은 고양이에게는 매우 치명적입니다. 극소량으로도 목숨이 위험할 수 있습니다. 아세트아미노펜 중독엔 해결책이 없어요. 예전에 고양이가 콧물이 난다고 집에 있는 어린이 해열제(부루O)를 조금 주셨다가 고양이가 사망한 경우도 있었습니다. 일단 오늘 집에 가셔서 약 상자를 식탁에서 치워 주세요.

물 마시기

🐾 나눌 이야기

· 고양이와 물
· 물그릇 체크리스트
· 음수량 늘리기
· 집사토크: 음수량, 이렇게 늘린다?!

타마맘의 집사일기

타이는 성격은 무난하지만 입맛은 까다롭습니다. 사료 고르기도 쉽지 않고, 습식사료와 간식은 가다랑어 맛만 먹지요. 트릿도 북어맛 한 가지만 잡수십니다! 마루는 생긴 것과 다르게(생긴 건 도련님 스타일인데) 뭐든 잘 먹는 식성입니다. 뭐든 주기만 하면 쓰읍! 단번에 흡수해 버리는 스펀지 같은 아이랄까요.

휴~ 성향이 달라도 너무 다른 두 아이를 보고 있자면, 어느 장단에 맞춰야 하나 싶다가도 뭐든 잘 먹는 마루가 있어 다행이라는 결론을 내곤 합니다. 새로운 사료와 간식 테스트는 늘 타이의 거부 → 마루의 뒤처리로 끝이 납니다.

물 마시기에서도 두 아이의 성향이 다릅니다. 매일 아침 가득 받아 둔 물이며, 제가 마시려 떠 놓은 물컵의 물까지 가리지 않고 마셔 버리는 건 마루! 반면 타이는 고인 물을 싫어하는 탓에 물그릇의 물은 쳐다도 안 봅니다. 음수량이 고양이의 건강을 좌우한다는 이야기를 들은 뒤, 어떻게 하면 타이에게 물을 먹일 수 있을까, 이 방법 저 방법 다 써 봤지만 마땅치 않았습니다.

그러던 어느 날 손을 씻으려 들어 놓은 세면대 물을 한없이 바라보던 타이가 세면대로 점프해 올라왔고, 혹시나~ 하는 마음에 손으로 흐르는 물을 받아 주니 세상에나! 타이가 그 물을 잡수는 겁니다! 그래 이거다! 무릎을 탁 치며 저와 가족들은 수시로 세면대에서 물을 틀어 손으로 타이에게 물그릇을 만들어 드렸고, 수돗물 소리가 나면 타이는 어김없이 뛰어와 짧은 입으로 쩝쩝 입을 적시고 갑니다. 최소 1일 1수돗물을 하는 타이 덕분에 우리 가족은 아무리 화장실이 급해도 타이의 물그릇 만들기가 우선이 되었고, 타이 '엄아'의 행동을 유심히 관찰하던 마루까지 수돗물 먹기에 동참하며 온 가족의 손에 물이 마를 날이 없습니다.

그렇다 보니 이제 가족이 여행이라도 가는 날에는, 오래 집을 비워야 하는 날에는 어떻게 해야 할지가 문제가 되었네요. 결국, 오랜 검색으로 수돗물을 손으로 받쳐 흐르게 하는 원리와 비슷한 모양의 고양이 전용 정수기를 발견! 구입 결과는 매우 성공적입니다. 이후 타이는 고양이 전용 정수기를 아주 잘 사용했고, 마루는 뭐 말하면 입 아플 정도. 마치 이전에도 써 본 것처럼 첫날부터 두 고양이는 정수기에 완벽하게 적응해 주었습니다.

  다만 타이는 까탈대마왕답게 정수기를 사용하면서도 1일 1수돗물을 계속하고 있네요. 타이의 아리수 사랑은 앞으로도 계속될 것으로 보입니다. 타이야, 뭐든 좋으니 지금처럼 물 많이 마셔 주라. 두 손으로도 기꺼이 받쳐 줄게! 마루야, 너의 찹찹 물 먹는 소리가 세상에서 제일 듣기 좋은 거, 알지?!

 어느 '목마른' 집사의 사연 좀 소개해 드리겠습니다.

두 주인을 모시고 사는 집사입니다. 매일 저녁 주식으로 캔을 주고 일주일에 두 번 정도 간식으로 캔을 주는데요, 제가 맛을 보고 짜다 싶으면 물을 섞어 주고 있습니다. 그러다가 사료는 얼마나 짠가 한번 입을 대 보니 생각보다 너무 짜더라고요. 사료와 캔, 매일 먹는 음식인데, 이렇게 짜도 되나 싶은 생각이 들 만큼이요. 혹시 나트륨 과다 때문에 신장에 문제가 발생할 일은 없을까요? 걱정됩니다.

-로맨스여사

사료와 캔의 간을 보고 물 섞어 주신다는 사실에 놀랐어요. 주인님을 잘 모시는 모범 집사네요.

저는 츄르(고양이계의 유명 간식)고 뭐고 입을 대 볼 생각은 한 적이 없어요.

전 북어트릿을 주방에 놔뒀다가 깜빡하고 국 끓일 때 넣어 본 적은 있어요. (모두 웃음)

맛있었어요?

그냥 북어죠, 뭐.

생각보다 담백한 맛이었을 거예요.

선생님 많이 드셔 보신 것처럼 말씀하시네요.

개, 고양이가 같이 먹을 수 있는 닭가슴살 육포를 저희 동물병원 1층에서 팔거든요. 선생님들끼리 우연히 맛을 봤는데, 첨가제가 아무것도 없고 닭가슴살만 말린 건데 희한하게 맛있었던 거죠. 그때부터 진료 보다가 배가 고프면 하나씩 가지고 올라와서 나누어 먹고 있는데……. (웃음) 가끔은 웃길 때가 있죠. 네, 생각보다 담백합니다. (웃음)

그러니까, 파시는 물건을 직접 드신다고?

이걸 어떻게 받아들여야 할지.

🙍‍♀️ 아무튼, 사연 주신 로맨스여사님, 너무 짠 게 아닌가 걱정하시는 거죠? 결론부터 이야기하면 고양이용으로 나온 식품들은 크게 걱정하실 필요 없습니다. 적당한 나트륨은 고양이에게 큰 문제가 되지 않습니다. 비뇨기계 처방사료의 경우는, 일부러 염분을 많이 넣어서 고양이들이 물을 많이 먹게끔 유도하도록 되어 있기도 하고요. 단, 사료를 먹든 습식캔을 먹든 고양이가 물은 많이 마시도록 해 주셔야 합니다. 짤까 봐 걱정하시는 일보다 우리 고양이가 물을 많이 먹고 있는지 체크하시는 일이 더 중요합니다.

🙍‍♂️ 저희 집은 밤에 고양이들이 할짝할짝하면서 물 먹는 소리가 들려요. 다행이라고 생각은 하는데…….

🙍‍♀️ 얼마나 먹는 것 같으세요?

🙍‍♂️ 350~400mL 정도 들어가는 물그릇이 두 개 있는데, 그걸 하루에 한 번씩은 갈아 주니까요, 두 마리가 평균치는 마시는 것 같아요.

🙍‍♀️ 얼룩아범님, 굉장히 똑똑하시네요. 저도 두 마리를 키우지만 누가 얼마나 먹는지는 모르겠어요.

🙍‍♀️ 물이 남았을 때 빈 페트병에 담아서 남은 물의 양을 체크해 보세요. 가끔씩은 내가 처음에 이만큼 줬는데, 그중 얼마를 먹었구나, 대강의 양을 체크할 필요가 있어요. 고양이 물그릇의 재질이나 무게도 중요하고요. 물을 잘 먹게 하기 위해서 어떤 분들은 정수기도 갖다 놓고, 어떤 분들은 투명한 그릇에도 줘 보고, 물에다 뭘 띄워 놓기도 하세요.

🙍‍♀️ 뭘 띄우나요? 오동잎? 오동잎을 띄우나요? (웃음)

🙍‍♀️ (한숨)

🙍‍♀️ 왜요? 제가 뭘 잘못했다고 그러세요?

🙍‍♀️ 예전에, 제가 물 얘기 잠깐 하면서 가쓰오부시를 이야기한 적이 있습니다만, 하아. (한숨)

🙍‍♀️ 오동잎은 편집, 편집, 편집! (웃음)

고양이와 물

"사람처럼 고양이도 몸의 70~80%가 수분입니다.
그만큼 물 마시기가 중요합니다!"

Q. 고양이는 하루에 물을 얼마나 마셔야 할까요?
A. 음식을 통한 섭취까지 포함해서 1kg당 40~60mL. 평균 50mL

몸무게 1kg당 40~60mL가 기억하기 어려우시면 kg당 평균 50mL라고 기억해 주세요. 우리 아이가 5kg이라면 250mL라고 생각하시면 됩니다. 이건 음식을 통해 흡수하는 물의 양까지 포함한 수치입니다. 따라서 자연식이나 습식을 하는 고양이라면 따로 마시는 물의 양이 이보다 훨씬 적을 수 있습니다. 습식 위주로 먹는 고양이는 평균 20~30mL 정도 물을 마셔야 해요. 고양이가 물을 얼마나 마시는지 체크하려면 계량컵 등을 활용해 내가 주는 물의 양을 먼저 체크해야 합니다. 계량컵이 없다면 페트병이나 종이컵으로 주셔도 되고요. 가능하면 물을 일정한 컵(용량을 미리 확인해 둔 컵)에 덜어서 물그릇에 넣어 주면 물을 좀 더 정확하게 주실 수 있을 겁니다.

Q. 물을 적게 마시면 어떤 문제가 생기나요?
A1. 방광염과 신부전의 원인
물 부족 때문에 생길 수 있는 가장 흔한 고양이 질환으로는 비뇨기질환(하부요로 질환: 일명 고양이 방광염)과 신장질환이 있습니다. 물론 물과 관계없이 나이가 들면서 생길 수도 있어요.

A2. 탈수
겨울철 동네고양이들의 경우처럼 물을 마시지 못하는 고양이에게는 탈수 증상이 일어날 수 있습니다. 탈수가 되면 식욕이 떨어지고 피부 탄력도 줄어들고 심각하면 호흡이 가빠집니다. 이는 응급으로, 반드시 링거액을 주입해야 하는 상황에 해당합니다.

Q. 물을 너무 많이 마시는 것도 문제인가요?
A. 갑상선, 당뇨, 초기 신부전의 신호일 수도 있습니다.
우리 애가 5kg인데 250mL 정도가 아니라 500mL를 먹는다면 질병의 신호일 수 있습니다. 또, 요즘 들어 평소보다 물을 먹는 양이 많아졌다면 그것도 건강 이상의 신호일 수 있습니다. 당뇨, 혹은 초기 신부전인 고양이는 물을 많이 먹고 소변을 많이 봅니다. 우리 아이가 나이가 있고 유난히 물을 많이 마신다면 동물병원에서 검사를 받아 보시길 권합니다. (3-6장 〈방광염과 신부전〉 편 참고)

물그릇 체크리스트

"이 그릇이 맞습니까, 고양이님?"

고양이가 세면대나 변기, 싱크대의 물줄기에 관심이 많다면, 제일 먼저 물그릇을 점검해 보세요. 단순 호기심일 수도 있지만, 지금 쓰는 물그릇이 만족스럽지 않아 그러는 것일 수도 있습니다.

Q. 이상적인 물그릇의 조건
A1. 물그릇과 밥그릇이 나란히 붙은 쌍식기는 X
고양이들은 까다롭습니다. 밥과 물이 나란히 붙어 있을 때 물에서 밥 냄새가 나면 그게 싫을 수 있습니다. 특히 밥그릇과 물그릇이 붙어 있는 쌍식기나 삼식기에서는 사료 알갱이, 부스러기가 떨어져서 물이 지저분해집니다. 또 동그랗게 생긴 플라스틱 쌍식기는 좌우 모양이 똑같아서 어디가 물그릇인지 어디가 밥그릇인지 헷갈리는 경우도 많고요. 물그릇에 밥 냄새가 남아 있다면 고양이 입장에서 별로 물이 마시고 싶지 않겠죠?

A2. 무거운 그릇(도자기, 유리) O
먹는 동안 밀리지 않게 무게감이 있는 그릇이 좋습니다. 그런 면에서 플라스틱보다는 도자기가 좋고요. 스테인리스 그릇이라면 고무패킹이 돼 있어 고정되는지도 확인해 주세요. 또, 고정도 잘되고 세척하기도 편하지만, 스테인리스 그릇에 담긴 물맛을 싫어하는 고양이들이 있습니다. 집에 있는 다양한 재질의 그릇들에 물을 담아 물그릇을 여러 군데에 놔두고 우리 고양이가 어떤 재질을 선호하는지 탐색해 보는 것도 좋은 방법입니다.

A3. 얕은 그릇 O

고양이는 수염이 물에 닿는 걸 좋아하지 않습니다. 그릇이 너무 깊으면 수염이 닿지 않게 하기 위해 고양이가 얼굴을 푹 숙이고 물을 마셔야 합니다. 고양이는 이런 상황을 좋아하지 않습니다. 얕은 물그릇에 대한 선호도가 더 높습니다.

A4. 투명한 그릇 O

고양이들은 물높이를 예상할 수 있어야 안정감을 느낍니다. 투명한 그릇은 물높이를 그대로 볼 수 있어서 고양이가 물을 마시게 하는 데 도움이 됩니다.

Q. 물은 얼마나 자주 갈아야 할까요?
A. 수시로 갈아 줍니다.

물을 하루에 한두 번 갈아 주면 된다고 정하지 마세요. 수시로 갈아서 신선한 물을 주세요. 물맛 좋은 물을 줍시다.

Q. 물높이는 얼마만큼?
A. 일정하게

고양이는 안정감을 좋아하는 동물이기 때문에
집사가 새 물을 가져다줬을 때 물의 높이가 그날그날

다르다면 불편함을 느낄 수 있습니다. 매일 물을 갈아 줄 때 일정한 물높이를 유지할 수 있게 신경 써 주세요.

Q. 이상적인 물그릇의 위치
A1. 화장실과 먼 곳
고양이 화장실과 물그릇의 거리는 양팔 벌린 길이 이상으로 유지해 주세요. 냄새도 문제지만 물그릇 안으로 모래가 튈 수 있어서 아이들이 불쾌해합니다. 여유 공간이 부족하다면 화장실과 물그릇 사이에 간단한 차단막을 놔 주셔도 좋습니다. 하드보드지로 살짝만 가려 주어도 고양이한테는 훨씬 도움이 됩니다. 만일 화장실과 물그릇이 가까이 있다면, 엉뚱한 곳에서 용변을 보거나 물을 마시지 않거나 둘 중 하나의 상황이 벌어질 수도 있어요.

A2. 한적한 곳
주방처럼 번잡하고 사람이 들락날락거리는 공간은 물 마시기에 적합하지 않습니다. 원룸이라면, 주방에 식기세척기나 세탁기가 있을 수 있는데요, 그런 곳에는 물그릇을 두지 않아야 합니다. 할짝할짝 물을 잘 마시고 있다가 세탁기에서 갑자기 탈수가 시작되며 덜덜덜덜 소리가 나면 고양이들이 깜짝 놀라서 그 뒤로는 같은 곳에서 물을 마시려 하지 않을 수 있어요.

A3. 한번 정하면 쭉 그 자리에
워낙 고양이들이 안정적인 것을 좋아하다 보니, 한번 정한 물그릇 위치는 수시로 바꾸지 않는 것이 좋습니다.

A4. 나이가 들수록 여러 군데, 자주 다니는 길목에 여러 개
마시고 싶을 때 바로 마실 수 있도록 해 주세요. 고양이 개체수보다 더 많은 개수의 물그릇이 필요합니다.

Q. 가장 중요한 것은?

A. 위생!!!

매일 물을 갈아 준다고 해도 물그릇이 깨끗하지 않으면 소용없습니다. 물그릇을 씻을 때는 가급적 **베이킹소다나 식초**를 사용하세요. 전자레인지에 돌려서 소독도 하시고요. 그냥 물에 헹구기만 하거나 손으로 문지르기만 해서는 안 됩니다. 세제도 권장하지 않습니다. 한두 번 헹구는 것으로는 세제가 완전히 없어지지 않으니까요. 물그릇이 너무 더러워서 한번쯤 사용해야겠다 싶을 때는 세제를 물에 희석해서 사용하시고 수차례 헹구어 주세요. 자동급수기, 분수대 등은 매일 물병을 비운 뒤 세척해 주시고요. 자동급수기, 분수대는 더 깨끗하게 관리해야 합니다.

음수량 늘리기

"고양이가 눈치채지 못하도록,
아주 천천히 음수량을 늘려 봅시다."

음수량을 늘리는 방법은 크게 두 가지로 나눌 수 있습니다.

1. 밥에 물 섞기
2. 물에 대한 관심 높이기

Q. 밥에 물 섞는 방법

A1. 습식캔에 물 타기

습식캔 국물에 물을 살짝 타서 고양이가 먹는 수분의 양을 늘려 주실 것을 추천합니다. 캔에 얼마만큼 물을 타 주었을 때 가장 잘 먹는지 식욕 테스트도 한번 해 보시고요. 고양이가 "찹찹찹" 하며 물 먹는 소리에 마음이 뿌듯할 겁니다.

A2. 건사료에 물 타기

많은 아이들에게 통하는 방법은 아닙니다만, 물그릇에 사료를 띄워 주면, 식탐이 많은 아이들은 와서 먹기도 합니다. 그렇다고 사료가 팅팅 불어 터지도록 두시지는 마세요. 그건 진짜 맛이 없어요. 우리 고양이가 입맛이 까다롭다면 물에 동동 떠다니는 사료를 보며 집사를 이렇게 쳐다볼 거예요. '뭐하는 짓이냐옹?!' (웃음) 참고로 성공 확률이 낮습니다.

Q. 물에 대한 관심을 높이는 방법

A1. 새로운 물그릇

고양이는 호기심이 많습니다. 신선한 물, 새로운 물그릇에 관심이 많습니다. 세면대에서 물을 틀면 쫓아와서 마시거나 화장실 변기 물에 손을 대려는 고양이들이 많듯이요. 집사가 새로 커피잔을 들이면 여기에도 관심을 보이고요. 그래서 우리 고양이가 마시는 물의 양이 좀 적다 싶으면 과감하게 물그릇을 바꿔 줄 필요도 있습니다. 분수대도 시도해 볼 수 있고요.

참, 새로운 물그릇으로 변기는 안 됩니다. 고양이 키우는 집에서는 변기 뚜껑을 꼭 닫아 주세요.

A2. 다양한 물

물도 다양한 종류로 줘 보세요. 수돗물, 정수기물, 생수병에 든 물 등등, 같은 물그릇이어도 물의 종류에 따라 음수량이 달라질 수 있습니다. 우리 고양이가 어떤 물을 줄 때 더 잘 먹는지 보는 것도 좋습니다.

A3. 물에 다른 것 띄워 보기

물에 가쓰오부시같이 먹어도 되는 무언가를 띄워 볼 수도 있습니다. 물에 부엇인가가 떠다니면 이걸 잡아 보려고 고양이들이 막 애를 쓰거든요. 그 결에 발에 물이 묻으면 핥아서 마시게 되고요. 발을 담가서 먹는 경우에는 흘리는 양도 많지만 그걸 통해 음수량이 늘 수도 있잖아요.

그렇지만 정답은 없습니다. 저는 가쓰오부시를 써 봤는데 고양이들이 몇 번 휘저어 보고 다음부터는 멀뚱히 보기만 하더라고요. (웃음) 차라리 닭으로 국물을 내서 닭육수 국물에다가 물을 타 주는 방법을 추천드립니다.

집사토크

음수량, 이렇게 늘린다?!

👩 집사님들은 어떻게 아이들의 음수량을 늘리고 있는지, 집사님들 사이에서 떠도는 음수량 늘리는 방법들을 모아 봤습니다. 타마맘님의 큰아이 타이는 **1일 1수돗물**을 꼭 마셔야 하는 아이래요. 졸졸 흐르는 물을 좋아해서 수돗물을 달라고 한다고. 그래서 **고양이 전용 정수기**를 설치하셨다고 하네요.

👩 분수대 같은 그거, 괜찮던데요. 물맛이나 물 온도에 되게 까다로운 고양이들이 있거든요. 찬물만 먹는 고양이, 미지근한 물만 먹는 고양이, 아리수만 마시는 고양이, 정수기 물만 먹는 고양이……. 중요한 건 다 관찰에서 나오더라고요. '우리 애는 요걸 좋아하네?' 하고 알았을 때 그 부분을 활용해서 물을 마시게 유도하는 거죠. 타마맘님이 얘기하신 그 분수대가 도자기로 돼 있어서 플라스틱보단 위생적이긴 하더라고요.

👨 저는 분수대를 쓰다가 접었는데요. 매일 씻고 닦고 하지 않으면 금방 바이오필름이 껴 버리더라고요. 필터를 계속 갈아 줘야 해서 돈이 드니 계속 사용하지 못한 이유도 있고요. 조금 더 부지런을 떨어서 그릇에다가 매일매일 신선한 물을 주자, 싶었습니다.

👩 인터넷 고양이 카페에서 중고로 제일 많이 나오는 제품이 고양이 분수대더라고요. 퐁퐁퐁 물이 솟아오르니까 고양이들이 좋아하고, 집사들은 또 고양이가 좋아하니까 구입을 하는 건데, 관리가 그만큼 쉽지 않다는 얘기일까요? 저희 아나는 물이 떨어지는 모습에 엄청 흥분을 해요. 너무 좋아하는 게 느껴져요. 제가 세수하거나 설거지할 때 물을 틀면 아나가 순식간에 나타나거든요. 미친 듯이 세면대에 뛰어 올라오거나 싱크대에 와서 설거지하는 걸

옆에서 보면서 물줄기를 발로 치려고 해요. 그리고 **세탁기가 돌아갈 때**는 언제나 세탁기 앞에 앉아 있어요. 되게 신기하더라고요. **거기서 희열을 느끼나 봐요.** 그래서 분수대, 저도 한번 고려해 봐야겠네요. 그런데 물에 장난감을 띄워 흥미를 유발한다는 집사님도 계시다고요. 피시로봇을 띄워 흥미를 유발하는……. (웃음)

네, 저도 봤어요. 옛날에는 **가쓰오부시**를 많이 썼거든요. 가쓰오부시를 띄워 놓으면 움직이니까. 단점은 젖으면 고양이들이 금방 흥미를 잃는다는 점.

게다가 이런 지극정성도 있네요. **여름에는 츄르를 넣고 얼음덩어리를 만들어 주기도 한대요.**

정말 중요한 부분이에요. 진짜 물을 안 먹는 고양이들이 있거든요. 그런 애들은 츄르에다 물을 약간 타서 얼음큐브를 만들어 주는 거예요. 참치캔 국물도 같이 넣고 얼려도 되고요. 그 얼음큐브를 물에 띄워 주시는 거예요.

그걸 먹을까요?

잘 먹어요. 여름에는 간식으로 줘도 좋아해요. 물론 **얼음큐브만 줘도 잘 먹지만 얼음튜브를 물에 띄우면 일단 물 자체에 호기심을 갖게 된다는 점이 중요해요.** 건사료만 먹는 고양이들은 어떻게 해도 습식을 안 먹잖아요. 그래서 모든 물 문제는 습식을 먹으면 해결될 수 있는 부분이기도 합니다.

애들의 기호를 모르니까 굉장히 여러 가지 시도가 **필요하구나**, 라는 생각이 들어요.

그리고 요즘에 **물그릇에 카메라가 달려 있는 제품**도 있더라고요. 그 제품이 정말 신기한 게 물을 먹으면 카메라에 얼굴이 찍혀요. 얼마나 먹는지도 확인할 수 있고요. 여러 고양이가 함께 사는 경우는 누가 물을 먹는지 모르니까 이 제품이 유용할 것 같기도 합니다! 다시 한번 말씀드리면, **물 먹이는 방법엔 원칙도 없고 정답도 없어요.** 제가 얘기한 물그릇, 위치, 위생 상태 체크를 바탕으로 해서 **다양하게 응용해 보시면 좋겠습니다.**

화장실

🐾 나눌 이야기

· 화장실 기본사항
· 모래 고르기

모모모의 집사일기

  고양이 입양 시 가장 먼저 준비해야 할 두 가지가 바로 사료와 화장실이라고들 하잖아요. 마치 사람도 먹고 싸는 일이 필수인 것처럼요. 그중에서도 화장실은 가장 첫 번째로 준비해야 할 필수품인 동시에 가장 낯선 것이기도 합니다. 저 역시 그랬습니다. 저의 첫 모래는 병원에서 추천해 준 에버OO, 화장실은 친구가 준 개방형 화장실. (이땐 모든 화장실이 이렇게 생긴 줄 알았네요.) 화장실에 모래를 부은 뒤, 모모의 두 발을 잡고 같이 모래를 긁으면서 알려 줬어요. "모모, 싸고 이렇게 긁어서 덮는 거야~"(이 방법이 맞는지는 아직도 모르겠네요. 소용누님께 혼날까 봐 물어보지도 못했······.)

  집사는 어설펐지만 고양이는 완벽했습니다. 신기하게도 모모는 첫날 첫 똥부터 성공적으로 잘해 주었어요. 저의 야매(?) 디렉션도 알아듣는 모모가 기특하기도 하고, 이곳을 자신의 집으로 인정해 주는 느낌이라 기뻤습니다. 한편으론 '고양이는 이렇게 깔끔한 존재구나' 하고 고양이님들에 대해 하나씩 알아가게 된 것 같아요. 아무튼 그 뒤로 모모는 다른 문제를 일으키긴(?) 했어도 화장실 문제를 일으킨 적은 없답니다.

  이후 평이 좋은 벤토나이트 모래들을 섞어 써 보다가, 아이들이 "엣취! 엣취!" 때로 재채기를 하는 것 같아 두부모래로 정착하게 되었습니다. 다행히 저희 아이들은 다소 부드럽지 않은 두부모래에도 잘 적응해 주셨고, 가성비도 그리 나쁘지 않아 지금도 계속 쓰고 있어요. (하지만 여름엔 조심해 주셔야 해요, 곰팡이 같은 것이 생겨 쓸 수 없게 돼 버립니다-유경험자) 현재 화장실이 총 다섯 개나 되어 거의 일주일에 한 번은 두부모래를 박스로 사야 하지만, 아무리 늦게 들어와도 매일 용변을 치워 드리려고 합니다. 이 일은 제게 중요한 일과예요. 아이들의 취향도 건강도 알 수 있거든요. 어떤 분은 파랑 화장실만, 어떤 분은 분홍 화장실만 쓰시기도 하고. 가장 조용한 곳에 있는 제일 큰 화장실에 네 분이 모두 이것저것(?) 다 싸 놓으시는 걸 보면, 그 화장실이 제일 마음에 드시는 모양입니다. 어쨌든 매일 얼만큼씩 싸셨는지, 어느 날

누가 안 싸셨는지 보면서 아이들의 건강 상태를 체크할 수 있습니다. 다소 이상한 말일 수도 있지만, 고양이님들의 '굿똥'은 제 기쁨입니다.

단지 제가 잘 못 하는 것은…… 화장실 청소입니다. 사실 청소를 해야 하는지, 얼마나 자주 해야 하는지도 까맣게 잊고 있다가 책 작업을 하면서 다시 깨달았어요. 그리고 몇 주 전, 4년 만에 대청소를 해 주었습니다! 자그마치 다섯 개의 화장실을 모두 비우고 씻고 말리고 다시 새 모래를 넣어 주고 나면, 화장실 청소하는 주말은 스치듯 안녕, 지나갑니다. 그러니 소롱누님, 화장실 청소를 등한시하는 저를 너무 나무라진 마셔요…….

🎤 처음 집사가 되었을 때 주변 집사들에게 "나 이제 뭘 준비하면 돼?" 물으면, 대답들이 비슷했어요. "지금 너에게 필요한 건 단 한 가지야, 화장실. 그게 핵심이야!"

🎤 단 한 가지가 '인내' 아니고요? (웃음)

🎤 인내, 어떤 것에도 놀라지 않는……. (웃음)

🎤 모모모피디는 저에게 두부모래를 추천했었지만, 저는 그냥 벤토나이트를 쓰고 있고, 제 지인은 펠릿을 사용하더라고요. 뭐 이렇게 제각각인지. 그래서 셋 중에 뭐가 좋은지도 참 궁금했어요.

🎤 사람도 잘 먹고 잘 자고 잘 싸야 한다고 하잖아요. 고양이에게도 화장실 문제는 먹는 문제만큼 중요해요. 화장실 관련한 문제행동들이나 용변 문제 관련한 질병들도 자주 나타나고요. 먼저 두 분은 고양이가 왜 볼일을 본 뒤에 모래로 덮는지 아세요?

🎤 제가 듣기로는, 사람과 함께 사는 고양이는 사람을 거대 고양이라고 인식한대요. 내가 저 거대 고양이의 영역 안에서 그와 함께 산다고 생각하는 거죠. 그래서 용변이 이를테면 영역 표시인데, 영역 표시를 그대로 놔두면 저 거대 고양이가 나를 어떻게 할지 모른다고 여기고, 모래로 잽싸게 덮는다고 알고 있어요.

🎤 깊다~. (감탄)

🎤 구연동화 같은 이야기지만 맞는 말이에요. 고양이가 용변을 모래로 덮는 행동이 성격이 깔끔해서라고 알고 계신 분들도 있는데요, 사실은 자기 냄새를 없애기 위해 모래로 덮는 거예요. 그런데 볼일 보고도 안 덮는 애들이 있어요. 가정집이나 야생 상태에서나 그런 애들은 약간 보스 기질이……

🎤 우리 키아라!

🎤 '적이 내 존재를 알아도 상관없어!'라고 생각하는 거죠. 같은 맥락에서 보면 사람과 함께 사는 고양이가 화장실에서 모래로 용변을 덮는다면, 말 그대로 자기가 사람보다 낮다고 생각해서예요. 물론, 완전히 덮어 놓지 않고 살짝 냄새가 나게끔 덮어 놓긴 하지만요. 지금은 하늘나라에 간 저희 집 오도리도 가끔 그냥 싸고 안 덮고 나왔었죠. 저보고 덮으라는 거죠. 걔는 저보다, 아주 확실한 건 아니지만, 저보다 서열이 높은 것 같아요. (웃음)

🎤 그거잖아요. "봐라, BAAM! 내가 이 집의 짱이다, BAAM!" (웃음)

🎤 소롱누님도 덮고 사신대요. (웃음)

화장실 기본사항

"고양이의 화장실 취향을 존중해 주세요."

고양이들에게 화장실 문제는 먹는 문제만큼 중요합니다. 집사의 고민들 중 화장실 관련 문제가 생각보다 많은 것도 사실입니다. 고양이의 문제행동의 상당수가 여기에 속하고요. 어쩌면 집사가 원하는 화장실과 고양이가 원하는 화장실이 일치하지 않아서일 수도 있습니다. 우리 아이 취향에 맞는 화장실을 고르는 방법을 함께 이야기해 보겠습니다.

Q. 우리 고양이에게 '적절한' 화장실이란

A1. 넓은 화장실
고양이 몸의 1.5배 이상 넓어야 합니다.

A2. 넉넉한 화장실 개수
적어도 고양이 마리 수+1개의 화장실이 필요합니다. 고양이 한 마리를 키운다면 최소한 두 개, 두 마리를 키운다면 최소한 세 개가 있어야 합니다.
고양이 성향상, 자기가 쓰려는 화장실에 다른 고양이 냄새가 배어 있는 걸 싫어합니다. 다른 고양이와 함께 사는 다묘가정의 고양이의 경우에 용변 문제가 자주 발생하는 것도 같은 이유죠.

A3. 고양이 취향에 맞는 화장실 스타일 찾기
화장실은 형태에 따라 크게 평판형과 돔형(후드형)으로 나뉩니다. 원목으로 만들어진 화장실은 구조가 다양해요. 발을 털고 나올 수 있는 구조도 있고, 2층으로 된 것도 있고요. 이 중 고양이의 취향에 맞는 화장실을 고르세요. 한 아이를 키울 때에도 두 개의 화장실이 필요하니 형태가 다른 두 개의 화장실을 구비하고 다른 환경요소가 같을 때 어느 쪽을 더 많이 사용하는지 관찰해 봅니다.

평판형	장점	시야 확보가 잘되고, 몸놀림이 자유롭다. 고양이들의 선호도가 높다.
	단점	모래가 많이 튄다. 용변을 바로바로 치워 줘야 해 번거롭다.
	고양이가 평판형을 좋아하는 이유 개묘차가 있지만, 상당수의 고양이들은 배변 중일 때 자신이 취약한 상태에 놓여 있다고 여긴다. 그래서 언제 무슨 일이 생겨도 탈출 경로가 확보된 평판형을 선호하는 경향이 있다.	
돔형	장점	평판형에 비해 모래가 덜 튀어서 주변 청소가 쉽다. 평판형에 비해 집에 냄새가 덜 퍼진다.
	단점	화장실 안에 남아 있는 냄새 때문에 고양이들이 스트레스를 받거나 아예 사용하지 않을 가능성이 있다. 다묘가정의 경우, 다른 고양이들과 마찰이 있으면 출입이 원활하지 못한 돔형은 싫어할 수 있다.
기타	장점	사막화*를 막을 수 있다. 집에 냄새가 덜 퍼지고 모래도 주변으로 튀지 않아 청소가 편하다. 고급스러운 외형
	단점	공간을 많이 차지한다. 집사 입장에서는 좋으나 고양이 입장에서 좋은지는 의문

★ 사막화

응고형 모래를 쓰는 경우, 집 안 여기저기에 모래 알갱이가 떨어지고 모래 먼지가 나게 되는 현상을 말한다. 모래 먼지로 인해 고양이(와 집사)에게 결막염이 생길 수 있다.

A4. 깨끗한 화장실

깨끗한 화장실을 위해 하루에 두 번, 적어도 한 번 이상은 청소해 주시되, 규칙적으로 해 주세요. 사실 청소 횟수보다 중요한 것은 화장실 청소를 규칙적으로 해야 한다는 것입니다. 고양이들은 자기 나름대로의 일상 스케줄을 정해 놓고 지냅니다. 밥 먹고 나서, 용변 보고, 낮잠 자고…… 나름의 계획이 있는 규칙적인 아이들인데, 보호자가 평소와는 다른 시간에 갑자기 화장실 청소를 하면 당황하고 문제가 생길 수 있겠죠.

Q. 화장실의 위치

A1. 조용한 곳

소음이 심하지 않을 뿐 아니라 한적한 곳을 의미합니다. 사람의 왕래가 잦은 공간은 피해 주세요.

A2. 개방되지 않은 곳

용변을 보는 모습이 훤히 보이지 않는 곳을 말합니다. 고양이들도 화장실은 사적인 공간입니다. 프라이버시를 존중해 주세요. 평판형 화장실은 좀 더 후미진 곳에 두시는 것이 좋습니다. 만약 원룸이라면 가림막을 해 두시는 것도 도움이 됩니다.

A3. 접근이 편한 곳

후미진 곳이라고 해도 화장실을 가기 위한 길목에 장애물이 많아서는 안 됩니다. 접근이 쉽지 않으면 용변을 참는 습관이 생기고 그런 습관이 질병으로 이어질 수도 있습니다.

A4. 밥그릇과 떨어진 곳

의외로 밥그릇, 물그릇, 화장실을 나란히 두는 보호자분들이 계십니다. 우리도 화장실 옆에서 밥 먹지 않잖아요.

질문 있어요!

 모래를 갈아 주는 것 말고 화장실 자체도 청소를 해야 되겠죠??

 당연히 화장실 청소도 해야 합니다. 일주일에 한 번은 모든 모래를 비우고 비누나 중성세제로 깨끗이 닦아 낸 후 미생물 탈취제를 뿌려 청소해 주세요. 너무 향이 강한 비누나 중성세제는 쓰지 마세요. 미생물 탈취제로는 EM*이 대표적인데요, 주민센터에서 무료로 받으실 수도 있고, 돈을 조금 내고 1.5L 분량을 구입할 수도 있습니다. 그 분량이면 고양이 화장실 청소 용도로 6개월 이상 쓰실 수 있어요. EM 외에도 향이 강하지 않고 세균과 냄새를 분해하는 효소제가 포함된 탈취제가 있습니다. 물론 동물병원이나 인터넷에서 구입하실 수 있고요.

마무리에서 중요한 건 화장실을 바짝 말린 후에 다시 모래를 넣어야 한다는 것입니다.

화장실 앞에 가림막을 둔다거나 사막화 방지를 위해 인조잔디를 깔면 조용하고 쾌적한 화장실 환경 조성에 도움이 됩니다.

더 안락한 화장실 만드는 꿀팁!
- 가림막
- 인조잔디

★ EM(effective microorganism)
유용 미생물균을 뜻한다. 일본 류큐대학교의 히가 테루오 교수가 개발한 것으로, 자연계에 존재하는 많은 미생물 중에서 효모균, 유산균, 광합성 세균 등 유익한 미생물 수십 종을 조합, 배양한 것이다. EM 원액을 발효시키면 그 생성물에 항산화력이 생겨 활용도가 높다고 하며, 이는 환경과 건강 모두 챙길 수 있는 다양한 친환경 탈취제와 세제의 원료로 이용된다.

모래 고르기

"모래는 집사 마음대로 할 수 없어요.
주인님 마음에 안 들면,
그 모래에서는 절대 일을 보지 않습니다."

Q. 이상적인 모래란
A1. 고양이들이 발로 긁어 모으기 좋은 모래
A2. 밟았을 때 촉감이 부드러운 모래

고양이들은 모래를 밟거나 긁어 모으면서 스트레스를 풉니다. 그렇기에 화장실에 최소 5~10cm 정도의 두께로 모래를 까는 것이 좋습니다. 모래를 고르실 때는 사막화나 경제적인 부분도 같이 고려하세요.

Q. 모래의 종류와 장단점

모래는 응고형 모래, 흡수형 모래로 나눌 수 있습니다.
다양한 모래의 종류가 있지만 대표적인 몇 가지를 골라서 설명하겠습니다.

A1. 벤토나이트

벤토나이트는 대표적인 응고형 모래로, 입자가 작고 잘 뭉쳐진다는 장점이 있습니다. 고양이들 선호도가 높고요. 가격에 따라 종류가 다양합니다.
단점은 사막화가 심합니다. 그래서 결막염이 있는 고양이라면 천연 모래인 펠릿, 두부모래나 옥수수모래를 추천합니다.

A2. 실리카겔, 펠릿

실리카겔(크리스털 모래)과 펠릿은 대표적인 흡수형 모래입니다.
실리카겔은 고양이 소변을 잘 흡수해서, 딱 그 배변한 구역만 치워 주면 된다는 장점이 있죠. 펠릿은 천연성분으로 만들고 사막화가 적다는 장점이 있습니다. 하지만 실리카겔도, 펠릿도 뭉쳐짐이 없고, 입자가 단단해서 고양이 선호도가 낮은 편입니다.

A3. 두부모래

두부모래는 펠릿, 옥수수모래와 마찬가지로 천연성분 모래 중 하나입니다. 고양이들이 가끔 모래를 먹잖아요. 벤토나이트를 먹는 건 질겁할 일이지만 두부모래는 그런 면에선 안전합니다. 또 두부모래 역시 사막화가 안 된다는 장점이 있습니다. 실리카겔이나 펠릿보다 탈취나 흡수 면에서 좀 더 나은 편이라 요즘 많은 분들이 선호하는 추세입니다. 그런데 잘 뭉쳐지지 않아요. 그 점에선 고양이들 선호도가 낮을 수 있습니다

또 하나, 물론 두부모래는 제품 설명에 '변기에 버릴 수 있다'고 써 있긴 한데요, 그냥 쓰레기통에 버리는 것이 좋습니다. (여차해서 음식물쓰레기로 분류하면 안 됩니다::) 그리고 성분이 두부이기 때문에 여름에 잘못 관리하면 상하거나 벌레가 생길 수 있으니 보관 관리에 주의해 주세요.

질문 있어요!

 꼭 상업용 모래를 사야 하나요? 밖에서 모래를 퍼서 넣으면 안 되나요?

 정말 좋은 모래를 구할 수 있는지도 의문이고, 실제 좋은 모래를 구했다고 해도 모래가 잘 뭉쳐지지도 않고 배뇨를 잘 흡수하지도 못할 거예요. 그래서 매일 모래 전체를 갈아 주시지 않는다면 용변 냄새가 심할 겁니다. 또 흙 속에 있는 균이나 바이러스를 생각하면 위생 문제도 감당하기 어려울 것 같습니다.

 꼭 모래를 써야 하나요? 강아지 패드가 있는데 그걸로 쓰면 안 되나요?

 모래를 깔지 않고 패드나 신문지를 깔아 두시는 분들이 있어요. 권장하지 않습니다. 앞서 밝혔듯, 고양이에게는 최소 5~10cm 이상 되는 깊이의 모래가 필요하기 때문이에요. 패드를 깔아 줘도 볼일 잘 보는 고양이도 있습니다만, 어쩔 수 없어서 싸는 경우가 대부분입니다. 그걸로 작은 쾌감이나 스트레스 푸는 느낌은 받을 수 없는 거죠.

사막화나 비용 문제를 어느 정도 해결할 수 있겠지만, 우리 고양이를 좀 더 존중해 주세요.

Q. 사막화 해결을 위한 준비물
A. 물티슈, 인조잔디
사막화를 해결할 때는 물티슈나 걸레가 필요합니다. 청소기로 먼저 모래를 빨아들이고 물티슈로 닦아 주세요. 반대 순서로 하셔도 되고요. 화장실 근처에 뽑아 쓰는 물티슈를 두면 편하겠죠? 화장실 앞에 인조잔디를 깔아 두는 것도 도움이 됩니다.

의사소통

🐾 나눌 이야기

· 다양한 몸짓언어
· 꼬리와 귀
· 꾹꾹 쭙쭙 골골 3종 세트

모모모의 집사일기

　〈키티피디아〉 시즌 3을 끝내고 시즌 4를 준비하는 사이, 나름 야심찬 계획을 세웠습니다. 저희 집 고양이의 골골송으로 ASMR을 만드는 거였죠. 셋째 고양이 이호는 제가 일하려고 컴퓨터 앞에 앉기만 하면 무릎에 올라와서 골골송을 부르거든요. 이호의 코 혹은 목 앞에 녹음기를 대고 녹음하다가 저도 잠깐 졸 정도로, 이호의 골골송은 정녕 큰 힘을 발휘했습니다. 엄청난 '무릎냥'이자 '골골냥'입니다.

　이호는 언제나 저와 몸을 맞대면 골골송을 부릅니다. 특히 자기 전에 자장가를 부르곤 합니다. 침대에 누워 오른쪽 베개를 탁탁 치고 "이호~" 하고 부르면, 이호는 어디선가 달려와 폴짝 침대에 올라옵니다. 저와 몸을 꼭 붙이고 누우면 골골송(a.k.a. 자장가)이 시작됩니다. 고양이 털에 코를 박고 두 눈을 감고 골골송을 듣는 시간. 아시죠? 모든 근심걱정을 잊고 단잠에 빠져들게 됩니다. 하루의 고단함이 짙을수록 이 시간도 달콤한 것 같아요.

　모모는 퇴근해 들어가면 꼬리를 바르르 떨며 다가와 온통 몸을 부빕니다. 제제는 아침마다 '왜 쭙쭙이 빨리 안 하냐!'며 보채고요. 소보로도 아침마다 밥 달라고 머리를 들이밀며 제 뺨을 그루밍합니다. (아프다 보로……) 가끔 홀로 있을 때 모모가 슬며시 다가와 등허리를 제게 밀착하기도 해요. 밖에서 거친 일들로 서늘해진 마음도 그 온기에 따뜻해집니다. '그래, 미운 정 고운 정 다 들어도 역시 너구나.' 고양이와 사는 일은 이런 작은 보디랭귀지를 끊임없이 주고받는 일 같습니다. 우린 서로 해야 할 얘기, 하고 싶은 얘기가 많거든요. 이 정도면 꽤 잘 통하고 있죠?

오늘은 고양이의 몸짓언어, 보디랭귀지를 이해하는 시간입니다.

고양잇과 동물들은 의사표현을 많이 합니다. 울음소리로 의사표현을 하기도 하지만, 몸짓으로도 다양한 표현을 하기 때문에 함께 알아 두면 같이 사는 데 도움이 되지 않을까 해요.

특히 고양이 자세 중에 우리가 완전 사랑에 빠지는 자세들이 있잖아요?

저는 '삼엽충 자세'라고 하죠? 그렇게 똬리 틀고 있을 때가 참 좋더라고요. 아마 저처럼 생계형 집사들은 공감하실 거예요. 잘 때 그 자세를 취하잖아요? 자고 있을 때가 제일 귀엽죠. (모두 웃음)

집에서 가장 많이 하는 자세는 '식빵 자세'라고 부르는, 앞다리를 접어서 몸통 아래에 넣고 웅크리는 자세일 거예요. 고양이들이 선잠을 잘 때 취하는 수면 자세예요.

앞발이 안 저리나?

괜찮습니다.

저희 집 애들이 덩치가 다 크지만, 얼룩이는 아슬아슬하게 창틀에 올라가거든요. 제가 반지하에 사니까 애들이 창틀에 올라가서 일광욕을 할 수 있는 시간이 단 몇 시간밖에 없어요. 거기 올라가면 걔가 취할 수 있는 제일 편한 자세가 기껏해야 식빵이거든요. 식빵 자세 하고 눈 지그시 감고 햇볕에 몸 쬐고.

그런 모습이 아주 예쁘죠.

전 처음에 아나 데리고 왔을 때 이틀 만인가 아나가 저한테 '꾹꾹이'를 해 주어서 정말 기뻤어요. 아나는 '꾹꾹이'와 '쭙쭙이'를 같이해요.

네, 앞발로 왼쪽 오른쪽 번갈아 가면서 다리를 쭉쭉 뻗으며 발가락과 발톱을 쫙 펴서 꾹꾹 누르는 자세를 우리가 '꾹꾹이'라고 하지요.

네, 저는 아이들이 꾹꾹이를 해 주면 거기에서 굉장히 위로를 받거든요. 고맙더라고요.

저희 집 애들이 꾹꾹이를 가장 강렬하게 하는 대상은, '마약 방석'이라고 있잖아요? 극세사로 된 되게 푹신하고 탄성 좋은 방석인데요, 처음 아이들한테 줬을 때 아이들이 정말 "흐흐흐흐~" 하면서, 침을 질질질 흘리면서 꾹꾹이를 하더라고요. 이미 방석 한쪽은 흥건하게 젖어 있고. (웃음)

예전에 저희 집 오도리가 꾹꾹이를 하는데 처음에는 되게 감동을 받았어요. 제가 이불을 덮고 있으면 이불 위에서 꾹꾹이를 하는 거예요. 책에서 꾹꾹이는 애정 표현이라고 봐서 기분이 참 좋았는데, 이게 끝도 없이 계속되는 거예요. 제가 살짝 일어나려고 하면 "크으으~" 하고 성질을 내고요. 도대체 나를 사랑해서 꾹꾹이를 하는 건지, 아니면 꾹꾹이에 대한 집착인지. 제가 볼 땐 집착인 것 같았어요. 제 친구는 자고 있으면 목에다가 그렇게 한대요. 목이 벌게지도록요.

 저도 여기 보여 줄 수 있어요. 가끔 꾹꾹이 할 때 나오는 발톱에 할퀼 때가 있어요. 겨드랑이 부분하고 목 쪽으로 그래서 난 상처들이 있어요. 아나는 꾹꾹이를 하면서 쭙쭙이를 하니까 침 때문에 제가 흥건히 젖거든요. 겨울에 잠을 자는데 흥건하게 적시니까 추워서 옷을 갈아입고 잔 적이 있어요. (웃음)

 맞아요. 보드라운 살이나 마약 방석처럼 촉감이 부드러운 곳에 주로 꾹꾹이를 많이 하는 것 같아요. 문제는 이 꾹꾹이를 할 때 발을 쫙 벌려서 힘을 주기 때문에 발톱이 나온다는 점이에요. 그러다 보니까 본의 아니게 허벅지 안쪽이나 겨드랑이, 가슴, 목 같은 데 상처가 생기는데요, 어쨌든 꾹꾹이는 우리한테 좋다고 하는 애정 표현이니까 내치지 말고 예뻐해 주시면 좋겠어요.

다양한 몸짓언어

"말하지 않아도 알아요."

사람은 음성언어를 사용하지만 동물은 몸짓언어를 사용해서 의사소통합니다. 어쩌면 고양이들은 우리에게 굉장히 많은 말을 걸고 있는지도 몰라요. 고양이의 몸짓언어를 익혀서 의사소통 방법을 알게 되면 나의 고양이를 더 잘 이해하게 되지 않을까요?

Q. 왜 고양이들은 의사표현이 많을까

A. 고양잇과 동물은 의사표현이 많습니다. 무리를 짓지 않고 야생에서 단독으로 사는 동물들이다 보니 무리한 충돌로 다치는 일을 원치 않습니다. 서로 불필요한 공격을 피하고 최소한의 공격으로 스스로를 지키는 습성이 있습니다. 그러기 위해서는 다양한 의사표현이 필요하지요. 서로 응시를 하거나 하악질을 하거나 으르렁거리는 표현도, 공격에 들어가기 전에 먼저 겁을 줘서 상대방을 그냥 보내기 위한 표현이라고 볼 수 있습니다.

고양이 사는 집에 여럿이 놀러 가면, "야옹아~ 이리 와!" 하고 계속 쫓아다니는 사람이 있고, "나 고양이 무서워" 하면서 피해서 앉는 사람이 있을 수 있잖아요. 이럴 때 고양이가 자기 무섭다고 피하는 사람 무릎에 딱 올라가는 경우가 있습니다. 자신을 계속 쳐다보고 가까이 오는 낯선 존재는 자기를 공격할지 모른다고 여기고, 나를 피해 있는 사람은 나랑 눈을 안 마주치니까 내가 공격하지 않아도 되는 사람이라고 여기는 것입니다. (고양잇과 동물을 정면으로 응시하면 싸우자는 뜻이 될 수 있으니 고양잇과 동물과 눈이 마주치면 고개를 돌리거나 눈을 감아서 시선을 피하는 게 좋습니다.) 이와 달리 내 고양이가 나를 그윽한 눈빛으로 바라보는 건 좋다는 뜻이지 않을까 싶고요. **역시 상황을 봐서 종합적으로 의사표현을 판단하셔야겠죠?**

Q. 나를 핥아 줄 때
A. "네가 좋아."
혀로 집사의 얼굴을 핥는 그루밍은 좋다는 표현인데요, 혀의 돌기 때문에 까끌까끌하고 아프긴 합니다.

Q. 박치기를 할 때
A. "니가 참 좋아."
내 손이나 몸에 자신의 머리를 부딪치거나 비비면서 접근한다면 행복한 비명을 질러야 합니다. 호의적인 감정의 표현입니다. 우리도 친한 사람을 만나면 하이파이브를 주고받듯이 고양이도 친숙한 사람에게 하는 인사입니다.

Q. 살짝 물 때
A. "아아~ 좋아!!!"
저희 소롱이는 계속 그릉그릉 골골골 하면서 침 흘리다가 제 손을 가끔씩 물기도 하거든요. 그건 '정말 좋다'는 의미인데요, 원래는 짝짓기를 할 때 보이는 일종의 구애행동입니다. 그러니까 물었을 때 너무 놀라지 않으셨으면 좋겠어요.

Q. 눈을 똑바로 응시할 때
A. "공격하겠다."
대부분의 고양잇과 동물들은 본능적으로 공격의사가 없을 때는 눈이 마주치면 피합니다. 그래서 정면으로 나를 응시하는 태도에는 공격의 의미가 담겨 있습니다.

Q. 냥펀치를 날릴 때
A. "하지 말랬지!"
이해하시죠?

질문 있어요!

 소보로는 배를 자꾸 보이는데, 강아지처럼 생각해서 배를 만져 주면 냥펀치를 날리고 도망가요. 배를 보이는 건 대체 무슨 뜻이죠?

 강아지가 배를 보일 때는 복종의 의미로 이해됩니다. 이때 배를 만져 주면 강아지는 좋아합니다. 하지만 고양이는 다릅니다. 고양이가 배를 보인다고 만지라는 의미는 아니에요. 고양이가 배를 보일 때는 두 가지 의미가 있습니다. '예뻐해 달라'는 뜻이기도 하지만 상황에 따라서는 '이제 그만!'이라는 뜻이기도 합니다. 아기 고양이가 엄마 고양이와 놀다가 배를 보일 때는 예뻐해 달라는 뜻이고요. 싸우다가 수세가 기울면 약한 쪽이 배를 보이기도 합니다. 이때에는 '그만, 내가 졌소'라는 뜻이죠. 어느 경우든 배를 만지라는 뜻은 아닙니다. 또 배는 예민한 부위이기 때문에 기분 좋은 분위기를 한번에 망칠 수도 있습니다.

Q. 수면 자세로 알아보는 고양이의 상태

아이의 성격에 따라 특정 자세를 자주 취하는 경우도 많지만, 대개는 다음과 같은 상태라고 볼 수 있습니다.

A1. 삼엽충 자세: 긴장

삼엽충 자세, 돌돌 말고 있는 자세는 약간 긴장한 상태입니다. 누운 곳의 온도가 맞지 않거나 자리가 푹신하지 않아서 불편할 때 이런 자세가 나올 수 있습니다. 물론 개묘차가 있고, 이 자세가 가장 편해서 이렇게 눕는 고양이도 있습니다.

A2. 대자로 뻗은 자세: 편안

대(大)자로 뻗어 있다거나 앞으로 나란히, 혹은 옆으로 나란히 해서 배를 반쯤 보이고 있다면 완전히 편안한 수면 상태라고 볼 수 있습니다.

A3. 머리를 앞발에 대고 엎드린 자세: 경계

주로 동네고양이들이 이렇게 엎드려 자는데요, 주위를 경계하고 있는 상황입니다. 언제든 앞발 하나만 풀고 딱 일어나면 되는 자세로 자는 것이지요.

A4. 식빵 자세: 선잠 자는 수면 자세

살짝 조는 자세로, 반 정도만 편안한 상태라고 볼 수 있습니다. 약간 졸려서 엎드려 자는 건데 자세를 보면 다리를 웅크리고 고개를 살짝 들고 있잖아요? 주변 상황에 빨리 대처하고자 고개를 든 것이지만, 다리는 이미 접어서 몸통 안에 넣었기 때문에 유사시에 바로 반응하기는 좀 어려움이 있겠죠.

눈 키스 제대로 해 봐요

흔히 우리가 고양이 눈인사라는 의미로 '눈 키스'라는 말을 씁니다. 고양이하고 눈이 마주쳤을 때 눈을 천천히 깜~빡 하거나 시선을 피하면서 고양이와 눈인사를 주고받는 행동입니다. 서로 공격할 의사가 없음을 확인하는 과정이 되는 것이지요. 이때 주의하실 점이 눈을 오래 마주 보고 있거나 눈을 마주친 채로 빠르게 깜빡깜빡하면 안 된다는 점이에요. 고양이가 자기를 똑바로 응시하는 것으로 인식할 수 있습니다. '사이좋게 지내자'는 인사가 '널 공격하겠다'는 뜻으로 오해받아 냥펀치를 맞을 수 있게 되죠. 조금 서툰 분들은 고양이와 눈이 마주칠 때마다 차라리 눈을 감아 버리세요. 아시겠어요, 얼룩아범님? ^^;

꼬리와 귀

"고양이의 심리 상태를 알려면
꼬리와 귀를 보세요."

Q. 꼬리를 스칠 때
A. 호의
상대방에게 꼬리를 스치거나 몸을 비비는 행동은 고양이가 자기 냄새를 남기기 위해 하는 행동입니다. 사회적인 행동 중 하나로 호의의 표현이라고 볼 수 있습니다.

Q. 갈고리 꼬리를 할 때
A. "네가 마음에 들긴 한데……."
꼬리가 완전히 바짝 서 있지는 않고 끝이 살짝 구부러져 있는 모양(갈고리 꼬리)은 좋긴 하지만 의심하고 있다는 뜻입니다. '좋긴 해. 네가 나쁘진 않아. 하지만 100% 신뢰할 순 없어'라는 뜻이에요.

Q. 꼬리를 바짝 세우고 바르르 떨 때
A. "진짜 니가 너무 좋아."
꼬리를 살랑살랑 흔들거나 꼬리를 적당히 세운 채로 다닌다거나, 특히 꼬리를 바짝 세우고 바르르 떨면서 쫓아온다면 굉장히 좋다는 의미입니다. '진짜 당신이 너무 좋아'를 몸으로 표현하고 있는 것이지요.

Q. 꼬리를 탁탁탁 칠 때
A. "나 지금 예민하거든."
꼬리로 바닥을 탁탁탁 치는 행동은 화가 났거나 민감한 상태일 때 보입니다. 공격할 생각은 없는데 '나 좀 건드리지 말래?' 이런 느낌이라고 생각하면 되겠습니다.

Q. 꼬리를 부풀리며 위로 들 때
A. "가만 두지 않겠어!!!"
꼬리를 부풀리면 일단 무섭다는 의미라고 볼 수 있습니다. 이때 꼬리를 바짝 세워서 부풀린다면 공격하겠다는 자세입니다. 나를 노려보면서 엉덩이를 치켜세운 채로 꼬리를 빳빳하게 세우고 있으면 분명히 3초 안에 공격할 겁니다.

Q. 꼬리를 부풀리며 아래로 내릴 때
A. "다가오지 마."
꼬리를 아래로 내려서 부풀리는 행동과 꼬리를 바짝 세워서 부풀리는 행동은 다른 뜻입니다. 꼬리를 아래로 내려서 부풀리는 건 방어적인 표현이에요. 무섭고, 두렵다는 뜻입니다.

Q. 귀 모양 읽기
A1. 옆으로 눕힐수록 공포스럽고 두려움
A2. 뒤로 바짝 세울수록 공격 자세
귀는 옆으로 눕힐수록 공포스럽고 두렵다는 의미가 됩니다. 그리고 귀 뒷면이 보일 정도로 바짝 세울수록 공격할 자세라고 보면 됩니다.

고양이 귀가 옆으로 누워 있는 모습을 보고 "어머, 귀여워" 하실 수도 있는데요, 고양이는 지금 공포스럽고 두려운 상태에 있다는 의미이므로 이럴 때는 가까이 가지 마시면 좋겠습니다. 마찬가지로 귀가 뒤로 쫑긋하게 서 있고, 나를 정면으로 응시한다면 한판 붙자는 얘기니까 역시 가까이 가지 마시고요.

알고 보면 보이는 사진 속 고양이 마음

SNS에 많은 분들이 고양이를 안고 찍은 사진을 올리는데요. 이런 SNS 사진이나 잡지 등의 화보를 보면, 고양이 귀나 동공을 통해 고양이의 기분을 추측할 수 있습니다. 사진 속 고양이의 귀가 옆으로 누워 있다면 고양이가 무서워하고 있다는 의미겠지요. 귀가 완전히 바짝 서서 귀 뒷면이 보일 정도라면 곧 공격하겠다는 의미겠고요. (촬영 후 바로 사진사를 잡아먹었을지도……) 사진에서 고양이가 정면을 어떻게 보고 있는지 체크해 보세요. 눈의 동공이 확대돼 있고 귀를 뒤로 옆으로 젖히고 있다면 공포에 질려 있는 상태를 뜻합니다. 사진 찍을 때 고양이의 기분을 배려해 주세요.

꾹꾹 쭙쭙 골골 3종 세트

"한번 알면 빠져나올 수 없는 고양이만의 매력,
꾹꾹 쭙쭙 골골 3종 세트"

Q. 꾹꾹이란

A. 아기 고양이들이 엄마 젖이 잘 나오게 엄마 젖을 양손으로 번갈아 가며 눌러 주는 행동이 꾹꾹이입니다. 고양이가 다 커서도 다른 대상에 계속되는 경우가 많은데요. 흔히 사람에게 이 행동을 보이는 고양이가 많습니다. 본능적인 행동이라 어릴 적에 엄마 젖을 먹지 못하고 자란 고양이라도 꾹꾹이를 할 수 있습니다. 따라서 꾹꾹이는 고양이의 **애정표현 방법**으로, 상대방에게 보호받는 느낌이 있거나 기분이 좋고 편안할 때 나옵니다. 그래서 이 꾹꾹이를 받은 보호자들은 감동받을 때가 많죠.

Q. 쭙쭙이란

A. 아기 고양이가 **엄마 젖을 먹듯 쭙쭙 빠는 행동**이 쭙쭙이입니다. 사람 목이나 겨드랑이 같은 곳에 하기도 하지만 담요나 이불에 하는 경우도 많습니다. 꾹꾹이와 마찬가지로 애정표현 방법으로, 꾹꾹이와 쭙쭙이는 함께 나타나는 경우가 많습니다.

Q. 골골골이란

A. 고양이 인후두부에 있는 근육이 미세하게 빨리 진동하면서 여기에 숨이 결합되어 나는 소리를 '골골골'이라고 합니다. 고양이를 처음 키우는 분 중에 병원으로 전화해서 고양이가 이상한 소리를 낸다고, 아픈 게 아니냐고 걱정하는 분들이 계세요. 목에 뭔가 걸린 듯한 소리가 계속된다면서 걱정하시는데 결국은 골골골 소리 이야기인 경우도 있습니다. 아픈 데도 없고 기침도 안 하고 식욕도 좋은데 보호자를 보면서 가래 끓는 소리를 낸다는 거죠.

Q. 언제 골골골 하나요?

A. 원래 아기 고양이와 엄마 고양이가 주고받는 소리이기 때문에, 이 소리를 낸다는 건 보통 **매우 편안한 상태, 아주 만족한 상태, 기분 좋은 상태**임을 뜻합니다. 엄마가 아기하고 같이 있으면서 계속 그릉그릉그릉 하면서 편안한 상태를 유지해 주는 소리이기도 합니다.

골골골 한다고 무조건 기분이 좋은 것만은 아닙니다

골골골 소리는 아프거나 통증이 심할 때도 냅니다. 밥을 잘 먹지 않고 움직임이 둔하고 오래 웅크리고 앉아 골골 소리만 낸다면 어딘가 아파서일 수 있습니다. '얘가 지금 컨디션이 좋은가 보네', '기분은 좋은가 보네' 이렇게 착각하시면 곤란합니다. 고양이는 자신이 아플 때 스스로 스트레스를 낮추거나 기분을 달래기 위해 골골 소리를 내기도 합니다. 뭔가가 필요할 때도 골골 소리를 냅니다. 먹을 걸 조르는 소리이기도 하고요. 놀아 달라고 계속 빙빙 돌면서 골골골 하잖아요. 골골골 소리를 낸다고 편안한 상태라고 너무 획일화하지는 않으셨으면 좋겠습니다. 고양이의 컨디션을 살펴서 종합적으로 판단해 주세요.

Q. 골골골의 효능

A. 골골골 소리는 저주파와 비슷한 효과가 있습니다. 골골골 하는 소리의 주파수가 20~140Hz인데요. 이 주파수가 전반적인 스트레스를 줄여 주고, 심장마비 발병률을 40% 낮추고, 심장의 건강을 돕고, 상처 치료, 근육 강화, 무호흡증후군 완화 효과가 있다고 합니다. 만병통치 주파수라고 할 수 있네요.

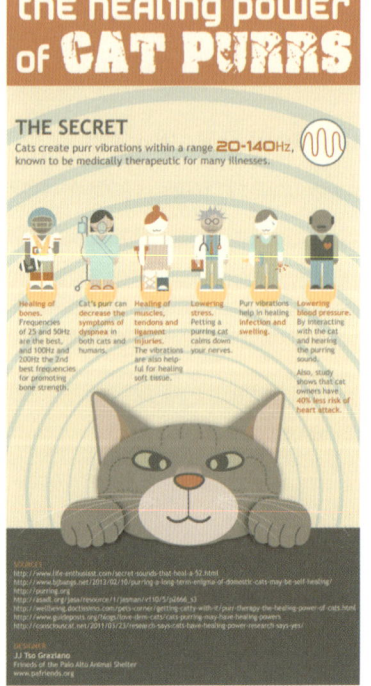

골골골의 효능을 나타내는 이미지(출처: www.pafriends.org)

질문 있어요!

 우리 아이는 꾹꾹이도 쭙쭙이도 하지 않아요. 다른 고양이들이 해 준다는 얘길 들으면 너무 부러운데…… 뭐가 기분이 나쁜 걸까요?

꾹꾹이나 쭙쭙이, 골골골을 모든 고양이가 다 하는 건 아닙니다. 사람도 무뚝뚝한 성격이 있고, 친절한 성격이 있듯이, 고양이 성격에 따라 다릅니다.

꾹꾹이로 집안을 일으킨 고양이가 있습니다

일본 벳푸에 있는 전통여관 아라타마여관(新玉旅館)의 고양이 '미루쿠'의 이야기인데요. 여관 주인인 고토 후지에 씨는 130여 마리의 동네고양이들을 돌보다가 3,800만 원 정도 빚을 지게 됐습니다. 오랜 시간 동네고양이를 돌보면서 중성화 수술을 자비로 진행하다 보니 빚이 늘어난 거죠.

그런데 어느 순간 신기하게도 여관에 있는 미루쿠라는 고양이가 손님이 오면 손님 허리에 올라가서 꾹꾹이 안마를 해 주기 시작한 거예요! 미루쿠는 태어난 지 2주 되었을 때 엄마 고양이가 여관 앞에 데려다 놓은 아이였는데요, 후지에 씨는 그런 미루쿠를 보살피고 있었습니다.

미루쿠의 안마를 받은 손님들의 입소문을 타고 이곳이 널리 알려지게 되면서 아라타마여관은 벳푸의 명물이 되었습니다. 아라마타여관에는 미루쿠 말고도 스무 마리의 고양이가 있는데 이 고양이들도 손님맞이에 재능이 있어, 손님들의 사랑을 듬뿍 받는다고 합니다.

놀이

🐾 나눌 이야기

· 놀이란

· 놀이 환경

· 놀이방법

· 혼자서 놀기

· 잘못된 훈육방법

· 놀이 상담실

아나엄마의 집사일기

"놀이"라고 발음하고 "죄책감"이라고 읽습니다. 밤 11시 현재, 집에 돌아와 보니 아나는 어제 제가 받아 온 꽃다발에서 떨어진 빨간 열매를 사냥감 삼아 앞발로 굴리고 있습니다. 키아라가 빤히 쳐다보길래 저는 황급히 꿩 깃털을 집어든 참이고요.

저희 집에는 일본에서 건너온 붕붕 낚싯대를 포함해서 쥐돌이, 작은 공, 리듬체조에 사용해도 좋을 것 같은 리본형의 낚싯대, 길쭉한 플라스틱 막대에 풍성한 털이 있는 장난감이 있습니다. 초반에는 잘 노는 집사가 되기 위해 이것저것 시도를 해 보았으나 어느덧 놀이 권태기에 빠진 듯합니다. 매일 아침저녁으로 놀아 주는 건 생각도 못 할 일이고, 일주일에 3일쯤 놀아주면 아나, 키아라는 '이게 웬일?' 하며 놀랄 겁니다. 아이들이 지칠 때까지 놀아 줘야 하는데 보통 그전에 제가 지치니 이 일은 또 어쩝니까.

이 와중에 조카들이 사 온 털 달린 막대가 요즘 키아라의 핫 아이템입니다. 아이가 혼잣말하면서 놀 때 엄마는 가슴이 아프잖아요. 키아라가 그 수준입니다. 털 달린 막대기를 홀로 공격하고 엎치락뒤치락해 가며 노는 모습을 수차례 목격했답니다. 양심의 가책을 느낀 김에 오늘은 꿩 깃털로 바꿔 놀아 준 거죠. 아나는 예나 지금이나 붕붕 낚싯대를 가장 좋아합니다. 바스락거리는 소리가 아나를 흥분시키는 것 같더라고요.

키아라는 줄이 긴 낚싯대를 벽에 대고 포물선을 그릴 때 목표물을 잡으려고 그 벽을 폴짝폴짝 뛰어오르는 놀이를 좋아합니다. 아나는 붕붕 막대(낚싯대 말고 줄이 없는 카샤카샤 막대)를 눈앞이나 바닥에서 파닥파닥 정신없이 휘저어 주는 걸 좋아하고요. 이럴 때 무척 흥분을 해서 그 막대 끝에 달린, 셀로판지로 만들어진 벌을 잡으려고 배를 뒤집거나 뛰어오릅니다. 얼룩아범님이 선물해 준 긴 리본 낚싯대는 집사인 제가 제일 좋아합니다. 리듬체조하듯 움직이는 맛이 있거든요.

팟캐스트 녹음 전에는 '이 정도면 잘 놀아 주는 집사겠지, 음하핫' 하는 마음이었는데, 녹음

뒤에는 '내가 놀아 준 게 아니라 아나와 키아라가 나와 놀아 주었던 거구나' 싶었습니다. 또 놀다가 아이들이 지치거나 제가 지치면 슬쩍 장난감을 치워 버리고 놀이를 마무리했었는데 소룡누님 말씀대로 놀이의 끝을 간식으로 마무리하니 저도 아나, 키아라도 뭔가 재미있는 놀이 후 박수를 치고 해산하는 느낌이 들어 좋았습니다.

뭔가 도전하고 성취하고 움직여서 해내야만 사람도 살듯 고양이도 마찬가지라는 생각이 듭니다. 저도 집에서 생쥐나 토끼나 작은 새, 뱀(제일 자신있네요. 이 배역이 ^^) 역할로 이 작은 호랑이님들의 묘생을 행복하게 해 드려야겠습니다. 게으른 집사를 참고 살아 주는 아나와 키아라에게 오늘도 감사를!

 집사의 4대 의무 중 하나죠. 주인님과 놀아 드리기! (모두 웃음) 잘 놀아 줄 것 같은 얼룩아버님. 얼마나 자주 놀아 주시나요?

 하루에 30분 정도는 놀아 주려고 하는데…….

 거짓말, 거짓말!

 30분을 연속으로? 풀타임으로?

 두 마리니까 그렇게 되더라고요.

 어떻게 매일 30분을?! 저는 나만을 위해서 시간 내서 운동하는 것도 어렵던데요.

 그래서 전 제 운동 시간을 포기했죠.

 고양이에게 놀이는 굉장히 중요한 문제거든요. 사실 저도 잘 실천하지 못하는 부분인데요. 대부분의 고양이들이 실내에서만 생활하잖아요. 그래서 생기는 스트레스가 꽤 많아요. 고양이의 본능적인 행동들, 예를 들면 기어 올라가기, 뛰어내리기, 사냥하기, 점프하기 등을 못 하니까 지루하죠. 그런 본능에 대한 충족이 이루어지지 않고요. 그러다 보니 일정 시간이 지나면 많은 고양이들이 그냥 앉아 있거나 누워서 대부분의 시간을 보내게 돼요. 거의 판다처럼 생활하는 거죠.
그렇다고 고양이들이 "놀아 줘, 놀아 줘!" 소리 지를 수 있는 것도 아니지만 결국에는 문제행동이 나타날 수 있어요. 스트레스를 분출하지 못해 나타나는 행동들이죠. 어디에 계속 숨어만 있다거나 부적절한 장소에 용변을 볼 수도 있고요. 그러므로 놀이를 적절하게 해 주면서 고양이의 스트레스를 풀어 주는 것도 집사의 의무예요.

 얘들아, 미안하다.

 집사 중에 고양이 장난감 한번도 안 사 본 사람은 없을 기예요. 근데 과연 우리가 잘 놀아 주고 있는지를 체크해 볼 필요는 있어요.

 카샤카샤(고양이들이 아주 좋아하는 장난감 낚싯대 브랜드)가 처음 왔을 때 저희 아나가 완전 꼬맹이였는데 저도 처음이니까 아나의 반응에 흥분한 나머지 너무 오래 놀아 준 거예요. 그랬더니 나중엔 애가 바닥에 턱을 괴고 그냥 잠이 들더라고요. 탈진해서 흔들어도 깨지 않고요. (웃음) 그래서 저는 이거 하나면 최고다, 하고 생각했었죠. 아나는 방울토마토를 가지고도 잘 놀았어요. 방울토마토를 씻어 놓으면 꼭 하나씩 가지고 가서 럭비공 삼아 앞발로 놀아요. 그래서 탁자 주변을 청소하다 보면 꼭 말라비틀어진 방울토마토가 나오고요. (웃음)

저는 길게는 놀아 주지만, 잘 놀아 주고 있는지 확신이 별로 없어요. 고양이가 두 마리니까 한 손에 하나씩 장난감을 들고 놀아 주거든요, 약간 살풀이를 하는 것처럼. 근데 애들이 더 좋아하는 장남감이 있어요. 그러다 보면 두 개를 들고 해도 두 마리가 하나에만 몰릴 때가 있어요. 두 마리와 고르게 놀아 주려면 제가 번갈아 가면서 계속 배분을 해 줘야 하는데, 그게 뜻대로 안 돼요.

네, 고양이와 놀아 주는 방식도 중요해요. 방법이 잘못되면 소위 말하는 난폭한 고양이를 만들 수 있어요. 일단 잘 노는 방법부터 먼저 다룬 후에 잘못된 방법으로 놀았을 때의 부작용도 얘기해 볼게요.

놀이란

"놀이는 일종의 사회화 과정입니다."

Q. 놀이의 의미
A1. 사회화 과정입니다.

놀이는 단순히 스트레스를 해소하고 운동하는 과정만이 아닙니다. 엄마 젖을 충분히 먹고 형제들과 같이 있었던 고양이는 놀이를 통해서 많은 걸 배웁니다. 일종의 사회화 과정이죠. 그 연령대가 7주까지예요. 이때 형제들과 놀면서 안 다치게 무는 법을 배웁니다. 누군가 세게 물면 반격하거나 자리에서 벗어나면서 형제끼리 의사소통하며 적당한 선을 익히는 겁니다. 그걸 사람이 가르쳐 줄 수는 없어요. 우리 고양이가 엄마 젖을 일찍 떼고 아주 새끼일 때 우리 집에 왔다면 사회화 과정이 부족할 수 있습니다. 이럴 때 놀이는 집사가 고양이에게 해 주는 사회화 교육이 될 수 있습니다.

A2. 환경에 대한 학습 과정입니다.

고양이들이 캣닢 장난감 하나를 쫓아서 집 안을 휘젓고 다니는 과정은 단순히 집을 어지럽히는 일이 아니라 촉각을 통해 주변의 모든 환경을 파악하는 과정입니다. 내가 어디에 착지하면 좀 더 안전하더라, 어떤 물건은 어떤 느낌이더라 하면서 집 안 구석구석을 탐색합니다. 아기 고양이일 때 부산스럽게 집 안을 돌아다니면 지금 발로 환경을 학습하고 있구나, 이렇게 생각하시면 돼요.

A3. 두뇌 개발 시간입니다.
놀이 시간은 고양들이 격한 운동을 하는 시간이 아닙니다. 머리를 써서 사냥하는 시간을 만들어 주어야 합니다. 고양이의 사냥본능을 기억해 주세요.

Q. 놀이의 종류
A. 사회적인 놀이와 혼자 노는 놀이가 있습니다.
상호작용으로 이루어지는 사회적인 놀이는 집사와 고양이가 같이하는 활동입니다. 혼자 하는 놀이는 캣닢 장난감, 퍼즐 먹이통, 공 등을 가지고 하는 놀이입니다. 보통 아기 고양이는 생후 7주 전까지 사회적인 놀이를 합니다. 애들이 막 엉겨 붙어서 놀고는 하는데, 이때 놀이를 통해 서로에 대한 매너를 배웁니다. 이 시기에 어떻게 놀았느냐에 따라 고양이의 성격이 달라질 수 있습니다. 그 뒤로 혼자 노는 놀이에 관심을 더 많이 가지기도 합니다.

놀이 환경

"놀이를 통해 똑똑하고
성격 좋은 고양이를 만들 수 있습니다."

Q. 놀이 시간
A. 하루에 15분씩 세 번, 규칙적으로 놀아 줍니다.

장난감으로 놀아 주는 시간은 한 번에 30분 이상이면 안 됩니다. 짧게, 자주 놀아 주는 게 좋아요. 길면 아이들이 싫증을 내거든요. 하루에 서너 번 정도, 한 번에 놀아 주는 시간은 10~15분 정도가 좋습니다. 고양이는 규칙적인 아이들이기 때문에 하루 중 놀이가 일과가 되도록 시간을 정해 놀아 주어야 합니다.

질문 있어요!

 저는 혼자 사는 직장인이라 일찍 출근하고 늦게 퇴근하는데…… 15분씩 세 번씩 놀아 줄 방법이 없어요. 언제 놀아 줘야 할까요?

 '나는 출근도 해야 하고 시간도 없는데' 그렇게 생각하지 마시고 단 3분이라도 규칙적으로 놀아 주세요. 핵심은 매일 놀아 주는 것입니다. 놀이가 고양이의 하루 일과에 들어가도록 해 주세요. 고양이의 생활패턴을 관찰하고, 적당한 시간대를 골라 주시면 됩니다.

Q. 놀이 도구
A. 매번 다른 장난감으로 바꿔 가며 놀아 줍니다.

장난감 열 개 정도를 가지고 3종 놀이 세트로 짜서, 3일 간격으로 돌려 가며 놀아 줍니다. 예를 들어 오늘 아침에 카샤카샤로 놀았으면 점심에는 낚싯대로 놀

고 저녁에는 리본 줄로 놀아 주세요. 그다음 날에는 다른 놀이 세트로 바꿉니다. 아침에 레이저로 놀고 두 번째는 퐁퐁볼로 놀고 저녁 때는 또 다른 낚싯줄이나 꿩 깃털로 노는 식으로요. 중복되지 않게 놀아 주시는 게 좋습니다. 고양이가 싫증 나지 않게요. 장난감 개수뿐만 아니라 장난감의 종류도 참신하게 구성해 주세요.

Q. 놀이 공간
A. 수직공간도 중요해요.

놀이에서 공간은 매우 중요합니다. 수평공간뿐만 아니라 수직공간도 아주 중요하죠. 캣타워뿐만 아니라 어딘가 위에 올라가서 내려다볼 수 있는 공간이 필요합니다. 만약 고양이가 놀다가 위쪽으로 올라가면 그때는 터치하지 말아야 합니다. 놀다가 지쳐서 쉬는 것일 수도 있으니까요. 내가 흥이 났다고 "어딜 가? 이리 와!" 하면서 억지로 고양이를 끌어내리는 행동은 바람직하지 않습니다. 고양이가 사는 집은 천장 가까운 곳에 고양이가 쉴 수 있는 공간이 수평 방향으로 이어져 있는 것이 좋습니다. 천장 가까운 높이에 고양이 공간들이 이어져 고양이 통로가 마련되면 좋습니다.

놀이방법

"놀이에 영혼을 실어 주세요."

Q. 놀이 방법과 규칙
A1. 손으로 놀아 주지 마세요.

"우리 애는 손만 보면 물어요. 발만 보면 발뒤꿈치를 물어요"라고 하시는데 이 경우는 고양이가 손발을 장난감으로 인식하고 있는 상황입니다. 많은 분들이 손이나 발로 놀아 주시는데요, 특히 고양이가 아기일 때 그렇죠. 하지만 이것은 굉장히 잘못된 방법입니다. 아기 고양이일 때는 손으로 놀아 주면 당장은 귀엽고 해가 될 게 없지만, 이때가 고양이의 사회화가 이루어지는 시기이기 때문에 손가락을 무는 방식이 놀이 습관으로 정착됩니다. 고양이의 입장에서는 손이나 발을 물어도 되는 것으로 인식하는 거죠. (4-2장 〈공격하는 고양이〉 편 참고)

A2. 규칙적으로 놀아 주세요.

대다수의 집사들이 시간 날 때 혹은 생각날 때 등, 간헐적으로 고양이와 놀아 줍니다. 가만히 있다가 옆에 장난감이 보이면 갑자기 휘두르고, TV를 보며 쉬고 있다가 고양이가 지나가면 손에 잡히는 장난감으로 다시 또 놀아 주고…… 이렇게 뜬금없이 놀아 주는 건 좋지 않은 습관입니다. 고양이는 나름의 스케줄을 가지고 규칙적으로 생활하는 동물입니다. 놀이가 어느 정도 사회적인 의미나 더 나아가서 행동 교정의 효과를 가지려면 고양이의 하루 일과에 포함된 활동이 되어야 합니다.

A3. 쓰고 난 장난감은 반드시 정리합니다.

놀이는 사냥 형식을 빌려 흥분과 긴장을 불러일으키면서 두뇌 회전을 돕고자 하는 활동입니다. 고양이는 사냥꾼이고 장난감은 사냥감입니다. 그런데 이쪽에 낚싯대가 놓여 있고, 저기는 어묵꼬치가 있고, 방에는 다른 장난감이 여기저기 널부러져 있으면 사냥감이 여기저기 있는 것과 마찬가지입니다. 고양이에게 널부러진 장난감은 그냥 죽은 사냥감이에요. 흥미가 떨어집니다.

A4. 진짜 사냥감처럼 움직여 주세요.

1) 깝죽대지 않기: 고양이가 장난감에 관심을 보이지 않는다고 얼굴 앞에서, 눈앞에서 휘두르면서 고양이를 자꾸 건드리는 분들이 있습니다. 이때 고양이도 한 번씩 발로 장난감을 톡톡 치는데, 이건 장난감에 흥미가 있어서가 아니라 반사적으로 건드리는 거예요. 고양이 입장에서는 짜증이 나서 나오는 행동이죠.
장난감은 먹잇감입니다. 먹잇감이 사냥꾼인 고양이 앞에서 깝죽거릴 일은 없죠. 눈앞에서 알짱대면 안 됩니다. 오히려 멀어지는 것에 관심을 둡니다.

2) 새는 자주 착지, 뱀은 자주 정지: 고양이들은 장난감이 움직일 때는 별 관심을 보이지 않다가 정지하면 굉장히 자극을 받습니다. 장난감을 자주 정지시켜 주세요. 흔히 많이 쓰는 새 모양의 낚싯대라면 **자주 착지시키세요.** 야생에서 새도 날

다가 쉬어요. 착지할 때 고양이들이 덮칠 수 있게 밀고 당기기를 잘하시면 좋겠고요. 뱀같이 생긴 장난감들 있잖아요? 그런 장난감은 보통 끌고 막 지나가거든요. 그런 게 아니라 **스르르 움직이다가 정지시키고 다시 가다가 정지시키고** 해야 합니다.

3) 바스락 음향효과: 장난감 뱀 중에 안에서 비닐 소리가 나는 제품이 있습니다. 고양이는 부스럭거리는 소리, 바삭바삭하는 소리, 씩씩거리는 소리를 아주 좋아합니다. 기왕이면 이런 음향효과를 내는 장난감이 좋습니다.

4) 다양한 속도: 움직이는 속도와 강도를 다양하게 해 주시면 좋습니다. 천천히 날다가 갑자기 빨라지고 다시 갑자기 천천히 가는 식으로요. 고양이들은 굉장히 영리하므로 다양한 자극을 줄 필요가 있습니다.

A5. 중간에 잡혀서 정신적 보상을 줍니다.

고양이와 놀이하는 모습을 보면 고양이한테 장난감을 한번도 만질 기회를 안 주는 분들이 있어요. 고양이가 장난감을 터치하려고 확 다가오면 얼른 빼서 결국에는 고양이가 성취욕을 못 느끼게 합니다. 놀이는 사냥이라고 했잖아요. 이렇게 한번도 못 만지면 고양이는 너무 힘들고 전혀 즐겁지 않을 겁니다. 무슨 훈련시키듯이 고양이를 녹초가 되게 만드는 건 좋은 놀이방법이 아닙니다. 15분을 놀아 준다면, 중간중간 한 번씩 잡혀 주세요. 입으로 물거나 손으로 잡아서 뭔가 할 수 있을 것 같은 느낌을 주는 거죠.

A6. 놀이 마지막엔 장난감이 죽어야 합니다.

신나게 잘 놀고 난 뒤 갑자기 "아, 잘 놀았다!" 하며 장난감을 내팽개치고 가시는 분들이 있습니다. 사냥꾼인 고양이 입장에서 이 경우만큼 허망한 일이 없어요. 완벽한 놀이를 위해선 놀이의 마지막에 허덕거리면서 장난감이 죽어가는 것을 표현해 주세요. 결국 장난감은 죽어서 고양이에게 잡혀야 합니다. 그래야 고양이가 성취감을 느낄 수 있어요. 사냥의 마지막엔 힘이 빠진 듯 마무리해 주셔야 합니다. 고양이에 따라서 격하게 놀고 밥을 먹으면 신나게 놀았던 흥이 가라앉지 않아서 사냥을 계속할 생각을 하는 고양이가 있을 수 있습니다. 사냥이 끝나고 먹잇감이 죽어서 먹이를 먹을 수 있게 된 것이라고 자연스럽게 인식을 연결시켜 줄 필요가 있습니다. 숨이 깔딱깔딱 넘어가고 기력이 떨어진 것처럼 '네가 사냥하고 쫓아다닌 탓에 이 꼬치는 죽었다, 명을 다해 가고 있다' 이런 느낌으로. 약 5분가량의 연기가 필요합니다.

A7. 마지막에 물리적 보상을 줍니다.

성취감이 정신적 보상이라면, 진짜 눈에 보이는 물질적인 보상도 함께해 주시면 좋겠습니다. 다시 말하면, 놀이를 하고 난 뒤에는 간식이든 사료든 보상을 주시는 게 좋아요. 아이들이 먹고 있는 사이에 장난감은 싹 치우고 다시 눈에 띄지 않는 곳에 보관합니다.

질문 있어요!

 얼룩이나 저스틴은 놀이가 끝나고 장난감이 죽었나 계속 지켜보다가 장난감을 치우려고 하면 또다시 놀이가 시작되는 줄 알고 움직여요. 이럴 땐 어떡하죠?

 죽어 있는 장난감을 그대로 두고 약간 떨어진 곳에서 캔이나 간식으로 아이들에게 물리적 보상을 해 주세요. 그사이 가서 슬쩍 치우시면 됩니다.

A8. 장애물을 이용하세요.

운동장만 한 거실이라면, 아무리 집사가 장난감을 휘두른다고 한들 고양이들은 멀뚱히 바라보고만 있을 수도 있습니다. 은신처가 없기 때문에 그렇습니다. 고양이는 표범처럼 벌판에서 장거리를 뛰면서 먹이를 쫓지 않습니다. 이를테면 단거리 선수입니다. 목표물을 정확하게 노리다가 잡을 확률이 높은 지점에 도달했을 때 팍 덮친단 말이지요. 그러려면 몸을 숨기고 있어야 하고 접근 가능성이 높아야 합니다. 식탁, 테이블, 의자, 소파 뒤…… 이런 곳들이 모두 은신처가 됩니다. 그런데 놀이 공간이 너무 넓고 가구나 짐이 없이 휑하다면 고양이한테는 놀이하기 재미 없는 공간일 수 있습니다. 공간 사이사이에 몸을 숨길 수 있는 장애물을 만들어 주신다면 더욱 흥미로운 놀이 공간이 될 수 있습니다. 또 집에 있는 장애물(식탁, 테이블, 의자, 소파) 뒤를 활용해서 그런 곳에서 장난감이 나타날 수 있도록 하면 아이들은 더욱 흥미를 갖게 될 거예요.

질문 있어요!

 레이저포인터나 비눗방울로 놀아 주면 좌절감이 생기나요?

 레이저포인터나 비눗방울은 사람이 몸을 안 움직이고 쉽게 놀아 줄 수 있는 장난감들이죠. 집사에게는 편의성이 크지만 고양이로서는 허무한 장난감입니다. 움직여서 발로 잡았을 때 촉감을 느낄 수 있는 실물이 없으니까요. 비눗방울은 터지고 레이저는 아무리 잡아도 잡히지 않으니까 아주 허무한 사냥이 된단 말이죠.
그래서 레이저포인터로 놀아 줄 때는 레이저 빛의 끝을 장난감에 두세요. 레이저포인터로 막 홀린 다음에 맨 마지막에는 포인터로 장난감을 딱 조준하는 거죠. 그렇게 하면 고양이가 레이저 빛을 잡을 때 장난감의 감촉을 느낄 수 있잖아요. 뭐가 됐든 상호작용 놀이는 고양이가 실제로 무언가를 잡았다는 느낌을 갖게 하는 것이 중요합니다. 성취감이라는 정신적인 보상을 받을 수 있도록 해 주세요.

 우리 집 저스틴은 눈앞에서 흔들어야 관심을 보이는데요?

 놀이는 사냥하고 유사하다고 그랬잖아요? 고양이들은 자신이 잡을 수 있는 것에만 관심을 갖습니다. 날렵하거나 활동성 있는 고양이라면 멀리서도 장난감을 발견하고 확 뛰어오며 의욕적인 모습을 보일 수 있지만 나이가 있거나 뚱뚱한 고양이는 그냥 지켜보고만 있기도 합니다. 이런 경우에는 조금 더 가까이에 장난감을 두고 놀아 주세요. 장애물을 활용하면 도움이 됩니다.
많이 움직이지 않더라도 관심이 없는 건 아니니 놀이를 지속하는 게 중요합니다. 장난감을 고양이 근처 바닥에 착지시켰을 뿐인데 고양이들은 계속 관찰하면서 '저걸 잡아, 말아? 쟤가 움직일 건가, 말 건가?' 이런 걸 계산하거든요. 이렇게 머리를 쓰는 순간도 굉장히 중요합니다. 놀이의 진정한 목적이 달성되는 순간입니다.

 **알루미늄 호일, 랩, 비닐, 털실, 이런 것들은 좋은 장난감이 아닙니다**
갖고 놀지 않게 해 주세요. 혼자 노는 경우라면 리본이나 끈도 삼키지 않도록 주의해 주세요.

혼자서 놀기

"혼자 있을 때도 심심하지 않은 환경을 만들어 줍시다."

Q. 혼자서 노는 방법
A1. 퍼즐 먹이통

흔히 퍼즐피더(puzzle feeder)라고도 합니다. 먹이통이나 공에 작게 구멍을 뚫어 그 안에 사료나 간식을 넣을 수 있도록 한 제품입니다 고양이들이 제품을 움직이면 먹이가 나오게 돼 있어요. 하지만 굳이 기성품을 사지 않아도 됩니다. 간단히 만들어 줄 수 있습니다. 예를 들면 500mL 페트병에 구멍을 여러 개 뚫고, 그 안에다 사료나 간식을 넣어 주는 거죠. 굴리면 간식이나 사료가 나오도록요. 우유팩이나 휴지심도 가능합니다.

A2. 박스

백만 고양이의 최고의 놀이 장난감은 종이박스죠. (웃음) 박스에 다양한 크기의 구멍을 뚫고 그 안에다가 바스락 소리가 많이 나는 종이를 뭉쳐서 넣어 주세요. 습자지 같은 종류도 좋고요. 이렇게만 해 두면 고양이가 거짓말처럼 쏙 박스 안으로 따라 들어갑니다. 종이가 가볍고 움직일 때마다 툭툭툭 소리가 나기 때문에 그 안에서 무척 즐거워합니다. 종이를 물어뜯을 수도 있는데요, 종이를 먹는다고 크게 해가 되지는 않기 때문에 괜찮습니다.

A3. 캣닢 장난감, 캣닢 쿠션

Q. 퍼즐 먹이통 사용법 알려 주기
A. 퍼즐 먹이통으로 어떻게 노는지 고양이한테 설명할 길이 없어서 실제로는 사용을 못 하게 되는 경우가 많습니다. "자, 봐. 안에 사료 들었어. 이렇게 굴리면 나오는 거야"라고 말해도 고양이는 멀뚱히 보고만 있겠죠. 단계별로 알려 주세요. 어떻게 알려주냐고요? 가장 흔한 공 모양의 퍼즐 먹이통을 가지고 단계별로 알려 주는 방법을 설명해 보겠습니다.

1단계: 공 굴리기 연습
공 모양의 먹이 장난감을 빈 상태로 밥그릇 앞에 두세요. 그러면 이걸 굴려서 치워야만 고양이가 밥을 먹을 수 있겠죠. 이런 식으로 처음에 몇 번 공을 굴리는 연습을 시켜 줍니다.

2단계: '공 안에 먹이가 있다'는 인식
이제는 뚜껑을 열어서 공의 1/2, 반구만 완전히 오픈한 상태로 사료를 담아, 밥그릇 안에 넣어 줍니다. 이때 고양이는 공 안에 든 음식을 먹게 되고요. 고양이는 '아, 이 공 안에 먹이가 있구나' 하는 생각을 하게 됩니다.

3단계: 밥그릇 안에 공 넣기
1단계, 2단계를 어느 정도 익히고 나면 사료를 넣고 뚜껑을 닫은 상태의 공을 밥그릇 안에 넣어 줍니다. 이때 밥그릇은 약간 넓은 걸로 바꿔서 공을 굴릴 수 있도록 해 주세요. 공이 멀리 굴러가지 않는 밥그릇 안에서 고양이가 공을 굴려 보면서 먹이를 먹는 연습을 할 수 있습니다.

4단계: 실전 투입

이제부터는 집사가 직장에 가거나 집을 비울 때 공에 사료를 넣고 놔두기만 하면 됩니다.

나만의 퍼즐 먹이통을 만들어 봅시다

깨끗한 계란판을 준비합니다. 오목한 구멍에 사료나 간식을 넣고 그 위에 고양이 장난감을 올려 둡니다. 장난감을 치워서 간식을 먹을 수 있도록 적당한 장소에 놓아둡니다. 모든 구멍에 장난감을 두는 게 아니라 몇 군데는 장난감 없이 먹을 것을 두어 '이곳에 먹을 게 있다'는 사실을 아이들이 알게 합니다. 고양이 장난감이 없다면 양말이나 손수건을 말아서 올려 두셔도 괜찮습니다.

Q. 놀이 시간이 부족하다면?

물론 사람과 같이 노는 게 가장 좋지만 여의치 않을 때는 다음과 같은 방법도 추천합니다.

A1. 캣닢 인형을 나에게 달아 보세요.

캣닢 인형 또는 캣닢 주머니(공)를 줄에 달아서 집사 허리에 맵니다. 고양이는 줄을 워낙 좋아하니까 줄이 땅에 닿도록 길~게 매 줍니다. 집사가 움직일 때마다 허리에서 내려온 줄이 따라서 움직이면, 고양이들이 무슨 피리 부는 사나이를 쫓듯 따라다니며 즐거워할 거예요.

A2. 사료를 뿌려 주세요.

사료를 바닥에 뿌려 주세요. 바닥에 툭툭툭 뿌려서 찾아 먹는 재미를 느낄 수 있게끔. "자, 얘들아 오늘부터 먹을 걸로 놀아 줄게" 하면서 사료를 뿌리면 처음에는 고양이가 꼼짝도 안 합니다. 저희 이비이비는 눈앞에 있는 한두 개만 먹고 말아요. 그렇기 때문에 처음에는 좀 힘들더라도 한 알씩 한 알씩 놓고 먹이고 놓고 먹이고를 반복해 주세요. 건사료뿐만 아니라 습식사료로도 할 수 있습니다. 간장

종지처럼 작은 용기에 담아서 여러 군데 숨기는 방식으로요.

A3. 빗질하기
빗질하기, 그루밍도 좋은 놀이가 될 수 있습니다. 좋아하는 부분만 짧게, 슥 빗기며 스킨십을 유도해 주세요. 빗질과 칭찬을 리듬감 있게 이어 가며 마치 놀이하듯 해 주세요. (1-6장 〈빗질하기〉 편 참고)

잘못된 훈육방법

"잘못된 교정이 착한 고양이를 맹수로 만듭니다."

 앞서 말씀드렸듯이 잘못된 놀이방법 때문에 놀이 중 공격하는 아이들이 있습니다. 이런 아이들을 교정한다고 다시 한번 잘못된 훈육방법을 사용하면 문제는 더욱 악화됩니다. 고양이가 하는 나쁜 행동은 일부러 하는 게 아닙니다. 잘못된 놀이방법에서 나온 당연한 결과입니다. 모든 것은 집사 탓!

Q. 이것만은 하지 마세요.
A1. 코 때리기
손을 물었다고 고양이의 콧잔등을 톡 치면서 "안 돼!" 하고 소리치는 분들이 있습니다. 앉혀 놓고 신문지로 코를 툭툭 두들기면서 "잘했어? 잘못했어?" 이렇게 혼내는 분도 있고요. 잘못된 행동입니다.

A2. 얼굴 잡고 눈 마주쳐 응시하기
얼굴을 딱 잡고 정면으로 응시하며 "내가 이러지 말랬지?" 소리쳐 꾸짖는 분들, 여러분들이야말로 이러지 마세요.

A3. 목 뒷덜미 잡고 들어 올리기
목덜미를 잡기가 고양이 훈육법 중 하나라고 잘못 알고 계신 분들이 많습니다. 아닙니다. 고양이 목덜미는 절대 잡아서는 안 됩니다. 엄마 고양이가 아기 고양이의 목덜미를 문다고 따라 하는 건 옳지 않습니다. 무조건적으로 행동을 제지하는 것이 옳은 방법이 아니기 때문입니다. 우리는 사람이지 고양이가 아니잖아요. 입장 바꿔 생각해 보세요. 누가 내 뒷덜미를 딱 잡으면 좋을까요? 전 싫습니다.

Q. 놀이 중 고양이가 공격할 때 올바른 대응방법
A. 공격의 순간 자리를 피합니다.
놀이 중 고양이가 공격을 한다면 그 즉시 행동을 멈추고 자리를 피하세요. 니의 행동으로 내가 기분 나쁘다는 것을 집사의 말이 아니라 몸으로 표현하는 겁니다. (4-2장 〈공격하는 고양이〉 편 참고)

놀이 상담실

다묘가정에서의 놀이방법

> 저희 집엔 네 마리의 고양이가 있다 보니 사실 놀아 주기가 쉽지 않아요. 낚싯대를 들고 와도 활발한 제제나 이호 같은 애들은 덤벼들지만 저쪽에서 모모는 지켜보기만 하고 놀이에 끼어들지 못합니다. 그래서 모모랑 놀아 주려고 그쪽으로 장난감을 가져가면 활발한 제제가 따라오고요. 어떻게 놀아 줘야 할까요?
>
> - 모모모

아이들의 에너지 레벨이 완전 다른 경우가 있어요. 한 아이는 되게 소심한데 같이 사는 다른 고양이는 엄청 활달한 거죠. 그런데 활발한 아이가 모든 장난감을 섭렵해 버리면, 고양이들은 놀다가 탕 부딪히는 걸 별로 좋아하지 않기 때문에 소심한 고양이가 알아서 물러나 버려요. 자꾸 그렇게 물러나다 보면 소심한 아이는 매번 포기하고 좌절하면서, 놀이 자체가 스트레스가 됩니다.

그래서 가능하면 에너지 레벨이 다른 고양이들은 각자 따로 놀아 주는 게 좋아요. 가족 중에 누가 도와줘서 떨어진 공간에서 따로따로 놀아 주거나, 혼자 놀아 줘야 한다면 두 개의 장난감을 가지고 양팔을 다 벌린 정도로 떨어져 있는 상태에서 각자 장난감을 가지고 놀게 해 주어야 합니다. 만약 고양이가 서너 마리 이상이라면 시간을 짧게 하더라도, 한 마리씩 따로 방에 데리고 들어가서 놀아 주세요.

만약 놀이에 못 끼는 고양이가 따로 있고, 나머지 고양이들은 비슷한 에너지로 서로 잘 논다면 다른 고양이들은 같이 놀리고, 못 끼는 한 마리만 분리된 공간에서 따로 놀아 주어도 됩니다. 그리고 다른 방에 들어가면서는 남겨진 고양이들을 위해 TV나 라디오를 켜 주세요. 따로 어딘가로 가면 '재들 뭐해? 둘이 들어가서 뭐해?' 이렇게 지나친 궁금증을 가질 수 있고 문 닫힌 방에서 장난감으로 노는 소리가 들릴 테니까요. 그런 소리가 안 들리게, 양쪽 다 상처받지 않게 해 주시면 좋겠습니다.

여름나기

🐾 나눔 이야기

· 시원하게 해 주기
· 여름철 식사 관리
· 여름나기 상담실

모모모의 집사일기

여러분은 더위를 많이 타시나요? 전 많이 탑니다. 털이 요만큼 있는 저도 더운데 온몸이 털로 덮인 고양이님들이 더위를 많이 타는 건 당연한지도 모르겠습니다. 머리카락이 긴 분들은 많이 아시겠지만 머리를 치렁치렁 풀어 두기보다 묶으면 훨씬 시원한 것처럼, 장모종 친구들은 그래서 여름에 털을 묶진 않고(^^) 밀어 주기도 한대요.

저희 집 단모종 친구들은 딱히 털을 밀 정도는 아니지만 그래도 더위를 타세요. 봄날 고양이님들이 햇볕을 쬐러 베란다에 나가고 겨울철엔 따뜻한 코다츠 아래 들어가 계시듯이, 여름철 고양이님들은 시원한 자리를 찾아다니시더라고요. 저희 집엔 그런 여름철 핫플레이스가 있습니다. 바로 대리석 자리죠. 팟캐스트 시즌1 시절, 소롱누님이 대리석 타일이 시원해서 여름에 아이들이 누워 있기 좋다고 말씀하셔서 구매한 것입니다. 사실 그땐 흔한 용품은 아니었어요. (오죽하면 근처 공사장에 가서 얘기하고 타일을 얻어 오라고 하셨지요…….) 하지만 요즘은 온라인 쇼핑몰에 '반려동물 대리석' 같은 검색어로 많이 찾아볼 수 있는 제품이 되었습니다. 강아지도, 고양이도 많이 쓴다고 하네요.

처음 택배가 왔을 때 아이들은 '무엇에 쓰는 물건인고'라며 묻는 표정이었습니다. 무거운 걸 낑낑 끌고 와서 놔 줘도 처음 보는 대리석이 어색한지 몇 번 냄새 맡고 쓰질 않았죠. (집사의 쇼핑을 슬프게 만드는 고양이들…… 네, 흔한 일입니다.) 하지만! 좀 익숙해지고 본격 여름시즌이 오자 대리석은 인기 있는 자리가 되었습니다. 네 친구들 모두 잘 쓴답니다.

현재는 식탁 아래 그늘진 곳에 배치해 두었는데요, 여름이면 저희 집 '핫플'로 등극합니다. 누구든 먼저 누운 고양이님이 임자예요. 보통은 모모가 누워 있지만 눈치 없는 소보로가 머릴 들이밀고 자기 자리로 만들곤 해요. (소보로는 자기가 있고 싶으면 어디든 머리를 들이밀어 원래 있던 아이가 다른 곳으로 가게 만드는 아이거든요. 참 눈치 없지만 한편 자기 마음은 편하겠죠? 알 수 없이 귀여운 아이예요.)

올해도 아직은 한산한 대리석. 하지만 봄이 되면서, 캣타워 위 햇볕 쬐는 자리가 명당이 된 것처럼, 이 자리도 머지않아 붐빌 것이 예상되네요. 다시 한번 싹싹 물로 닦아 놓으려고요. 주인님들의 시원한 여름을 위해!

🧑‍🦰 개는 여름에 더워서 헉헉거리는데 고양이는 그런 모습을 보이지 않잖아요. 그래서 흔히 고양이는 추위를 많이 타고, 개는 더위를 많이 탄다고 생각하는데요. 실제로 고양이는 추위보다 더위에 더 약해요. 왜냐하면 고양이 털이 워낙 촘촘하잖아요? 촘촘하게 박힌 털들이 추위에 체온을 유지하는 데 훨씬 유리하게 돼 있는 거예요. 그래서 고양이는 약간 쌀쌀한 날씨를 훨씬 더 좋아한대요. 사람이 약간 쌀쌀하다고 느낄 정도의 초봄이나 늦가을 날씨에 가장 기분 좋아한다고 해요.

🧑 몰랐어요.

🧑‍🦰 더위에는, 애들이 땀샘이 발달돼 있지 않다 보니 체온을 내릴 방법이 없거든요. 그루밍으로 체온을 조절해야 해요. 침을 묻혀서 열을 내리는 거죠. 대신 고양이는 현명하게 더위를 피할 수 있는 방법을 알고 있어요. 옛날 속담에 이런 게 있대요. "따뜻한 곳과 서늘한 곳은 고양이한테 물어봐라."

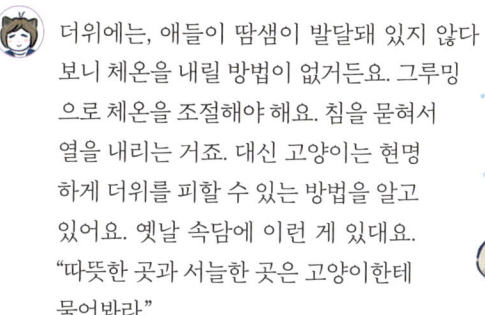

🧑‍🦰 역시 옛말은 틀린 말이 없어.

🧑‍🦰 실제로 애들은 여름철 한낮에도 바람이 잘 통하는 길, 주변보다 시원한 자리를 귀신같이 찾아내서 앉아 있더라고요.

🧑‍🦰 저희 집에 바람이 불어오는 곳이 있어요. 아나, 키아라도 어떻게 아는지 거기에 딱 앉아 있더라고요.

🧑 저희 집에는 옥이 잔뜩 박혀 있는 전기장판이 있어요. 누우면 너무 차가워서 전원을 켜지 않고는 잘 안 쓰거든요. 최근에 너무 더워서 거기서 시원하게 자 보려고 꺼냈는데 저희 집 애들이 둘 다 그 장판 위에 올라가 있더라고요. 지금은 옥 사이사이에 고양이털이 빼곡하게 끼어 있어요. (웃음)

🧑‍🦰 그 자리의 주인이 누군지가 느껴지네요.

🧑‍🦰 고양이들이 체모가 워낙 많다 보니까 선풍기를 틀어 줘도 털외투를 입고 바람을 맞는 셈이라 체온을 낮추는 데는 별 도움이 안 돼요.

🧑‍🦰 패딩점퍼를 입은 것과 마찬가지네요. 어떻게 시원하게 해 줘야 할까요?

시원하게 해 주기

"바람이 불어오는 곳, 그곳으로 가요."

Q. 시원한 장소

고양이는 주위 온도 변화에 굉장히 민감하게 반응합니다. 약간의 온도 조절로도 쾌적한 환경을 만들어 줄 수 있습니다. 장시간 외출 시에는 고양이가 있는 곳이 너무 더워지지 않도록 신경 써 주세요. 원룸이나 좁은 공간에 있는 고양이라면 반드시 환기가 되고 그늘이 있는 곳이 필요합니다.

A1. 에어컨, 선풍기

에어컨, 선풍기가 있다면 혼자 남겨 둘 때에도 **예약**으로 가동을 해 주세요. 에어컨 가동 시에는 창문을 살짝 열어 두거나 선풍기, 에어서큘레이터로 **환기**를 해 주세요. 에어컨 바람이 계속 한 방향으로 가면 고양이에게 매우 추울 수 있어요. 사람과 함께 있을 때도 사람이 숨 쉬는 위쪽보다 고양이가 숨 쉬는 아래쪽 공기가 훨씬 더 차가울 수 있으니 무턱대고 온도를 계속 낮추면 고양이한테는 추울 수 있습니다. 고양이가 원하지 않을 때 에어컨 바람을 피할 수 있는 공간도 필요합니다. 고양이는 호흡기가 워낙 약해서 여름철에 에어컨 때문에 감기 걸리는 일이 많아요. 그 점을 주의해 주세요.

A2. 아이스팩, 얼린 페트병

A3. 쿨매트, 대리석 타일

시원한 대리석이나 타일을 고양이가 자주 있는 곳에 놓아 주세요. 아이를 관찰하다 보면 유난히 잘 가 있는 곳이 있을 겁니다. 고양이는 바람이 잘 통하는 가장 시원한 자리를 잘 찾아냅니다. 거기에 놔 주시면 도움이 됩니다.

 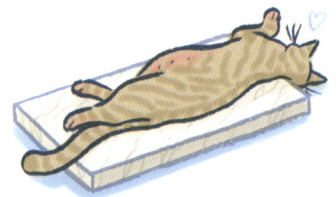

Q. 시원한 몸
A1. 털 밀기

장모종에게 특히 필요합니다. 클리퍼로 배만이라도 밀어 주세요.

A2. 몸에 미지근한 물 묻혀 주기

물을 그루밍하면서 열이 발산되는 효과가 납니다. 찬물은 갑자기 혈관을 수축시켜 더 좋지 않습니다.

여름철 식사 관리

"물도 사료도 더 자주 갈아 주세요."

Q. 사료 관리법
A1. 하루 두 번 이상, 가능한 자주 갈아 줍니다.
A2. 캔사료는 먹지 않으면 바로 버립니다.
A3. 큰 용량보다는 작은 용량의 사료를 삽니다.

Q. 물 관리법
A1. 하루 두세 번 이상, 가능한 자주 갈아 줍니다.
A2. 물그릇을 평소보다 많이 둡니다.

아주 더운 날, 고양이가 오랜 시간 환기가 안 되는 공간에 장시간 있다 보면 운이 나쁜 경우에는 고온 때문에 체온이 계속 올라가서 초기 열사병이 생길 수 있습니다. 혼자 있는 고양이에게 도움되는 것이 물입니다. 장시간 외출 시에는 마실 물을 여유 있게 두세요.

밥그릇과 물그릇의 위치도 체크하세요

여름에는 바닥 온도가 오를 수 있기 때문에 밥그릇, 물그릇 둘 다 바닥에 두지 마시고 고양이 식탁이나 구두상자같이 높이가 있는 곳에 올려 두세요. 직사광선이 없는 서늘한 곳에 두는 것이 중요합니다. 집 안에 공간이 부족해서 볕이 드는 곳에 그릇을 놓을 수밖에 없다면, 그릇 아래 아이스팩을 두는 것도 방법입니다.

여름나기 상담실

① 집사가 휴가 갈 때

To 키티피디아
이번 여름에 2박 3일로 휴가를 떠나게 됐는데 냥이를 집에 혼자 둘 수가 없어서 데려가려고 합니다. 주변에서 집에 놔두고 가라고들 하는데 집이 옥상 바로 아래 층이라 정말 덥고 옥상의 열이 그대로 들어오거든요. 그렇다고 2박 3일 동안 에어컨을 틀어 놓을 수도 없는 노릇이고요. 더군다나 저희 냥이는 제가 열두 시간 집을 비우고 들어와도 혼자 있을 때는 밥도 안 먹고 소변, 대변도 보지 않아요. 제가 들어와야지 뭐든지 하는 녀석이라 걱정이 앞서요.. 집에서 다섯 시간 떨어진 곳으로 휴가를 가려는데 데리고 갈 때 제가 조심해야 할 것들이 있을까요?
- 솔방울야옹

1박 2일 정도면 가급적 고양이를 집에 두고 가시라고 할 텐데, 여름에 2박 3일이라면 정말 고민이 되네요. 창문을 활짝 열어 놓고 갈 수도 없고 내내 에어컨을 튼다 해도 예기치 못한 상황이 생길 수 있으니까요. 주위에 고양이를 돌봐주실 분이 있다면, 2박 3일 동안 고양이가 집에 있는 것이 더 낫기는 합니다.
만약 고양이가 함께 가야 하는 상황이라면 중간에 몇 번을 쉬어야 하는지는 정답이 없어요. 고양이들 중에 차멀미가 심한 아이들이 있거든요. 멀미가 심하지 않다면, 다섯 시간 이동도 괜찮지 않을까 싶습니다. 함께 차로 이동하기로 결정하셨다면, 차 타기에 적응할 수 있도록 연습이 필요합니다. (차로 이동하기에 적응시키는 연습은 3-1장 〈병원 가기〉 편 참고)
아이가 멀미가 심하지 않고 승차 상황을 견딜 수 있다면 고양이와 같이 휴가를 가는 일도 괜찮다고 생각합니다. 실제로 피서 때 여행을 다니는 고양이들이 꽤 많아요. (여행지에서 산책하고 돌아다닌다는 의미는 아닙니다.) 다만 휴가지에 잘 적응할 수 있도록 **익숙한 이동장과 자기 냄새가 밴 수건이나 담요** 등을 준비하셔야 합니다. 특히 이동장에 익숙해지는 것이 중요합니다.

만약 솔방울야옹님이 고양이를 지인에게 맡기고 집을 비우게 된다면 물그릇에 좀 더 신경 써 주세요. 밥 주고 물 주니까 한두 그릇 정도면 되겠지, 생각하지 마시고 물그릇을 넉넉하게 네 개 이상 여기저기 두셔야 해요. 혹시라도 혼자 있는 아이가 갑자기 체온이 너무 올랐을 때는 물 있는 곳까지 가기가 힘들거든요. **어디에서든 물을 접할 수 있도록** 해 주시는 게 도움이 됩니다. 그리고 돌봐 주는 분이 상주하면 가장 좋겠지만 그렇지 못한 경우에는 가능하면 하루에 최소 한두 시간이라도 고양이와 함께 있어 달라고 요청하셔야 합니다. 밥 주고 화장실 치워 주고 돌아가는 게 아니라 밥 먹는 상태와 생활하는 컨디션까지 관찰해 달라고 요청해 주세요.

② 모기향, 스프레이제 써도 되나요?

이런 사례가 있었어요. 고양이가 병원에 왔는데 약간 몽롱하고 축 처져 있어서 혈액검사를 했는데 아무 이상이 없는 거예요. 나중에 추적하다 보니 보호자분이 흔히 말하는 에프킬O를 쓰셨더라고요. 모기향은 위험하다고 해서 안 쓰고 에프킬O를 방충망에 뿌렸는데 스프레이 성분이 바닥에 남은 걸 고양이가 핥아 먹었던 모양이에요.
- 소롱누나

스프레이 모기약은 살충제 성분이에요. 살충제는 해충의 신경계를 자극해서 죽이는 약이기 때문에 고양이 신경계에도 일시적으로 문제를 일으킬 수 있습니다. 침을 흘리거나 호흡곤란, 경련까지도 올 수 있습니다. **스프레이는 아예 쓰지 않으시는 게 좋습니다. 불로 피우는 모기향 역시 쓰지 말아야 합니다.**

대신 천연 재료인 계피가루를 물에 타서 분무기에 넣어서 뿌리면 모기를 쫓는 데 도움이 됩니다. 단, 액체가 불그스름해서 뿌리면 밝은 배경에 갈색 자국이 남을 수 있다는 점만 감안해 주세요.

고양이가 좋아하는 음악

"고양이의 청력을 고려한, 고양이만을 위한 맞춤음악"

🕶 고양이를 위한 음반이 있다는 이야기를 들었습니다. 과학적으로 효과가 입증된 음악이라고 해서 논문을 찾아봤습니다.

 고양이 음악 논문

👧 엉클조가 영국유학파 음향학도거든요. 정확하게 전공이?

🕶 제가 다녔던 학과 이름이 ISVR(Institute of Sound and Vibration Research)이라고, 진동음향을 공부하는 곳이었어요. (엣헴)

👧 그럼 음향 전문가로서 고양이가 좋아하는 음악이 있다고 생각하시나요?

🕶 네, 음향학도로서 고양이가 좋아하는 음악이 있다고 생각합니다.

고양이의 청력에 대해서 말씀드리자면, 기본적으로 고양이는 낮게는 30Hz, 높게는 65,000Hz의 소리까지 듣는다고 해요. 사람은 20,000Hz까지 듣는데,

재밌는 건 30대 이상인 사람은 15,000Hz가 넘어가는 소리는 잘 못 듣는다고 해요. 아무튼 사람은 들을 수 있는 소리의 주파수 영역이 고양이보다 좁은 거죠.

 슬픈 주파수네요. 이제 우리는 들을 수도 없어. (웃음)

 그렇죠. (웃음) 그러니까 고양이가 듣는 65,000Hz는 어마어마한, 굉장히 높은 주파수라고 할 수 있어요. **고양이를 위한 음악은 고양이의 이런 청력상의 특성을 고려해서 만든다고 합니다.**

이 논문은 찰스 스노든(Charles Snowdon)과 메건 새비지(Megan Savage)라는 과학자가 데이비드 타이(David Teie)라는 작곡가한테 제안해서 나온 프로젝트를 담고 있는데요, 흥미롭게도 데이비드 타이가 고양이 성대가 열리고 닫히는 원리를 연구해서 가상의 악기를 만들었다고 합니다. **고양이와 얘기할 수 있는 악기를 만든 거죠.** 논문에 이 악기를 가지고 고양이가 들을 수 있는 주파수에 맞추어 연주한 음악 이야기가 나와요. 고양이에게 음악을 들려주는 실험을 했는데, 바흐의 음악에 38%의 고양이가 반응한 반면, 데이비드 타이의 악기로 연주한 음악에는 77%의 고양이가 반응을 했대요.

 반응이라는 게 어떤 거죠? 좋다는 표현을 한다는 말인가요?

 이 노래가 나오면 특정한 행동을 한다, 예를 들면 귀를 쫑긋쫑긋한다, 이런 걸 반응이라고 합니다. 만약 이 노래를 듣더니 모두 모여든다, 움직이다가도 마치 음악을 듣는 것처럼 조용히 앉는다, 이런 것들이 반응이겠죠.

🧑 미리 공유해 주셔서 저희 고양이들에게도 들려주려고 했는데요. 주신 링크를 눌러 봤는데 "데이비드 타이 씨의 저작권 주장이 있어서 더 이상 서비스할 수 없습니다"라는 메시지가 나와서 (웃음) 다른 사이트에서 찾아서 들어 봤어요. 링크가 달라서인지 얼룩이와 저스틴은 반응이 없었어요.

🧑 이게 굉장히 고주파까지 포함한 음악이잖아요. 그런데 유튜브로 들으면 MP3로 듣게 되는데, MP3는 기본적으로 주파수를 깎는 방식이거든요. 그래서 고양이에게 원본 그대로 전달되기는 어려울 것 같아요.

🧑 그럼에도 저희 집 고양이들 반응이 드라마틱했어요. 그 음악들 중에서 〈러스티스 발라드(Rusty's Ballad)〉라는 곡에 반응이 뜨거웠어요. 휴대전화를 식탁 위에 올려놓고 이 음악을 틀었더니 식탁 주위에 하나둘 모여들더라고요. 소롱이는 휴대전화 냄새를 맡고요. 이렇게 전부 다 가까이 모여 있는 일이 저희 집에선 거의 처음이었던 것 같아요. 그래서 '아, 이거다, 이게 정말 힐링 뮤직이구나!' 생각했어요. 외국 후기를 봤더니 고양이들이 서로 핥아 주고 골골거렸다는 내용이 있더라고요. 저도 같이 힐링되는 느낌이 있었어요. 저희 집에 더 맞았나 봐요.

🧑 데이비드 타이 인터뷰를 봤더니 그분도 다묘가정의 집사래요. 자기 집 고양이에게 자신이 작곡한 음악을 녹음해서 들려줬더니 옆에 고양이가 와서 처음부터 끝까지 듣더니 곡이 끝나니까 기지개 펴고 가더래요. 마치 음악 감상을 마쳤다는 듯이.

사람을 위한 음악 중에도 비슷한 느낌의 음악이 있어요. 소위 앰비언트 뮤직(ambient music: 1970년대 초반 영국에서 발생한 장르. 소리의 질감을 강조해 공간감을 조성하는 것이 특징)이라고 해서 딜레이, 리버브, 이펙트를 많이 써서 만드는 음악 장르인데요. 좋아하시는 분들도 많고요. 그런데 앰비언트 뮤직에는 고양이들이 특별히 반응하지는 않더라고요.

조사하다가 알게 된 사실인데요, **고양이들이 상대적으로 고주파 영역을 듣기 때문에 사람 중에서는 특히 여성의 목소리에 더 잘 반응할 수 있다는 주장이 있습니다.** 사람 목소리가 보통 4,000Hz인데 사람마다 목소리 주파수가 다양하긴 하지만 여성의 목소리 주파수가 더 높아서 그렇다는 거죠.

가능성이 있다고 봐요. 역으로 말하면, 개든 고양이든 남성을 무서워하는 이유가 목소리에 있다는 이야기도 될 수 있어요. 대부분 남성들이 목소리가 낮잖아요. 개든 고양이든, 상대방을 위협할 때는 낮고 무거운 목소리를 내거든요. 목소리가 낮다는 사실이 덩치가 크다는 것을 상징할 수 있나 봐요. 그래서 낮은 소리가 자신에게 더 위협적이라고 생각하는 거죠.

반면에 우리가 개나 고양이를 혼낼 때, "안 돼! 하지 마!" 하면서 소리를 높이기 쉬운데 그 소리는 개나 고양이를 더 흥분하게 만들 수 있어요. '집사가 놀아 주네' 하는 거죠. (웃음) 대신 단호하고 낮은 목소리로 혼내면 아이들이 훨씬 말을 잘 알아들을 거예요.

또 한 가지, 같은 주파수라면 동물들이 단조로운 소리보다 다이내믹한 소리에 더 반응을 잘한대요. 그래서 데이비드 타이는 작곡을 할 때 고음과 저음을 섞어서 쓴다고 합니다.

집에 고양이들만 남겨 둘 때, 이런 음악 틀어 놓으면 좋을까요?

데이비드 타이 인터뷰에서 가장 인상 깊었던 부분이 논문의 취지를 설명하는 대목이었어요. 데이비드 타이 씨는 집사들을 편하게 해 주려고 이런 음악을 작곡한 게 아니래요. 대신 음악이 집사와 고양이가 소통하는 창구가 되기를 바라는 마음이었다는 거죠. 사실 저도 외출할 때 미안해서 열두 시간짜리 음악 틀어 놓고 나가고 그러거든요. 그런 마음보다는 **소통의 시작으로 이 음악을 생각해 주시면 더 좋을 것 같아요.**

물론 반응이 없을 수도 있지만 한번쯤 들어 볼 만한 음악이라고 생각합니다. 〈러스티스 발라드〉와 더불어 〈코즈모스 에어(Cosmo's Air)〉나 〈스푸크스 디티(Spook's Ditty)〉라는 곡들도 함께 추천드립니다. 다만 저작권이 있어 음악사이트에서는 구매를 해야 다 들을 수가 있고요, 사운드클라우드(soundcloud.com) 같은 사이트에서 일부분을 들어 보실 수 있을 겁니다.

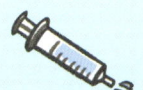

3장
고양이님 건강하게 모시기

병원 가기

🐾 나눌 이야기

· 이동장 고르기
· 이동장에 익숙해지기
· 이동하기
· 병원에서
· 병원에 다녀온 후

소롱누나의 집사일기

수의사의 고양이는 동물병원을 좋아할까요? 저도 그럴 줄 알았는데요, 집사가 수의사라고 고양이들이 병원을 좋아하지는 않더라고요. 다들 어찌나 귀신같이 병원 가는 걸 아는지. 특히나 이비이비님께서는 이동장만 꺼내면 집안 어디론가 사라져서 허탕치기 일쑤였던 적도 있죠. 예전에 아이린은 이동장에 들어가서 병원에 도착할 때까지 쩌렁쩌렁 울어댔었답니다. 아파트 엘리베이터를 타고 주차장으로 내려가는 동안 누가 듣고 뭐라 할까 봐 조마조마했던 기억이. ㅠㅠ

제가 이비이비에게 "이비야~ 네가 병원 상속녀라고! 네 병원이란 말이다~ 애정을 가져 보아!"라고까지 했지만, 들은 척도 안 하더라고요. ㅋㅋ

그만큼 병원은 고양이들에게는 환영받지 못하는 곳입니다. 좋은 기억이 없고, 집을 떠나 낯선 곳에 온다는 사실 자체가 아이들에게는 굉장한 스트레스니까요. 고양이 보호자들 중에도 택시를 타는 동안 계속 울고 오줌을 싸서 매번 "죄송합니다"를 수백 번 하고 오신다고 호소하는 분들이 많아요.

가능하면 불필요하게 아이를 데리고 나오시지 않도록 신경 쓰지만, 그래도 어쩔 수 없이 와야 할 때를 대비해서라도 병원 가기는 꼭 숙지해야 할 내용입니다.

최애 장소가 되지는 않더라도 최악의 장소로 기억되지 않도록, 집에서 출발해서 병원에 가서까지, 그 과정을 집사가 신경 써 주시면 좋겠습니다. 우리 애는 착하다고 안심하지 마세요! 착한 고양이들일수록 내색은 안 해도 트라우마는 클 수 있습니다.

병원에 오는 환자 중에 토리라는 친구가 있습니다. 여섯 살인 토리는 집에서는 착한 고양이지만 언젠가부터 병원에 오면 듣도 보도 못 할 괴성과 난폭함으로 내원이 어려운 환자가 되었습니다. 놀랍게도 이런 토리도 어릴 때는 병원에서 순둥이였습니다. 토리는 집 앞에서 구조된 아기 고양이였는데요, 당시 한쪽 눈 상태가 좋지 않아 안구 적출을 했고,

이후에도 방광염으로 병원에 오가는 일을 반복해야 했습니다. 그렇게 토리는 점점 '맹수'가 되었답니다. 안 좋은 기억이 쌓이고 쌓이다 반감이 커진 게 가장 큰 이유겠죠. 착한 고양이는 둔한 고양이가 아닙니다. 참고 있다가 어느 순간 울분을 터뜨릴 수 있습니다. 역시나 착해도 고양이는 고양이라는 점! "얘는 착해서 괜찮아~"는 노노!

정말 모범 집사로 통하고 자식 자랑이 늘어질 대로 늘어지는 (웃음) 얼룩아범님, 얼룩이를 병원에 데려가는 일이 점점 힘들어진다고요?

예. 사실 제가 얼룩이를 처음 집에 데리고 올 때부터 문제였던 것 같아요. 애가 이동장을 싫어할 만한 일을 제가 처음부터 저지른 거죠. 동네고양이 시절에도 저를 보면 막 뛰어오던 아이이긴 했는데 처음 집으로 데려올 때 "얼룩아, 이제 집에 가자~" 이러면서 잘 자고 있는 애를 쓰다듬고 깨워서 이동장 안에 바로 넣고 택시를 타고 부웅~ 하고 이상한 집으로 가 버렸단 말이죠. 그때부터 얼룩이가 이동장에 대한 공포가 생겼나 봐요. 이동장이라는 공간 안에 들어가면 어딘지 모르는 무서운 곳으로 끌려간다고 인식하는 거죠. 중간에 이동장을 한 번 바꿔 줬는데도 이동장을 보면 침대 밑으로 들어가요. 그러면 저는 아이를 꺼내기 위해서 침대를 들어내고요. 제가 이동장에 넣으려고 하면 얼룩이는 아주 앞발과 뒷발 모두를 사용해서 이동장 문틀을 꼭 잡고 "나는 안 들어간다, 이거 놔라" 그런 실랑이가 굉장히 많았어요.
이번에도 얼룩이를 병원에 데리고 가려고 이동장에 넣는 데만 30분 정도 걸렸고요. 그 와중에 얼룩이가 저를 할퀸 적도 굉장히 많았죠. 겨우겨우 택시를 타고 소롱누나네 병원에 가고 있는데 이동장 앞부분이 축축해서 보니까 얼룩이가 개구호흡을 하느라 계속 침을 흘리고 있더라고요. 헐떡헐떡하길래 이동장 앞문을 살짝 열어서 손을 넣고 쓰다듬어 주고 그랬는데요. 시간이 갈수록 애가 병원 가기를 너무 힘들어하니까 저도 힘들고요. 얼룩이가 박스 같은 데 들어가는 걸 좋아하니까 얼룩이가 박스에 들어가 있을 때 위를 테이프로 발라 버린 다음에 택시를 타고 갈까, (웃음) 이런 생각도 해 봤습니다. 그래도 병원은 가긴 가야 하잖아요.

 마더 테레사 같은 우리 아나도 병원에 가면 되게 사나워져요. 그리고 되게 예민해져서 숨어요. 병원에서 사라지기도 하고요. 그래서 저도 이모저모 궁금한 게 많아요. 일단 저도 점점 병원에 데리고 가는 게 힘들어져서요. 병원 가기! 어떻게 아이들을 병원으로 잘 모실까요? 병원에 가는 순서대로 잘 모셔 가는 방법을 알아보면 어떨까요?

이동장 고르기

"이동장은 이동뿐 아니라 검진 시에도 편해야 합니다."

Q. 병원용 이동장의 조건
A1. 튼튼한 이동장
이동장이 튼튼해야 하는 건 당연하지만, 의외로 이를 신경 쓰지 않는 분들이 많습니다.

튼튼하다는 건 **문이 쉽게 열리지 않아야 된다**는 의미입니다. **뚜껑이 있고, 막혀 있고, 잠금 장치가 잘되어 있어야 한다**는 거죠. 가끔 아기 고양이 때 구입한 천가방을 성묘가 되어서까지 쭉 사용하는 분들 있습니다. 낡긴 했는데 구멍이 난 건 아니니까 그냥 쓰신다면서요. 지퍼가 고장 나서 틈을 벌리면 그냥 열리는데 그 부분을 철사나 리본으로 묶어 두면서까지 계속 사용하는 분도 있고요. 그런 가방은 고양이가 발톱으로 지퍼를 열더라고요. (웃음) 진짜 있습니다. 고양이가 지퍼 여는 법을 한번 익히면 지퍼를 열고 빠져나갈 수가 있습니다. 주의해 주세요.

A2. 세척이 쉬운 이동장
이동 과정에서 스트레스를 받으면 고양이가 이동장 안에 용변을 보거나 토를 할 수 있습니다. 이럴 때를 대비해 세척이 쉬운 재질의 가방을 고르세요.

A3. 상부가 쉽게 열리는 이동장
위쪽과 앞뒤에 뚜껑이 달려서 열고 닫을 수 있는 이동장을 고르세요. 병원에 도착해서 이동장을 열 때 고양이 스스로 밖으로 나오는 경우는 극히 드뭅니다. 그래서 억지로 잡아 빼다 보면 이동장과 병원에 대한 불쾌한 기억을 갖게 됩니다. 이럴 때 이동장이 상부가 열리는 구조라면, 상부만 열어서 고양이 몸이 이동장 안에 그대로 머문 채로 간단한 처치를 해 줄 수 있습니다. **병원용 이동장의 가장 중요한 조건이라고도 할 수 있겠네요.**

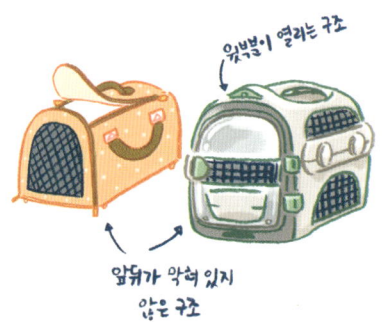

상부가 열리는 이동장 중 이런 것들은 피해 주세요

상부가 열리긴 하는데 나사를 풀어서 힘들게 열어야 하거나 분리 시에 딸각딸각 여러 개의 클립을 소리나게 분해해야 하는 구조라면 오히려 안 좋습니다. 분리되는 동안 고양이가 이동장 안에서 공포를 느낄 수 있거든요. 이동장의 뚜껑은 간편하게 여닫을 수 있고, 열 때 소리도 심하지 않아야 합니다.

반면, 어떤 이동장은 지퍼를 열면 한번에 매트처럼 쫙 펼쳐지기도 해요. 이것도 그다지 바람직하지는 않습니다. 고양이 입장에선 자기 은신처가 지붕부터 벽체까지 다 날아가는 거 잖아요. 그때 딱 눈이 마주치는 사람에게 하악질부터 시작하겠죠? 가능하면 이동장은 상부만 열리고 안쪽 공간은 유지된 상태에서 수의사가 처치할 수 있는 것이 좋습니다.

A4. 문이 많은 이동장

앞쪽으로도 열리고 뒤쪽으로도 열리고 위로도 열리고, 아래쪽도 반 정도는 열리는 등 다양하게 문이 많은 이동장을 의미합니다. 고양이에게 스트레스를 덜 주는 방향으로 열어서 처치할 수 있습니다.

A5. 여유로운 크기의 이동장

이동장은 여유가 있어야 합니다. 앞서 말씀드린 것처럼 그 안에서 담요를 씌운 뒤 병원 처치도 받으려면 그만큼의 공간이 확보되어야 합니다. 그러니 고양이가 어릴 때 썼던 이동장은 이제 바꿔 주세요.

이동장에 익숙해지기

"일상에서 자연스럽게 이동장에 익숙해지게 합니다."

Q. 이동장 적응 단계
A. 단계별로 진행합니다.

1단계: 이동장 놓아두기
고양이가 제일 좋아하는 자리에 이동장을 놓아 주세요. 상부, 앞과 뒤의 뚜껑을 열고 이동장 안에 고양이의 체취가 묻은 담요나 장난감 등을 넣어 둡니다.

2단계: 이동장 안으로 유도하기
이동장 근처에서 간식을 주고 점점 이동장 쪽으로 간식 주는 자리를 이동시킵니다. 이동장 바로 옆에서도 간식을 잘 먹으면, 이동장 안에 간식을 넣어 두고 기다려 보세요. 처음부터 이동장 안에 간식을 넣어 두고 기다리는 것이 가능한 경우도 있지만, 하루가 지나도 이동장 안에서 간식을 먹지 않는다면, 이동장 밖에서부터 간식 주기를 시도해야 합니다. 이 기간 동안에 간식은 이동장 근처에서만 줍니다. 고양이가 이동장에 들어가는지, 간식은 먹었는지 너무 자주 확인하지 마세요. 지나친 관심은 금물!

3단계: 이동장 덮어 두기
고양이가 이동장에 어느 정도 익숙해진 듯 보이면 상부 뚜껑을 닫아 둡니다. 이때 수건이나 담요로 이동장을 덮어 주세요. 단, 앞쪽 출입문을 연 채로 놓아 둡니다.

4단계: 기다리기

계속해서 이동장에 들락날락할 수 있도록 시간을 두고 기다립니다. 절대 재촉하지 말 것!

5단계: 문 닫은 상태에 적응하기

이동장에 잘 드나든다면, 들어가 있을 때 문을 닫았다 열었다 반복해서 놀아 줍니다. 좀 더 익숙해지면 문을 닫아 둔 시간을 몇 초에서 몇십 초, 몇 분으로 늘려 갑니다.

6단계: 움직이는 이동장에 적응하기

문 닫은 상태에서도 고양이가 안정적이면 집 안에서 이동장을 든 채로 왔다갔다 움직여 봅니다. 다시 내려놓은 뒤엔 쓰다듬어 주거나 간식을 주세요. 모든 과정이 다 마찬가지지만 고양이가 불안해하면 이 과정은 중지. 무리해서 진행하지 말고 문 닫는 과정부터 다시 시작하세요.

질문 있어요!

 우리 아이는 이동장만 보면 도망을 칩니다. 이런 경우에도 앞의 방법이 가능할까요?

 보통 이동장에 익숙해지는 데 최소 2주 이상은 걸립니다. 특히 이동장에 트라우마가 있는 고양이라면 2주 이상 시간을 할애하고도 적응이 어려울 수 있습니다. 이런 경우에는 현재 이동장에 적응하는 일이 불가능하다고 판단하시고 전혀 다른 종류의 이동장으로 바꿔 주세요.

이동하기

"익숙해질 때까지 매일 조금씩, 5분만 연습해 보세요."

Q. 이동에 익숙해지기
이동과 정지를 반복, 간식을 주며 조금씩 이동에 익숙해지게 합니다.

A1. 차로 이동하기
내 차라도 고양이에겐 낯선 공간입니다. 평소에 이동장에 들어간 채로 차 안에 있다가 나오는 시간을 가져야 해요. **처음에는 시동을 끈 상태에서 가만히 있다가 나오고**, 그 단계가 익숙해지면 **시동을 켜고 차 안에 있다가 나오고** 그다음 단계에서는 **시동을 켜고 잠깐 차를 움직였다가 내리는** 식으로 단계별로 차근차근 차에 익숙하게 해 주세요. 차에 있는 시간을 조금씩 늘리면서, 차 안에 있을 때 이동장에 있는 고양이에게 간식을 주세요.

병원으로 이동 시 차에 탑승해서 바로 출발하지 말고 출발 전 정지된 상태에서 고양이에게 먹을 것을 주세요. 간식을 먹는다면 그날의 병원 이동은 순조로울 거예요. 불안하지 않게 이동장을 담요로 덮어 주는 것도 좋습니다. 멀미가 날 수 있으니 안전벨트를 하거나 옆에 물건을 받쳐 이동장이 흔들리지 않게 합니다.

A2. 걸어서 이동하기
이동거리를 조금씩 늘려 갑니다. 처음에는 고양이가 든 이동장을 들고 **현관 밖까지만** 나갑니다. 불안하지 않게 이동장을 담요로 덮어 주세요. 그다음 다시 들어와 이동장 문을 열고 고양이에게 간식을 줍니다.

다음 날에는 이동장을 들고 **현관을 나가 몇 발짝 걸은 뒤에 1분 정도 있다가** 다시 들어와서 어제처럼 간식을 줍니다. 그다음 날에는 왕복 5분 정도를 걸어서 이동하고 집에 들어온 뒤 간식을 줍니다. 그다음 날에는 왕복 10분 정도, 그다음 날에는 왕복 15분 정도…… 이렇게 매일 밖에 나가 이동하는 시간을 단계별로 늘려 갑니다. 매일 한 단계씩 늘린다는 강박은 버리세요. 같은 단계가 며칠씩 걸릴 수도 있습니다.

이동장을 들고 이동할 때

이동장이 흔들리면 아이들이 굉장히 불안해하기 때문에 이동장을 몸에 딱 부착시키고 이동해 주세요. 정 안 되면 요즘에 등에 메는 이동장도 있으니까 그런 것도 고려해 보세요. 등에 메는 이동장을 사용할 때는 앞쪽으로 메는 방법도 좋습니다.
또, 걸어갈 때 거리 소음도 고양이에게 스트레스가 될 수 있습니다. 이동장은 어느 정도 오픈이 돼 있어서 소음을 차단하지 못하기 때문에 아이가 불안해할 수 있습니다. 그래서 한여름에 찜통 같은 날씨만 아니라면 수건이나 보자기 등을 이용해 이동장을 덮어 주는 게 좋습니다.

A3. 대중교통 이용하기

몇 년 전까지는 반려동물을 데리고 대중교통을 이용하는 것이 법적으로 금지였습니다만, 2013년 5월 이후 개정된 운수사업법에 따르면 이동장에 들어가 있으면 가능합니다. '다른 여객에게 위해를 끼치거나 불쾌감을 줄 수 있는 동물은 제외하며, 장애우 보조견 및 반려동물은 이동용 가방이나 이동장을 이용하여 운송함을 원칙으로 한다'는 내용을 적용합니다. 단, 고양이가 계속 울거나 해서 다른 승객이 불쾌함을 호소할 때는 승차거부를 당하는 수도 있습니다.

버스의 경우에는 버스회사마다 반려동물과 동반 탑승에 관한 운송약관이 다르기 때문에 고속버스나 시외버스를 탈 때는 미리 가능 여부를 확인해 두세요. 지하철도 이동장 안에 있다면 동반 탑승이 가능한 게 일반적이지만 지역에 따라 제한이 있기도 합니다. 기차의 경우는 광견병 접종 증명서를 요구하기도 합니다. 동반 탑승이 가능한 경우에는, 옆자리 티켓까지 같이 사면 동승객과 마찰도 적고 이동장을 의자에 올려 둘 수 있을 거예요. 참고하세요.

질문 있어요!

 고양이도 멀미를 하나요?

 네, 고양이도 멀미를 합니다. 멀미는 눈에 보이는 주변 풍경과 몸이 느끼는 감각이 맞지 않아서 감각기관에 혼란이 생기면서 나타나는 증상입니다. 멀미의 원인은 강아지와 마찬가지로 전정기관의 불균형 때문이기도 하지만 집을 떠나 이동을 하는 불안함과 스트레스가 더 큰 원인입니다. 그렇기 때문에 이동장과 차에 익숙해지는 과정이 중요합니다.

멀미 증상은 입술을 핥거나 침 흘리는 상태부터 배뇨나 배설, 구토, 큰 소리로 울기, 개구호흡 등으로 나타납니다. 심리적인 원인이 더 크다 보니 병원에 올 때는 계속 울고 소변을 보며 멀미 증상을 보이다가도 집으로 갈 때는 신기하게 조용해지는 고양이들도 많아요.

멀미를 예방하기 위해서는 이동장에 익숙해짐과 동시에 차에 익숙해지는 것이 우선적으로 필요합니다. 가능하다면 병원에 갈 때만 차에 태우기보다는 다른 때에도 차에 타서 공간과 이동에 익숙해지게 하는 것이 중요합니다. 또, 강아지의 경우 멀미를 완화하기 위해 창문을 살짝 열어 바깥을 볼 수 있게 해 주는 반면, 고양이는 오히려 이동장을 가려야 더 안정을 취할 수 있다는 점도 기억해 주세요.

보조안정제의 도움을 받아야 할 수도 있습니다

아무리 해도 이동하면서 멀미를 너~~무 심하게 하고 병원 갈 때마다 울고 오줌 싸는 고양이라면 보조안정제의 도움을 받는 것도 추천할 만합니다. 플라워에센스(레스큐레미디 등)나 페로몬인 펠리웨이 등의 제품이 있습니다.

   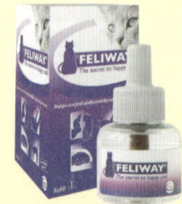

불안해하는 고양이에게 안정된 집사의 목소리를 들려주세요!

이동 시 고양이가 울면 이름을 나긋나긋한 톤으로 불러 주세요. 고양이가 계속 운다고 집사도 같이 불안해져서 안절부절하며 "아이고, 아나야~~ 아이고, 아나야~~" 이러면 고양이는 더 불안한 톤으로 울게 되거든요. 달래듯이 이야기해 주면서 쓰다듬어 주세요.

병원에서

"날카로운 첫 방문의 추억, 평생을 좌우합니다."

 이동장과 이동 자체에 익숙해졌다고 해도 병원에서 불쾌한 기억이 생기면 모든 노력이 허사가 될 수 있습니다. 병원에 가는 과정도 중요하지만, 병원에 있는 시간도 중요합니다.

Q. 병원 갈 때 준비물
A. 여분의 담요를 챙겨 가세요.

이동장 안에 깔아 두는 담요 외에도 담요를 한 장 더 챙겨 가면 좋습니다. 병원에서 기다리며 이동장을 덮어 둘 때도 도움이 되고 처치 시 보정할 때도 유용하게 쓸 수 있습니다. 또 고양이가 스트레스 받아서 오줌을 싸면 새 담요로 바꿔 깔아 줄 수도 있지요.

질문 있어요!

 우리 애는 얌전해서 안고 와도 괜찮은데요?

 아무리 얌전한 고양이라고 해도 동물병원에는 이동장으로 데려와 주세요. 고양이에게 병원은 너무나 낯선 환경이고, 개, 사람, 다른 고양이 등 새로운 존재로 불안해진 고양이가 갑자기 뛰쳐나가는 돌발상황이 생길 수 있습니다.

Q. 병원과 친숙해지기

A1. 첫 경험이 중요합니다.

간단한 접종이더라도 여유롭게 진료를 받으세요. 이동장 문을 열어 두고 스스로 밖으로 나와 진료실 안을 탐색할 때까지 기다려 주세요. 이때 주의할 점은 고양이 성격이 소심하다면 억지로 끌어내지 말아야 한다는 점입니다. 또, 병원에 갈 때는 살짝 배고픈 상태로 데려가세요. 어린 고양이의 경우 맨 처음 병원 경험은 중요합니다. 진료실 공간을 스스로 탐색하며 익숙해지도록 해 주시고, 진료 또는 접종 시 보상받는 경험을 하게 해 주세요. 진료실 안에서 간식을 먹이며 접종을 하면 주사에 대한 거부감도 줄고 병원과 조금은 친숙해질 겁니다.

A2. 가능한 예약 진료, 힘들 때는 대기공간을 요청합니다.

고양이 진료는 가능한 한 예약 진료가 좋습니다. 고양이가 진료를 기다리면서 스트레스 받고 예민해지면 의료진도 힘들어집니다. 고양이 진료실이 따로 있거나 대기공간이 있다면 그곳을 사용하시고, 없다면 조용히 있을 곳을 요청해 보세요. 대기공간이 여의치 않다면 다른 동물들 때문에 우리 고양이가 스트레스 받는 일이 없도록 따로 챙겨 간 담요로 이동장을 덮어 두면 좋습니다.

Q. 진료받을 때

A1. 기본 문진 후 이동장을 여세요.

진료실에 들어가자마자 이동장을 바로 열 필요는 없습니다. 일단 기본적인 문진들을 끝내고 신체검사를 할 때 이동장을 열어 주세요. 고양이가 나오려 하지 않는다면 상부만 열어서 처치를 하면 좋겠습니다.

A2. 보호자의 핸들링이 도움이 됩니다.

보호자의 핸들링을 받으면 고양이도 반항이 덜하고 진료가 수월해집니다. 담요 보정을 할 줄 아는 보호자라면 채혈이나 주사 시 도움이 될 수 있습니다. 꼭 담요 보정을 할 줄 모르더라도 진료를 보는 동안 보호자가 고양이의 이마 등 좋아하는 부위를 만져 주면서 다정하게 이름을 부르시는 것도 안정감을 줄 수 있습니다.

아이가 너무 사납다면 진정제도 고려해 보세요

이 모든 것들을 할 수 없을 정도로 고양이가 너무 사나워진다면 진정제를 사용하는 것이 맞습니다. 진정제는 부작용이 자주 나타나는 약물이 아니고, 해독제가 있는 진정제가 주로 투여되기 때문에 그렇게 문제가 되지 않습니다. 대신 고양이가 노령이거나 건강 상태가 좋지 않다면 주치의와 충분한 상의가 필요합니다. 스트레스 상황을 계속 이어 나가기보다 빨리 진정을 시키는 것이 바람직할 수 있습니다. 진정제의 순작용에 대해서도 생각해 주시면 좋겠습니다.

질문 있어요!

 이호는 진료 후에도 이동장에 잘 들어가려고 하지 않아요. 다시 갇힌다고 생각하는 것 같아요. 쉽게 집어넣는 방법이 있을까요?

 사실 대부분의 고양이는 병원에서 집에 갈 때는 이동장 문만 열어 줘도 쏙 들어갑니다. 하지만 아주 가끔 이호 같은 아이들이 있어요. 이 경우에는 고양이를 이동장에 억지로 집어넣지 마세요. 계속 이동장에 들어가기를 거부한다면 이동장을 수직으로 세운 뒤 가지고 온 담요로 아이를 둘둘 싸서 위에서 아래로 잠수하듯이 뒷다리부터 이동장에 쑥 넣으세요.

병원에 다녀온 후

"Leave me alone. 혼자만의 시간이 필요하다냥."

Q. 집에 돌아온 뒤 해야 할 일
A1. 이동장에서 억지로 꺼내지 않습니다.

A2. 가져간 담요를 뺍니다.
병원에서 묻혀 온 냄새를 없앱니다.

A3. 혼자 쉴 수 있게 해 줍니다.
위로한다고 끌어안거나 맛있는 거 먹으라고 보채지 마세요. 다묘가정에서는 혼자 쉴 수 있도록 몇 시간 떨어뜨려 놓는 것도 좋습니다.

A4. 다묘가정에선 합사하듯 냄새부터 익숙해지게 한 후 만나게 해 주세요.
병원에 다녀온 고양이에게 다른 동물들의 냄새가 묻어 올 수 있기 때문에 같이 살던 고양이는 낯선 존재가 집에 왔다고 느낄 수 있습니다. 이 때문에 좋았던 고양이들 사이가 갑자기 나빠질 수도 있습니다.
입원기간이 길었거나 함께 사는 고양이가 경계심이 심하다면 냄새부터 익숙해지게 한 후 만나게 해 주세요. 마치 새로운 고양이와 합사하듯 단계별로 절차를 밟아 나가야 합니다. (합사 방법은 5-1장 〈둘째 고양이 입양하기〉편 참고)

예방접종

🐾 나눌 이야기

· 예방접종
· 종합백신
· 접종하기
· 접종 완료 후 할 일

아나엄마의 집사일기

지금도 아나랑 키아라랑 어떻게 종합백신을 접종했는지 기억이 가물가물합니다. 진료수첩을 꼭 챙겼어야 했구나, 하는 후회가 여전히 있고요. 키아라는 입양 초기부터 호흡기질환을 가지고 있었기 때문에 진료수첩을 꼭 챙겼었더라면 병원을 옮길 때도 더 정밀하게 도움을 받을 수 있었을 것 같습니다. 얼마 전 해외에 둘 다 데리고 가면서 광견병 예방주사를 맞추고 항체가검사도 했었는데 이렇게 집사의 필요와 맞아떨어지는 경우가 아니면 아나와 키아라의 예방접종이나 종합백신에 대해서는 관심을 기울이지 못했을 것 같네요. 후속조치(항체가검사와 추가 접종)는 더더욱 어렵겠고요. 이렇게 아나와 키아라는 무지랭이 집사로 인해 갖은 고난을 면치 못 하고 있네요.

이 책을 접하시는 여러분은 저처럼 하지 말아 주세요. 진료수첩 꼭 챙기시길 신신당부 드립니다. 이게 없으면 동물병원에서 아무리 잘해 주신다 해도 진료의 질이 떨어질 수밖에 없더라고요. 그리고 '항체가검사'라는 단어를 알고 계시면 후속조치하기가 더 수월하실 거예요. '아, 그, 뭐더라, 그 검사 해 봐야 하는데……' 이렇게 되면 의사 선생님도 도와주실 수가 없으니까요. 저는 더 부끄러운 집사가 되기 전에 얼른 종합백신 보강 접종을 해야겠어요. 백신을 맞은 지 3년이 되어가는 것……같……거……든……요. (이마저도 확신이 서지 않네요. 아나야, 키아라야, 엄마 어떡하지?)

  다들 예방접종은 어떤 걸 해 주셨나요?

  사실 저는 몇 번 접종했는지, 어떤 걸 했는지 몰라요. 이름도 모르고 성도 모르고 그냥 그렇게 했어요. 그냥 병원에서 하라는 대로 하는 사람이라.

  얼룩이는 출산을 경험한 다음에 저하고 살게 됐거든요. 그래서 성묘가 된 다음에 예방접종을 한 경우예요. 이런 경우도 많이 있죠.

  네, 그럴 수 있죠. 동네고양이는 보통 어른 고양이가 돼서 입양되는 일이 많잖아요. 그래서 처음부터 예방접종 세 번을 다 맞는 게 아니라 항체가검사를 먼저 해야 해요. 항체가검사는 고양이 몸에 항체가 어느 정도로 형성돼 있는지 알아보는 검사예요. 항체가검사에서 수치가 낮은 항목이 나오면 그 수치에 맞춰 접종을 실시합니다.

  얼룩이처럼 예방접종을 했는지, 아닌지를 알 수 없는 고양이가 항체가검사에서 항체가 모두 있다고 파악되는 수도 있나요?

  한두 살 이상 된 동네고양이 중에 범백에 대한 항체가 있는 고양이들이 많아요. 그렇지만 허피스나 칼리시에 대한 항체는 없는 경우가 대부분이어서 결과적으로 접종을 실시하게 되는 확률이 높고요.

  저희 집 고양이들은 종합백신을 맞고 나서 항체가검사를 했는데 범백 항체가 높지 않다고 해서 추가 접종을 했던 기억이 있습니다.

  아나어머니, 항체가검사…… 안 하셨죠?

  했을 리가. 제가 어떻게 아나요? 아나야, 내가 어떻게 아나! (웃음) 그런데 병원에서 알려 주지 않으면 보호자로서는 알 수 없는 일 아닌가요? 아나, 키아라가 중성화 수술을 할 때 혈액검사를 했거든요. 그때 병원에서 아마 "정상입니다. 아나는 수술 가능합니다" 그러셨던 것 같은데, 그러면 항체에 이상 없다는 얘기 아니에요?

  아닙니다. 각각의 검사 방식이 다 다르거든요. 항체가검사는 키트를 사용해요. 검사 시간이 35~40분 정도 되고요.

  아니, 그럼 저희 동물병원 선생님은 왜 저한테…….

  어쩌면 아나, 키아라도 항체가검사를 했는데 아나어머님이 기억 못하고 계실 뿐인지도 몰라요. 보통 동물병원에서 아기 고양이때 세 번 접종하고 그다음에 중성화 수술할 때 혈액검사 하면서 항체가검사를 진행하자고들 하시거든요. 피를 뽑아서 중성화 수술 관련 검사를 진행하고 채혈한 김에 항체가검사도 같이 하는 일이 많아요. 저희 병원도 그렇고요.

가장 간단하게 확인하는 방법은 아이들 진료수첩 있잖아요? 거기 보시면 언제 무엇을 맞췄는지, 무슨 검사를 했는지 적혀 있을 거예요.

항체가검사를 하면 검사 스틱을 붙여 주기도 하거든요.

(침묵)

수첩이 없으시군요.

병원을 몇 번 바꿨더니……. 직장캣맘한테 너무하시는 것 같아요. (웃음)

병원을 바꾸는 일이 종종 있다 보니까 진료수첩 문제로 혼란스러워하는 집사들이 간혹 있긴 있더라고요.

진료수첩은 꼭 잘 챙기세요. 병원이 바뀌더라도 새 병원에 진료수첩을 그대로 써 달라고 부탁하시고요. 진료수첩을 잘 챙겨 두면 거기에 진료나 검사 기록이 다 있으니까 정말 소중한 정보가 되거든요. 병원에 그때그때 고양이 체중도 기록해 달라고 하시고요.

내 수첩은 내가 관리를 해야겠네요, 병원을 옮기더라도.

예방접종

Q. 예방접종이란
A. 치사율이 높은 바이러스 전염병을 접종을 통해 예방하는 것입니다.
걸리면 치사율이 아주 높지만 예방만 해도 훨씬 증상을 완화할 수 있고 생명을 유지할 수 있는 고양이 질병들이 있습니다. 고양이 예방접종의 종류에는 종합백신, 광견병 백신, 복막염 백신 등등이 있지만, 여기에서는 종합백신만 다루어 설명합니다.

종합백신

"종합백신은 '코어 백신' 즉 필수 백신입니다.
꼭 맞춰 주세요."

Q. 종합백신이란
A. 고양이 종합백신은 보통 네 가지 바이러스질환을 예방하는 4종 혼합 백신을 말합니다. 백신 접종을 통해 치사율이 높은 바이러스에 대항하는 항체를 올려 줄 수 있습니다. 범백혈구감소증, 허피스바이러스, 칼리시바이러스, 클라미디아 감염증이 해당됩니다.

Q. 접종 시기
A. 생후 2개월 이후, 3주에 1회씩 3차 접종합니다.
고양이가 막 태어나서 초유를 먹는 동안에는 초유를 통해 엄마 고양이의 항체가 아기 고양이에게 전해집니다. 이렇게 해서 생긴 항체를 '이행항체'라고 합니다. 그래서 엄마의 초유를 먹는 두 달 동안에는 예방접종을 할 필요가 없습니다. 50일 이후부터는 항체가 떨어지기 시작하기 때문에 생후 두 달이 지났을 때부터 접종을 시작합니다.

Q. 3차에 걸쳐 맞는 이유
A. 종합백신을 3차에 걸쳐 접종하는 데는 이유가 있습니다. 1차 주사는 최초의 항체를 만들어 줍니다. 바이러스(항원)를 몸 안에 넣어 고양이 몸에서 항체를 만들어 내는 반응을 유도합니다. 그런데 1차 접종 때 만들어지는 최초의 항체는 몸 안에 남아 있는 비율이 굉장히 낮습니다. 그렇기 때문에 이 항체들은 제대로 된

면역반응을 해내지 못합니다. 이를테면 첫 주사는 '워밍업'을 위한 단계라고 생각하시면 됩니다.

2차 주사는 아주 격렬한 면역반응을 일으킵니다. 이제부터는 몸이 바이러스를 강력한 적으로 인식해서 그에 걸맞은 항체를 만들어 냅니다. 3차 주사는 '다지기' 역할을 한다고 보시면 됩니다.

보통 3주 간격에는 신경 안 쓰시고, 세 번 맞췄다고 접종 완료했다고 생각하는 보호자들이 많으시죠. 하지만 접종의 횟수뿐만 아니라 접종의 간격을 지키는 것도 중요합니다. 3주라는 접종 간격은 여러 테스트를 거쳐 나온 결론치입니다. 테스트를 해 보니까 3~4주에 한 번씩 맞아야 항체의 힘을 가장 크게 끌어올릴 수 있더라는 얘기죠. 접종 간격은 지역마다 조금씩 다르지만 우리나라는 3~4주에 한 번이라는 점을 꼭 유의하셔야 합니다. 예방접종일이 지났다 하더라도 절대 그로부터 일주일을 넘기지 마세요. 처음부터 다시 3차 접종을 시작해야 할 수도 있습니다.

Q. 접종 부위

A. 강아지와 달리 고양이는 목뒤가 아닌 **다리 있는 쪽 피하**에 접종주사를 맞습니다. 고양이의 경우 드물기는 하지만 접종을 한 부위에 섬유육종이라는 악성 종양이 생길 수도 있습니다. 그래서 만약의 경우를 대비해 일반적으로 고양이 종합백신은 오른쪽 앞다리 피하 부위에 맞습니다.

Q. 종합백신으로 예방하는 질병

A1. 범백혈구감소증(고양이 파보)

흔히 '고양이 범백'이라고 알려져 있습니다. 파보바이러스가 원인체이고 급성으로 진행됩니다. 동네고양이들, 아기 고양이들이 사망하는 가장 큰 원인 중에 하나로 구토, 설사, 혈변 등의 증상을 보이는 **전염성 장염**입니다.

바이러스에 감염되면 잠복기를 거쳐서 2~6일 안에 발현됩니다. 어제까지 밥을 잘 먹다가 오늘 갑자기 식욕부진이 오고 오후에 혈변 보더니 다음 날 죽는 식으로, 아주 긴급하게 진행될 수 있습니다. 감염되면 치료를 해도 치사율이 높은 치명적인 질환이지만 범백혈구감소증은 접종으로 예방이 되는 바이러스질환이므로, 제때 접종하시길 강력 추천합니다.

A2. 허피스바이러스 감염증

허피스 감염증은 **고양이 대상포진**이라고 생각하시면 됩니다. 제일 많은 증상은 눈곱, 눈물, 콧물입니다. 동네고양이 중 눈곱 잔뜩 껴 있고 코 꽉 막히고 기침하는 고양이들은 대부분 허피스바이러스 감염입니다.

허피스바이러스는 **우리나라 고양이의 70~80%가 가지고 있습니다**. 허피스바이러스가 이렇게 많은 이유는 우리나라의 고양이 입양 방식에 있다고 볼 수 있습니다. 펫샵에서의 분양과 동네고양이 입양, 이 두 가지가 주로 우리나라의 고양이 입양 방식인데요, 입양 전에 펫샵 등에서 다른 고양이들과 접촉하는 환경을 피하기 어렵기 때문에 감염될 가능성이 높습니다.

눈만 자주 깜빡거리고 눈물을 흘리면서 미미한 증상을 보이는 고양이들이 있고, 눈곱이 많이 끼고 눈이 충혈되거나 눈을 찡그리는 등 감염 증상을 심하게 보이는 고양이들도 있을 겁니다.

허피스바이러스는 치료 후 대부분 회복이 가능합니다. 하지만 **바이러스가 신경계에 침투해 잠복하고 있다가 계속해서 재발한다**는 점이 가장 큰 문제입니다. 증상의 경도 차이만 있을 뿐 허피스바이러스는 평생 고양이가 보유하고 있는 바이러스입니다. 증상이 나타나면 대증치료(증상만 컨트롤하는 치료)밖에는 방법이 없습니다.

안타깝지만, 평생 관리하는 게 중요합니다.

A3. 칼리시바이러스 감염증

칼리시바이러스 역시 허피스처럼 상부호흡기질환에 관련된 바이러스로 특히 구강 내에 임상 증상이 많이 발생하는 편입니다. 재채기, 콧물, 눈물뿐 아니라 갑자기 목소리가 안 나온다거나 침을 흘리고 식욕을 잃고 기력이 떨어질 수 있습니다. 증상만 보고 허피스바이러스와 칼리시바이러스를 명확히 구분할 수는 없지만 구강이나 혀에 궤양을 갖고 있다면 칼리시바이러스 감염일 확률이 더 큽니다. 예를 들어 아기 고양이들이 밥을 먹지 않고 아픈데 눈곱이 심하고 기침하고 결막이 다 부풀어 벌겋게 됐다면 허피스에 감염된 경우가 많고, 재채기하고 콧물 흘리는데 입 주변이 벌겋게 돼 있고 침을 많이 흘린다면 칼리시바이러스 감염일 가능성이 큽니다. 또, 허피스처럼 만성 감염 형태로 감염이 됐다가 회복이 된 뒤 커서도 바이러스성 구내염을 앓는 아이들이 있습니다. 고병원성 칼리시 감염인 경우 임상 증상이 매우 심각하고 목숨이 위험할 수 있습니다.

A4. 클라미디아 감염증

전염성 비기관지염을 일으키는 원인균으로 허피스, 칼리시와 함께 상부호흡기 질환의 원인이 됩니다. 보통 어린 고양이에게 발병하며 결막염과 호흡기 증상이 있다면 의심해 볼 수 있습니다.

질문 있어요!

허피스에 감염되었는데도 접종이 필요한가요?

사실 허피스바이러스를 예방하는 가장 좋은 방법은 허피스에 감염되기 이전에 예방접종을 맞는 것입니다. 운이 좋게 허피스에 감염되지 않은 고양이가 있다면 말이죠. 하지만 우리나라 대부분의 번식장 환경상, 허피스 감염을 거치지 않은 고양이는 그리 많지 않아요.
그래도 예방접종은 필요합니다! 증상 자체를 완화할 수 있습니다. 눈이 빨개져서 눈도 못 뜨는 상태까지 가지 않고 증상이 미미하게, 짧게 나타나도록 해 줄 수는 있습니다. 그렇게 해서 조금이라도 덜 아프게, 빨리 회복할 수 있게 도와주는 게 맞지 않을까요?

우리 고양이는 산책냥이도 아니고 다른 고양이들과 접촉도 없는데 예방접종을 해야 할까요?

 네, 그렇습니다. 사람이 바이러스 감염 매개체가 될 수 있습니다. 범백바이러스는 흙 속에서도 3년 이상 생존합니다. 보호자 신발에 그런 흙이 묻을 수도 있고, 감염된 고양이를 만진 사람이 잡은 손잡이를 보호자가 만질 수도 있습니다. 사람의 손, 신발, 옷 등을 통해 다양한 경로로 바이러스가 전해질 수 있기 때문에 현실적으로 접종밖에는 방법이 없습니다. 범백 하나만을 예방하기 위해서라도 종합백신 접종은 필수입니다.

접종하기

"접종은 고양이가 좋은 컨디션일 때 해야 합니다."

Q. 접종 전 체크리스트
- ☐ 일주일 동안 건강 상태는 어땠는지(바이러스 잠복기 고려, 입양하자마자 접종 X)
- ☐ 접종 전날 다른 고양이 접촉, 손님맞이 등 스트레스 받는 상황은 없었는지
- ☐ 접종 전에 구토, 설사 등 컨디션 변동이 있는지
- ☐ 수술 혹은 큰 병을 앓고 난 지 얼마 되지 않았는지

→ 하나라도 해당된다면 주치의와 상의해서 다시 스케줄을 잡으세요!

Q. 접종 시 주의점
A1. 낮에 접종하세요.
2차, 3차 접종 때는 면역반응이 아주 활성화되어 과민반응이 나타날 수도 있습니다. 얼굴이 붓거나 열이 나거나 토하거나 설사를 할 수 있습니다. 이런 반응은 대부분 접종하고 반나절 이내에 나타나는데 병원이 문 닫을 시간쯤에 접종하면 혹시라도 있을 과민반응에 대처하기 어렵습니다.

A2. 접종 후 며칠은 편안하게 해 주세요.

바이러스가 들어와서 항체가 만들어지고 면역력이 생기는 데는 최소 3일 이상 걸립니다. 그때까지는 편안하게 쉴 수 있게 해 주세요. 목욕이나 미용, 놀러 가기, 격하게 놀아 주기, 집에 친구들의 방문 등은 피해 주세요. 미용이나 목욕은 가능하면 접종 후 일주일 이후에 해 주세요. 또, 미용한 당일 접종도 피해 주세요.

접종 완료 후 할 일

"접종이 끝나도 아직 끝나지 않았습니다."

1. 항체가검사

똑같은 예방주사를 똑같이 맞고도 어떤 고양이는 항체가 덜 생길 수 있습니다. 꼭 항체가검사를 통해 확인해 주세요. 보강 주사가 필요할 수 있습니다. 종합백신을 통해 생성되어야 하는 범백혈구감소증, 허피스바이러스 감염증, 칼리시바이러스 감염증 항체가 얼마나 있는지 확인합니다. 항체가검사 스틱을 통해 항체의 농도를 알아볼 수 있는데요, 항체가검사 스틱에 생긴 동그라미가 진하면 예방접종이 잘 된 것입니다. 만약 하나라도 동그라미가 옅다면 그 바이러스에 대한 항체 농도(항체가)는 낮은 겁니다. 항체가에 맞춰서 보강 접종을 하게 됩니다.

2. 추가 접종

추가 접종이란 생애 첫 종합백신을 3차까지 완료한 뒤, 1년 후 다시 종합백신을 맞는 것을 말합니다. 생애 첫 종합백신을 '기초 접종', 이후 맞는 백신을 '추가 접종'이라고 합니다.

구충과 심장사상충 예방

🐾 나눌 이야기

· 구충하기
· 심장사상충
· 심장사상충 예방약

모모모의 집사일기

　심장사상충 약만큼 집사들 사이에 논란의 여지가 많은 것도 없습니다. 발라야 한다, 바르지 말아야 한다, 매달 발라야 한다, 성분이 어떻다, 걸리는 아이 거의 없다 등등. 그래서 어떻게 하면 좋을까요? 이 책을 읽으시면 알 수 있어요. ^^

　너무 기승전 '캐티피디아' 같은 느낌인가요? 하지만 제가 <캐티피디아> 방송을 시작한 이유가 바로 이것이거든요. 믿을 수 있는 전문가로부터의 답변. 인터넷의 넘쳐나는 정보, 결국엔 아무도 책임지지 못하는 정보 말고요. 모두가 다 같은 이야기를 듣고 비슷한 우려를 합니다. 하지만 결국 선택은 제 몫이고 그 선택으로 아이들의 생사가 좌우될 수도 있다면! <캐티피디아>를 제작하며 얻은 제 결론은, 심장사상충 약을 매달 발라 주는 것입니다. 성분에 대한 우려도, 발병률에 대한 이야기도 모두 바로 이 <구충과 심장사상충 예방> 편에서 만나실 수 있습니다! (깨알 자체 홍보)

　바른다는 원칙은 정했지만, 실전에 고충이 하나 있습니다. 바로 '이날만 사이가 좋아지는 고양이님들' 때문인데요. 저희 집, 네 마리 고양이들은 평소 사이가 좋지 않아요. 그런데 왜 그렇게 약만 바르면 사이가 좋아지시는지! 왜 그렇게 서로 핥아 주지 못해 애달파하시는지! 소롱누님은 넥칼라를 권하셨지만 네 녀석 뒷목을 잡고 약을 바른 뒤 넥칼라 네 개를 씌우는 일도 쉽지는 않습니다. (상상해 보세요. 안 그래도 집사 손에 잡혀 마음에 안 드는 약을 발랐는데, 최악 아이템 넥칼라를 꺼내기만 해도, 우다다다……. 네 마리가 우다다다…….)

　그래서 제가 택한 방법은 감시하는 거예요. 약이 스며들려면 오래도록 지켜봐야 하니 쉬는 날, 주말로 약 바르는 날을 잡을 수밖에요. 한 분, 두 분, 세 분, 네 분. 약 바르는 전투를 끝내면 최소 두세 시간. 보통 여섯 시간 정도를 감시합니다. 두 눈 부릅뜨고 있을 순 없지만 그래도 누가 어디 있는지, 누가 접근하는지, 레이다망을 돌립니다. 만약 제제는 침대방, 모모는 캣방, 이호는 소파 아래, 소보로는 코다츠 아래 있는데, 모모가 보로한테 다가가려고 한다면?

얼른 모모의 주의를 돌리거나 못 가게 막거나 하는 거죠. 이때 서로 관심 가지지 않고 주무시면 그게 제일 감사할 따름입니다.

    그래도 반나절쯤 지나고 나면 아이들 입에서 약 냄새가 나고 ㅠㅠ 뒷머리는 아주 깨~끗해져 있습니다. 그때의 패배감이란……. 다 각자의 피부로 흡수된 뒤일 거라고 믿습니다만, 그래도 좀 덜 핥아 주시면 좋을 것 같아요. 고양이님들, 남의 뒤통수 말고 네 뒤통수에만 신경 쓰세요……. 다묘가정 집사님들, 심장사상충 예방약 서로 안 핥게 하는 노하우 있으면 공유해 주세요!

날이 따뜻해지면 많은 보호자분들이 "심장사상충 예방할 때 됐네?" 하실 텐데요, 오늘은 바로 그 심장사상충 이야기를 해 보려고 합니다.

여기서 또 충격을 받으시겠지만, 심장사상충은 매년, 매달, 연중 예방을 하셔야 합니다.

네?? 겨울이었잖아요…….

음, 그러면 여름에만 예방했었나요?

일단 심장사상충에 대한 저의 짧은 지식, 심장사상충은 모기를 매개로 전염되고 모기가 없을 때는 예방을 안 해도 된다…… 바쁘잖아요, 우리 직장캣맘들이. 농한기 같은 게 있는 것도 아니고요. (웃음)

 저도 지금 웃고 있지만 모기가 사라짐과 동시에 아이들에게 심장사상충 예방을 좀 소홀히 했었네요.

 불과 몇 년 전까지만 해도 심장사상충 예방을 4월부터 11월, 봄부터 가을까지만 해 주라고 했었어요. 이제는 진료나 예방 프로토콜이 바뀌면서 연중 예방법이 맞다는 방향으로 심장사상충 예방이 진행되고 있습니다. 겨울에도 예방을 해야 합니다. 가만히 떠올려 보면 요즘은 겨울에도 실내에 모기가 있잖아요. "나는 절대 우리 고양이가 모기에 물리게 하지 않겠다" 100% 장담하신다면 말리지 않아요. 유독 고양이 심장사상충에 대해서는 여러 가지 이야기가 있잖아요. "꼭 해야 하나? 우리 고양이는 몇 년 동안 심장사상충 예방을 한번도 하지 않았는데 멀쩡하다."

 제 주변에도 그런 집사가 있습니다. 동물을 무~척 사랑하는 좋은 분인데 (웃음) 심장사상충의 존재를 모르고 계시더라고요.

 심장사상충이 그야말로 충(蟲), 벌레잖아요. 그래서 예방약으로 살충 성분을 쓰는데요, 우리 고양이한테 살충제를 쓸 수 없다는 보호자들이 있어요. 그래서 심장사상충 예방을 필수적이라고 여기지 않는 경향도 있고요. 그런데 제가 사는 곳이 산을 끼고 있는 동네인데요, 미국 캘리포니아보다 더하다는 말이 나올 정도로 모기가 많아요. 저희 병원에서도 한 달에 평균 한두 마리는 꼭 심장사상충에 감염된 개들이 내원을 하고요. 고양이가 개보다 심장사상충 발병률이 낮은 건 사실이지만 확진도 어려울뿐더러 치료도 다양하게 할 수 없기 때문에 저는 예방을 해 주는 게 좋다는 입장입니다.

구충하기

"내 안에 벌레 있다."

Q. 구충이란
A. '구충'의 넓은 의미는 심장사상충을 포함한 내부기생충 그리고 외부기생충을 없애는 것입니다. 하지만 일반적으로 '구충제'는 '고양이 내부기생충 중 심장사상충을 제외한 기생충을 없애는 약물'을 뜻하는 좁은 의미로 사용되기도 합니다.

내부기생충: 말 그대로 몸 안에 기생하는 벌레들을 말합니다.
심장사상충, 회충, 촌충, 십이지장충 등이 있습니다.
외부기생충: 몸 밖에서 기생하는 벼룩, 진드기, 귀진드기, 이 등을 말합니다.

예방약에 따라서 기생충 구제범위가 다르기 때문에 많이 헷갈리실 수 있어요. 실내에 사는 고양이들은 심장사상충 예방약으로 다른 내부기생충까지 함께 구제하는 방법을 선택하는 경우가 많아요. 이와 달리, 밖에서 살던 아이들이나 외출 고양이들은 심장사상충 예방약 외에도 별도의 구충제를 먹여 주세요.

심장사상충

"개보다 감염 확률은 낮지만
걸렸을 때 훨씬 더 치명적입니다."

 일상에서 모기를 통해 감염될 수 있는 무서운 병, 심장사상충을 아시나요? 한번 쯤 들어봤을 심장사상충! 무엇인지 알아보도록 하겠습니다.

Q 심장사상충이란

A. 고양이나 강아지의 몸 안에서 기생하는 내부기생충의 하나로 심장에서 사는 벌레입니다. 국수나 실처럼 생겼어요. 짧으면 5~10cm, 길면 30cm까지 됩니다. 주로 폐동맥과 심장에 기생합니다. 자충(새끼벌레)일 때는 혈관에서 살다가 심장 안으로 이주해서 성충이 되어 심장과 호흡기계를 손상시킵니다.

감염된 고양이의 심장에는 성충이 한두 마리 사는 정도입니다. 하지만 한 마리의 심장사상충만으로도 심한 호흡기 증상으로 사망할 수 있을 만큼 고양이에게 심장사상충은 치명적입니다. 면역반응이 폐조직과 혈관에 악영향을 끼쳐 호흡기 증상을 유발하거나 혈전을 만들어 급사하게 하거든요.

Q. 예방 원리
A. 심장사상충 예방약으로 자충을 없애서 성충이 되지 못하게 합니다.
한 달에 한 번 예방약을 투여하는 게 일반적입니다. 심장사상충에 감염되었다는 가정하에 자충, 즉 새끼벌레를 죽일 수 있는 농도의 예방약을 적용합니다. 심장사상충에 감염되지 않으려면 모기에 안 물리면 되겠지만 우리가 사방으로 방충망을 치고 지낸다고 해도 모기에게 물리지 않는다고 100% 장담할 순 없잖아요. 그렇기 때문에 매달 심장사상충 예방약은 필요합니다.

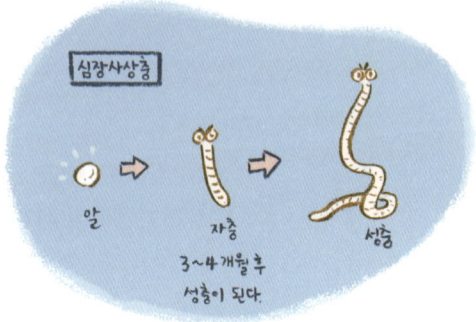

Q. 진단과 치료
A. 고양이의 심장사상충 감염 확률은 개 감염률의 10~20%밖에 안 될 정도로 낮아요. 하지만 심장사상충 예방접종은 어쩌면 개보다 고양이에게 더 필요한 조치입니다. 고양이의 심장사상충 감염 확률은 낮지만 걸렸을 때 훨씬 치명적이고 진단과 치료가 어렵습니다.
고양이의 경우 쉽게 심장사상충 진단이 되지 않아요. 항원검사인 사상충 키트검사로는 진단이 부족합니다. 개의 경우는 심장 안에 성충이 여러 마리 기생하기 때문에 암컷 성충을 확인하는 키트검사(항원검사)가 유용하지만, 고양이는 성충 한 마리만 있는 경우가 더 흔해서 키트검사에서 음성이 나온다고 심장사상충 감염이 아니라고 안심할 수 없습니다. 의심되는 증상이 나타나면 항원검사뿐 아니라 항체검사도 함께하는 것은 물론 방사선, 심장초음파, 혈액검사가 추가적으로 필요합니다.

감염된 고양이가 증상을 보이지 않거나, 간헐적인 증상을 보이며 견디다가 이런 검사로 진단을 받기도 전에 급사하는 경우도 있다는 점에서 진단이 더 어렵습니다. 치료 역시 마찬가지입니다. 보통 심장사상충에 감염되면 개의 경우 성충치료제를 쓰기도 하고, 경정맥에서 심장사상충을 꺼내기도 합니다.

이런 다양한 치료가 고양이에게는 불가능합니다. 고양이는 개보다 혈관이 좁아서 심장 안에 기생하는 성충을 제거하는 약물을 사용하면 심한 면역반응으로 위험해지기 때문에 치료가 어려워요. 심장사상충이 죽으면서 불행히도 고양이 혈관을 막아 버릴 수도 있습니다. 급사할 수 있고요. 마찬가지 이유로 심장사상충 성충 한 마리만 감염되어도 고양이에게는 치명적일 수 있습니다.

질문 있어요!

 심장사상충 예방약이 살충제 성분이라고 하던데…… 그래서 사용하기 불안해요! 이 이야기가 맞나요?

 심장사상충 예방약이 살충제 성분이라는 말이 틀린 말은 아닙니다. 우리가 먹는 말라리아 예방약 역시 넓은 범위의 살충제 성분이라고도 할 수 있습니다. 이런 부분 때문에 고민을 하는 보호자분들이 있습니다. 물론 걱정이 되는 건 당연합니다. 하지만 심장사상충 예방약은 살충제 성분이더라도 낮은 농도로 만들어지므로 가이드라인에 따라 안전하게 사용한다면 위험하지 않습니다. 선택은 고양이를 책임지고 있는 사람, 즉 보호자가 내리는 겁니다. 진단과 치료가 어렵지만 예방은 가능하다면, 예방약을 투여하는 것이 더 합리적이라고 보여집니다.

만약 인터넷에서 "심장사상충 걸리는 고양이 하나도 없어요" 하는 이야기를 믿고 심장사상충 예방을 안 했다가 우리 고양이가 심장사상충에 걸린다면, 누구한테 책임을 물을 수 있을까요? 인터넷에 글 올린 사람한테 물을 수 있는 건 아니잖아요. 불안하거나 의문이 드는 부분은 병원 선생님과 상의를 해 보세요.

 **만약 아이가 신부전, 간독성 혹은 간부전이 있다면**
예방약을 사용하기 전 주치의와 꼭 상의하세요.

심장사상충 예방약

Q. 종류
A. 먹는약, 바르는 약이 있습니다.
요즘은 고양이 심장사상충 예방약 중 먹는 약이 흔하지 않아요. 강아지와 달리 고양이가 먹는 것에 까다롭기 때문이죠. 먹는 약은 심장사상충을 포함한 내부기생충을 구제할 수 있는 성분으로 만들어져 있습니다.

바르는 약의 대부분은 먹는 약보다는 구제범위가 넓어서 내부기생충과 외부기생충까지 구제할 수 있는 성분이 들어 있고요. 구제범위가 넓다고 무조건 좋은 것은 아닐 겁니다. 어느 것이 더 좋은지, 나쁜지보다는 나의 아이에게 더 적합한지를 고려해 선택하시면 되겠습니다.

Q. 바르는 예방약(스팟온 spot-on 제품) 사용 시 주의점
A. 바르는 예방약은 먹는 게 까다로워 먹는 약을 적용하기 어려운 고양이에게 많이 쓰는 예방약입니다. 대부분 심장사상충 예방뿐 아니라 다른 내부기생충과 외부기생충도 함께 구제됩니다. 고양이 목뒤의 털을 가르고 피부에 직접 발라

줍니다. 뒷목에 바르는 이유는 거기가 그루밍이 가능하지 않은 부위이기 때문입니다. 한 번 바르면 한 달 동안 구충 성분이 피지낭에 저장되어 있다가 지속적으로 혈액으로 분비돼 전신에 작용합니다. 털이 아니라 꼭 피부에 발라야 하는데요, 바르는 부위에 피부 트러블과 털 빠짐 등 부작용이 있을 수 있습니다.
만약 제품 사용 후 피부 트러블이나 털 빠짐이 있다면 병원과 상의 후 다른 예방약으로 교체해 보셔요.

바르는 예방약 사용 후 주의점

바르는 예방약을 썼을 때는 두 시간 정도 목욕이나 물 닿는 활동을 하지 않습니다. 다묘가정이라면 고양이들이 서로 핥아 주는 일을 막기 위해 한두 시간 넥칼라를 씌우거나 격리합니다.

영양제

🐾 나눌 이야기

· 영양제 상담실

타마맘의 집사일기

흡!
아!
미안해, 미안해!
알았어!
끄응~

여전히 적응 안 되는 희한한 신음소리와 함께 무거운 몸을 일으켜 보면 어김없이 6시 30분경입니다. 1년이 넘도록 매일 아침 풍경은 늘 이러하지요. 마루는 매일 아침 자고 있는 나의 배로 점프해 올라 앉아서는 (흡!) 솜방망이 손으로 나의 코와 볼을 툭툭 치고 (아!) 그래도 미동이 없으면 솜방망이 손으로 코와 입을 누릅니다! (미안해, 미안해!) 어서 일어나 아침밥을 차리라는 마루의 항의에 "미안해"와 "알았어"를 반복하며 무거운 몸을 일으켜 (끄응~) 타이와 마루의 아침밥인 '유산균 밥'을 만듭니다.

약간의 물에 유산균 가루를 타고 습식밥(습식캔에 츄르퐁을 넣고 위에 가다랑어포를 손으로 잘잘잘 찢어 토핑. 휴~ 손에 비린내는 어쩌냐고요)에 섞어 최대한 유산균 맛이 나지 않게 휘휘 저어 전자레인지에 10초 돌리면 끝.

완성된 유산균 밥을 각자의 자리에 놓아 주면 쩝, 쩝, 쩝, 쩝 엄청난 흡입 사운드와 함께 순식간에 밥그릇이 비워집니다.

흔히 "먹는 것만 봐도 배부르다"고 하는데, 고양이가 먹는 것만 봐도 정말 배가 부릅니다. '엄마, 엄마도 배부르지?' 입가에 묻은 밥을 쩝쩝거리며 눈인사를 하고 떠나는 타이와 마루. 이 맛에 매일 아침 마루의 테러 아닌 테러에도 참고 일어나는 거겠지요. 오늘도 감쪽같이 속였다는 쾌감으로요.

비록 불혹을 넘긴 집사는 비타민 하나, 오메가 한 알 못 챙겨 먹어도 너희들의 '굿똥'과 건강을 위해서라면 이 정도의 아침 수발은 10년, 20년, 100년은 더 할 테니 건강하게만 살아 다오. 자, '오늘의 굿똥'을 확인하러 화장실 삽을 집어 듭니다. 허허, 이놈들 변이 황금색인 게 장군감이네~ 콜록콜록 켁! 우웩!

- 인터넷 고양이 카페나 동호회에 들어가 보면 고양이 영양제 이야기를 종종 접합니다. 우리 고양이는 뭐를 먹인다, 이 영양제가 좋다…… 여러 이야기를 듣다 보면 우리 고양이에게도 영양제를 먹여야 할까, 하는 생각이 자연히 드는데요, 고양이에겐 정말 어떤 영양제가 필요할까요?

- 사실 저는 병원에 오신 보호자분들이 "고양이 영양제를 뭘 먹이죠?" 이렇게 물어 보시면 오히려 그분들에게 반문을 해요. "글쎄요, 뭘 먹일까요?" (웃음)

- 억장이 무너지네요. (모두 웃음)

- 아니 저는, 그냥 저는, 왜 먹여야 될까? 하는 의문이 좀 있어요. 저의 지극히 개인적인 견해일 수도 있는데요, 어쩌면 제 대답에 화가 나실 수도 있고요. 그래도 단호하게 결론부터 말씀드리면, 밥 잘 먹는 고양이에게 영양제는 필요 없어요.

- 멋있다…….

- 저도 무슨 말씀인지 알 것 같아요. 어릴 때 많은 아이들이 '원기소'를 먹으면서 크잖아요.

- 얼룩아범님이 원기소를 알아요? 원기소를?

- 그 왜 어린애들이 성장기에……

- 한입씩 먹는 거, 한 숟갈씩?

- 저 어릴 때는 원기소가 씹어 먹을 수 있게 나왔어요, 가루 말고.

- 저는 원기소 이름만 들어봤어요. 얼룩아범님, 저보다도 나이가 그렇게 많으세요? (모두 웃음)

- 무슨 말씀이세요?? (발끈, 웃음)

- 50 바라보는 거 아니잖아요?

- 제가 80년대생입니다.

- 원기소? 한국전쟁 이후에 들어온 건가요? 한국전쟁 때 미군이 나눠 준?

- 아니, 지금 무슨 말씀하시는 거예요? (모두 웃음) 아무튼 제가 어릴 때 집에서 꼬박꼬박 원기소를 먹었는데 제가 지금 건강하냐? 안 건강하잖아요! (웃음)

🙍‍♀️ 그리고 부잣집 애들 중에 비만인 아이들 얘기 들어 보면, 원래 날씬하고 말랐는데 보약을 잘못 먹어서 그렇다고……. (모두 웃음)

🙍 동네마다 그런 애들 꼭 있어요, 보약을 잘못 먹어서~.

🙍‍♀️ 그러니까 잘 모르지만 수의사 선생님 말씀이 이렇게 명쾌하게 나오면 집사들은 좋거든요. 그렇잖아요, 늘 영양제 못 먹이는 게 마음이 쓰였는데 안 먹여도 된다고 하니.

🙍‍♀️ 그런데 제가 "굳이 먹여야 할까요?" 이렇게 말씀드려도 그래도 좀 뭐라도 먹이고 싶다는 게 모든 집사의 마음인 것 같아요. 그래서 그런 마음을 영양제가 아니라, 평소 주는 음식에 더 쏟아 주시면 좋겠다는 게 제 결론이에요. 그 정성으로 습식 챙겨 주시고, 홈메이드 만들어 주세요.

🙍‍♀️ 그럼 이것으로 〈영양제〉 편 마칠까요? (웃음)

영양제 상담실

① 밥 잘 먹는 아깽이

To 키티피디아

안녕하세요. 저는 턱시도 5개월 여아 루루를 키우는 집사입니다.
루루는 밥도 잘 먹고 캔도 잘 먹고 간식도 잘 먹는 아직 어린 고양이라 영양제는 생각도 안 했는데 인터넷 카페에서 보니까 다들 영양제를 많이 먹이시더라고요. 허걱! 이름도 낯선 영양제들 ㅠㅠ 이름부터 너무 어렵습니다. 밥 잘 먹는 루루에게도 영양제가 필요할까요? 어떤 것부터 챙겨 줘야 할까요?

- 장화벗은고양이

저희가 〈먹거리에 대하여〉 편에서 좋은 밥 이야기했잖아요. 습식을 우선으로, 홈메이드 밥도 만들어 주시면 좋겠다고요. 좋은 밥 먹으면 그 안에 몸에 좋은 영양소가 다 들어 있어요. 루루는 특별히 질병이 있는 것도 아니고 이제 5개월 됐고, 밥도 잘 먹잖아요. 영양제 생각은 안 하셔도 될 것 같아요. 만약에 챙겨 주신다면 유산균 정도는 좋습니다. 한두 살 넘으면 오메가 3 정도 추가해 주셔도 좋습니다. 오메가 3는 고양이 몸에서 만들어지지 않는 필수 지방산이니까요. 피시 오일도 좋고요. 물론 이런 영양소는 좋은 먹거리를 통해서 충분히 얻을 수 있다고 생각합니다.

만약, 루루와 다르게 어린데 밥도 안 먹고 허약한 아이라면 종합영양제도 추천할 만합니다.

② 눈가에 털 없는 고양이

To 키티피디아
샴고양이 제제를 키우고 있습니다.
제제 눈가에 털이 없는 편이에요. 수의사 선생님
께 여쭤 보니 원래 이런 아이가 있다 하셨어요.
전 주인분에게 제제 어릴 적 사진을 받아 보니까
애기 때부터 눈 주변에 털이 없긴 없더라고요. 그
런데 눈 앞쪽이 좀 더 휑해졌어요. 나이가 더 들
면 탈모처럼 될까 봐 걱정이 됩니다. 피모영양제
를 먹여야 할까요? 눈병은 없어요.   - 제제누나

ⓒ제제누나

이 경우는 질병이 아닐 수도 있습니다. 고양이의 자연스러운 탈모 부위가 몇 군데 있거든요. 귀 앞쪽, 눈 주변 등이 그렇습니다.

우선 제제는 지금 휑하다고 하신 눈 앞쪽, 내안각과 눈 위쪽에 빨갛게 발적이 있는지 먼저 살펴봐야 할 것 같아요. 빨갛고 짓물러 있다든가, 털 색깔이 변했다든가 하면 눈물이 계속 흐르는 유루증이나 피부질환을 의심해 봐야 합니다.

내안각에 털이 없는 경우는 단모종 고양이에 꽤 많아요. 6개월 전후로 비교해서 내안각 털의 양이 더 줄지 않고 눈물이 많이 흐르지 않는다면, 걱정하지 않으셔도 됩니다. 그래도 뭔가를 더 해 주고 싶다 하실 때는 유기농 코코넛 오일을 조금씩 발라 주셔도 좋아요. 강아지의 경우엔 코코넛 오일을 먹이기도 합니다. 고양이는 피시 오일을 먹이는 것이 더 좋습니다. (고양이는 코코넛 오일 같은 식물성 지방산을 섭취하면 대사할 때 비타민 E를 많이 써서 비타민 E가 부족해질 수 있습니다.) 오메가 3가 풍부한 피시 오일 1/2티스푼을 두세 번에 나눠서 음식에 타 주거나 고양이 앞발 또는 콧잔등에 발라서 고양이가 스스로 그루밍해서 오일을 먹도록 유도해 주세요.

나도 먹어 봐야겠네. (웃음)

 저도 먹게 생겼네요.

 우리 사서 소분합시다. (웃음)

 피시 오일이든 코코넛 오일이든 피모영양제든 다 좋습니다만, 아주 대단한 효과를 기대하진 않으시면 좋겠습니다.

③ 허피스 진단을 받은 고양이

To 키티피디아

안녕하세요. 6개월 된 터키시 앙고라 암컷 체리를 모시고 사는 체리언니입니다. 체리가 어제부터 윙크를 조금씩 하고 눈곱도 노란 기를 보이고 목소리가 좀 탁하더라고요.

오늘 병원에서 검사를 받았는데, 1차 진단이 허피스바이러스로 나왔습니다. 수의사 선생님이 주사와 안약, 가루약을 처방해 주셨고 영양제도 추천해 주셨습니다. 플루맥스라는 영양제인데

ⓒ체리언니

요, 엘라이신이 주성분이더라고요. 이런 영양제를 꾸준히 먹인다면 정말 예방 혹은 증상 완화에 효과가 있는지 궁금합니다. 아이가 너무 좋아하며 먹으니 집사 입장에서는 평생 먹이고 싶지만, 가격대가 있는 제품이다 보니 무턱대고 먹이기엔 통장이 '텅장'이 될 것 같아서 생각이 많아집니다.

- 체리언니

 플루맥스는 **엘라이신**(L-lysine)에 여러 비타민이 함께 들어 있는 제품이에요. 오늘 엘라이신에 대해서 자세히 말씀을 드리려고 해요.

예전에는 바이러스질환이 있으면 거의 필수적으로 엘라이신을 먹였어요. (허피스) 바이러스는 복제를 하며 계속 발현되는데, 이때 복제에 가장 중요한 성분이 아르기닌(arginine)이라는 영양소거든요. 엘라이신의 농도가 높아질수록 아르기닌의 농도가 낮아진다고 해서 지금까지는 엘라이신이 바이러스의 복제를 막아

준다고 알려져 있었어요. 우리나라에서도 거의 필수 영양제처럼 엘라이신을 많이 먹였고요.

그런데 최근 아르기닌이 낮다고 해서 고양이 허피스바이러스 복제가 억제되지는 않는다는 연구가 발표되었어요. 고양이 바이러스는 적은 양의 아르기닌으로도 복제될 수 있어서 엘라이신을 통해 아르기닌 수치를 낮춘다 하더라도 복제가 중단되지 않더라는 얘기죠. 그리고 지나친 엘라이신 복용으로 오히려 고양이 몸에 있는 아르기닌 수치가 현저히 떨어진다면 암모니아혈증이 생길 수 있다는 연구결과도 있습니다. 결국 최근 논문들은 엘라이신 보조제를 급여하지 말아야 한다는 주장을 담고 있습니다.

그래서 **엘라이신은 맹신하면 안 됩니다. 증상이 심각하지 않은데, 아프지 않은데 좋은 영양제니까 몸에 좋다고 먹이시는 건 바람직하지 않아요.**

제가 경험한 엘라이신 복용의 부작용 중 가장 많은 증상은 설사예요. 6개월 된 터키시 고양이 체리 같은 경우는 한두 번 정도 먹여 보시고, 체리 몸 상태가 괜찮다 하면 끊으세요. 엘라이신이 계속 장복해야 하는 영양제는 아니에요. 한 통 먹으면 좀 쉬었다가 또 한 통 먹이는 방법도 있고요. 엄격한 집사 중에는 5일 먹이고 2일 쉬고, 이렇게 계획적으로 급여하는 분도 있어요.

지금 체리는 플루맥스를 잘 먹는다고 했는데요, 그와는 달리 영양제를 구비해 두었는데 우리 고양이가 먹기 싫어할 수도 있어요. 우리 딴에는 '이거 좋은 거야' 하고 먹이는데, 막상 고양이는 '이거 놔라' 하면서 발버둥치고 너무 싫어하면, 억지로 먹이려다가 고양이가 스트레스를 받을 수 있습니다. 허피스바이러스 질환은 스트레스에 민감해요. 질환이 악화될 수 있습니다.

④ 나이 든 고양이

> To 키티피디아
> 열세 살 된 할배 아고와 열두 살 된 현아의 집사 날개라고 합니다. 아고가 작년부터 슬슬 기미가 보이더니 올해부터 부쩍 노령묘 징후를 보이고 있어요. 노령묘에게 추천해 주실 영양제나 관리법이 있다면 알려 주세요.   - 날개

나이가 든 고양이들에게는 필요한 영양제가 있다고 생각합니다. **항산화제와 유산균이 대표적인데요.** 항산화제는 노령동물의 인지장애 예방에도 도움이 됩니다. 향년 20세로 세상을 떠난 저희 집 강아지 바둑이가 굉장히 오랫동안 SAM-e와 액티베이트를 먹었어요. 개인적인 경험에서인지 저는 바둑이가 말년에는 약발로 살았다고 생각을 하기 때문에 항산화제를 선호하는 편입니다. (웃음) 그중에서도 제가 선호하는 항산화제 성분 중 하나는 SAM-e(s-adenosyl methionine)입니다. 우리나라에서는 간 보호제로 더 잘 알려져 있어요. SAM-e는 강력한 항산화제로 사람의 경우는 퇴행성 관절염이나 우울증 치료, 뇌혈관질환 등에 보조적으로 많이 사용합니다.

또, 한 가지 종류의 항산화제보다 여러 개의 항산화제를 복합적으로 먹이시기를 추천드려요. 대표적인 복합 항산화제로는 **액티베이트**가 있습니다. 원래 강아지용만 나오다가 몇 년 전부터 고양이 액티베이트가 출시되어 반가웠지요. SAM-e와 복합 항산화제를 같이 먹여 주시면 활력 있는 노령묘가 될 겁니다. 근데 잘 먹어 주실지가;;;

그다음으로 **유산균**이 필요합니다. 엘라이신이나 다른 영양세보다 **장 건강**을 위한 보조제가 더 중요해요. 사람도 그렇고 동물도 그렇고 나이가 들었을 때 면역력을 가장 크게 관장하는 영역이 장이거든요. 우리도 뭔가 좀 안 좋으면 설사하고 토하고, 그렇게 가장 먼저 신호가 오잖아요. 장이 가장 먼저 반응을 하는 거예요. 장에는 굉장히 많은 면역세포가 있어요. 그 면역세포들을 잘 관리하는 일이 결국에 건강하게 사는 방법이죠. 특히 노령묘들은 소화가 잘 안 돼요. 사람도 그렇듯이요. 점점 먹는 양이 줄고 기름진 음식을 부담스러워하고요. 그게 질병은 아니잖아요. 장을 더 튼튼하게 해 주는 데 유산균은 정말 중요합니다. 그리고 신

부전 보조제인 아조딜도 유산균의 한 종류거든요. 아조딜에 들어 있는 장내 유익균이 몸속에 있는 요소(요독소)를 장 밖으로 배출시키는 기능을 합니다. (참고로 아조딜을 포함한 대부분의 유산균은 냉장보관입니다. 유산균마다 보관방법이 다르니 설명서에서 꼭 보관방법을 확인하세요.)

항산화제나 유산균은 부작용이 따로 없어요. 하지만 다른 기능성 영양제는 고양이 건강검진을 받아 본 뒤에 고려해 보세요. 변비가 있다고 하면 식이섬유가 든 영양제를 챙기는 식으로, 우리 고양이의 취약한 점을 알고 난 뒤에 이를 보충하는 차원에서 영양제를 고르세요.

건강검진

🐾 나눌 이야기

· 건강검진이란
· 문진과 신체검사
· 건강검진
· 케이스별 추천 건강검진 추가 항목

타마맘의 집사일기

2017년 5월, 타이의 동생이자 나의 두 번째 고양이 마우가 우리 집에 왔습니다. 평생을 함께할 새 가족을 맞이하면서 우리 집은 정말 요란법석 그 자체였습니다. 기본적인 집 정리는 당연하고, 새로이 고양이 가구를 들였고 평소 다니던 동물병원에 수시로 드나들면서 이것저것 문의하고 집사 친구들을 만나서 둘째를 맞이하는 가장 좋은 방법과 환경에 관한 정보를 얻기 위해 분주했습니다.

5월의 어느 주말 저녁 마우가 오고 타이와 간단한 인사를 나누고 천천히 함께하는 시간을 늘려 가며 둘은 형제가 되었습니다. 타이가 워낙 무난한 성격이고, 마우는 첫날부터 저의 '무릎냥이'가 되었을 만큼 붙임성이 좋았던 덕분입니다. 그간의 걱정과 고민이 헛되었을 정도였습니다.

합사 10일째 되던 날, 우리 집 둘째 맞이의 마지막 이벤트가 진행되었습니다. 바로 타이와 마우의 건강검진. 다른 환경, 다른 종의 두 아이가 같이 밥도 먹고 같이 화장실도 쓰며 한 공간에서 평생을 함께 살아야 하니, 두 아이의 건강 체크는 기본이라고 주변 분들이 조언해 주었기 때문입니다. 그 덕에(?) 혼자 3년을 병치레 한번 없던 타이도 생전 처음 건강검진이라는 걸 받아 보게 되었네요.

건강검진 결과, 마우는 몇 개의 항체가 없음이 발견되었고(이후 이어진 3차 접종과 추가 접종까지도 항체는 생기지 않았습니다) 그 외에는 별다른 이상이 없는 건강한 남아임이 확인되었습니다. 만 3세인 타이는 복부에 약간의 바이러스성 염증이 발견되었으나 그 외에는 귀부터 꼬리, 발가락까지 완벽한 '엉아'임을 확인받을 수 있었습니다. (이후 타이는 두 번의 추적검사를 통한 약물치료로 염증을 치료했습니다.)

'휴~ 건강한 녀석들! 그래 이제 됐어! 이걸로 둘째 맞이 행사는 모두 끝난 거야!' 환호를 부르던 찰나, 저의 눈앞에 믿을 수 없는 금액의 영수증이 펼쳐졌습니다. 두 아이의 건강검진

비용이 찍힌 70여 만 원의 영수증! 그나마 마루는 아직 어려서 타이에 비해 검사가 간단했기 때문에 이 정도밖에 안 나왔다는 추가 설명이 뒤따랐습니다.

'왜 나에게 이런 어마어마한 금액을 귀뜸해 준 사람이 없었지?! 나란 집사는 왜 사전에 가격조차 알아보지 않았단 말인가!' 자책하며 병원을 나섰습니다. 엄청난 금액의 영수증과 건강한 나의 두 고양이 이동장을 양손에 나눠 쥔 채로요. 지금도 생생히 기억합니다. 종이조각에 불과한 영수증을 든 손이 더 무거웠던 것으로요.

기가 막혀 하는 사이, 반나절을 고생한 건강한 두 녀석은 이동장에서 끊임없이 에옹에옹~ 빨리 집에 가자고 울어 대고, 제 입에서는 저도 모르게 "아~ 내 카드값!"이라는 혼잣말이 흘러나왔습니다. 나의 두 건강한 녀석들아, 건강하고 또 건강하게 평생 함께 오래오래 가즈아!

 고양이 건강검진이 있다는 사실을 모르는 분들이 의외로 많습니다.

 전 좀 의외인 게 아나어머님, 고양이 건강검진을 모르신다고요???

 아니 저는 진짜로……. (민망한 웃음) 우리 키아라가 계속 기침하던 시절에 너무 고민이 돼서 집 앞 동물병원에 가서 검사를 했었어요. 그게 저는 건강검진이라고 생각했었고요. 또 중성화 수술하기 전에 건강검진 받는다고 하잖아요? 수술 전에 사람도 여러 가지 검사를 하는 것처럼 그때 다시 한번 건강검진을 시켜 줬다고 생각했죠. 혈액검사도 하고 폐 사진도 찍고요. 그때그때 검사를 받긴 받았는데 그때 받은 검사들이 정말 건강검진인지 지금 와서는 좀 아리송하고, 건강검진만을 위해서 병원에 가는 일 자체를 생각을 못 해 봤어요.

 저는 얼룩이를 길에서 데리고 와서 그때 근처 동물병원에서 건강검진을 받은 적이 있었어요. 소롱누나 병원으로 데리고 가면서 다시 한번 기본적인 것들을 체크했던 기억이 있고요. 혈액검사, 엑스레이 촬영, 항체가검사를 했고요. 사람도 건강검진을 제대로 하려면 한도 끝도 없잖아요, 간단하게는 국민건강보험공단에서 날아오는 안내문 받고 그에 따라 기본사항만 검사하고요. 저도 돈을 잘 버는 게 아니라서 제 건강검진도 딱 그 기본 검사만 하는데, 얼룩이랑 저스틴은…….

 저희도 지금 겨우겨우 살고 있는데……. (웃음)

 기력이 없어서 빗질밖에 못 해 주는데…….

 사실, 타마맘님이 고양이 건강검진을 받은 적이 있다고 하셔서 깜짝 놀랐어요. 타이와 마루 두 마리 모두 건강검진을 받는 데 어마어마한 금액을 쓰셨더라고요.

 건강검진은 아플 때 병원에 가서 받는 검진이 아니에요. 건강검진은 아프지 않은 상태에서 아이의 현재 상태를 체크하기 위해서 합니다. 얼룩이처럼 새로 입양되는 고양이의 경우 건강 상태를 체크하는 검사가 필요하고요, 키아라처럼 특정 기관이 좋지 않아서 병원을 찾은 경우 그 참에 다른 기관의 건강 여부도 함께 체크해서 건강검진을 받아 볼 수 있습니다.
개나 고양이가 열두 살, 열세 살 정도 되면 아파서 병원에 오는 일이 잦아집니다. 어떤 아이는 그 나이 돼서 처음 병원에 방문한 경우이기도 하고요. 그럴 때 보호자분들이 말씀하세요. "우리 애는 지금까지 아픈 적이 없어요." 나이가 들면서 당연히 신체기관의 기능이 떨어집니다. 어떤 고양이는 심장이 먼저 아프기도 하고 신장이 먼저 노화되기도 하고, 티는 안 나지만 간에 작은 종양이 생겨 오는 고양이들도 있습니다. 이렇게 아파서 이상 증세를 나타내기 전에는 고양이들이 아픈 걸 알

방법이 없기 때문에 고양이가 건강해 보이더라도 여덟 살 이후에는 건강검진을 정기적으로 받으면 좋겠습니다. 그리고 고양이의 건강에 가장 필수적인 것이 바로 집사의 건강입니다.

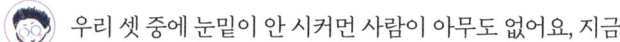 우리 셋 중에 눈밑이 안 시커먼 사람이 아무도 없어요, 지금.

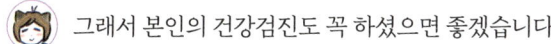 그래서 본인의 건강검진도 꼭 하셨으면 좋겠습니다.

 울컥해.

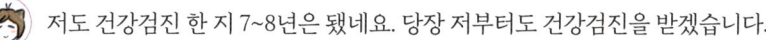 저도 건강검진 한 지 7~8년은 됐네요. 당장 저부터도 건강검진을 받겠습니다.

건강검진이란

"건강검진은 아파서 하는 게 아니라
아프지 않기 위해 미리 하는 겁니다."

Q. 건강검진이 필요한 이유
A. 증상이 없는 질병을 조기에 발견할 수 있습니다.

동물들은 미약한 증상들을 우리에게 호소하지 않습니다. 배가 뻐근하다, 속이 메스껍다, 피부가 따갑다, 이런 식으로 세세하게 표현을 할 수 없기 때문에 대부분 통증이 생기고 나서 증상이 드러난 뒤에 병원에 오는 일이 많습니다. 그랬을 때는 이미 치료 시기를 놓친 경우가 많습니다. 질병을 조기에 발견하면 **제때 진단과 치료**가 가능하고, 질병이 있더라도 약물과 식이요법으로 **진행 속도를 늦출** 수 있습니다.

Q. 건강검진 시기
A. 늦어도 여덟 살 이후로는 1년에 1회씩 해 주세요.

어릴 때에도 건강검진을 정기적으로 한다면 좋겠지만 현실적으로 그러긴 쉽지 않죠. 하지만 어느 정도 나이가 들었을 때는 겉으로는 건강해 보이더라도 꼭 검진을 받아서 현재의 건강 상태를 확인해 주세요. 혹시 고양이가 나이 들어 특정 기관에 지속적인 문제를 일으킨다면 2~3개월에 한 번씩 해당 기관에 관한 추적 검사를 정기적으로 받게 될 것입니다. 비용이 부담된다면, 고양이가 아기일 때부터 건강검진 비용을 열심히 모으세요. 그 돈으로 고양이가 적어도 여덟 살이 된 이후부터는(사람 나이로 치면 40~50대가 되었을 때) 1년에 한 번씩 건강검진을 받으시기 바랍니다.

다른 질병 때문에 치료를 받고 있는 경우에도 마찬가지예요. 특정 질환의 치료를 위한 검사이고, 건강검진을 위한 것은 아니기 때문에 고양이 신체 전반에 관한 건강검진을 1년에 한 번씩 해 주시면 좋겠습니다. 추적검사를 위해 병원에 갔을 때도 "청진도 같이 부탁합니다", "다른 데도 검사가 필요한지 함께 봐 주세요"라고 별도로 병원에 요청하시면 좋고요.

질병 검사와 건강검진은 다릅니다

병원에 자주 간다고 해서, 특정 질병에 관해 '다 나았다'라는 진단을 받았다고 해서 우리 고양이가 전반적으로 건강하다는 의미는 아닙니다. 마찬가지로 병원에서 어떤 검사를 받았다고 해서 건강 전반에 관한 검진을 받았다고 생각하시면 안 되고요.

문진과 신체검사

"보호자의 관심이 필요한 영역의 검사들"

문진과 신체검사는 건강검진의 첫 단계입니다. 본격적인 검사를 시작하기 전에 수의사 선생님과 함께 아이의 불편한 부분이나 현재 상태를 체크합니다. 평소에 꼼꼼히 체크해서 수의사 선생님께 얘기해 주시면 좋습니다. 종이에 미리 적거나 사진을 찍어 뒀다가 전달하셔도 좋습니다. 신체검사 때는 보호자의 도움이 필요한 부분도 있을 수 있습니다.

Q. 문진이란
A. 아이의 기본 상태에 대한 질문입니다.
아이와 함께 생활하지 않는 수의사에게 평소 아이 상태에 대한 정보를 주는 건 중요합니다. 미리 꼼꼼히 준비해서 답해 주세요. 물은 얼마나 먹는지, 사료는 얼마만큼 먹는지, 화장실 용변 상태는 어떤지 등 1~2주 정도 미리 살펴보시고 기록하면 도움이 됩니다. "고양이가 물은 얼마나 먹나요?" 하고 질문했는데 "글쎄요, 많이 먹나?" 하고 대답하면 곤란합니다. 비싼 돈 들여서 건강검진을 하는데 이왕이면 제대로 해야지요. 그런 것들을 미리 준비해 주세요.

Q. 신체검사란
A1. 시진 (눈으로 보기)
눈곱이 꼈는지, 눈을 찡긋찡긋하는지, 입은 어떤지, 귀는 어떤지, 상처는 없는지 등을 눈으로 확인합니다.

A2. 촉진(손으로 만지기)

머리끝부터 발끝까지 꼼꼼히 만져서 확인합니다. 비만 여부나 피부의 상태, 관절의 움직임, 종양의 유무 등을 확인할 때 용이합니다.

A3. 청진(소리 듣기)

고양이 폐와 심장 소리를 병원에서 청진기로 듣는 것 외에도 호흡 소리나 코에서 나는 소리 등 이상음을 평소에 확인할 수 있습니다.

A4. 후진(냄새 맡기)

예를 들어 치주염, 구내염이면 입 주변에서 냄새가 난다, 신부전이면 요독증 때문에 몸에서 암모니아 냄새가 난다 등 신체에서 나는 냄새를 찾아냅니다.

고양이는 병원에서 수의사를 만나면 예민해지기 쉽습니다. 착한 고양이여도 자신의 몸을 만지도록 쉽게 허락하지 않습니다. 그래서 시진과 촉진은 집에서 보호자가 하는 것도 방법입니다. 목욕과 빗질 시 해 보고 이상이 있다면 동물병원에 사진을 찍어 가면 좋습니다.

건강검진

"기왕 하는 것, 기본적인 내용은 알고 합시다."

건강검진 검사의 기본 항목은 다음과 같습니다.

1. 혈구검사/ 혈청화학검사
2. 방사선검사
3. 초음파검사

기본 혈액 검사	CBC검사 (혈구검사)	적혈구, 백혈구, 혈소판 검사	빈혈/ 염증/ 지혈장애 확인	
	혈청 화학검사	혈청 안의 효소체검사를 통해 신체기관 각각의 기능을 평가하는 검사	간, 신장, 혈당, 콜레스테롤, 단백질 등 확인 가능	고양이의 건강 상태에 따라 검사항목을 6~20개로 잡을 수 있음. 항목에 따라 비용 추가됨.
방사선검사 (엑스레이)		각 기관의 구조 검사	골절 및 척추 이상, 결석, 신장 크기, 폐 염증, 종양 등 확인 가능	
초음파 검사	복부초음파	각 신체기관의 현재 상태 확인	신체 장기의 상태를 확인하는 데 필수적	혈압검사, 소변검사와 더불어 노령묘에게 필수
	심장초음파		심장의 기능과 형태에 이상이 있는지 확인	

그 외에 소변검사, 혈압, 심전도, 내시경, CT, MRI 등도 있습니다. 혈액검사 항목도 다양해요. 기본 검사 외에도 호르몬검사, SDMA검사, BNP검사 등 필요에 따라 추가하게 됩니다.

🐱 질문 있어요!

 중성화 수술 전에 했던 혈액검사에서 이상이 없다 그래서 건강검진을 다 한 줄 알았거든요…….

 중성화 수술 전에 하는 혈액검사는 건강검진이 아닙니다. '마취 전 검사'입니다. 이는 마취가 가능한지를 확인하기 위한 조치로, 지혈이 되지 않는 장애나 빈혈, 염증이 있는지 혈구를 검사하고, 마취제 해독이 가능한지 간과 신장 기능을 점검합니다. 이때 피를 뽑는다고 모든 혈액 항목을 다 검사하는 게 아니라는 점을 염두에 두세요.

케이스별 추천 건강검진 추가 항목

"나이, 환경, 신체 증상에 따라서 검사항목을 추가해 주세요."

의외로 혈액검사와 방사선검사만으로 건강검진을 했다고 생각하시는 분들이 많더라고요. 단순한 혈액검사, 방사선검사만으로는 진단이 쉽지 않아요. 나이가 든 아이들일수록 더욱 그래요. 정확한 진단을 위해서는 추가적인 검사들이 필요한데요, 상담 사례를 참고해서 고민하시면 될 것 같아요. 아이의 상태에 따라, 혹은 병원 선생님마다 검사에 대한 견해는 다를 수 있습니다. 제 추천이 절대적이라고 생각하시기보다 검사에 대한 정보를 미리 알아 두었다가 주치의와 상담할 때 도움이 되면 좋겠습니다.

케이스 1 뚱냥이 노령묘

> 저희 집 애들은 노령묘인 데다가 뚱냥이죠. 얼룩이는 그래도 괜찮은데 저스틴은 열 살이잖아요? 나이하고 몸무게가 이제 동률이 됐거든요. 살이 너무 찌다 보니까 볼일을 보고 나서 뒤처리를 자기가 못하는 상태예요. 노령에 뚱냥이인 경우에는 어떤 부분을 좀 중점적으로 검사해야 할까요?　　　　　- 얼룩아범

추천 : 복부초음파, 소변검사, 혈압검사, SDMA검사, BNP검사

1) 복부초음파: 혈액검사에서 신장 관련 수치가 높게 나왔다면 신장의 75% 즉 2/3 정도가 망가졌다는 의미입니다. 이미 신부전이 많이 진행된 상태라는 얘기죠. 그래서 신부전 조기 발견을 위해 복부초음파는 꼭 검사항목에 넣었으면 좋겠습니다.

특히 페르시안종은 굉장히 일찍, 여섯 살 정도부터 난포성 신장질환이 생길 수 있기 때문에 조기 신부전 관리를 위해서 초음파검사가 필수적입니다. 물론 고양이들이 초음파검사를 받는 일이 쉽지 않아요. 초음파 받을 곳의 털을 밀어야 하는데요, 평소 집에서 고양이 미용을 해 주었다면, 초음파검사 전에 검사 부위 털을 집에서 밀고 병원에 가는 게 좋습니다.

2) 소변검사: 초음파로 현재 신장의 모양을 본다면 소변검사로는 요비중(소변이 묽은지, 진한지), 단백뇨(신장에서 걸러져야 할 단백질이 오줌에 섞여 배출되는 증상)를 확인할 수 있습니다. 나이 든 고양이는 소변검사와 복부초음파를 함께 받는 것이 중요합니다.

3) 혈압검사: 나이가 들면서 심장이나 호르몬 질환 때문에 혈압이 높아질 수 있는데요, 고양이는 병원에 있는 사실 자체로도 긴장해서 혈압이 높아지는 경우가 많습니다. 그래서 혈압검사는 고양이가 안정된 상태에서 진행해야 하고, 병원에 도착한 직후는 피해야 합니다. 고양이가 계속 흥분 상태라면 굳이 재려고 하지 마세요. 어쩔 수 없습니다.

4) SDMA*검사: 혈액검사를 하실 때 SDMA검사도 함께 진행하면 좋습니다. 조기에 신부전을 진단할 수 있는 검사거든요.

5) BNP(NT-proBNP)검사:** 비만이나 노령 고양이 중에 엑스레이상으로 심장이 너무 크게 보이는 고양이가 있다면 BNP검사를 진행해야 합니다. 이 검사를 통해

★ SDMA(symmetric diMethylarginine)
몸 안에서 만들어지는 물질로, 신장 기능이 정상인 경우에 SDMA는 사구체를 거쳐서 소변으로 배출된다. 신장에 이상이 생기면 SDMA가 혈액에 남는다. SDMA검사는 혈액 내에 남아 있는 SDMA 수치를 확인해서 신장 기능 이상을 파악한다.

★★ BNP(brain notriuretic peptide)
심장이 압력을 받아서 심장벽이 당겨져 늘어날 때 혈중으로 나오는 물질. 심장이 감당하는 정도를 넘어선 혈액량이 심장으로 들어오는 상황에서 수치가 올라간다.

심근질환을 조기 발견할 수 있고 심장의 근육 상태를 파악할 수 있습니다.

질문 있어요!

아홉 살 된 우리 아이는 매년 혈액검사를 하는데 얼마 전에도 신장 수치는 문제가 없다고 해서 안심했거든요. 첫째 아이가 신부전으로 떠났어서 늘 걱정이 됩니다. 신부전을 미리 발견하려면 혈액검사 말고 뭐가 있나요?

일반 혈액검사로 나오는 신장 수치(CRE 수치)로는 미리 신장 손상을 발견하기가 어렵습니다. 신장이 75% 이상 손상되어야 혈액검사에서 신장 수치가 높게 나타납니다. 그런데 SDMA 혈액검사에서는 신장이 25% 정도만 손상되어도 신장 기능 이상을 발견할 수 있어서 조기 진단이 가능합니다. 신부전의 경우 조기에 발견해서 일찍 관리를 시작하면 생존율이 급격히 높아지거든요. 일반 혈액검사 항목에는 SDMA검사가 없으니, 걱정되신다면 주치의에게 따로 요청하세요.(CRE 수치는 3-6장 〈방광염과 신부전〉 편 참고)

소변검사는 어떻게 하죠? 우리 고양이는 병원만 가면 오줌을 먼저 싸 버리거든요…….

방광에서 직접 채뇨하는 것이 가장 정확한 채뇨 방법이긴 하지만 고양이들이 검사 전에 이미 소변을 다 봐 버리는 경우가 많습니다. 그래서 미리 집에서 신선한 소변을 받아 오기도 하지요. 대부분은 해외직구를 통해 소변 받는 키트를 구입해 사용하시는데요. 이게 없는 경우에는 깨끗한 화장실에 모래 대신 많은 양의 빨대를 잘라서 넣고 거기에 소변을 받아서 봉지에 담아 오셔도 됩니다.

케이스 2 식욕이 좋아진 고양이

> 보통 아이가 식욕이 없으면 걱정을 하시죠. 반대로 식욕이 너무 좋고 물도 많이 먹으면 별로 걱정을 안 하세요. 하지만 아이가 음식에 지나치게 집착한다거나 음식을 너무 탐하면 질병이 원인일 수 있습니다.
>
>   - 소롱누나

추천 : 갑상선기능항진증 혹은 당뇨에 관한 검사항목

1) 갑상선기능항진증 검사: 내분비질환 중 갑상선기능항진증은 나이 든 고양이들이 굉장히 많이 걸리는 질병 중 하나입니다. 식욕이 비정상적으로 증가하고 많이 먹는데도 살이 찌지 않는다면 갑상선질환을 의심해 볼 수 있습니다. 점잖게 잘 지내던 고양이가 갑자기 뛰어다니고, 우다다 하고, 야옹야옹 울기도 하고요. 채혈 후 갑상선 호르몬검사로 기능 이상을 간단히 확인해 볼 수 있습니다.

2) 당뇨 관련 검사: 쉽게 배고파하고 자꾸 더 먹으려고 하는 증상, 물을 많이 먹고 소변을 많이 보는 증상이 있다면 당뇨 때문일 수도 있습니다. 고양이 당뇨도 굉장히 많이 발생하는 질병이기 때문에 의료진과 상담하고 검사항목을 추가하실 것을 추천합니다.

케이스 3 아이를 입양했을 때(동네고양이, 둘째)

> 타이가 세 살이 되던 해에 둘째에 대한 고민을 하기 시작했어요. 타이와 구체적인 대화를 나눈 건 아니었지만 왠지 동생이 있으면 더 신나게 놀 것 같았고, 동생이 있으면 가족들이 집을 비운 낮 동안 덜 외로울 것 같다는 막연한 집사의 생각에……. 오랜 고민 끝에, 운명처럼 나타난 마루! 마루가 타이의 동생이 되기로 했어요. 타이와 마루의 합사 전 타이가 다니던 동물병원에 문의를 했죠. 동생을 맞이하기로 했는데 어떤 검사가 필요한지에 대해서. 이럴 때 어떤 검사가 필요한지 다시 한번 알아볼까요?
>
>   - 타마맘

추천: 항체가검사, 바이러스검사, 톡소플라스마 검사

1) 항체가검사: 한 살 이내의 아기 고양이들은 사실 검사할 게 많지 않습니다. 예방접종이 완료되고 특별한 사항이 없다면 항체가검사와 분변검사 정도면 돼요.

2) 바이러스검사: 다른 고양이들과 함께 살아야 한다면 입양 전에 바이러스검사를 추천합니다. 특히 길에서 살던 고양이를 입양하거나 노령 고양이를 입양하는 경우는 항체가검사뿐만 아니라 바이러스검사도 꼭 하실 것을 추천드려요. 고양이들은 대부분 바이러스질환을 가지고 있는데 잠복된 형태거든요. 그걸 파악하고 입양하시는 게 좋습니다.

3) 톡소플라스마 검사: 항체가검사, 바이러스검사와 더불어 톡소플라스마 검사도 추천합니다. 임신부이거나 임신 가능성이 있는 친구가 집에 놀러 와서 고양이를 보고 고양이가 어떻다더라 하는 이야기를 할 때, "우리 고양이는 톡소플라스마 검사를 했단다" 하고 단호하게 설명해 주시면 서로 안심이 됩니다. 보호자도 건강검진 받을 때 톡소플라스마 검사를 해 두세요. 내 고양이의 상태와 나의 상태를 명확하게 알아 두는 차원에서요. (톡소플라스마는 5-3장 〈임신부와 고양이〉 편 참고)

케이스 4 자주 토하는 고양이

모모는 심하게는 이틀마다 한 번씩 토할 때가 있었어요. 당시 병원에 가서 엑스레이를 찍어 보니 위장이 음식으로 꽉 차 있다고 했어요. 이유는 모르겠지만 토할 때까지 많이 먹는다고, 식사 방법을 달리해 보라고 하셨고요. 이후로 식이조절을 해서 전만큼 많이 먹지 않고 살도 많이 빠졌습니다만, 지금도 두 달에 한 번 아주 심하게 토를 합니다. 노란 위액이 나올 정도로 아주 격하게요. 여전히 무엇이 문제인지는 잘 모르겠는데, 혹시라도 심각한 문제일까 봐 아직 건강검진을 가지 못하고 있습니다.

― 모모모

추천: 내시경

내시경: 구토라는 증상은 굉장히 포괄적이어서 정확한 원인을 알려면 종합검진이 필요한데요, 음식에 대한 알레르기 반응인지를 확인하기 위해 저알러지 처방식으로 교체 후 구토의 개선을 확인해 봅니다. 그전에 음식을 급여하는 방법의 문제인지도 체크해 봐야 하고요. 이렇게 했는데도 모모처럼 계속 구토가 있는데 활발하고 다른 컨디션이 양호하다면 염증성장질환을 의심해 볼 수 있습니다. 모모가 염증성장질환이라면 혈액검사로는 파악이 어려울 거예요. 초음파를 봤는데 소장이 부어 있다면 운 좋게 발견할 수도 있겠지만, 더 정확하게는 내시경이 방법입니다. 사람도 속이 계속 안 좋으면 내시경을 하듯, 마찬가지라고 생각하시면 됩니다. 초음파, 내시경을 한꺼번에 진행할 수는 없으니 주치의와 상담해서 검사 계획을 세워 보세요.

음식과 관련해 생각해 볼 수 있는 구토의 원인에는 크게 세 가지가 있습니다

1. 음식 알레르기
가장 먼저 체크할 것은 음식 알레르기예요. 음식에 있는 어떤 원료가 안 받는 거니까, 그럴 땐 사료를 바꿔 보세요. 수의사 선생님과 상담하시고 저알러지 처방식, 가수분해 사료나 제한된 식재료로 만든 사료로 교체해 보는 것도 방법입니다. (다니시는 병원과 상의해 보세요.) 사료로 알레르기 식이조절을 하는 경우에는 츄르나 다른 간식도 제한해야 합니다. 사료가 아닌 캔이나 간식 때문일 수도 있으니까요.

2. 헤어볼
두 번째는 헤어볼 문제입니다. 헤어볼 자체는 자연스러운 현상일 수 있는데 문제는 헤어볼을 배출하는 과정에서 생길 수 있습니다. 구토의 내용물이 헤어볼이라도 '고양이는 헤어볼이 있으니까 원래 구토를 하지' 이렇게 생각하지 마시고 헤어볼 녹이는 영양제나 미네랄 오일로 제거 및 배출을 도와주세요. 심각한 헤어볼 구토는 문제가 될 수 있습니다. 헤어볼이 다 나오지 않고 장에서 막혀 '이물'로 작용하는 경우 수술을 해서 꺼내야 합니다. 계속 구토를 하면 식도와 위가 연결된 부위의 조임근(근육)이 제 기능을 못하는 상황이 될 수 있기 때문입니다.

3. 염증성장질환

세 번째는 앞서 말씀드린, 자가면역질환인 염증성장질태(IBD: Inflammatory Bowel Disease)입니다. 이런저런 건강검진을 해서도 원인이 잘 나오지 않는데 구토를 계속한다면 그때는 이 질병을 의심해 볼 수도 있어요. 모모가 의심되는 질병이 이 질환입니다. 그래서 내시경검사를 추천한 거고요. 내시경검사와 생검을 통해 진단할 수 있습니다.

IBD가 발생하는 데는 유전적인 이유, 미생물, 식이적인 요인 등 여러 가지 원인이 있습니다. 원인에 대해 위장관 점막이 비정상적인 면역반응을 하면서 염증세포가 위장관 점막에 모여 증상을 보입니다. IBD는 단독적으로 발병하기도 하지만 음식물 과민반응, 종양, 갑상선기능항진증, 바이러스 감염, 기생충, 세균 감염 등의 문제로 2차적으로도 나타날 수 있습니다.

질문 있어요!

 건강검진을 해야 할 것 같은데 비싼 가격이 걱정돼요······. 그래도 해야겠죠?

 무조건 비싼 곳, 무조건 싼 곳만 찾기보다 지금 내가 다니고 있는 병원에서 건강검진을 받으세요. 우리 고양이를 가장 잘 아는 병원에서요. 검진 예약 전에는 어떤 검사를 받을지 꼭 상담을 받으시고요. 고양이의 건강 상태에 따라 꼭 필요한 검사항목을 챙길 수 있고 이때 비용 문의도 함께하시면 됩니다. 요즘은 병원마다 홈페이지도 잘 구축되어 있어서 미리 참고하시고 상담 받으시면 좋습니다.

건강검진 후 메모를 해 두세요

검사 결과가 나오면 병원에서 결과에 대한 이야기를 들으실 텐데요, 당시에는 다 이해할 것 같지만 막상 시간이 지나면 기억이 잘 안 나요. 그러니 가능하면 검사 결과를 출력본으로 받거나 직접 메모를 하세요. 다이어리 같은 데 붙여 두시면 좋고요, 고양이 건강수첩을 만들어서 따로 챙기셔도 좋습니다.

검사 내용을 갖고 있으면 혹시 다른 병원으로 옮길 일이 생겼을 때 새로운 수의사에게 내용을 전달할 수 있고요, 다음 건강검진 때 나온 결과와 비교해 볼 수 있습니다. 여기에 건강검진의 진정한 목적이 있거든요. 1년마다 받아 온 건강검진의 결과가 쭉 쌓이면 고양이 건강 관리에 굉장히 큰 자산이 됩니다. 나이 든 이후에 어딘가에 문제가 생겨서 정기적으로 검사를 받아야 하는 경우에도 역시 그 결과를 잘 챙겨 두셔야 하고요.

방광염과 신부전

나눌 이야기

· 방광염
· 신부전
· 신부전 고양이를 위한 홈케어

소롱누나의 집사일기

    병원에 오는 상당수의 고양이들은 방광염과 신부전이 내원 이유입니다. 어릴 때부터 특발성 방광염으로 병원을 들락거리는 친구들도 많고, 오랫동안 환자로 정을 쌓았던 고양이 친구가 신부전으로 투병하다 세상을 떠난 경우도 많아요. 그만큼 방광염, 신부전은 흔한 질병입니다. 아직 모르고 계시다면 정말 복 받으신 겁니다. 하지만 이제는 아셔야 할 것 같아요.

    신부전은 소리 없이 진행되는 질병입니다. 저도 집에서 함께 사는 아이들이 열 살이 훌쩍 넘으면서는 언제나 불안합니다. 아이린은 이미 신부전 관리를 시작했고, 소롱이는 작년 정기검진에서 신장 기능이 많이 떨어졌다고 진단을 받았죠. 수의사의 아이들도 질병을 피할 수는 없어요. 하지만 좀 더 일찍 관리할 수 있도록 신경을 많이 씁니다. 병원 근무가 바쁘다 보니 오히려 일반 집사보다 함께하는 시간도 적고 아이들의 사소한 변화를 감지하지 못하는 경우가 많으니까요.

    누구나 한번쯤 들어 봤을 고양이 방광염과 신부전, 한번 제대로 알아볼까요?!!

이번 주제는 방광염과 신부전으로, 청취자분들이 〈키티피디아〉에 가장 많이 물어보는 주제이기도 합니다.

방광염이나 신부전에 걸리는 아이들이 많기 때문인가요?

네. 그럴 거예요. 방광염과 신부전은 연계성이 있는 비뇨기계 질환입니다. 특히 신부전은 나이 든 고양이의 70% 이상이 앓는다고 보시면 돼요.

아……. (탄식)

앞으로 아나, 키아라도 자유롭지 않겠네요.

네, 결코. 그래서 지속적인 관리가 필요합니다.

증상이 어떤가요?

우선 방광염은 초기에 고양이들이 화장실을 자주 들락날락할 거예요. 고양이가 화장실에서 일을 볼 때 힘들어하거나 소리를 내면 방광염인가 의심해 볼 수 있습니다.

아이고!

근데 저희가 뭘 잘못해서 애들이 그렇게 되는 걸까요?

꼭 그렇지만은 않은데요, 이런 경우는 있을 수 있어요. 내가 모래를 벤토나이트를 쓰는데 두부모래로 바꿔 주고 싶은 거예요. 그래서 바꿨는데 고양이가 거기에 적응을 너무 못해서 소변을 참다참다 방광염이 시작되는 수가 있어요.

아!!! (탄식)

그런 경우도 있고요, 특히 집에서 키우는 집고양이들이 방광염이 생기는 가장 큰 환경요인은 음식이에요.

네??

사료. 사료는 마른 음식이잖아요. 원래 고양잇과 동물이 물 따로 밥 따로 먹는 애들이 아니에요. 육식동물들이다 보니까 살아 있는 생물을 잡아먹으면서 그 생물 안에 있는 수분을 섭취하거든요. 그런데 집고양이들이 건사료를 먹으면 음식에서 수분이 제대로 공급이 안 되고 그러면 방광염, 신부전에 노출되기 쉽죠.

아까 70% 정도가 신부전을 앓는다고 하셨잖아요.

예방할 수 있으면 예방하고 싶어요. 너무 무서워요. 아나, 키아라는 30%에 들어야 돼요~~. 이미 키아라는 평생 관리해야 되는 질병이 많은 아이란 말이죠.

 저도 무서워요. 그런데 제가 봤을 때는 고양이뿐만 아니고요, 그냥 건강하던 아이들 있잖아요, 강아지든 고양이든, 건강한 아이들. 나이가 들면서 심장병이 아닌 한은 거의 대부분 신부전으로 떠난다고 보시면 돼요. 여기에서 빗겨 갈 순 없더라고요. 저희 바둑이도 결국에는 췌장염, 신부전 이렇게 왔는데……. 신부전 예방법의 첫 번째는 먹거리예요. 저는 그렇게 생각합니다.

 〈키티피디아〉에 귀 기울일 수밖에 없네요!

방광염

"슬프게도,
방광염은 거의 대부분 재발합니다."

Q. 방광염이란

A. 흔히 '고양이 방광염'이라고 하는 말의 정확한 명칭은 '하부요로질환'입니다. 방광과 요도 즉, 하부요로에 자주 생기는 염증 때문에 많은 고양이들이 소변을 볼 때 힘들어하고 병원에 내원하는데, 이 질환을 '하부요로질환(FLUTD: Feline Lower Urinary Tract Disease)'이라고 합니다. (방광염 따로, 요도염 따로 발생하기보다는 동시에 발병하기 때문에 통칭해서 '하부요로질환'이라고 해요.) 쉽게 말해서 방광염으로 인해 요도가 막혀 고양이들이 배뇨곤란, 혈뇨 등의 소변문제를 겪는 거죠. 중성화된 한 살 이상의 남자 고양이들에서 좀 더 흔합니다. 세균 감염이나 결석으로 방광염을 일으키기도 하지만 아무 이유 없이 방광염이 생기는 경우가 더 많아요. 이렇게 막연한 원인도 문제지만 더 큰 문제는 재발이 잦다는 점입니다.

Q. 증상

A. 다음 증상이 보이면 방광염을 의심해 보세요.

☐ 화장실에 자주 들락날락한다.
☐ 볼일 볼 때 소리를 낸다.
☐ 화장실에 남은 소변 덩어리들이 평소보다 작다, 혹은 거의 없다.
☐ 여기저기에 찔끔찔끔 소변 실수를 하기 시작한다.
☐ 소변에 혈액이 섞여 있다.

Q. 원인

방광염의 원인은 다양합니다. 다음에 언급한 원인들뿐 아니라 모래가 지저분해서일 수도 있고, 방광 자체에 문제가 있을 수도 있고, 수컷의 경우는 너무 일찍 중성화 수술을 해서 요도가 휘어지는 각도가 좁아지면서 그 부위에 노폐물이 쌓여 방광염을 일으킬 가능성도 있습니다.

A1. 음식(건사료)

다양한 원인이 있지만 **가장 큰 환경적인 요인은 음식입니다.** 사료! 고양잇과 동물은 물 따로, 밥 따로 먹던 동물이 아닌 탓에 원래는 생물을 잡아먹으면서 그 안의 수분을 섭취합니다. 그렇지만 사료는 마른 음식이잖아요. 사료를 주식으로 먹으면서는 수분을 제대로 공급받을 수 없게 됩니다. 물을 잘 마시는 고양이들은 괜찮습니다. 건사료를 먹으면서 물을 잘 먹지 않는 고양이들은 방광염(더불어 신부전까지)의 위험에 쉽게 노출되어 있다고 보시면 됩니다.

A2. 환경(스트레스)

새로운 고양이나 새로운 구성원이 생기는 등 환경의 변화도 스트레스의 원인이 됩니다. 좋은 모래로 바꿔 준다고 새로운 모래로 바꿔도, 화장실의 종류나 위치를 바꿔도 스트레스가 되죠. 이웃집에서 공사하는 소리에 스트레스를 받아 발병하는 경우도 있었습니다. 우리가 알아채지 못하는 사소한 스트레스로도 방광염이 발병할 수 있다는 점을 기억해 주세요.

질문 있어요!

 화장실이 마음에 들지 않아서도 방광염이 발생할 수 있을까요?

 네, 화장실이 마음에 들지 않아서도 발생할 수 있어요.
그런데 방광염이 아닌 다른 스트레스가 원인일 때도 화장실이 아닌 다른 곳에 쌀 수 있거든요. 그런 소변 흔적을 찾을 수 있을 거예요. 평소에 관심을 두고 보는 게 중요합니다. 일부러 소변을 아무 데나 본다고 생각하거나 단순히 '스프레이'라고 오해하고 지나쳤다가 질병이 심각하게 진행된 후에야 병원에 뛰어오는 경우가 많거든요.

Q. 치료와 관리

A1. 정확한 진단

우선 세균 감염이나 결석이 원인이 아닌지 꼭 진단받으세요. 원인이 세균이나 결석이라면 항생제와 처방식으로 치료를 하게 될 겁니다. 특발성 방광염(염증이나 별다른 이유 없이 나타나는 방광염. 대부분의 하부요로질환이 여기에 속합니다)은 증상에 맞춰서 약물치료를 합니다. 특발성 방광염은 자연치유가 되기도 하지만, 평생 재발하면서 악화되는 경우가 많기 때문에 지속적으로 검사 및 관리가 필요합니다. 기본적으로 앞서 언급한 원인(식이, 스트레스, 환경의 변화)을 체크하고 개선해 주세요. 방광에 도움이 되는 보조제를 급여하고 수분을 충분히 섭취할 수 있게 살펴 주시는 것이 재발을 낮추는 유일한 관리방법입니다.

A2. 처방식

처방사료들을 먹일 땐 항상 처방식이 어떤 역할과 기능을 하는지, 그래서 어디에 좋고 어디에는 나쁠 수 있는지, 주치의에게 상세히 설명을 들으시면 좋겠습니다. 예를 들어 우리 아이가 방광염이어서 처방식을 먹여야 하는데 이전에 췌장염에 걸린 적이 있거나 소화 기능이 약하다면 그 부분도 선생님께 말씀드리고 상담하셔야 합니다. 특정 질환에 금기되는 처방식도 있거든요. 또 처방식을 복용할 땐 꾸준한 모니터링이 중요합니다. 우리나라에서는 처방식을 처방전 없이 구매 가능하지만, 외국에서 처방식은 꼭 수의사의 처방을 받아야 하는 사료들입니다. 외국 동물병원에서는 처방식을 그렇게 살 수 없어요. 질환의 개선을 위해 특정한 부분을 더하고 다른 부분을 줄인 것이 처방식이니만큼 주의점을 꼭 확인하세요.

Q. 예방

A1. 음식 개선: 가능하다면 자연식과 습식으로 전환, 필요하다면 처방사료 급여해 주세요. (자연식과 습식은 2-1장 〈먹거리에 대하여〉 편 참고)

A2. 수분을 보충해 주세요. (2-2장 〈물 마시기〉 편 참고)

A3. 환경 개선: 화장실을 원활하게 갈 수 있는 환경을 만들어 줍니다.

A4. 정기적인 검진이 필요합니다.

신부전

"고양이의 70% 정도가 앓게 되는 슬프고도 무서운 질병입니다."

Q. CKD란
A. CKD(Chronic Kidney Disease)는 만성신장병으로, 신장 기능에 이상이 생긴 상태를 말합니다. 초기 단계인 신장기능저하증부터 말기신부전까지 신장 장애가 지속적으로 이르는 병태 모두를 통칭하는 개념이지만, 대부분은 단순히 신장 기능이 저하된 초기 단계를 지칭하는 경우가 많습니다. 일반적으로 동물병원에서 CKD 진단을 받았다면 현재 별다른 증상이 없는, 신부전까지는 아닌 경미한 기능 저하를 의미합니다.

CKD는 대부분 신부전으로 발전합니다. 그러므로 우리 아이가 CKD 진단을 받았다면 이때부터는 신부전으로 진행을 늦추기 위한 다양한 관리를 시도해야 합니다. 생활습관 변화를 통해 적절한 수분과 유산균을 섭취할 수 있도록 하고, 소변검사 및 초음파검사를 정기적으로 진행해 신장 기능을 점검해야 합니다.

Q. 신부전이란
A. 신부전이란, 말 그대로 신장 기능에 이상이 생긴 상태를 말합니다. 신장은 몸 안의 노폐물을 걸러내는 필터 같은 역할을 합니다. 단순히 신장의 기능이 저하된 초기 단계에는 증상이 없거나 미약하지만, 신장 손상이 심해져 신장의 기능 부전이 악화되면 신부전은 본격화됩니다. 의료적인 의미에서 신부전은 CKD에서 더 진행된, 신장이 상당히 손상된 상태로, 노폐물을 걸러내지 못해 여러 가지 독성물질이 체내에 축적되어 전신증상을 나타내는 상태를 뜻합니다.

신부전은 급격하게 신장이 손상된 급성 신부전과 서서히 신장이 손상되어 기능을 상실하는 만성 신부전으로 구분됩니다.

Q. 급성 신부전이란

A. 갑자기 신장이 손상되어 신장기능부전을 보이는 상태로, 포도 중독, 백합 중독 같은 중독이나 소염제, 감기약 같은 약물에 의한 손상, 저혈압 등이 대표적인 원인입니다. 고양이는 하부요로질환 중 폐쇄성 방광염으로 요도가 막혀 소변이 배출되지 않을 때 급성 신부전이 생기는 경우가 흔합니다.

급성 신부전은 신장이 급격히 손상되어 빠른 치료가 필요하고, 심각한 경우 사망할 수 있습니다. 대신, 조기에 빠른 치료로 합병증이 오기 전에 회복하게 되면 신장의 손상은 회복될 수 있습니다.

Q. 급성 신부전의 증상

A. 다음 증상이 보이면 급성 신부전을 의심해 보세요.

☐ 오줌을 못 싼다, 찔끔거린다.
☐ 구토
☐ 식욕부진
☐ 기력 소실

Q. 급성 신부전의 원인

A1. 하부요로질환(폐쇄성 방광염)

오줌은 신장에서 만들어져 요관을 따라 방광으로 내려갑니다. 방광에서 요도를 타고 밖으로 배출되죠. 폐쇄성 방광염의 경우 경로가 막혀서 오줌이 배출되지 못해요. 계속 차 있다가 균이 생기고 이것이 역행해 올라오면 신장으로까지 감염이 일어나게 됩니다. 이때 발생하는 것이 급성 신부전입니다. 고양이에게 가장 흔한 급성 신부전의 원인이죠.

A2. 독성물질에 노출되었을 때

백합 중독과 포도 중독이 대표적이고 감기약이나 소염제 복용 후 약물중독으로 나타날 수도 있습니다. 사실, 중독은 원인이 워낙 다양해서 평소 어떤 물질에 노출되어 있는지를 보호자가 꼼꼼하게 살펴 둘 필요가 있어요. 급성 신부전 증상을 보여 병원에 왔지만 원인을 모르는 경우도 많아서 막연하게 '중독'에 준한 치료를 하게 되는 경우도 많습니다.

A3. 저혈압

혈압이 낮아져 신장으로 가는 혈류량이 적어진 상태가 지속된다면 신장에 손상이 와서 신부전 증상을 보일 수 있습니다.

Q. 급성 신부전의 치료
A. 응급입니다. 즉시 병원에 데려가세요!

급성 신부전은 조기 발견이 아주 중요합니다. 조기에 원인을 제거해 소변을 볼 수 있다면 바로 회복할 수 있기 때문입니다. 소변을 못 봐서 죽을 수도 있는 병이 급성 신부전입니다. 신장 수치가 2~3일이 지나도 낮아지지 않는다면 이때부터는 만성 신부전으로 진행될 가능성이 높아집니다.

고양이가 구토를 하고 잘 먹지를 못하는데 "오늘 바쁘니 내일 병원 가자" 하다 보면 치료 시기를 놓칩니다. 급성 신부전은 '응급'입니다. 평소 다니는 병원이 아니더라도 문제를 발견한 즉시 24시간 병원을 찾아가세요. 특히 하부요로질환(방광염)을 앓은 경험이 있다면, 평소에 화장실을 체크하는 집사가 되어야 합니다. 소변 보는 양을 모른다면 배뇨를 못하는 상황인지 알지 못한 채로 하루이틀 있다가 아이가 기력 소실로 축 늘어질 때 뒤늦게 내원하는 경우도 있으니까요. 적어도 하루 한 번은 배뇨 상태를 꼭 체크해야 합니다.

Q. 만성 신부전이란
A. 서서히 신장이 손상되어 기능을 상실하는 상태를 말합니다.

나이가 들수록 신체기관의 노화도 나타납니다. 신장의 기능 부전도 마찬가지입니다. 물을 많이 먹지 않고 소변을 농축해서 배뇨하는 고양이의 특성 때문에 노령묘에게 신장 기능 손상은 흔한 편입니다.

Q. 만성 신부전의 증상
A. 특별한 증상이 없습니다.

만성 신부전인 아이들이 보이는 증상은 참 애매하죠. 물을 많이 마시고 소변을 많이 봐요. 또, 체중이 천천히 줄어들고 먹는 양이 줄거나 입맛이 까다로워집니다. 대부분은 이런 초기 증상을 나이가 많아서 나타나는 일반적인 증상이라고 보고 무심코 넘어가거나 별다른 징후를 알아채지 못하다가 증상이 심해져 구토나 다른 증상을 보이면 그때 알게 되는 경우가 많아요. 그래서 급성 신부전을 제외하고는 신부전의 대부분은 건강검진으로 진단됩니다. 증상이 먼저 나타나서 오는 경우는 아주 심각해진 뒤예요. 안타깝지만 그렇습니다. SDMA검사, 소변검사, 복부초음파 등 **정기적인 검진만이 조기 진단을 하는 유일한 방법**이죠. 정기검진을 통해 조기에 발견하고 치료하는 것이 중요합니다. (3-5장 〈건강검진〉 편 참고)

우리 고양이가 갑자기 물을 많이 마신다면 의심을!

물을 많이 마시는 것은 신부전의 초기 증상 중 하나입니다. 만성 신부전은 굉장히 긴 시간 동안 별다른 증상 없이 진행되는데요, 그러다가 제일 먼저 나타나는 것이 신장의 재흡수 기능 이상으로, 소변을 많이 보고 그만큼 갈증 때문에 물을 많이 먹게 되는 증상입니다. 다른 여러 징후를 살펴 의심스러운 부분이 있다면 반드시 검사를 진행해 주세요.

Q. 만성 신부전의 치료

A. 조기 신부전이라 할 수 있는 신장기능저하증의 경우에는 신장 보조제(아조딜, 레날어드밴스 등), 식이조절, 수분 섭취, 정기검진 등으로 관리하게 됩니다. 그게 예방법이자 치료법이 되는 셈이죠. 신부전이 진행되어 요독증으로 인한 전신증상을 보이면 입원을 해서 수치가 낮아지고 증상이 개선될 때까지 적극적인 수액치료와 증상 관련 처치를 받아야 합니다. 매일 신장 수치가 개선되는 정도를 확인하면서, 동시에 구토, 빈혈, 통증 등을 개선하는 약물을 투여하고 밥을 못 먹을 땐 영양튜브를 장착해서 음식물을 넣어 줍니다. 증상이 나아지고 수치가 낮아지면 퇴원 후 정기적인 검사로 수치를 확인하고 처방식과 신장 보조제, 필요하다면 지속적인 수액처치를 처방하게 됩니다. 사람의 경우도 신부전 환자가 지속적으로 투석하고 검사를 받는 것처럼 말이죠.

Q. 만성 신부전의 예방법

특별한 예방법은 없습니다. 하지만,

A1. 음식 개선: 자연식과 습식 등 홈메이드로 전환해 주세요.

(2-1장 〈먹거리에 대하여〉 편 참고)

A2. 수분을 보충해 주세요.

(2-2장 〈물 마시기〉 편 참고)

A3. 정기검진: SDMA검사, 복부초음파, 소변검사 등

혈액검사에서 나오는 신장 수치가 높다면, 이미 신장의 2/3 이상이 기능을 상실했다는 의미입니다. 혈액검사로는 너무 늦습니다. 실제로 초음파를 했을 때 신장의 피질이 하얗고 단단하게 변성되었는데도 혈액검사에서는 신장 관련 수치가 정상으로 나오는 경우도 많습니다. 혈액검사만으로는 조기 진단이 어려워요. 그래서 신부전 조기 발견을 위해서는 복부초음파와 소변검사, SDMA검사 등이 필

요합니다.

소변검사는 의외로 중요합니다. 오히려 혈액검사보다 빨리 신부전이나 신장 기능을 체크할 수 있습니다. 신장에 이상이 생기면 신장의 재흡수 기능이 떨어져 먹는 만큼 물을 많이 내보내게 됩니다. 그래서 소변이 묽어집니다. 소변검사를 했을 때 소변의 비중(요비중)이 낮아지는 것이죠.

또 하나, 신장 기능이 떨어지면 건강한 신장에서는 걸러져서 나오지 않았어야 되는 단백질[알부민(albumin)]이 오줌에 남아 단백뇨가 나옵니다. 단백뇨 수치로도 신장 이상을 측정할 수 있습니다. 만약 소변검사에서 요비중이 낮고 단백뇨라고 나온다면, 다음에는 UPC검사, SDMA검사를 통해 더 정밀하게 신장 기능을 평가해 볼 필요가 있습니다. 이때부터는 주치의의 판단에 따라 몇 개월 단위로 검사를 진행하게 됩니다. (3-5장 〈건강검진〉 편 참고)

신부전은 투병의 기간도 길고 치료비용도 만만치 않은 질병입니다

고양이 상태가 계속 나빠지고 병원 갈 일이 많아지면 집사의 몸도 마음도 당연히 지치고 힘들 테지만 비용 때문에도 지치게 됩니다. 현실적인 부분을 고려하지 않을 수 없으니까요. 나이가 든 고양이의 상당수가 신부전과 싸웁니다. 어릴 때부터 조금씩 내 아이를 위한 적금을 들어 두면 신부전 관리의 아주 현실적인 대비책이 됩니다. 1년짜리 적금과 10년짜리 적금을 들어 두세요. 1년짜리 적금은 아이와 함께하는 1년 동안 발생할 수 있는 상황에 대비한 적금입니다. 1년을 무사히 잘 보냈다면 이 돈을 그대로 10년짜리 적금통장에 함께 넣어 주세요. 10년짜리 적금은 내 아이가 열 살이 된 뒤, 긴 투병을 할 때 요긴하게 쓰일 겁니다. 만약 다 큰 아이를 입양했다면 5년짜리 적금도 괜찮습니다. 적금 금액도 많이들 물어보시는데요, 소롱누나가 추천하는 적금 비용은 1년짜리 매달 2만 원, 10년짜리 매달 2만 원씩입니다. 물론 여유가 되면 더 많이 넣으면 좋겠지요. 한 달에 4~5만 원 정도씩만 내 아이를 위해서 적금을 들어 주세요.

신부전 고양이를 위한 홈케어

"신부전은 평생 관리해야 합니다.
보호자의 공부가 절실합니다."

 신부전 고양이는 상태에 따라 주치의와 상담하며 다음 요소들을 조절하는 것이 중요합니다.

1. 수분 공급

제일 중요합니다. 탈수되지 않게 수분을 공급해 주세요.

2. 항상 따뜻하게

사람처럼, 신부전 앓는 고양이도 늘 몸이 으슬으슬하고 몸살이 잘 나고 추위에 민감합니다. 신부전 고양이를 위한 따뜻하고 포근한 자리를 마련해 주세요.

3. 잘 먹이기

밥을 잘 먹어야 합니다. 소량의 식사를 여러 번 주시는 게 좋습니다. 고양이의 식사는 가능하다면 자연식, 습식이 좋지만 신부전의 경우, 처방식이 도움이 되기도 합니다. 신부전에 걸리면 단백질과 인의 수치를 낮춰야 하는데, 자연식을 하면 순수한 단백질을 섭취하게 되고 이로 인해 BUN*, CRE** 수치가 높아지거든요. 그럼 병원에서는 처방식을 권장할 텐데, 자연식을 하는 보호자에게는 처방식 먹이는 일이 힘든 결정일 수 있으니 주치의와 꼼꼼히 상의해서 식단에 천천히 변

★ BUN
혈액 중 BUN(blood urea nitrogen, 혈액요소질소)의 농도로, 신장 기능의 지표로 활용한다.

화를 줘야 합니다. 마찬가지로, 신장에 자연식이 좋다고 갑자기 자연식으로 전환하는 경우에도 충분히 고민한 뒤에 결정하시면 좋겠습니다. 신부전이 심하게 진행되고 있는 때에는 오히려 독이 될 수 있으니까요. 무엇 하나 균형이 깨지면 안 되기 때문에 주치의와의 상담이 정말 중요합니다.

4. 유산균 공급
신부전에 걸리면 노폐물을 걸러내지 못하거나 장내 정상적인 균 밸런스가 깨지면서 설사를 하는 경우가 많습니다. 유산균이 필수적입니다.

5. 빈혈에 신경 쓰기
만성 신부전이 되면 신장에서 만들어지는 조혈호르몬(erythropoietin)이 부족해져 빈혈이 유발됩니다. 적절한 검사를 통해서 빈혈 상태를 확인하시고 적절한 치료와 관리를 받으세요.

6. 보호자의 공부
음식 관리, 처방약 투여, 스트레스 관리 등 보호자의 역할이 중요합니다. 고양이들도 병원 다니느라 지치기 쉽고요. 경우에 따라 주치의에게 처방을 받아 집에서 피하수액을 투여해야 하는 상황도 있습니다. 궁금한 사항이 있다면 인터넷에 떠도는 이야기들에 의지하기보다 내가 다니는 병원에 솔직하게 물어보는 편이 좋습니다. 전문가인 주치의와 상의해 주세요.

★★ CRE
크레아티닌(creatinine)은 간에서 만들어진 크레아틴(creatine)의 대사물이다. 간에서 생산된 크레아틴은 근육세포에 흡수되고, 일부는 대사되어 크레아티닌이 된다. 크레아티닌은 혈액을 타고 신장으로 들어가서 소변으로 배출되는데, 크레아티닌은 다른 대사 산물과 달리 신장에서 재흡수가 되지 않아서 신장 기능 평가에 사용된다. 신장이 제 기능을 하지 못해서 크레아티닌을 배출해 내지 못하면 혈액 내 크레아티닌 수치가 높아지게 될 테니까 말이다. 이때 혈액 내 크레아티닌의 수치를 CRE라고 부른다. BUN과 달리 식사량과 소변량의 영향을 받지 않고 신장 기능과 근육량에만 영향을 받기 때문에 CRE는 BUN보다 신장 기능 평가에 훨씬 더 유용하고 민감한 지표다.

노령묘 돌보기

🐾 나눌 이야기

- 나이가 든다는 것
- 이럴 땐 질병을 의심하세요
- 안락한 노후를 위한 환경 만들기
- 인지장애증후군

얼룩아범의 집사일기

저스틴은 아홉 살을 넘기면서부터 부쩍 움직임이 줄어들었습니다. 식탐을 주체 못 해 살이 급격하게 찐 결과이기도 하겠지만, 그걸 감안해도 확실히 매사가 심드렁해진 게 사실이지요. 예전엔 낚싯대를 흔들어 주면 물찬 제비처럼 온 집 안을 휘젓고 다녔는데 이젠 '넌 흔들어라, 난 쉬련다' 모드를 고수 중입니다. 건강을 위해서라도 아이의 체중을 줄여 줘야 하는 제 입장에서 저스틴이 새롭게 흥미를 가질 만한 장난감을 사 모으는 게 일입니다.

처음 고양이와 동거를 결정할 때 이별할 것을 미리 염려하며 관계를 시작하는 사람은 거의 없어요. 물론 고양이의 평균 수명이 몇 살인지 정도는 대부분 알죠. 집고양이의 평균 수명은 길어야 20년 정도라는 건 고양이와 함께 살지 않는 사람도 알고 있는 상식이 되었지요. 하지만 그 막연했던 지식은, 당장 내 고양이가 나이를 먹으며 움직임이 예전 같지 않아지는 순간부터 흔들리기 시작합니다. 북슬북슬한 털 뭉치였던 게 엊그제 같은데, 나는 그대로인데 내 고양이는 보살핌이 필요한 어르신이 되어 버린 이 야속한 시간의 흐름이란.

제게도 아직 본격적으로 닥쳐온 일은 아닙니다만, 이 글을 쓰고 있는 순간에도 저스틴과 얼룩이는 조금씩 늙습니다. 인정하기 싫지만 이걸 피할 수 있는 길 같은 건 없어요. 결국 매달 조금씩 아이들의 노후자금을 모으고 노령묘들은 어떻게 돌보면 좋을지 미리 익혀 두는 일이 필요합니다. 물론 돈과 지식을 모은다고 해서 마음까지 같이 준비될 리는 없지만 돈도 지식도 없이 아이의 노화와 마주하는 것보다는 그 편이 훨씬 나아요.

생각해 보면 이게 어디 고양이만의 일일까요. 소중한 사람도 늙고, 사랑과 사랑 사이의 관계도 늙고, 끝내는 자신도 늙는걸요. 우린 모두 결국 끝을 향해 달려가는 존재들이고 언젠가 닥칠 그 끝을 미리 준비하는 자세는 모두에게 필요할 거예요. 내일이 없는 파락호처럼 살던 제가 적금을 들고 미래를 준비하기 시작한 건, 제게 모든 것엔 끝이 있음을 알려 준 제 고양이들 덕분입니다.

👩 사람도 관리를 어떻게 했느냐에 따라서 몸 상태가 다르잖아요. 고양이도 어떻게 케어하느냐에 따라 많이 다를 텐데요. 사람이 나이 들면 흰머리가 나고 어디에 지병이 생긴다거나 하는 것처럼 고양이도 나이 들면 어떤 징후가 나타나나요?

👩 네. 사람처럼 흰머리가 늘고 삭신이 쑤시는 일이 고양이들한테도 다 해당이 돼요. 나이가 드는 징후는 신체적인 변화에서 볼 수가 있는데요. 개나 고양이나 마찬가지지만 노령이 됐을 때, 우선 먹는 양에 비해 살이 좀 빠질 수 있어요. 완전한 뚱냥이도 어느 순간 약간 홀쭉해지고 피부가 좀 늘어지는 거죠.

👨 저희 집 아이들은 아직 신호가 없네요. (웃음)

👩 신호가 늦게 오는 경우도 있으니까요. 그래도 생각하셔야 되는 부분이죠. 저는 나이 든 고양이들은 억지로 다이어트를 시키지 말라고 얘기해요. 나이 들어서 다이어트를 하면 지방이 아니라 근육이 빠지거든요.

👨 저스틴한테는 다이어트를 안 해도 되는 핑계가 생겨서 희소식이네요. (웃음)

👩 또 피부가 건조해져서 털도 윤기를 잃고, 사람 흰머리 나듯이 털이 군데군데 하얗게 세요. 흰 털이 나요.

👩 어머, 정말요?

👩 네, 특히 털이 진회색이나 검은색인 고양이는 더 두드러지게 나타나요. 얼굴이 희끗희끗하게 세는 모습을 많이 볼 수 있어요. 발톱이 약해져서 스크래치를 잘 안 하게 되면서 발톱도 중간중간 부러지기도 하고요.

👩 완전히 사람하고 비슷하네요. 저는 우리 아나의 갈색 얼굴이 희끗희끗 센다는 게 상상이 안 되는데……. 그럼 어떻게 챙겨 줘야 할까요?

👨 그러니까요. 말이 통하는 우리 부모님도 이제 나이가 드시나 보다 생각이 들어도 어떻게 대처해야 하는지 당황하게 되는데요. 고양이들은 말이 안 통하니까 노화에 어떻게 대처해야 하는지 집사 입장에서는 당혹스러울 수 있잖아요.

👩 그리고 애들은 별로 티를 안 내는 것 같아요.

👩 그렇죠. 지금 얘기 드린 신체적 변화들을 알고 계시면서, 조금씩 조금씩 아이들이 나이가 드는 걸 준비해 주셔야 해요. 어느 날 보니까 얼굴 살이 조금 빠진 것도 같고 얼굴이 희끗해지는 것도 같다면 이제 노령묘가 되어 가는가 보다 하면서 조금 더 고양이를 배려해 주시면 좋겠어요. 열 살이라고 해도 어떻게 보면 남은 시간을

10년 정도로 볼 수 있거든요. 나이가 들었으니까 아픈 게 당연하다고 생각하면서 내버려 두기보다는 조금 더 신경을 쓰면서 해결방법들을 같이 고민해 주시면 좋겠어요.

나이가 든다는 것

"받아들이긴 어렵지만, 우리 아이도 나이가 듭니다."

고양이는 사람보다 빨리 나이를 먹습니다. 누구나 나의 아이가 노령이 되는 건 받아들이기 어렵습니다. 노화에 대해 알아 두자는 말은 '늙었으니 어떡해' 하고 걱정하거나 '너무 늙어버렸어' 하고 절망하라는 뜻이 아닙니다. 노화는 자연스럽고 당연한 일입니다. 겉으로 봤을 때 우리 아이는 언제나 아기 같지만 신체는 조금씩 노화를 겪고 있을 겁니다. 다음과 같은 점들을 미리 알아 두고 관찰한다면 나이가 들면서 겪는 불편함을 좀 더 챙겨 줄 수 있지 않을까요? 우리가 미리 알고 배려해 준다면 나의 '늙은 아이'는 좀 더 편안한 노후를 보낼 수 있을 거예요.

눈
맑고 깨끗한 눈이 조금 혼탁해지거나 백내장이 오기도 합니다.

성격
성격도 조금 바뀝니다. 손도 못 대게 사나운 아이가 온순해지거나, 반대로 아주 다정하던 아이가 건드리면 화를 내는 등의 변화가 생깁니다.

피부, 털
피부의 탄력이 떨어지고 건조해질 수 있습니다. 털이 진한 아이라면 하얗게 세기도 합니다.

발
스크래치를 잘 안 하게 되면서 발톱이 자주 부러집니다. 말랑말랑한 발바닥 젤리도 단단하고 거칠게 변할 수 있습니다.

다리
날렵하던 걸음걸이도 조금은 뻣뻣해지고, 어정어정 걷습니다. 걷는 속도도 느려집니다. 캣타워보다는 낮은 곳에 있는 것을 더 좋아할 수 있습니다. 평소에 잘 오르내리던 곳도 관절염 때문에 올라가는 걸 불편해하거나 내려올 때 머뭇거릴 수 있습니다. 골밀도가 낮아지기 때문에 골절이 일어나기 쉽습니다. 높은 데서 뛰어 내려오다 떨어져 다리가 부러지는 경우도 있으니 주의해 주세요.

체중
먹는 양도 체중도 줄어들 수 있습니다. 나이가 들수록 근육량이 줄어들면서 살이 빠지게 됩니다. 뚱냥이라고 걱정했던 아이도 살이 빠지거나 피부가 늘어집니다. 그래서 열 살 이상의 경우는 억지로 다이어트를 시키지 않는 게 좋습니다. 이보다 더 나이가 든다면 등뼈가 만져질 정도로 탄력도 없고 근육도 많이 줄어들게 됩니다.

이럴 땐 질병을 의심하세요

 노화와 질병은 별개의 문제입니다. 질병 때문에 불편한 것을 '나이 들어서 그래'라고 그냥 지나치지 말아 주세요.

> 평소에 순했던 아이가 쓰다듬으려고 손을 댔더니 깜짝 놀라서 후다닥 도망갑니다.

→ **청력**이나 **시력**이 떨어진 것은 아닌지 의심해 볼 수 있습니다. 다가오는 것을 미처 인지 못 하고 깜짝 놀라는 경우도 있으니까요. 또는 손을 댄 부위에 **상처**나 **종양**이 생기거나 **통증**이 있는지 의심해 볼 수 있습니다. 통증 때문에 예민한 반응을 보인 것으로 추정될 경우 병원에 데려가 검사를 받아야 합니다.

> 평소에 늘 가지고 놀던 장난감을 줬는데 멍하게 있습니다.
> 가끔은 걸어 다니다가 어딘가에 툭 부딪히기도 합니다.

→ 시력에 이상이 생긴 것은 아닌지 의심해 볼 수 있습니다. 이후로도 그런 행동들이 계속되면 병원에 가서 확인해 주세요.

> 좋아하던 캔을 잘 먹지 않습니다.

→ 단순히 **후각**이 떨어진 것이라면 음식을 데워 줬을 때 잘 받아 먹을 수도 있습니다. 하지만 **신부전**이나 **다른 내과적인 질환**으로 식욕이 떨어지는 경우가 더 많으니 병원에 가서 확인해 보세요.

> **입 주변이 지저분합니다. 침이 많이 고이고 침을 흘릴 때도 있어요.**

→ 치주염이나 구내염 등 구강질환일 수도 있지만 내과적인 문제가 있는 것은 아닌지 체크해 보셔야 합니다. 특히 구강질환을 앓고 있다면 오히려 심각한 내과질환을 놓치는 경우도 많거든요.

> **잘 올라가던 캣타워에 올라가지 않습니다.**

→ 관절염이나 다른 통증을 의심해 볼 수 있습니다.

> **평소에 얌전한 아이가 시끄럽게 군다거나 안 하던 우다다를 자주 합니다.**

→ **호르몬에 이상**이 생긴 것은 아닌지 의심해 볼 수 있습니다. 갑상선기능항진증일 수도 있습니다. 이 경우 조기에 검사해서 약만 먹으면 상태도 훨씬 호전되고 추가로 이어질 수 있는 2차적인 문제들도 예방할 수 있습니다. 이상 증상들을 무심코 넘기지 않도록 합니다.

안락한 노후를 위한 환경 만들기

• 일상 체크리스트

☐ **따뜻한 곳을 여러 곳 만들어 둡니다.**
고양이는 따뜻한 곳을 아주 좋아합니다. 게다가 나이 든 고양이라면 체온 조절을 원활하게 하지 못하는 경우가 많으니 따뜻한 환경이 더욱 필요합니다. 전기방석이나 물주머니 등을 이용해서 따뜻한 공간을 만들어 주세요.

☐ **음식은 자주 조금씩 줍니다.**

☐ **사료와 캔은 살짝 데워서 풍미를 높입니다.**
후각이 떨어지면 입맛도 떨어질 수 있습니다. 음식을 데워서 평소보다 맛과 향을 더 진하게 만들어 주는 노력이 필요합니다. 기존보다 음식을 좀 더 자극적인 맛으로 선택할 수도 있습니다.

☐ **새로운 음식이나 간식으로 갑자기 바꾸지 않습니다.**
노령묘에게 너무 갑작스러운 변화는 금물입니다. 요즘 무슨무슨 캔이 좋더라는 얘길 들었다고 바로 적용하면 곤란합니다. 기존 음식에 새로운 음식을 조금씩 섞어 먹여 보시고 좋아하면 비중을 늘리면서 천천히 바꿔 주세요.

☐ **밥그릇과 물그릇은 여러 군데에, 특히 잠자리 근처에도 둡니다.**
많이 움직이지 않아도 쉽게 음식과 물을 먹을 수 있도록 배려해 줍니다.

□ **건강한 체중 관리**

무리한 다이어트도 안 되지만 반대로 비만도 좋지는 않습니다. 살이 계속 찌기 시작하면 당뇨나 관절염이 더 빨리 올 수 있으니까요. 단, 음식을 급격히 줄인다 거나 지나친 단백질 제한으로 무리한 다이어트는 금물입니다. 조금씩 천천히 재 미있게 다이어트를 시도해 보세요.

□ **고양이도 계단이 필요할 수 있습니다.**

의외로 나이가 든 고양이는 관절염이 많습니다. 평소에 잘 다니던 침대나 캣타워를 뜸하게 간다 면, 계단을 만들어 턱을 낮춰 주세요. 훨씬 더 편 하게 다닐 겁니다.

□ **가구의 위치를 바꾸거나 새 가구를 들이지 않습니다.**

나이가 많이 든 고양이는 환경변화에 적응이 어려운 경우가 많습니다. 집 안 구 성원의 변화뿐 아니라 이사를 하거나 새로운 가구를 들이는 일은 고양이에게 매 우 급격한 변화입니다. 집의 변화는 가능한 적은 게 좋습니다. 어쩔 수 없이 이사 를 가야 한다면 이전과 최대한 비슷한 구조로, 가급적 원래 쓰던 물건을 배치해 주세요. 좀 더 시간이 지난 뒤 이전 가구를 버리더라도, 이사한 직후에는 이런 노 력이 필요합니다. 또, 나이가 들어 시력이 떨어졌다면 될 수 있는 한 가구의 위치 를 바꾸지 않는 게 중요합니다.

□ **화장실 턱을 낮추고, 화장실을 개수를 늘립니다.**

가급적이면 몇 발짝 안 가도 배변하고 싶을 때 할 수 있게끔 만들어 줍니다.

□ **빗질이나 마사지로 평소 신체 상태를 확인합니다.**

평소에 빗질을 하지 않는다면 손으로라도 신체 상태를 확인해 줍니다. 빗은 부 드러운 빗이 좋겠습니다. 빗질 자체에 마사지 효과가 있으니 빗질 시간을 놀이 이자 관리 시간으로 만들어 보세요.

☐ **하루 종일 자지 않도록 편안한 놀이와 운동을 통해 자극을 줍니다.**

나이가 많은 고양이는 인지장애증후군이 올 수 있습니다. 인지장애증후군은 사람의 알츠하이머와 유사합니다. 무료하지 않게 해 주고 자꾸 머리를 쓰게 하는 일이 중요합니다. 캣닢이나 트릿 간식 등으로 깨어 있는 시간을 만들어 주세요.

☐ **고양이가 좋아하는 음악을 틀거나 자주 말을 겁니다.**

아기 고양이 때만큼 먼저 다가와 장난을 걸거나 놀아 달라고 조르는 일이 줄어듭니다. 함께 사는 것에 익숙해지는 만큼 우리 또한 나이 든 고양이의 조용함을 당연하게 생각하는 건 아닐까요? 혼자 조용히 있는 시간보다 무료해하지 않도록 세심하게 신경 씁니다.

☐ **다가가기 전, 먼저 말을 걸거나 이름을 불러 고양이가 놀라지 않게 합니다.**

나이가 들어 청력이 약해졌다면 단순히 쓰다듬는 것도 고양이를 깜짝 놀라게 할 수 있습니다. 고양이가 들을 수 있는 성량으로 미리 이름을 부르거나 말을 걸며 접근해 주세요.

☐ **화를 내지 않습니다.**

가장 중요한 부분입니다. 고양이가 나이가 들면서 생겨나는 변화, 실수, 짜증에 우리도 짜증으로 답하는 일이 많아질 수 있어요. 하지만 나이 든 고양이에게는 아기 고양이와 마찬가지의 돌봄과 배려가 필요합니다. 짜증을 내기보다 먼저 인내심을 가져 주세요. 사는 내내 나를 행복하게 해 주었던 내 고양이의 마지막 몇 년을 이제 내가 행복하게 해 주어야 하지 않을까요?

행복한 고양이 노후를 위해 적금을 들고 공부를 하세요

아직 어린 고양이와 살고 있더라도 지금 바로 적금을 들어 주세요. 든든한 노후자금은 사람만이 아니라 고양이에게도 필요합니다.

나이 든 아이와 살고 있다면 지금 내가 이 아이에게 해 줄 수 있는 최선이 무엇일지 고민해 보세요. 나이가 들었을 때 우리가 할 수 있는 사소한 것들은 생각보다 많습니다. 할머니 안마해 드리듯 따뜻한 물주머니를 만들어 불편한 관절을 마사지해 주고 잠자리를 따뜻하게 챙겨 주는 일도 우리가 할 수 있는 일입니다. 집사가 많이 공부할수록 고양이의 노후는 편안해집니다.

인지장애증후군

Q. 고양이의 인지장애증후군이란
A. 사람의 알츠하이머와 유사한 질환입니다.
인지장애증후군은 질환입니다. 인지장애증후군과 관련된 증상은 나이가 들면 더러 나타날 수 있습니다. 사람도 나이가 들면 건망증이 심해지거나 깜빡깜빡하는 일이 잦아지잖아요. 그렇다고 다 치매는 아닌 것처럼, 고양이도 나이가 들었다고 무조건 인지장애증후군이 되는 건 아닙니다.

Q. 진단
A. 앞서 언급한 노화 증상 중 한두 가지가 나타날 수는 있지만, 이와는 성격이 전혀 다르게 고양이가 방향을 잃고 어딘가에 처박혀 있거나 빙글빙글 돌면서 헤매는 등 이상한 증상을 보인다면 병원에 가서 **적극적인 상담과 진단**을 받아야 합니다. 문제행동이 있다고 모두 인지장애증후군이라고 쉽게 진단해 버리는 경우가 있는데요, 당뇨나 호르몬질환, 종양 등이 인지장애증후군의 원인이 될 수도 있기 때문에 정확한 검사와 진단이 필요합니다.

Q. 치료
A. 완벽한 치료는 어려워도 **조기에 발견하면 약물처치를 하면서 진행을 늦출 수는 있습니다.** 집사나 고양이가 불편해하는 부분들도 조금은 개선될 수 있습니다. 인지장애증후군에 걸리지 않아도 고양이가 밤에 많이 울거나 보챌 수 있습니다.

나이 든 고양이가 많이 울거나 보챈다고 단순히 '얘 치매야'라고 넘기지 말고 혹시 내과적인 문제가 있지 않은지, 내가 모르는 통증은 없는지 챙겨 보시면 좋겠습니다.

이별하기

"사랑해, 나의 늙은 고양이야."

이별에 대한 이야기는 누구나 하고 싶지 않을 것 같습니다. 그들의 수명이 우리보다 짧다는 사실을 알면서도 받아들이기는 쉽지 않습니다. 반려동물을 떠나보낼 때, 그 무엇과도 비교할 수 없는 관계를 잃게 됩니다. 그들은 삶의 모든 순간에 우리만 사랑해 준 단 하나의 존재입니다. 그런 존재를 잃는다는 것은 엄청난 상실감을 가져옵니다. 더 해 줄 수 있는 게 없다는 사실에 남겨지는 우리들은 더욱 절망합니다.

버킷리스트를 만드세요.

제일 슬픈 건 갑자기 맞아야 하는 이별이에요. 준비할 수 있는 이별이라면 그나마 나은 것 같고요. 이제 내 고양이가 나이가 많고, 아주 오래 나와 함께하기는 힘들겠다는 생각이 든다면 버킷리스트를 쓰세요. 예를 들면, 하루에 한 번씩은 예쁘다고 말해 주기, 햇볕 쬐어 주기, 이런 소소한 것들을요. 너무 아파서 오늘 내일, 하는 고양이한테는 적용할 수 있는 일이 많지 않아요. 그렇게 되기 전에, 한 해 한 해 올해는 고양이와 이런 걸 해 봐야지, 하면서 하고 싶은 것들을 적고 실천해 주세요. 그게 정말 중요해요.

지금을 행복하게

나이 든 동물을 바라볼 때마다 불안한 마음이 드는 것은 당연합니다. 떠날 날이 가까워 온다는 불안감에 슬퍼질 수도 있고요, 지금 투병중이라면 세상에 나와 내 고양이만 남겨진 듯한 마음일 수도 있어요. 하지만 준비할 수 있는 이별은 어느 날 갑자기 맞이하는 이별보다 조금은 행복한 일이라는 생각으로 기운을 내면 좋겠어요.

슬픔 속에서도 행복한 순간들은 있습니다. 언제 올지 모르는 이별 때문에 미리부터 힘들어하지 말고 지금 이 순간을 행복하게 보내세요. 현재를 의미있게 지내는 것이 중요합니다. 하루하루 최선을 다해 돌봐 주고 함께 시간을 보내는 데 집중하세요.

함께 준비하는 동안 힘들더라도 행복한 마음을 많이 나누고 작은 것에 기뻐하세요. 행복한 마음은 치료에도 큰 힘이 됩니다. 최선을 다해 치료를 한다고 해도 서서히 다가오는 죽음의 순간을 막을 수는 없습니다. 미안한 마음도, 내가 아프게 했다는 자책감도, 신경 써 주지 않는 주위 사람들에 대한 서운함도 이별을 준비하는 과정에 조금씩 내려두세요.

결정은 나와 나의 고양이가 하는 거예요.

가족들이 "네가 너무 애를 고통스럽게 하는 거 아니냐", "네 욕심으로 애를 붙잡고 있는 거야, 이제 보내 줘"라고 얘기하는 때가 있어요. 내가 들어야 하는 건 수의사의 말도, 가족 누군가의 말도 아니에요. 나와 내 반려동물이 결정하는 거예요. 어제까지도 '얘가 죽으면 어떡하지? 난 정말 못 살 건데' 이런 마음이 드는데 오늘 거짓말처럼 마음이 이제 보내 줘야겠다고 하는 순간이 와요. 정말 슬프지만 이제 가도 된다는 말을 내 고양이에게 해 줄 수 있는 순간이 와요.

개나 고양이나 그렇게 사람과 오랫동안 같이 살면 마지막에는 남아 있는 가족들을 걱정하더라고요. 저는 실제로 많이 봤어요. 자기 몸이 아프니까 너무 많이 힘들어하면서도 가족들이 걱정돼서 버티고 있는 모습을요. 버티는 그 마음이 너무 고맙고 미안하잖아요.

그럴 때 우리가 의연하게 "**너무 힘들면 가도 돼, 나는 괜찮아, 나는 너와 오랜 시간을 함께 지내고 싶지만 네가 너무 힘들다면 괜찮아**" 그렇게 얘길 해 주시면 좋겠어요. 정말 떠나는 아이들에게는 꼭 필요하고 중요한 이야기예요.

이별 후 자책하지 마세요.

제일 속상한 이별은 너무 슬퍼서 꺼내 보지도 못하는 이별인 것 같습니다. 그리고 더 속상한 이별은 나나 혹은 누군가에게 책임이 있다고 생각하고 스스로를 원망하거나 누군가를 책망하는 것이고요. 두 경우 모두 이별이 상처로 남아서 삶이 송두리째 힘들어질 수 있거든요. 이런 경우가 있었어요. 반려동물과 15년 동안 사신 분인데요, 그 시간 동안 여행 한번 못 가고 늘 함께했는데 말년에 아이가 심장이 안 좋아서 기침을 많이 했어요. 잦은 기침에 어머님도 짜증이 난 거죠. 긴 투병기를 지나고 있었고요. 그래서 "기침하지 마!!" 소리를 치면서 화를 냈대요. 그런데 그다음 날 아이가 세상을 떠난 거예요. 그 일로 너무 우시면서 자기 때문에 간 거냐고 물으시는데, 이게 다 사람의 마음이고 누구나 겪는 마음이에요. 이럴 때 너무 심하게 자책하지 마세요. 우리는 남아서 이 슬픈 감정을 추스려야 하고, 떠난 아이는 어딘가 편한 곳에서 우리를 늘 보고 있다고 생각해 주세요.

만약 반려동물이 떠난 뒤 내가 너무 슬퍼서 '우리 쭈쭈가 보고 싶으니 나도 갈래' 하면서 그 세상으로 간다면, 그 세상에서 만난다면, 떠난 아이가 정말 반가워할까요? 당황스러울 것 같아요. 아이들은 굉장히 현명합니다. 이 사람이 상처받지 않게, 가족들이 어느 정도 준비할 수 있게, 아주 힘겨운 시간을 버티고 이 정도면 됐다 할 때 떠났는데, 금방 쫓아오면 얼마나 짜증나겠어요. 맨날 술 먹고 있고, 맨날 방에 틀어박혀서 자기 사진만 보고 엉엉 울고 있으면 과연 좋아할까요? **다시 만날 때까지 더 열심히 사셔야 해요. 더 즐겁게.** 정말 나중에 떠난 아이를 만났을 때 할 얘기도 많고, 자랑거리도 많게요. 저세상의 친구들과 함께 나를 보면서 "우리 언니 이런 사람이야, 봤지?" 이럴 수 있게. 저에게는 이런 생각들이 엄청난 힘이 되더라고요. 사랑하는 나의 반려동물이 나에게 힘이 될 수 있게 해야지, 나를 힘들게 하는 존재가 되게 두어서는 안 되잖아요. 그래야 나중에 만났을 때 부끄럽지 않을 거예요.

언젠가 다시 만나

언니는 슬퍼할 겨를도 없이
내 장례 준비를 해야 해요.

우리 집은 아파트라 나를 묻을 데가 없어서
화장장이란 곳까지 가야 하는데

화장장은 참 멀리에 있네요.

장례를 치르고 나면
나도 언니와 작별할 준비를 해야 해요.

나는 이제 언니를 위로해 줄 수가
없는데······

그래도 우린 오랜 시간 함께한 가족인데,
며칠 만에 그렇게 쉽게 잊을 순 없는데,
누구라도 내 대신 언니를 좀 이해해 줬으면.

나는 더 이상 아프지 않으니까
언니도 내가 걱정할 만큼 힘들어하지는 말고

시간이 좀 지나서 나를 떠올릴 때
슬펐던 일보다 좋았던 일들이
더 생각나면 좋겠어요.

다시 만날 때까지, 안녕.

장례방법

"온전히 애도할 수 있기를……"

🧑 병원에 있다 보면 떠나는 반려동물의 죽음을 지켜보게 되는 일이 참 많습니다. 안타까운 건 반려동물이 떠난 지금 상황이 너무 슬픈데, 현실로는 당장 떠난 아이를 두고 무엇을 어떻게 해야 하는지 막막해하는 경우가 대부분이라는 점입니다. 내 마음이 너무 힘들어서 서 있기조차 힘든데 어디서부터 무얼 어떻게 해야 하는지를 모르니까 머릿속이 복잡해지죠. 그럴 때 미리 알아 두고 생각해 둔 것이 있다면, 그 방식대로 차근차근 절차를 밟아 나가면서 우왕좌왕하지 않고 아이를 떠나 보내는 일의 무게를 감당하면서 애도의 시간을 보낼 수 있지 않을까 합니다. 오늘은 그런 차원에서 장례문화를 이야기해 보려고 합니다.

일반적으로 반려동물이 떠나면 개별화장 또는 매장을 해 주게 됩니다. 그런데 이 두 가지 방법으로 장례를 치르는 것이 생각보다 쉽지 않습니다.

우선, 개별화장을 하는 경우의 화장 비용은 약 20만 원 정도, 여기에 추가 비용이 들기도 합니다. 현실적으로 비용 부담이 큽니다. 동네고양이 밥을 주고 있거나 집에 열 마리 정도의 동물을 키우고 있는데 연달아 몇 마리의 아이들이 세상을 떠난다면, 한 마리당 20~30만 원은 너무 큰 부담입니다.

가끔 동물병원에 단체 화장을 의뢰하기도 하는데, 이 단체화장은 우리가 상상하는 '여러 마리가 함께 화장 절차를 밟는다'는 의미가 아닙니다. 일반 의료폐기물들과 같이 소각될 가능성이 있는, 사실상 '소각'이라고 생각하시면 됩니다.

비용 부담뿐 아니라 접근성의 문제도 큽니다. 그나마 있는 동물 장묘업체도 수도권 지역에 몰려 있는 경우가 대부분인데요, 동물보호관리시스템(animal.go.kr)에 따르면 (2018년 12월 현재) 정부에 공식적으로 등록된 장묘업체는 총 29곳입니다. 기하 급수적으로 성장하는 반려인구를 생각하면 사는 곳 근처에서 장묘업체를 찾기 어려운 경우가 많습니다. 29곳 중 13곳이 경기도에 집중돼 있고요(고양 1, 광주 5, 김포 5, 양주 1, 이천 1). 만약 근처에 장묘업체가 없고 내가 멀리 갈 수 있는 형편이 아니라면, 이미 무지개 다리를 건넌 아이를 며칠 기다리게 해야 할 수도 있습니다.

매장도 쉬운 일이 아닙니다. 현행법상 동물의 사체는 본인 소유의 땅에 묻어야 하는 것으로 규정되어 있습니다. 땅이 있어서 묻더라도 1미터 이상 깊게 묻지 않으면 다른 야생동물들에게 파헤쳐질 우려도 있습니다. 우리 가족을 묻은 곳이라면 생각날 때 방문할 수 있어야 하잖아요. 안전하게 묻을 수 있는 곳, 언제든 찾아올 수 있는 곳, 이 두 가지를 충족시킬 수 있는 장소를 찾기는 쉽지 않습니다.

마지막으로, 매장이나 화장을 하기 어려운 경우는 일반 쓰레기봉투에 넣어 생활쓰레기로 분류해서 배출합니다. 내 아이를 쓰레기봉투에 배출한다는 건 상상하기도 힘들고 싫은 일이죠. **동시에 공중보건의 문제가 발생합니다.** 보통 쓰레기봉투는 한곳에 모아져 일주일에 한두 번 수거됩니다. 특히 여름이라면, 사체의 부패가 계속됩니다. 주변 사람의 위생에 지장을 줄 수 있는, 꼭 해결되어야 할 부분입니다.

실제로 매립장에서 생기는 문제도 있습니다. 서울과 인천, 경기 지역의 쓰레기를 매립하는 수도권매립지관리공사는 쓰레기봉투에 담긴 사체를 받지 않습니다. 폐기물 관리법상으로는 종량 봉투로 처리가 가능하지만 수도권매립지관리공사는 '폐기물 처리시설 설치 촉진 및 주변지역 지원 등에 관한 법률에 의한 수도권 매립지 반입 폐기물 검사 업무처리 지침' 제8조에 의거, 반입을 제한하고 있습니다. 즉, 반입검사에서 사체 발견 시 이를 반송하게 됩니다. 서울시에서 동물사체를 생활폐기물로 규정하고 있으므로 매립지에서 이를 수용하는 것이 맞지만, 실제로는 그렇게 실행되지 않는 것이죠.

키티피디아의 제안

1) 인프라 구축

미국, 중국 등 많은 나라에는 반려동물 공공묘지가 있습니다. 영국에서 대학을 다닌 엉클조에 따르면, 영국에는 대학교 내부에 동물을 화장하는 시스템이 마련돼 있다고 합니다. 이를 이용해 죽은 비둘기를 화장해 준 경험이 있고요.

반면 우리나라는 농림축산식품부에 따르면 지난해 반려동물 사체 발생량을 688,000마리로 추산하는데, 그중 민간 장묘시설에서 처리한 사체는 42,000마리 정도로 전체 6.1% 수준으로 보고 있습니다. 때문에 정부와 지자체 주도로 반려동물 장묘시설 인프라가 구축되어야 한다는 주장에 힘이 점차 실리고 있습니다. 정부도 이런 여론을 의식했는지 지난 7월 공공 동물 장묘시설 설치 지원사업에 전북 임실군과 경남 진해시를 선정했습니다. 공공으로는 전국 1, 2호 동물 장묘시설이 되는 셈인데요, 앞으로 이러한 인프라 구축이 잘 이루어질지 지켜봐야겠습니다.

 참고 기사: 〈혈육과 같은데, 죽었다고 쓰레기봉투에 넣을 수 있나요〉

2) 비용 보조

요즘 반려동물 페스티벌 등 문화행사 기획을 종종 보는데요, 그보다 반려인이 자신의 반려동물과 납득할 수 있는 방법으로 이별하고 이후에도 애도할 수 있도록 돕는 일이 더 반려동물 복지에 가깝지 않을까요?

가까운 일본에도 10kg까지 55,000원 정도로 반려동물을 화장해 줄 수 있는 공공 화장터가 있습니다. 우리나라에서도 이 정도 금액이면 더 많은 사람들이 나의 반려동물을 일반쓰레기가 아닌, '불법' 매장이나 소각이 아닌, 편안한 방법으로 보내줄 수 있습니다. 지금의 20~30만 원 화장 비용은 많은 반려인을 고민에 들게 하고, 이후로도 오랫동안 죄책감에 시달리게 합니다. 저희의 바람은 지역마다 사람 화장터가 있잖아요, 공공화장터들이 있으니, 그 옆에 동물을 위한 작은 화구 몇 개만이라도 설치해 달라는 것입니다.

우리가 동물보호법이나 동물권 공약에 대해 이야기를 나눠 왔었잖아요. 반려동물이 살면서 운이 좋아서 병원 정말 안 가고, 동물권 관련한 문제에 연루되지 않을 수는 있어요. 살아서는 그럴 수 있지만, 어떤 동물이든 결국엔 죽잖아요. 아무리 동물보호법, 동물권을 이야기한들 그 삶을 마무리하는 단계에서의 복지가 확보되어 있지 않다면, 그게 무슨 소용일까요. 누군가의 가족이었던 반려동물을 가족답게 보내 줄 수 있는 것도 동물복지의 중요한 부분이라고 생각합니다.

4장

어려운 고양이님 모시기

포상놀이(클리커 트레이닝)

 나눌 이야기

· 포상놀이(클리커 트레이닝)
· 클리커 장전하기
· 타깃 터치하기

소롱누나의 클리커 트레이닝 동영상

소롱누나의 집사일기

저는 사실 동물들에게 훈련시키는 걸 좋아하지 않았습니다. 오래전 저와 함께 살던 강아지들도 그 흔한 '앉아', '손'을 하지 않았으니까요. 그래도 17세, 18세, 19세로 잘 지내다 떠났는데, 애들에게 굳이 뭘 가르칠 필요가 있을까 하는 생각이 컸습니다.

하지만 대학병원 근무 시절 외과 실험실 실습견이던 '검둥이'를 입양한 뒤로는 생각이 좀 바뀌었습니다. 검둥이는 어릴 때 '못생긴 잡종'이란 이유로 버려져서 병원을 전전하다 실습견이 된 아이였어요. 제가 근무하기 전부터 학교에 살고 있었고, 그렇게 3~4년을 살다가 저에게 왔죠.

한번은 친구랑 우리 강아지들은 '앉아', '손'을 할 줄 모른다며 이야기를 나누다가, 옆에 앉은 검둥이에게 무심코 '손'이라고 했는데 검둥이가 제게 손을 내어 주더라고요. 마치 그 말을 오랫동안 기다렸다는 눈빛으로 절 보면서요. 그때 검둥이를 안고 한참 울었던 기억이 납니다.

검둥이는 첫 번째 가족이 가르쳐 준 '손'을 기억하고 있었어요, 아마 '손'을 할 때마다 보상받았던 추억이 있을 겁니다. 실습견으로 사는 힘든 시간 동안 어쩌면 그 아이는 자신에게 '손'을 말해 줄 누군가를 기다렸을지도 몰라요. 검둥이 덕분에 지금은 가르치는 게 지나치지 않고 '놀이'가 된다면 해 볼 만하다고 생각합니다. 함께 쌓아 가는 교감과 추억, 그런 면에서 클리커 트레이닝은 훌륭한 포상놀이예요.

그런데 고양이 실용서에서 강아지 얘기를 왜 하냐고요? 놀라운 건 강아지보다 고양이가 더 이 놀이를 잘한다는 점입니다. 우리 강아지 '개달래' 씨보다 질척쟁이 고양이 '소롱이'가 훨씬 더 빨리 습득하고 즐기더라고요. 만약 고양이에게 클리커 트레이닝을 시도했는데 실패했다면, 잘못된 방식으로 한 건 아닌지 살펴볼 필요가 있습니다. 저희가 도와 드릴게요. ^^

놀이로서만이 아니라 좋은 행동을 유도할 때에도, 가까이 불러야 할 때에도 아주 유용하고 효과적입니다. 혼내지 않고도 고양이를 가르칠 수 있는 클리커 트레이닝! 한번 보시렵니까?

 이번 주제는 고양이 포상놀이, 일명 클리커 트레이닝(Clicker Training)입니다. 클리커 트레이닝이 뭔지 다들 아시나요?

 주변에서 반려견을 키우는 분들 중에는 클리커로 훈련을 한다는 분이 좀 있었는데, 그냥 그런 게 있나 보다 했어요.

 저는 전혀 몰랐어요.

 개는 교육이 잘되지만, 고양이는 교육이 안 된다는 생각이 일반적인데요, 이는 반은 맞고 반은 틀려요. 조금만 더 관심을 기울이면 고양이들도 교육이 가능해요.

 거짓말! 지난번에 선생님이 고양이는 교육이 안 된다고 그랬잖아요!

 제가 항상 얘기하죠? 우리는 대기업 회장의 망나니 아들을 능수능란하게 다룰 수 있는 30년 차 비서 같은 집사가 돼야 해요. (모두 웃음) 고양이들이 무심코 하는 행동들을 우리가 원하는 방향으로 이끄는 방법을 알아야 합니다.

 대기업에서 그런 일 하시는 분들은 연봉을 많이 받을 텐데요.

 아무튼 클리커 트레이닝은 굉장히 유용해요. 일단 고양이와 의사소통을 할 수 있어요. 동기부여를 하며 원하는 행동을 유도할 수 있죠. 두 번째로는, 하지 말아야 할 행동을 제어할 수 있어요. 고양이의 문제행동에는 다 목적이 있어요. 싱크대에 올라가는 고양이에게 다른 적당한 장소를 찾아 줄 수도 있지만, 클리커와 연결해서 자연스럽게 보상을 해 주면 일단 그 행동을 안 하게 막을 수가 있어요. 클리커 트레이닝은 아주 과학적인 원리로 운용돼요. 조작적 조건형성이라고…….

 '파블로프의 개'랑 비슷한 거예요? 종 치면 밥 주는?

 아. 저도 뭔가 비슷한 게 있었는데, 하면서 머릿속으로 '플랜더스의 개였나?' 하고 있었어요. (웃음)

 클리커가 뭔지 모르는 분들이 있을 거예요. 설명을 해 보자면 자동차 리모트 컨트롤 키와 비슷하게 생겼고요, 버튼을 누르면 클릭(딸깍) 하는 소리가 나요.

 클리커를 하나씩 주셔서 눌러 봤는데 누르는 건 되게 신나네요.

 이걸 써서 아이들을 교육할 수 있다는 거죠?

 네, 이제 클리커 트레이닝에 대해 차근차근 알아볼까요?

포상놀이(클리커 트레이닝)

"놀면서 친해지는 교감의 기술"

Q. 클리커 트레이닝이란

A1. 정의

클리커 트레이닝은 고양이의 문제행동을 개선하는 교육이자 집사와 고양이의 교감을 높여 주는 놀이입니다. 포상놀이의 대표적인 것이 '클리커 트레이닝'입니다. "딸깍(클릭)" 하는 소리가 나는 클리커(clicker)라는 물체를 이용해 고양이로 하여금 집사가 원하는 행동을 강화하고, 하지 말았으면 하는 행동을 막는 방법입니다.

A2. 원리

클리커 트레이닝은 적절한 행동이나 활동을 하면 보상을 주는 조작적 조건형성이라는 학습이론을 근거로 하는 효과적인 교육방법입니다. 쉽게 말하면, 긍정적인 보상이 즉각적으로 주어지는 행동을 의도적으로 반복한다는 원리를 이용합니다. 클릭 소리는 우리가 원하는 정확한 순간을 고양이에게 알려 주는 역할을 합니다. 클리커를 딸깍 누르는 순간, 지금 하고 있는 행동이 올바르다는 사실을 알려 주기 때문에 고양이는 자신이 하고 있는 행동이 맞다는 것을 정확히 이해합니다. 클릭 소리와 먹을 것(혹은 다른 긍정적인 포상)을 짝짓는 것은 원하지 않는 문제행동을 교정하는 과정의 시작입니다. 고양이에게 문제행동이 나타났을 때, 집사는 그 문제행동보다 더 나은 대안을 고양이에게 제시해 주어야 하는데 집사가 제안한 대안을 고양이가 선택했을 때 보상을 해 줌으로써 고양이의 문제행동을 교정하는 것입니다.

A3. 타이밍

클리커를 쓸 때는 강화하고자 하는 행동이 일어나고 있는 **정확한 순간에 클릭 소리가 나게 해야 합니다. 타이밍이 정말 중요합니다.** 자칫 잘못하면 클릭 소리가 난 순간에 한 엉뚱한 행동이 강화될 거예요. 클릭 소리는 고양이에게 '지금 너는 올바른 행동을 하고 있고 잠시 후 그 행동에 대해 보상받게 된다'는 것을 말해 줍니다. 클리커를 누르는 즉시 고양이 앞에 포상 먹이를 제공해서 클릭 소리와 보상을 연관짓게 합니다.

Q. 주의점

A1. 클리커 트레이닝은 '고양이를 위한' 놀이입니다.

트레이닝을 통해 고양이가 행복을 느끼고 심리적인 안정과 만족감을 얻을 수 있어야 합니다. 때문에 클리커 트레이닝은 고양이가 스트레스를 받지 않는 선에서 진행해야 합니다. 섣부르게 '재주 많은 똑똑한 고양이로 키우기'를 목적으로 접근한다면 고양이에게 큰 스트레스를 줄 수 있어요. 이건 **반드시 집사가 아닌 고양이를 위한 놀이**라고 생각해 주세요.

A2. 포상은 고양이가 좋아하는 것이어야 합니다.

유혹적인 포상이 중요합니다. 포상으로는 고양이가 가장 좋아하는 간식을 선택해야 합니다. 사용하기 편하다고 아무거나 주시면 안 됩니다. 의외로 집사들이 고양이가 정말로 좋아하는 것을 모를 수도 있습니다. 교육 효과가 낮다면 반드시 다시 한번 고양이가 정말로 좋아하는 포상인지 확인해 보셔야 합니다.

고양이 행동에는 네 가지의 법칙이 있습니다

이 법칙을 잘 생각해 보면 고양이가 왜 그런 행동을 하는지를 이해할 수 있고, 문제행동을 교정하는 데 큰 도움이 됩니다. 나도 몰랐던 고양이의 행동 이유를 함께 배워 봅시다. (이 행동법칙은 사람을 포함한 모든 동물에 적용됩니다.)

1. 행동 후 좋은 일이 생기면 같은 행동을 반복합니다.
고양이가 냉장고 앞에 있다고 가정해 봅시다. 냉장고 앞에서 아옹아옹 울었어요. 집사가 와서 문을 열고 간식을 꺼내 줍니다. 몇 번 반복되면 아이들은 간식이 먹고 싶으면 냉장고 앞에 와서 아옹아옹 울게 됩니다. 울고 난 후 간식을 얻어 먹었기 때문에 같은 행동을 반복하는 것입니다.

2. 행동 후 좋지 않은 상황이 사라지면 같은 행동을 반복합니다.
고양이를 안고 있다고 가정해 봅시다. 이때 고양이가 물거나 할퀴어서 내려놓으면, 고양이는 좋지 않은 상황이 해소되었다고 생각합니다. 아이들은 이런 행동을 한 후에 자신에 대한 구속이 사라졌다고 생각하기 때문에 안으면 물게 됩니다.

3. 행동 후 싫은 일이 생기면 반복하지 않습니다.
이동장을 생각해 봅시다. 이동장에 들어간 후 병원에 끌려가서 모진 고초를 겪고 돌아왔다면 고양이는 이동장 근처에도 가기 싫을 겁니다. 만약 화장실에 들어갔을 때 현관문 벨소리가 심하게 울려서 깜짝 놀랐다면 그 화장실에서 용변을 보는 행동을 피하게 될 겁니다. 이외에도 고양이는 트라우마를 아주 쉽게 갖습니다. 아이가 이유 없이 어떤 행동을 안 하게 된다면 이 부분을 생각해 보세요.

4. 행동 후 좋은 상황이 사라지면 반복하지 않습니다.
고양이와 놀고 있다고 가정해 봅시다. 신이 난 아이가 갑자기 내 손을 물어 버립니다. 이때 놀이를 멈추고 집사가 사라진다면 아이의 입장에선 기분 좋은 상황이 사라지게 됩니다. 이런 일이 반복된다면 고양이는 더 이상 놀 때 물지 않을 것입니다. 이 법칙은 놀이 공격성을 가진 고양이를 교정할 때 응용되기도 합니다.

클리커 장전하기

"클리커 트레이닝의 첫 번째 단계입니다."

Q. 클리커 장전하기(charging)
A. 클리커 장전하기는 '소리와 보상을 연결해서 클릭(딸깍) 소리가 나면 좋은 일이 일어난다'고 알려 주는 과정입니다. 동물의 행동법칙 중 어떤 행동을 했을 때 기분 좋은 일이 생기면 같은 행동을 반복한다는 원리를 이용하는 것이죠.

Q. 준비
A1. 클리커 선택하기
일반적으로 클리커는 인터넷을 통해 쉽게 구매가능합니다. 처음에는 의외로 소리가 커서 놀라실 수 있어요. 클릭 소리를 싫어하는 고양이도 많고요. 적응이 필요합니다. 소리가 너무 커서 놀란다면 클리커를 옷소매 안에 넣어서 사용하세요. 클리커 대신 볼펜도 괜찮습니다. 클리커 소리를 무서워한다면 딸깍 소리가 나는 볼펜이 나을 수도 있거든요. 하지만 볼펜으로 클리커 트레이닝을 한다면 평소에는 이런 볼펜을 쓰지 않도록 주의하셔야 합니다. 아니면 혀로 "딱" 하고 클릭 소리를 내는 것도 방법이에요.

질문 있어요!

 클릭 소리 대신에 "잘했어!" "굿보이! 굿걸!" 이런 말로 하면 안 돼요?

 적당한 명령어, 단어도 나쁘지는 않지만, 평소에 사용하는 말이 될 수 있어서 단어 사용은 추천하는 방법은 아닙니다. 저 같은 경우는 "쭙"으로 소리를 내어 고양이가 좋아하는 표현을 해 주기도 했는데, 추천하는 방법은 아니에요. 같은 말이라도 매번 똑같이 소리를 낼 수 없으니까요. 그래서 초보자라면 클리커를 사용하면 좋겠습니다.

A2. 보상 선택하기

보통 먹을 것, **가장 좋아하는 간식**을 추천합니다. 클릭 소리에 반응을 보일 때 바로 줘야 하기 때문에 마른 간식이 유용합니다. 트레이닝 전에 미리 작게 잘라서 주머니에 넣어 준비해 두세요. 츄르를 좋아한다면 우유팩 뒷면에 살짝 발라서 준비합니다. 고양이가 먹을거리에 별 관심이 없다면 평소 좋아하는 행동으로 보상해 주어도 좋습니다. **스킨십도 보상이 될 수 있어요.** 먹는 보상을 선택한 경우에는 고양이가 포상놀이를 즐기게 되면, 간식을 점점 작게 잘라 주세요.

A3. 연습하기

클리커를 누를 때에는 클리커를 몸 뒤에 두고 누르는 연습을 합니다. 생각보다 클리커 누를 때 소리가 잘 나지 않는 경우도 많습니다. 신속하게 소리를 내는 것이 중요하기 때문에 실전에 들어가기 전에 고양이가 없는 곳에서 재빨리 누르는 연습을 합니다. "따알깍"이 아니라 "딸깍!"

보상을 주는 연습도 합니다. 간식을 쥔 손바닥을 펼쳐서 주거나 고양이 바로 앞에 놓아 줍니다. 클리커를 누른 직후 보상을 주는 연습도 해야 하지만 클릭 소리가 나기 전에 간식을 쥔 손이 움직이지 않는 연습도 해야 합니다. 손이 살짝이라도 움직인다면 고양이는 소리로 간식을 인지하는 것이 아니라 손의 움직임으로 간식을 주리라는 것을 눈치채게 됩니다.

Q. 실전

A. 연습이 끝났다면 고양이가 근처에 있을 때 클리커를 누르고 보상을 합니다. **클릭 소리를 낼 때에는 고양이가 보는 앞에서 소리를 내면 안 됩니다. 손을 몸 뒤에 두고 소리를 내는 것이 중요합니다.** 보상을 다 먹을 때쯤 다시 딸깍 소리를 내고 보상을 합니다. 보통의 경우는 앞의 과정을 5~10번 반복 훈련했을 때 충분히 클릭 소리와 보상을 연결할 수 있습니다. 물론 횟수에는 개묘차가 있습니다.

또한 아이들에 따라서 보상의 양이 달라질 수 있습니다. 클릭 한 번에 간식 한 알이 아니라 여러 알이 필요할 수도 있습니다.

Q. 주의점

A1. 일관된 보상이 중요합니다.

보상 없이는 클리커를 누르지 마세요. 보상은 중요한 약속입니다. 포상놀이에서 중요한 규칙입니다. 또, 먹이 보상의 종류를 바꾸는 것은 괜찮지만 어떨 때는 먹이 보상으로, 어떨 때는 스킨십 보상으로 한다면 보상을 인식하는 효과가 떨어집니다.

A2. 고양이가 재미있어할 때 그만해야 합니다.

지나친 의욕은 고양이의 싫증을 불러일으킵니다. 하루에 한두 차례만 해도 됩니다. 또한 이 기간 동안에는 클리커를 누를 때 외에 다른 때는 간식을 제한하는 것이 좋습니다.

장전하기가 잘되지 않을 경우 점검사항

1. 정말 좋아하는 보상인지?
보상은 아이가 가장 좋아하는 간식이어야 합니다. 고양이 기준에서 보상이 충분히 유혹적인지 점검해 주세요.

2. 이미 배가 부른 건 아닌지?
식사 직후에는 효과가 떨어집니다. 배고플 때 해 주세요.

3. 산만한 분위기인지?
TV나 라디오 등 클리커 소리를 방해하는 다른 소리는 꺼 주세요. 다묘가정이라면 분리된 공간에서 단독으로 훈련해야 합니다.

4. 클리커에 놀란 적은 없는지?
고양이 눈앞에서 클리커를 눌러 클릭 소리에 크게 놀라 도망갔거나 훈련 중에 클리커를 떨어뜨려서 그 소리에 고양이가 놀란 적이 있다면, 그로부터 최소 2~4주는 휴식기를 가진 뒤에 훈련을 다시 시작해 주세요.

타깃 터치하기

"누구나 할 수 있는 포상놀이"

장전하기가 끝났다면 누구나 해 볼 수 있는 쉬운 포상 놀이를 소개합니다. 타깃이 되는 물체와 보상을 연결하는 놀이로, 일명 '타깃 터치하기'로 불립니다.

Q. 준비

A. 적절한 타깃

타깃은 막대기 형태가 좋은데요, 장난감 봉이나 나무젓가락, 긴 연필 등을 사용하면 됩니다. 연필은 끝에 볼이나 지우개가 달려서 뾰족하지 않은 것이 더 좋습니다. 막대기의 끝에 고양이의 코가 닿으면 클릭! 참 쉽죠? (웃음)

Q. 방법

A. 고양이 얼굴 근처에 타깃을 가까이 대고 기다립니다. 고양이가 우연히 코를 댄 순간, 클리커를 누르고 간식을 주세요. 이마나 앞발이 닿는다고 반응하시면 안 돼요. 정확하게 코가 닿았을 때 클리커를 눌러 주세요. 그다음에는 타깃을 조금 더 멀리 혹은 비슷하게 얼굴 근처에 두었다가 고양이가 코를 댄 순간, 다시 클리커를 누르고 간식을 주세요. 간식을 먹고 난 뒤 고양이가 집사를 쳐다보면, 이번에는 고양이가 보는 데서 타깃을 얼굴 가까이에 대고 이 과정을 반복합니다. 역시 이 과정을 5~10번 정도 반복하면 고양이는 타깃과 보상을 연결하게 됩니다. 이때도 개묘차는 있습니다.

Q. 응용

A. 타깃 터치하기에 익숙해지면 아이들은 타깃을 보면 언제든 타깃이 있는 쪽으로 움직이게 됩니다. 즉 타깃을 든 집사가 있는 쪽으로 오는 교육이 되는 겁니다. 이 놀이는 생활 속에서 다양하게 응용할 수 있습니다. 교묘히 우리가 원하는 행동을 하게끔, 혹은 우리가 원치 않는 행동을 하지 않게끔 유도할 수 있습니다. 예를 들어 고양이가 위험한 행동을 했을 때도 안아서 제어하거나 소리를 치는 대신 타깃 터치하기를 사용할 수 있습니다. 타깃을 들어 타깃이 있는 쪽으로 오도록 유도해 주는 거죠. 화장실의 위치도 타깃을 통해 손쉽게 알려 줄 수 있습니다. 안고 데려가서 "여기가 화장실이야"라고 할 필요가 없는 거죠.

공격하는 고양이

🐾 나눌 이야기

· 고양이가 공격하는 이유
· 공격하는 고양이 상담실
· 그 외 공격의 이유들

모모모의 집사일기

4년 전 어느 여름날, 친구네 집에 놀러 갔다가 고양이를 처음 안아 보았습니다. 고양이를 품에 안는 순간 '나도 고양이를 키워야겠다!'는 마음이 문득 들었습니다. 지금 돌아보면 참 철없는 생각이었습니다. 제 친구의 고양이가 정말 성격이 온순했다는 생각도 들고요. 낯선 사람에게 그렇게 가만히 잘 안기다니!

저는 고양이에 관한 지식은 1도 없었지만 행동력은 좋았습니다. 얼마 후 집 근처 동물병원에서 한 달 된 아기 고양이를 데려왔거든요. 흰 털에 노란 치즈가 조금 묻어 있는, 지구처럼 파아란 눈을 가진, 귀엽고 애처로운 얼굴로 보호본능을 일으키는 고양이. 그 아이가 바로 모모입니다. 모모는 제가 사진을 보고 예상한(?) 것과 아주 다른 성격이었습니다. 저를 정말 많이 공격했어요. 손, 발, 팔뚝, 종아리, 얼굴까지. 저는 온몸이 상처투성이가 되었습니다. 다른 고양이들처럼 '개냥이', '무릎냥이'는 아니어도 괜찮은데 이 정도로 공격하는 건 뭔가 한참 잘못되었다 싶었습니다.

주변 지인들에게서 많은 조언을 들었습니다. "할퀴면 분무기로 물을 뿌려라", "깨물면 소리를 질러 놀래켜라", "너도 고양이를 물어라", "완력으로 제압해라", "고양이 머리를 잡고 두 눈을 똑바로 쳐다보며 진심을 다해서 깨물지 말라고 말해라, 진심은 통한다", "둘째를 들여라"……. 하나하나 실행해 보았고 결과는 처참했습니다. 지금 생각하면 저만큼이나 고양이에 대해 일자무식인 사람들이었네요. 결국 모모는 엄청 공격적인 고양이고 저는 운이 없는 집사인 것으로 잠정 결론을 내리고 살고 있었습니다.

소롱누나와 〈키티피디아〉를 만난 지금, 이제는 압니다. 원인은 모모가 아니라 저에게 있다는 것, 제가 모모에게 헷갈리는 신호들을 주었기 때문이라는 것. 더불어 모모의 공격성을 교정할 시기가 이제 지나가 버렸다는 것을요. 이번 생은 망했지만, 괜찮아요. 모모가 이제는 그래도 조금 덜 세게 물거든요. 고마워, 모모.

자, 오늘의 주제는 '공격하는 고양이'입니다!! 오늘 주신 사연에 모모가 등장해요. 그래서 모모모피디가 이 주제를 꼭 다루자고 해서 하게 됐습니다. 팟빵으로 주신 '뉴커버'님의 사연입니다. 뉴커버님은 4개월령 여아인 모모를 둔 모모모(모모의 엄마)이신데 이 모모가 공격을 많이 한다는 거죠. 뉴커버님도 모모모피디처럼 공격하는 모모에게 분무기를 쓴 적이 있다고 하시고요.

허, 분무기, 여기서도…….

얼마나 괴로웠으면 그랬겠어요, 난 이해해요. 모모모피디네 모모도 공격적이라 모모피디가 힘들거든요.

모모모피디가 '모모'라는 이름을 갖게 되면 사람을 공격하게 되는 건지, 이름의 일반화인지 물어보네요! (모두 웃음)

제 생각엔 모모라는 이름을 갖게 되는 순간부터 무는 것 같은데요, 그렇지 않아요? 게다가 모모모들은 다 분무기를 사용한다는 패턴도 발견되는데요?

저는 이걸 보면서 '모모보다는 모모모들은 다 똑같구나' 하는 생각을 했어요. (웃음)

얼마나 괴로웠으면 그랬겠어요? 전 이해가 된다고요.

뉴커버님은 여섯 번째 아이를 키우는, 경험도 많은 분이신데요.

그쵸, 경험이 많은 분인데 모모가 뉴커버님이 보기에 너무 충격적인 행동을 하고 있어서 사연을 보내신 거죠. (웃음) 유달리 그런 애들이 있어요. 자신감이 넘치거나 활동성이 정말 과하게 좋은 아이들. 뉴커버님네 모모는 이제 네 달 됐으니까, 아직은 희망이 있습니다. 모모모피디님의 모모는, 음……

희망이 없나요? (모두 웃음)

조만간 모모모피디님 집에 가서 한번 아이를 직접 보려고요. 제 생각에 모모모피디님은 이생망(=이번 생은 망함)인 것 같습니다만. (웃음)

의사 선생님으로서 어떻게 그런 말씀을 하세요? (웃음)

늘 얘기하지만 개와 고양이는 달라요. 고양이가 공격을 하는 이유가 되게 여러 가지란 말이에요. 사냥본능, 놀이 성향, 사회화 부족, 영역본능 등 다양한 이유가 있어요. 그중에서 제일 고치기 어려운 부분이 사냥본능이에요. 고양이는 원래 사냥을 하는 동물인데, 사냥할 때 유달리 더 쾌감을 느끼고 만끽하는 고양이들이 있어요. 그래서 공격적인 성향이 나오는 경우라면 못 고쳐요. 우리가 알아서 격리를 해야 하는데 단순한 문제가 아니에요. 모모모피디님네 가서 모모가 제제랑 같이 있을 때, 그리고 모모모피디님과 같이 있을 때, 각각 살펴봐야 할 것 같습니다.

 모모모피디가 이미 이번 생은 망했다는 걸 알았으니 물려도 할 수 없는 생을 살겠다고 선언을 하네요. (웃음)

고양이가 공격하는 이유

고양이가 공격성을 보이는 이유는 크게 몇 가지가 있습니다.
이유에 따라 대처방법이 조금씩 다르기 때문에 구분해서 설명하지만, 실제로 오래된 공격성의 경우, 여러 요인이 복합적으로 나타나기도 합니다.

1. 놀이 공격성
2. 사냥본능 공격성
3. 방향 전환된 공격성
4. 사회화 부족에 의한 공격성
5. 공포에 의한 공격성
6. 통증 등에 의한 공격성
7. 고양이끼리의 공격성

공격하는 고양이 상담실

평소에는 천사 같기만 한 고양이가 무섭게 돌변할 때가 있습니다. 고양이의 공격 행동에는 모두 나름의 이유가 있습니다. 반항을 하려거나 일부러 하는 행동도 아니고 당연한 결과로 나타나는 행동이 더 많습니다. 공격도 표현하는 방식이고 언어입니다. '방어를 위한 공격'인지 '공격을 위한 공격'인지 보호자가 읽을 수 있어야 해요. 또, 우리가 공격인지 모른 채 무심하게 넘어가는 공격 행동들도 있습니다. 고양이가 왜 공격하는지를 이해하면 공격성을 드러내는 상황을 피해 갈 수 있을 겁니다.

① 놀이 중 공격하는 고양이

To 키티피디아

안녕하세요. 모모라는 4개월령 여아와 반려 중인 모모 엄마, 모모 아빠입니다. 지금 모모는 건강 염려증인 저희가 보기에도 건강하게 잘 자라고 있는데요, 좀 공격적인 것 같아요. ㅠㅠ **가만히 있다가 저희 손가락을 세게 물고, 지나가는 저희 다리를 공격하고, 누워 있을 때 머리를 때립니다. 있는 힘껏 아주 세게 공격해요.** ㅠㅠ 2년 후에는 아이를 가질 생각이라 걱정이 돼요. 때가 되어 중성화를 하고 이갈이가 끝나면 나아질지, 아니면 습관이 고착되지 않게 조치를 취해야 할지 궁금합니다. 참고로 친정에서도 고양이 두 마리를 키우고, 임보(임시보호)도 두 번 해 보고, 별이 된 아이까지 합하면 지금 모모는 저의 여섯 번째 고양이입니다.

모모는 2개월령쯤에 상자에 가두어져서 유기되었고, 구출되어 2주 동안 임보를 거쳤습니다. 그때도 아프게 물었다고 해요. 저희에게 온 지 이제 6주차, 매일 한 시간 이상 격하게 모모와 놀아 줍니다. 놀다가 모모가 저희를 물면 바로 뒤돌아서 놀이를 중단하거나 다른 방으로 가 버립니다. 잘 때 물면 분무기로 물을 뿌려서 이제 잘 때 무는 일은 없어졌어요. 전반적으로 무는 횟수도 반으로 줄었고요.

> 공격할 때 "안 돼"라고 말하거나 큰 소리로 혼내면 꼭 다시 와서 복수하듯 물고 갑니다. 물고 도망가 버리니 어찌할 도리가 없고요. 저도 모모를 물어본 적이 있습니다. 모모는 엄청나게 화를 냈어요.
> - 뉴커버

진단: 잘못된 놀이 습관 때문에 생긴 놀이 공격성

상자에 가두어져서 유기된 것을 보면, 태어나서 두 달 동안 누가 모모를 키웠을 가능성이 있습니다. 대부분 고양이는 젖먹이 시절에 다른 고양이들과 어울리면서 노는 법을 배웁니다. **생후 7주 정도까지가 아주 중요한 사회화 시기**[*]인데요, 이때 다른 고양이들과 어울리지 못했거나 사람과의 잘못된 놀이 습관으로 손과 발을 장난감으로 인식하게 되었다면 모모와 같은 행동을 할 수 있습니다. 엄마 고양이나 형제와 함께 지내는 아기 고양이들은 이때 무는 방법과 강도를 알아가면서 서로 아프지 않게 노는 법들을 터득합니다.

고양이를 처음 키우는 분들이 하는 **대표적인 실수가 고양이와 손가락을 가지고 노는 겁니다.** 이는 굉장히 잘못된 놀이 습관입니다. 손가락으로 놀아 준다는 건 고양이에게 손가락을 물어도 좋다고 허락한다는 의미입니다. 당연히 고양이는 손가락을 물며 놀 수밖에요. 아기 고양이일 때는 강도가 약하지만 커 갈수록 힘이 세지고 무는 강도가 높아지면서 고양이의 일관적인 행동이 우리에게는 새삼 '문제행동'으로 느껴지는 것입니다. 임시보호 기간에도 손가락을 물었다는 사실을 보면, 모모는 그때도 이미 손가락을 물고 노는 습관을 가지고 있었던 것 같습니다.

★ 사회화 시기
고양이, 다른 동물, 혹은 사람과의 관계 맺기를 배우는 중요 시기. 새로운 동물뿐 아니라 새로운 환경, 새로운 자극(양치질, 빗질, 놀이, 손님 등)에도 익숙해지는 법을 배운다. 그중 핵심 사회화 시기는 2~7주며, 2차 사회화 시기는 12주까지다.

Q. 놀이 공격성인 경우 해결방법

준비물 : 장난감, 퍼즐 먹이통, 발목 보호대, 블로킹 도구(판자, 종이박스, 빗자루 등), 간식

A1. 놀이방법 변경: 장난감으로만 짧게, 심심하게, 조용히 놀아 주세요.
모모의 공격성이 놀이 때문에 생겼다면 놀 때 생기는 흥분을 가라앉혀 줘야 합니다. 그렇기 때문에 "모모 이리 와봐~ 여기 봐~!" 하면서 큰 소리로, 활동성이 크게 노는 것은 금지입니다.
모모는 보호자가 같이 신나고 격하게 놀아 주기보다는 퍼즐 먹이통, 간식이 들어 있는 공 등 다른 놀이도구를 가지고 혼자 놀게 해 주세요. 만약 같이 놀아 주더라도 심심하게 놀아 주셔야 해요.

A2. 공격 조짐을 보일 때를 포착, (낮게) "안 돼", 잘하면 간식으로 보상
물기 전에 고양이는 분명히 액션을 취할 준비를 할 거예요. 고양이의 행동을 관찰하면서 물려고 준비하는 때를 포착하세요. 공격 직전에 낮고 단호한 목소리로 "안 돼"라고 하시고 동작을 멈추세요. ("쓥!" 하고 제지하는 소리를 내도 좋아요.) 말을 알아듣고 고양이가 긴장을 풀고 앉으면 그때 칭찬하고 보상해 주세요. 이렇게 공격 직전 타이밍에 공격을 미리 막는 것이 가장 좋아요.

A3. 공격당했을 때: 블로킹 → 무반응 → 조용히 사라지세요.
놀다가 손이나 발을 물 때는 동작을 멈추고 판자, 두툼한 종이박스나 이불, 담요 등으로 블로킹을 합니다. 한 손에는 놀이도구를 들고 다른 한 손에는 블로킹 도구를 들고 노는 거죠. 놀 때 블로킹 도구를 같이 움직이지 말고 가슴이나 다리 쪽

에 붙이고 있다가 고양이가 공격하면 언제든 바로 내밀며 블로킹합니다. 그다음에는 반응을 하지 않습니다. 액션(홱 뒤돌거나, 빠르게 달아나거나, "안 돼, 너랑 안 놀 거야!" "하지 마"라고 말하면서 화를 내거나)은 절대 안 됩니다. 그다음에는 다른 방으로 조용히 들어가세요. 이때, 서둘러 들어가 버리면(마치 사냥감이 도망가듯) 아이를 더 흥분하게 만들 수 있으니 주의하세요.

깨물리면 너무 아파서 무반응하기 어렵다면?
너무 아파서 소리를 안 내려고 해도 약하게 비명이 샐 수 있습니다. 이럴 때는 발목 보호대를 권장합니다. 플라스틱으로 된 것도 있습니다. 미리 착용하고 고양이와 놀아 주세요.

Q. 공격성이 사라진 뒤에 할 일
A. 보상 훈련

장난감을 가지고 잘 놀면 모모에게 '앉아'를 가르쳐 주시면 좋습니다. 일종의 포상놀이, 클리커 트레이닝이죠. 아이들은 혼나는 것에는 쉽게 상처받고, 반대로 보상을 해 주면 굉장히 좋아합니다. 잘했을 때 좋은 기억을 만들어 주세요. 공격하지 않고 가만히 앉아 있었을 때 제일 좋아하는 간식을 주세요. 그 간식은 그런 경우에만 주는 것으로 하면 공격성을 가라앉히는 데 더욱 효과적입니다. (4-1장 〈포상놀이〉 편 참고)

🐾 질문 있어요!

 사연 주신 모모는 4개월령인데 지금이면 놀이 공격성을 교정할 수 있나요?

 4개월령 모모에게 놀이는 사회적 성격을 띠게 됩니다. 즉, 관계의 우위를 표현하기 위해 놀이 중에 공격적인 행동을 보이는 등 사회성이 놀이를 통해 나타나는 것이죠. 놀이로 인한 공격성을 교정하는 데 지금이 적합한 시기입니다. 사실 조금 늦은 감이 없지 않지만 아직 어리니 교정은 가능합니다.

 사람이 고양이를 물어서 공격성을 교정하면 안 되나요?

 어린 고양이들끼리는 서로 물어서 제지하고 물면 아프다는 걸 알려 줄 수 있지만, 우리는 고양이가 아니라 사람입니다. (웃음) 단순히 무는 행동으로 보이지만 고양이끼리의 행동은 우리가 따라 하기 어려운 발성이나 몸짓언어를 동반합니다. 사람이 물어서 가르칠 수 없습니다. 우리가 똑같이 고양이를 무는 것은 고양이에게 때 아닌 공격일 뿐입니다. 고양이로서는 당연히 화를 낼 수밖에 없어요. (아시겠어요? 모모모피디님?!)

② 낯선 사람이 오면 비명을 지르는 고양이

> To 키티피디아
> 저희 집 첫째는 낯선 사람이 오면 비명에 가까운 소리를 질러 대요. 이런 공격성 탓에 예전에 어느 동물병원에서는 치료 거부마저 당했습니다. 병원에서 제 성질에 제가 못 이겨서 경련하고 똥오줌까지 싸기도 합니다. 공격성을 줄일 수 있는 방법이 있는지 궁금합니다
> ― 다랑반야

진단: 공포에 의한 공격성

대부분의 경우는 낯선 사람이 자기 영역에 나타났을 때 영역에 대한 공격이나 사회화 부족으로 공격성을 보이게 됩니다. 첫째 아이가 자기 영역에서 소리를 지르면서 공격을 하는지, 아니면 병원에서 낯선 사람이 나타났을 때 소리를 지르는지 정확하게 알 수는 없지만, 자기 영역에서 '낯선 사람이 오면 비명에

가까운 소리를 지른다'라는 의미로 생각하면 사회화 부족이 원인이 될 수는 있습니다.

원인이 뭐가 됐든 다랑반야님네 첫째는 공격성이 일어나는 상황을 최소화하는 것이 필요합니다. 단순히 하악질 하고 성질을 내는 차원이 아니라 경련을 하고 똥오줌을 쌀 정도라면, 이 고양이는 공포로 인한 자기 방어를 하는 중입니다.

사회화 부족으로 인한 공격성이라면, 집에 자주 오는 소수의 몇몇 사람을 공격하지 않도록 시간과 노력을 들여 적응 훈련을 시도해 볼 수 있습니다. 하지만 병원이란 공간은 고양이에게 공간 자체가 낯설고 어디로 피하거나 숨을 곳이 없어서 위협이 되기도 합니다. 이런 고양이가 병원에 갈 때는 미리 안정제를 먹이는 편이 오히려 도움이 될 수 있습니다.

집에 누가 오든 착하고 상냥한 고양이인데 동물병원만 가면 공격성을 드러낸다면 이는 단순히 사회화 부족의 문제는 아닙니다. 동물병원에 가는 것이 익숙해지는 일은 사회화와 관련돼 있지만, 병원에서 겪었던 어떤 경험이 원인이라면 '경험에 의한 공포' 때문에 공격성이 생기는 것입니다.

Q. 공포에 의한 공격성의 원인

A. 공포심을 유발하는 상황이 원인이 되겠죠. 크게 혼이 나거나 뭔가에 놀라 무서워서 공격성을 보일 때도 있고, 소심한 고양이에게 낯선 사람이 다가온다거나, 낯선 강아지나 고양이 등 다른 반려동물이 새로 들어오거나, 새로운 가족이 생

긴 갑작스러운 변화에도 공포를 느껴 공격성이 유발될 수 있습니다.
공포에 의한 공격성을 보이는 가장 흔한 경우는 아이들이 동물병원에 갔을 때입니다. 집에서는 아주 착한데 동물병원만 가면 너~무 화를 내는 애들은 공포에 의한 공격성입니다. 공포를 느꼈을 때 나타나는 공격은 더 이상 물러날 곳이 없을 때 보이는 행동입니다. 방어를 위한 행동이고, 공격 행동을 보이기 이전에 미리 경고 행동이 있었을 겁니다. 동공이 팽창되고 귀는 T자 모양으로 젖혀졌다가 무서워질수록 점점 뒤로 돌아갈 거예요. (2-4장 〈의사소통〉 편 참고) 더 크게 보이기 위해 등이나 꼬리의 털을 세우고 있거나 아니면 몸을 완전히 구부린 채 보이지 않는 것처럼 보이려고 할 겁니다. 가능한 모든 것을 무기로 사용할 만반의 준비를 갖춘 채 말이죠.

Q. 공포에 의한 공격성의 해결

공포를 느끼는 원인을 찾아야 합니다. 원인에 따른 해결이 필요해요. 혹시 가족이나 다른 고양이들이 고양이를 공포에 떨게 하는 건 아닌지 먼저 살펴 주세요.

A1. 혼자 있게 해 주세요.

공포심에 의한 공격성일 때는 안정될 때까지 기다려 주는 것이 필요합니다. 오히려 뭔가를 하려다 상황을 더 악화시킬 수 있어요. 무리하게 다가가서 문제를 해결하려 할수록 고양이는 더욱 공포에 떨게 됩니다. 진정될 때까지 조명의 조도를 낮추거나 소리를 낮추고 혼자 있게 해 주세요. 그런 다음, 고양이가 어느 정도 안정이 되어 스스로 돌아다니기 시작하면 그때 조용히 이름을 부르면서 천천히 다가섭니다. 병원에서 치료를 받을 때도 천천히 안정시키면서 접근할 수 있도록 병원과 상의하셔서 여유 있게 진료시간을 잡고 기다려 주세요.

A2. 안아 주지 마세요.

공포에 의한 공격성을 보일 때 안거나 쓰다듬어서 달래려 하면 안 됩니다. 교감을 한다고 먼저 다가가는 행동은 좋지 않습니다. 공격성을 보이는 행동이 보상을 받는 결과로 연결될 수 있기 때문입니다. 또, 흥분한 고양이가 먼저 공격을 할 수도 있어서 다칠 위험이 있습니다. 먼저 쓰다듬으려 하면 다가오는 손길이 적인지 아군인지 구분하지 않고 일단 후려칠 겁니다.

A3. 일상에서 탈출구와 안전한 장소를 만들어 주세요.

집에서 공포로 인한 공격성을 보인다면 고양이가 다니는 모든 공간에 숨을 곳과 안전하게 있을 수 있는 높은 공간이 충분히 있는지 확인해 주세요. 상대방이 다가왔을 때 몸을 피할 수 있는 공간이 여러 군데 있어야 합니다. 또, 화장실과 밥을 먹는 곳으로 가는 길도 방해자 없이 수월하게 다닐 수 있어야 합니다.

A4. 병원공포증에 대처하기

병원에 갔을 때 하게 되는 일들을 집에서 조금씩 반복해 주면 병원공포증을 조금은 누그러뜨릴 수 있습니다. 타월에 감싼다거나 뒤에서 잡는 일을 반복해서 잠깐씩 해 주세요. 병원에서 하는 동작을 똑같이 하실 필요는 없고요, 이불이나 수건으로 몸을 감아 준 다음 맛있는 것 주고, 팔을 잡고 목을 들어 준 다음 맛있는 것 주고, 팔을 잡고 얼굴을 돌려 본 다음 맛있는 것 주고, 뒤에서 움직이지 않게 딱 잡아 준 다음 맛있는 것 주고…….

다만, 병원에서 공포에 떠는 일이 여러 번 반복된다면 약물을 써서 진정시켜야 할 필요도 있다고 봅니다. 과호흡으로 숨이 할딱할딱 넘어가는 고양이들도 있거든요. 사람의 공황장애랑 비슷하다고 보시면 됩니다.

> **③ 집사를 사냥하는 고양이**
>
> 모모는 가끔 베개 뒤에 숨어 있다가, 아무 이유 없이 갑자기 저를 덮치곤 합니다. 숨어 있을 때 눈빛은 저를 마치 사냥감 보듯 하고요. 코도 벌름벌름거려요. 도대체 왜 모모는 저를 사냥하려 하는 건가요?? 제가 뭘 잘못했나요?? ㅠㅠ   - 모모모

진단: 사냥본능 공격성

고양이가 보호자에게 몰래 접근해서 갑자기 발을 문다거나, 손을 움직일 때 손에 달려드는 행동이 이런 경우에 해당됩니다. 사냥하는 행동과 똑같이 사냥감에 접근하듯 몰래 접근하고 낮은 자세로 다가가서 목표물을 응시하다 공격할 겁니다. 자기 영역에서 함께 살고 있는 사람만이 아닙니다. 다른 고양이가 사냥의 목표물이 되기도 하죠.

Q. 사냥본능 공격성의 해결

A. 안타깝게도 원래 타고난 본능이기 때문에 완벽하게 고치기는 어렵습니다. 그들의 본능을 발산할 수 있는 배출구가 필요합니다. 퍼즐 먹이통이나 터널 등에 장난감을 숨겨 두는 방법으로 사냥 행동을 유도해 주시는 것은 물론, 하루에 두 번 이상 놀아 주어야 합니다. 이때 중요한 것은 놀이가 끝날 무렵에는 서서히 힘을 풀어야 한다는 점입니다. 앞서 〈놀이〉 편에서 설명한 '서서히 죽어가기'가 포인트입니다. (p.217 참고) 놀이가 끝날 때만 간식을 주는 것이 아니라 놀이 중간에도 적절히 간식을 제공해서 장난감으로 노는 경우에 대한 보상을 강화합니다.

또, 공격을 하는 고양이가 보호자나 다른 목표물에 접근할 때 재빨리 제지하는 것이 동시에 필요합니다. 접근하는 것을 발견하면, 소리가 나는 장난감으로 환기를 시키거나 경우에 따라 물총이나 분무기를 쓰는 방법을 적용합니다.

④ 하루 종일 따라 다니다가 공격하는 고양이

> To 키티피디아
> 안녕하세요, 우리 고선생은 하루 종일 저를 따라다녀요. 처음에는 간식을 달라는 건지 아님 안아 달라는 건지 잘 몰라서 이것저것 해 줬는데, 간식을 먹고 나서도 계속 야옹거리며 따라다닙니다. '이게 뭐가 문제야' 할 수도 있겠지만, 제가 받아 주지 않으면 갑자기 발을 물어 버리거든요. 언젠가는 너무 발에 감겨 다니다 걸려 넘어져 고선생이 다칠 뻔한 적도 있었어요. 대체 왜 그럴까요? — 고앵맘

진단: 관심 요구에 따른 공격성

고양이가 다가와서 몸을 비비는 행동은 보통은 정상 행동이지만, 오래 자주 계속되면 병적 행동일 수 있습니다. 마찬가지로 보호자를 졸졸 따라다니는 행동도 오래 자주 계속되면 교정해 주어야 합니다. 두 가지 모두 상대의 관심을 유도하기 위한 행동인데요, 이런 행동이 너무 잦으면 상대가 만족스럽게 호응해 주지 못하는 경우가 생기잖아요. 바쁠 수도 있고 다른 일이 있을 수도 있고요. 이럴 때 고양이들에게 충족되지 못한 욕구가 공격성으로 전환될 수 있습니다. 보호자가 반응이 없으면 콱 무는 행동을 보이는 것이죠.

Q. 관심 요구에 따른 공격성의 해결
A. 고양이와 거리 두기를 해야 합니다. 서로 다른 공간에 있는 습관을 들입니다. 또, 혼자서 놀 수 있는 장난감을 두고 관심을 유도해 줍니다.

그 외 공격의 이유들

1. 방향 전환에 따른 공격성

밖에 있는 새나 나비를 보고 공격성을 보이기도 하죠. 새를 한참 보다가 갑자기 옆에 있는 다른 고양이나 집사를 공격하기도 하는데, 이는 사냥감을 잡을 수 없을 때 생기는 울분(?)을 다른 대상에게 퍼붓는 공격 행동입니다. 창문을 볼 때에는 곧장 관심을 다른 데로 돌리게 해서 공격 횟수를 줄여 봅시다.

이런 경우도 있습니다. 소롱이와 바둑이 할아버지의 실제 이야기인데요. 둘은 원래 잘 지내는 사이였는데, 어느 날부터 소롱이가 바둑이를 공격하는 거예요. 기억을 더듬어서 소롱이가 최초로 바둑이를 공격한 날의 상황을 떠올려 봤어요. 윗집에서 공사를 하느라 갑자기 드릴 소리가 난 날이었어요. 마침 제가 틀어 놓은 라디오에서 하필 노랫소리가 최고조에 달했고 그때 소롱이가 놀라서 뛰쳐나갔어요. 때마침 그 옆으로 바둑이가 걸어가고 있었는데 둘이 마주치면서, 소롱이가 바둑이를 갑자기 공격했고요. 소롱이는 드릴 소리와 라디오 노랫소리, 바둑이가 결합된 나쁜 기억을 갖게 된 것이죠. 이후로 소롱이는 바둑이가 걸어 다니면 나쁜 기억을 떠올리고 공격을 하게 되었고요.

고양이에게는 안 좋은 상황을 엉뚱한 것과 연결지어 기억하는 습성이 있다는 점, 꼭 알아 두세요.

2. 통증 등에 의한 공격성

꼬리를 잡아당기거나 고양이를 거칠게 다루는 등 고양이가 싫어하는 부위를 만지면 공격을 하기도 합니다만, 특정 부위를 만지거나 손이 닿았을 때 갑자기 공격을 한다면 혹시 통증이 있는 건 아닌지 의심해 볼 필요가 있습니다. 특히 나이가 든 고양이가 쓰다듬는 손길에 갑자기 민감하게 반응한다면 관절염이나 신장 질환이 아닌지 확인해 보세요.

3. 고양이끼리의 공격성

고양이가 함께 사는 다른 고양이를 공격하는 문제 때문에 고민하는 보호자들이 많습니다. 여러 마리의 고양이가 있다고 모두 사이가 나쁜 것은 아닙니다. 처음부터 고양이끼리 사이가 안 좋을 수도 있지만 사이좋게 지내다가 갑자기 공격하는 수도 있습니다.

고양이끼리의 공격 행동을 보호자가 미처 인지하지 못하는 경우 또한 많습니다. 으르렁거리고 싸우는 것만이 아니라 사람이 알아채지 못하는 미묘한 행동으로 상대 고양이를 제지하고 괴롭힙니다. 짖어 대며 싸우는 일이 없다 보니 그저 잘 지내고 있다고 안심하다가, 고양이끼리의 관계가 악화되거나 2차적인 건강 문제가 발견된 뒤에 심각성을 인지하는 경우가 많아요. 여러 고양이가 함께 살 때 발생하는 화장실 문제가 대표적입니다.

고양이끼리의 공격성에는 새로운 고양이가 들어왔을 때, 환경의 변화가 있거나 병원에 다녀온 뒤 등 여러 가지 원인이 있을 수 있어요. 일단 중성화 수술을 하지 않은 남자 고양이가 있다면 우선적으로 중성화 수술이 필요합니다. 고양이들의 관계가 이상하다고 생각되면 꼼꼼하게 현재 상태를 체크해 보세요. 화장실이 부족한 것은 아닌지, 경쟁하지 않고 각자 쉴 공간이 충분한지, 각자가 사용할 수직 공간은 넉넉한지, 영역 공유에 문제는 없는지, 밥 먹는 공간에서 싸움은 없는지 등을 확인하고 충분하게 마련해 주세요.

클리커 트레이닝을 활용하는 것도 좋은 방법입니다. 예를 들어 고양이끼리 마주쳤을 때 싸우지 않고 지나쳐 간다면 이때 클릭하고 보상합니다. 이외에도 고양이들이 서로 긍정적으로 대할 때 클릭하고 보상해 주는 식으로 좋은 행동을 반복할 수 있도록 강화해 줍니다.

한 아이만 유독 다른 고양이들을 공격한다면, 공격하는 고양이의 목에 방울을 달아서 다른 고양이들이 그 고양이의 존재를 인지할 수 있게 도와주세요. 심한 앙숙이라면 아예 격리하고 처음부터 천천히 다시 만나는 방법이 필요할 수 있습니다.

질문 있어요!

 저희 냥님들은 둘이 껴안고 주무실 정도로 친하지만 가끔 둘이 격하게 사냥놀이를 합니다. 잡고 도망가고 물고 뒷발차기를 하는데요, 인터넷을 찾아보니 "아프다는 듯이 '왕!' 하지 않으면 노는 거다"라고 되어 있더라고요. 놀이와 싸움의 경계가 뭘까요?

 "하악" 하는 소리가 계속 들리거나, 물고 흔들거나, 한쪽이 일방적으로 계속 쫓기고 마징가 귀를 하고 숨는다면 공격입니다. 다시 말해, 일방적으로 한쪽만 쫓기고 숨는 빈도가 높다면 의심해 볼 수 있습니다. 반면 놀다가 한쪽이 화내고 하악질 할 때 딱 멈추면 놀이라고 생각할 수 있습니다.

만약 평소 친하지 않은 두 고양이가 같이 놀고 있다면 만에 하나라도 이제부터는 사이좋게 지내 보려고 그러는 것일 수 있습니다. 이럴 때 둘이 싸우는 것 같아 걱정된다고 "안 돼" 하면서 갑자기 큰 소리를 내며 떼어 놓으면 서로에게 또다시 굉장히 안 좋은 기억이 될 수 있습니다. 그럴 때 떼어 놓는 방법으로 긍정적인 화제 전환을 해 주세요. 예를 들면 주머니에 사료를 넣은 간식통, 물약병 같은 것을 가지고 있다가 둘이 싸우는 듯 보일 때 부스럭거리는 소리를 내는 거예요. 그 소리로 두 아이의 관심을 끄는 거죠. 만약 그렇게 마주 보고 있을 때마다 먹이를 먹은 좋은 기억이 생긴다면 서로에 대한 감정도 좋아질 수 있습니다.

다른 곳에 싸는 고양이

🐾 나눌 이야기

· 우리 고양이가 다른 곳에 실례를 한다면
· 화장실 상담실

얼룩아범의 집사일기

    얼룩이의 입장에서 본 저는 그리 이상적인 동거인은 아닐 겁니다. 계속 한자리에 앉아 노트북만 뚝딱거리느라 자주 놀아 주지도 않는 이 게으른 남자는, 그 핑계로 화장실 치우는 것도 종종 까먹으니까요. 세상에 이처럼 무책임한 인간도 있나. 제 작은 고양이는 마감에 정신이 팔린 제 뒷통수에 대고 매일같이 포효합니다. 여길 보라고! 나랑 놀아 주고 내 화장실도 치워 주라고! 다행히도 얼룩이는 불의에 침묵하거나 마냥 인내하는 타입의 고양이는 아니어서, 자기 기준으로 화장실 상태가 영 별로다 싶으면 주저없이 제 침대를 화장실로 삼습니다. 같이 사는 고양이가 눈을 똑바로 치뜬 채 보란 듯이 침대 위에 볼일을 보는 순간의 충격이란, 겪어 보지 않은 사람은 모릅니다. 분노와 허탈함, 당혹감과 죄책감이 복잡하게 섞인 그 기분이란. 그래, 내가 화장실을 제때 안 치워 줬구나…… 잠깐, 네 시간 전에 깨끗하게 치워 줬는데?
    모래가 안 맞아서 그런 건가 싶어 모래도 바꿔 봤고, 화장실이 너무 작아서 그런 건가 싶어 화장실도 새로 사 줬고, 침대 위는 볼일을 보는 공간이 아니라는 걸 주지시키기 위해 침대 위에서 간식도 줘 봤지만, 동거인을 쥐락펴락할 수 있는 수단을 발견한 얼룩이는 이제 조금만 수가 틀리면 제 침대에서 힘을 씁니다. 쟤는 대체 누굴 닮아서 성깔이 저럴까요? 누굴 닮기는. 같이 사는 인간 닮았겠지요. 같이 살기 시작한 지 5년, 전 이제 외출이 조금만 길어지면 얼룩이 생각에 귀가를 재촉하는 사람이 되었습니다. 집에서 동거인을 기다리며 얼마나 풀이 죽어 있을까……도 걱정되지만, 혹시라도 긴 기다림에 지친 녀석이 또 침대 위에 무력행사를 하진 않을까 두려운 것도 사실이지요. 오늘도 성실하게 귀가하고, 화장실도 새것처럼 치워 드리겠습니다. 제 침대만큼은 건들지 말아 주세요. 덕분에 얼룩이는 매일 새것 같은 화장실을 누리고 있고, 저는 전에 없이 성실한 삶을 살게 되었습니다. 결론이 뭐냐고요? 여러분, 고양이를 키우세요. 원치 않아도 부지런해집니다.

 오늘은 화장실이 아닌, 다른 곳에 싸는 아이들 이야기를 해 보려고 해요. 사실 이불 위에 대변 실수는 너무 당황스럽거든요. 저도 키아라가 이불 위에 대변 실수를 계속해서 소롱누나에게 어떻게 하냐고 여쭤본 적이 있었어요. 이불 빨래라는 게 정말 장난이 아니거든요!

 아까 엘리베이터에서 얼룩아범님하고 이야기 나눠 보니까 그쪽에서도 요즘에 침대에 실례하는 문제가 있다면서요?

 네, 정말 당혹스러워요. 원래 저스틴이 그렇게까지 자주 제 침대에 실례를 하는 아이가 아니었는데 제가 최근에 2주 동안 이불 빨래만 세 번을 했거든요. 원래도 원고 마감에 늦었을 텐데 이불 빨래가 마감이 늦어지는 알리바이가 돼 주고 있긴 합니다. (웃음)

 이렇게 화장실 문제가 생기는 일이 생각보다 많아요. 전에 키아라가 그랬던 것은 이사 때문에 환경이 바뀌어서였을 거고요. 아마 얼룩아범님네 저스틴도 나름의 이유가 있을 텐데요. 애들이 이렇게 실수를 하는 데에는 세네 마리 이상의 고양이가 있을 때 영역 표시를 하는 이유도 있을 수 있어요. 또 이사를 했을 때 마킹을 하는 경우도 있죠.

 제가 꽤 넓은 집에서 아주 작은 집으로 이사를 했거든요? 그래서 아나, 키아라가 패닉이 된 것 같아요. 그런데 아나가 항상 키아라를 이기니까 키아라가 제 곁에 오고 싶은데 오지 못하고, 그러면서 문제가 생기지 않았을까 싶어요. 둘 중 누군가 제 이불에 하루에 다섯 번씩 오줌을 싸고, 그래서 이불 빨래를 매일매일 하다가 저도 완전히 패닉이 되는 거예요. 나중에는 그냥 축축한 이불을 덮고 잤죠. 범인은 제가 정확하게 못 찾았는데 한번은 키아라의 범행 현장을 검거한 적이 있었죠.

 최근에 아나와 키아라 모두 데리고 독일 다녀오셨잖아요. 그때 아나랑 키아라가 독일에 잠시 있으면서는 어땠는지 궁금해요.

 계속 그렇게 축축한 이불을 덮고 자다가 독일에 갔는데요, 독일 집은 층계가 있고 복층에 조금 더 넓은 집이니까 애들이 바로 너무 행복해하는 거예요. 그래서 제가 돌아올 때 애들이 또 다섯 번씩 오줌을 쌀 텐데, 내가 너무 미안하다, 무슨 짓을 한 건가, 이러면서 우울했어요. 내가 자식한테 뭐하는 짓인가 하는 슬픈 마음이었는데 다행히 지금 집에서 잘 지내는 거예요! 한 방에서 잘 자고요. 어제랑 그제랑 둘이 오줌 한번 안 쌌어요. 어쩌면 독일에서 너무 편하게 지내서 부작용이 있을까 걱정했는데…….
그래서 역시 얘네는 보살이 맞다(웃음), 너무 고맙다, 지금 그런 상태예요.

🧑 이야기를 듣고 보니까 저도 짚이는 부분이 있는데요. 저희 집에서 전기장판을 쓰는 침대가 제 침대밖에 없어요. 그러다 보니까 겨울이 되면 원래도 제 침대를 좋아하지만 얼룩이하고 저스틴이 겨울에 더더욱 제 침대 위에서 냥냥 펀치를 많이 주고받아요. 제가 보고 있을 땐 안 그러고요. 제가 있을 땐 애들이 싸운다 싶으면 제가 애들을 떨어뜨려 놓거든요. 그런데 꼭 제가 없을 때 저스틴이 굵직하게 뭔가(!)를 보더라고요. 제가 봤을 땐 저스틴이 계속 얼룩이한테 당하는 것 같아요.

👩 키아라가 아무 데나 오줌도 싸고 똥도 싸고 했던 이유는 화장실이 적절하지 않아서였을 가능성이 커요. 공간이 좁아지면서 화장실을 공유하게 되고, 또 다른 공간도 공유하게 되면서 스트레스가 있었을 텐데요. 그게 좀 해결이 됐고 또 독일과 서울을 넘나들며 희로애락을 함께하면서 지금은 좀 서로에 대한 경계심도 풀리고 스트레스도 완화가 된 것 같아요.

👩 비행기 안에서 서로 맹세나 서약을 한 듯한 느낌이 있어요. (웃음)

👩 그리고 작은 집으로 막 이사했을 때 얘들한테 나름 사람 기준으로 공간을 분리해서 줬지만 그게 잘 맞지 않았던 것일 수 있어요. 한 번 겪었기 때문에 이번에는 아나어머님이 키아라랑 아나를 배려해서 화장실도 좀 여러 개 구비해 두셨고, 그때와 달리 캣타워도 따로 두시고, 그렇게 공간을 분리하면서 문제가 해결이 됐잖아요. 그런 것들이 부드럽게 잘 진행되었던 것 같습니다.

우리 고양이가
다른 곳에 실례를 한다면

"그분들의 행동엔 반드시 이유가 있습니다."

고양이가 화장실 이외의 곳에 볼일을 보는 이유는 크게 두 가지입니다.

1. 화장실보다 더 좋아하는 곳을 발견해서
2. 지금 있는 화장실이 싫어서

1. 화장실보다 더 좋아하는 곳을 발견해서
1) 소재의 문제

타일이나 대리석, 이런 데서만 용변을 보는 고양이들이 있습니다. 매끄럽고 시원한 표면을 선호하는 거죠. 반면 빨래바구니 같은 소재를 좋아하는 고양이도 있습니다. 같은 맥락으로 매트를 좋아하는 고양이도 있고요. 이건 정말 재앙이죠. 상담 오시는 분 중에 고양이가 꼭 안방 화장실 발매트에만 용변을 본다고 하소연하신 집사가 있었는데요, 네, 단순합니다.
고양이는 그 소재가 마음에 든 거예요.
고양이가 처음부터 그런 소재를 좋아했거나, 원래 쓰던 모래가 마음에 들지 않아서 다른 소재를 찾다 보니 새로운 소재에 관한 욕구가 발달한 것일 수도 있습니다.

이렇게 해 보세요 ──── 장소의 소재를 바꿔 줍니다. 침대나 매트, 이불에 싸는 고양이가 있다면, 은박지 돗자리 두 장을 사세요. 편의점에서 몇천 원이면 구입하실 수 있습니다. 돗자리 한 장은 은박지가 위로 향하게 해서, 다른 한 장은 은박지가 아래를 향하게 해서, 은박지 부분끼리 서로 마주 보게 겹친 다음에 침대 매트리스 위에 깔아 주세요. 폭신폭신하고 부드러운 표면이 좋아서 침대에 실례를 하는 고양이에게 거슬리는 소리와 함께 미끌거리는 촉감을 경험하게 하는 겁니다. 고양이는 대체로 그런 촉감을 싫어하거든요. 같은 맥락으로 **대리석 바닥에 실례를 범하는 고양이라면** 대리석 바닥에 카펫을 깔아 주는 거죠.

또 한 가지 추천드리고 싶은 방법은 **침대, 매트, 이불 공간의 용도를 다르게 인식시켜 주는 거예요.** 만약 이불에 싸는 아이라면 **이불에서 장난감을 가지고 놀아 주세요. 클리커 트레이닝을 해도 좋고요. 이불에서 밥이나 간식을 주셔도 좋아요.** 고양이들은 공간을 여러 기능으로 분리해서 쓰기 때문에 밥 먹는 곳 가까이에 용변을 보지 않아요. 단, 아예 밥그릇을 이불에 두시지는 마세요. 규칙적으로 밥이나 간식을 두는 제한급여를 해 주세요. 밥 먹는 곳이 여러 군데가 됐다, 고양이에게 이렇게 인식되지는 않게요. 이 기간에 고양이가 **이불 냄새를 킁킁 맡으려고 하는 순간을 포착해서, 그때 이름을 부르고 멀리 떨어진 곳의 간식으로 유도하는 방법도** 시도해 보세요. 이불에 자체에 대한 관심을 계속해서 다른 곳으로 돌려 주는 거예요.

마지막으로 **화장실에 그 소재를 넣어 주는 방법도 있습니다.** 화장실 안을 완전히 비운 뒤, 그 안에 아이가 선호하는 재질을 넣어 주는 겁니다. 이불이나 매트를 선호하는 아이라면 이불이나 매트 조각을 넣어 고양이에게 화장실에 익숙해질 수 있도록 적응 시간을 주세요. '아, 이거 어떻게 빨아? 아깝게 어떻게 그냥 버려?' 하실 수 있지만 어차피 버린 이불, 이렇게 활용하는 편이 나을 겁니다. 이불에 언제고 고양이가 실례를 할지 모르는 상황보다 낫지 않을까요?

2) 장소의 문제
어떤 고양이들은 특별한 장소를 선호해요.

이렇게 해 보세요 ──── 우리 아이는 신발장 옆구석을 좋아한다, 이런 경우는 오히려 간단해요. 화장실을 그쪽으로 옮겨 놓으면 되거든요. 이렇게 생각하면 장소 선호 때문에 생기는 일들은 그렇게 어렵지 않아요.

2. 지금 있는 화장실이 싫어서
기존 화장실 자체나 모래가 싫어서
생각보다 모래가 싫어서, 화장실이 싫어서 생기는 문제들이 많아요. 같은 모래를 썼는데 어느 날 갑자기 화장실 문제행동이 생겼다면, 화장실 자체의 문제는 아닌지 의심해 보세요. 흔히 하는 실수가 화장실 청소할 때 발생합니다. 집사들이 청소할 때 깨끗하게 닦는다고 락스나 파인솔 등 향이 있는 세정제나 소독제를 사용하는 거죠. 고양이들이 정말 싫어하는 것이 화학제품 냄새인지 모르고요.

이렇게 해 보세요 ──── 화장실을 청소할 때는 비누나 중성세제 정도가 좋습니다. 향이 없는 제품이면 더 좋고요. (모모모피디님, 물로 대충 헹구지 말고 꼭 깨끗이 닦아 주셔야 합니다) **화장실 자체를 새 제품으로 바꿔 보실 필요도 있습니다.** 고양이들이 용변 후에 화장실을 발로 막 긁잖아요. 그때 화장실에 스크래치가 생긴단 말이죠. 아무리 깨끗하게 닦아도 그 틈으로 냄새가 밸 수밖에 없습니다. 스크래치가 너무 많이 난 낡은 화장실이 아닌지 점검해 보세요.

용변 문제에 있어 까다로운 성향의 고양이들은 원칙적으로 격일로 모래를 싹 다 갈아 주셔야 합니다. 조금이라도 모래가 더럽혀져 있으면 다른 화학적 환경이 만들어진 셈이잖아요. 용변을 보게 되면 새로운 냄새를 유발하기 때문에 그 냄새가 싫어서 화장실이 아닌 다른 곳에 용변을 보는 경우도 있습니다. 만약 격일로 모래를 바꾸기 힘들다면 화장실 개수를 늘려 주세요. 까다로운 고양이와 함께 산다면 어쩔 수 없겠죠.

모래에 대한 선호도 또한 주의 깊게 봐야 합니다. 드물긴 하지만 어떤 고양이는 얕은 모래를 좋아합니다. 반면 '10cm로도 부족해, 15cm여야 좋다' 이런 의지를 가진 고양이도 있고요. 하나씩 하나씩 조건을 달리해 보면서 우리 아이가 뭘 좋아하고 뭘 싫어하는지 감별해 나가야 합니다.

공간에 밴 냄새가 싫어서일 수도 있습니다.
거실이나 안방 바닥에 실례를 하는 고양이들이 있습니다. 때로 보호자가 그곳을 청소하면서 레몬이나 식초를 뿌리고 소주로 닦기도 하시던데요. 어떤 고양이들은 그 냄새에 자극이 돼서 같은 장소에 다시 용변을 봅니다. 락스로 닦아 내는 경우도 마찬가지입니다. 소독제 냄새에 불안을 느끼기 때문에 '아, 이 냄새 너무 싫어, 내 영역에서 이런 냄새가 나게 할 수는 없어' 하면서 또 실례를 하는 거죠. 만일 나무재질의 바닥이라면 고양이 용변 냄새가 너무 깊게 배어서…… 아, 저희도 어찌할 도리가 없습니다.

이렇게 해 보세요 ——— **고양이가 용변 본 곳에 물건을 놔둡니다.** 냄새가 안 통하는 판넬이나 비닐 장판 같은 물건으로 거기를 덮어 버리세요. 그런 다음에 그 위에 책장이나 TV를 두어서 고양이가 이 장소에 아예 관심을 끊도록 유도해 주세요. 밥을 두는 것도 방법이에요. 고양이 밥그릇과 물그릇을 여기에. 또, 아이들이 싫어하는 촉감의 물건을 덮어 둘 수도 있겠습니다.

화장실 상담실

전문가 상담 전, 화장실 자리에 CCTV 설치를 권하고 싶습니다. "우리 애가 매일 옷방에, 빨래바구니에 오줌을 싸요" 같은 사연으로는 상담에 한계가 있습니다. 제일 좋은 건 영상을 공유하는 거라고 생각해요. 화장실에서 일을 볼 때 화장실을 긁는지 모래를 긁는지, 구체적인 내용과 데이터가 상담에 중요한 자료가 됩니다. 그렇기 때문에 다니고 계신 병원에 동영상 데이터를 가지고 가서 상담받으시는 게 좋습니다.

① 갑작스러운 대변 실수

To 키티피디아

안녕하세요. 저는 이제 1년 반 된 벵갈냥을 기르는 집사입니다. 처음부터 까탈스러운 부분은 1도 찾아볼 수 없었던 냥이에요. 배변 훈련도 시킬 필요 없이 너무 잘했고요. 문제는 덩치가 커지면서 화장실을 큰 걸로 교체했는데 3개월 전부터 2~3일에 한 번씩 이불 위에 대변 실수를 합니다. 희한하게 소변은 화장실에 잘하고요. 그래서 예전 화장실이랑 새것, 두 개를 설치해 줬는데도 계속 그래요. 대체 왜 그러는 걸까요? 모래를 바꾼 것도 아니고 혹시 관심을 받고 싶은 건가 싶어서 실컷 놀아도 주고 간식도 주고 어디 아픈가 병원에도 데려가 봤는데 답이 없네요.

- 김혜영

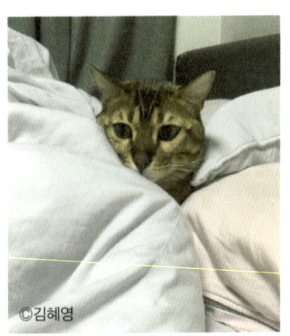
ⓒ김혜영

김혜영님 사연에서 가능성은 크게 다섯 가지예요.

1) 화장실 위치가 적합하지 않았을 가능성
2) 고양이가 이불 위에서 배변하며 좋은 기분을 느꼈을 가능성
3) 고양이가 화장실 모래에서 싫은 기분을 느꼈을 가능성
4) 화장실 형태가 적합하지 않았을 가능성
5) 그 외의 문제가 있을 가능성

이 중에서 2), 3)은 앞서 설명드린 대로 해 보시면 되고요, 먼저 1) 화장실 위치를 한번 살펴볼게요.

1) 화장실 위치

김혜영님이 화장실 두 개를 구비했다고 하셨는데, 둘을 어떻게 두셨는지 체크해 보세요. 나란히 두셨거나 가까이 두셨다면 위치를 바꿔 주어야 해요. 화장실 두 개가 나란히 있거나 가까이 있으면 고양이는 큰 화장실이 하나 있다고 인식하거든요. 그러니까 두 개를 멀리 떨어뜨려 놓고 고양이가 내가 쓸 수 있는 화장실이 두 개 있다고 느끼게 해 줄 필요가 있어요.

그다음으로는 4), 5)를 살펴볼게요.

4) 화장실의 형태

애들마다 취향이 달라서 내 고양이가 돔형을 좋아하는지, 평판형을 좋아하는지 파악이 되어야 해요. 혹시 같은 형태의 화장실만 두 개라면, 하나는 다른 형태로 바꿔 주면 어떨까요? (화장실 고르기는 2-3장 〈화장실〉 편 p.184 참고)

5) 예상치 못한 외부 요인

'지금까지 이 화장실을 잘 써 왔는데 새삼스럽게 왜?'라고 의아할 수 있는데, 고양이들은 정말 굉장히 사소한 사건 때문에 화장실 사용을 꺼려하는 경우가 있어요. 우리가 전혀 인지하지 못할 정도로 너무 사소한 사항들이 있었을 수 있어요.

예를 들면 보호자의 일상 스케줄이 달라졌다거나, 고양이가 용변을 보고 있을 때 택배 아저씨 등 누군가가 벨을 눌렀다거나. 카펫이나 가구의 위치가 바뀌어서 고양이가 화장실을 가는 경로에 변화가 생겼기 때문일 수도 있고요. 또는 고양이가 볼일 볼 때 보호자가 그 앞에서 청소기를 돌려서일 수도 있고요. 음식이 바뀌어서 평소와는 다르게 설사를 했다, 그런데 그게 털에 묻었다, 그때의 불쾌감 때문에 '이 화장실 더 이상 안 되겠어' 할 수도 있어요. (모두 탄식!)

아이들은 소변 화장실과 대변 화장실을 구별하기도 합니다

나름 잘 쓰던 화장실인데 어느 날부터 고양이가 똥 화장실과 오줌 화장실을 구별해서 쓰기도 합니다. 오줌을 싼 곳에는 똥을 싸기 싫어진 것이죠. 돔형 화장실을 쓰던 아이가 '똥은 냄새가 많이 나니까 난 평판형 화장실을 원해'라고 표현을 하는 수도 있는 거죠. 특히 소변을 여기저기 싸는 게 아니라 대변만 따로 보는 것이라면 이런 고양이는 대변용 화장실을 따로 구비해 주세요.

② 타일에 볼일 보는 고양이

To 키티피디아

저는 일곱 살 된 고영남 아줌마와 미운 3개월령의 사내놈 고도량을 키우고 있습니다.

새로 들인 둘째 도량이 때문에 고민이 큽니다. 화장실을 잘 가린다고 들었습니다만, 도량이는 우리 집 화장실 펠릿이 마음이 안 드는지 방바닥에 계속 실례를 했습니다. 새 화장실로 교체하고 도량이가 이전에 썼다는 모래로 바꾸어 주었는데도 마찬가지였습니다. 그러기를 한 달여, 지금은 화장실에 잘 싸다가도 방바닥이나 욕실 베란다 타일에 다섯 번에 한 번 비율로 실례를 합니다. 저는 혼자 사는 직장인이라 도량이가 실례를 할 때마다 매번 치워 주기가 어려운데요, 도와주세요! 호통치셔도 괜찮습니다.

©영남언니

- 영남언니

저도 고양이에게 호통을 당하는 입장이라. (웃음) 제가 도량이가 현재 살고 있는 환경을 자세하게는 모르니 진단을 내리기는 어렵지만, 보호자분이 추측하시는 대로 펠릿이 마음에 안 들었을 가능성이 일단은 커요. 펠릿이 싫어서 그걸 피해서 어쩌다 타일에 용변을 봤는데 그 느낌이 좋았던 거예요. 혹은 화장실이 지저분했을 때 우연히 타일 바닥에 용변을 봤는데 그 느낌이 좋았던 거죠.

아무튼 보내 주신 내용만으로는 사실 잘 알 수가 없어요. 먼저 의학적인 질병이 아닌지 체크가 필요합니다. 3개월령이라고 해도 하부요로질환이 있을 수 있기 때문입니다. 또 첫째 고영남 아줌마와 둘째 고도량 사이의 관계가 어떻게 형성되어 있는지도 알아야 해요. 화장실의 위치, 모래의 깊이도요. 단순히 "욕실에 있어요" 정도가 아니라 "화장실이 욕실의 오른쪽 구석에 있는데, 그 맞은편에는 무엇이 있고, 위쪽 선반에는 무엇무엇이 있다" 이런 정도까지 세세해야 해요.

도량이는 현재 타일을 선호하는 것으로 보이니까, **고양이 화장실에 타일을 깔아 주세요.** 시간을 두고 기존 화장실에 익숙해지도록 유도해 주세요.

후일담 **영남언니** 상담해 주신 것처럼 둘째 도량이는 맨들맨들한 재질에 볼일 보는 걸 정말 좋아하는 것 같아요. 지금은 모래 화장실(벤토나이트)을 주로 쓰면서 가끔 펠릿에도 볼일을 보지만, 화장실 치우는 게 좀 늦어지면 욕조 안에 볼일을 보더라고요. 이건 그래도 좀 기특한 것 같아요, 치우기 편하니까. ^^;

제 고민이 다른 집사님들께 도움이 되면 좋겠습니다.

③ 다묘가정에서의 화장실 문제

> 이번엔 저희 집 상담을 받고 싶어요.
> 지금 저희 집 고양이 소보로가 난리도 아니거든요. 저희 집 환경을 간단히 소개하면, 집에 고양이 세 마리가 있는데 새로 소보로가 들어온 경우예요. 총 고양이 네 마리죠. 지금 소보로는 대변 실수는 없는데, 싱크대, 소파, 이불 등 정말 여러 군데에다 소변을 봐요. 이불에서 밥도 주고 간식도 주면서 이불의 용도를 바꿔 주고 싶어도 다른 고양이들이 같이 있으니까 소보로만을 위한 해결방법을 시도하기가 어려워요. 다묘가정에서는 어떻게 해야 돼요?
> - 엉클조

싱크대, 세면대는 고양이들이 안정감을 느끼는 공간이에요. 오목하고 높이가 있어서 자기 몸을 숨길 공간이 있잖아요. 제가 볼 때 소보로는 지금 마음 편히 용변을 볼 수 없는 상황이에요. 아무리 여러 마리를 키우고 있다고 해도 **소보로만을 위한 공간을 분리해 주셔야 해요.** 집에 가벽을 세워서라도 그 안에 캣타워도 설치해 주고 쉴 공간, 밥 먹을 공간, 화장실까지 마련해 주세요. 일정 기간이 흐른 뒤 소보로가 그 공간에서 편안한 생활을 할 수 있게 되면 그때 벽을 열어 주시고요. 이럴 때는 화장실 하나 단독으로 마련해 주는 것으로는 부족해요. 보호자가 소보로를 위한 화장실이라고 마련을 해 주어도 다른 고양이가 먼저 와서 용변을 보면 소보로는 그걸 자기 화장실로 사용하기가 어렵거든요. 다른 고양이가 용변을 본 곳에 자기 일도 잘 보는 아이도 있지만, 그 반대인 아이도 있거든요. 고양이들은 말을 못 하잖아요. 소보로는 지금 집에 용변을 보고 싶은 공간이 없는 거예요. 그러니까 따로 만들어 줘야죠.

후일담 엉클조 상담받고 얼마 후 소보로는 중성화 수술을 했습니다. 수술 후 다른 고양이들이 소보로 수술 부위를 핥지 못하게 해야 해서 격리를 했어요. 방 하나에 밥, 물, 화장실을 마련해 주고, 2주 정도 혼자 지내게 했습니다. 이후 다시 모두 같이 지냈는데 신기하게도 소보로의 오줌 실수가 없어졌어요. 완전히! 다른 고양이들과 처음 합사하면서 있었던 불안감이 격리 공간에서 해소된 것 같아요.

위험한 주방

🐾 나눌 이야기

· 위험한 주방
· 싱크대 원천봉쇄법
· 원인을 알면 해결이 쉬워요
· 고양이가 화재의 범인이라고?

타마맘의 집사일기

　호기심이 많은 마루는 여기저기 탐색하기를 좋아합니다. 반면 조심성이 많고 겁도 많은 타이는 그런 마루가 늘 걱정이고 신기한 듯 마루의 움직임 하나하나를 관찰합니다. 마치 CCTV처럼요.

　주방에서 식사 준비를 할 때면 마루는 늘 제 다리 주변을 맴돌고, 그러다가는 어느새 싱크대로 올라와 저의 일거수일투족을 관찰하고 참견합니다. 야채를 씻으면 흐르는 물을 손으로 건드려 보고, 무언가를 저으면 숟가락을 손으로 툭툭 쳐 보기도 하고 말입니다. 그래서 칼, 그릇, 매운 재료들을 써야 할 땐 불안감과 걱정이 커집니다.

　한번은 정신없이 싱크대와 가스레인지 사이를 왔다갔다 하며 뜨거운 물을 옮기는데 보이지 않던 마루가 제 발밑에 있는 게 아니겠어요? 순간 놀란 저는 뜨거운 물을 싱크대에 쏟고 말았고, 저의 고함소리에 놀란 마루도 자리를 피했습니다. 마루를 관찰하고 있던 타이도 덩달아 놀라 우다다 달아나 버렸고요.

　정말 아찔한 순간이었습니다. 뜨거운 물을 혹시나 바닥에 쏟기라도 했다면, 혹시 타이가 놀라 도망간 장소가 싱크대였다면. 생각조차 하기 싫은 상상이지만 그만큼 주방은 아이들에게 너무나 위험한 장소임은 틀림이 없습니다. 그 당시에 제가 택한 방법은 오로지 '내가 조심하자!' 하는 다짐에 그치고 있었고요.

　〈키티피디아〉 시즌 3을 준비하며 모모모피디에게 제 고민을 털어놓았습니다. 제 고민을 〈키티피디아〉를 통해 해결하고 싶은 마음이 간절했었는지도 모르겠습니다. 그리하여 〈키티피디아〉 시즌 3의 첫 회는 위험한 주방에 관한 내용이 되었지요. 소롱누나가 제안하신 여러 가지 해결방법을 열심히 집에서 실천해 보았습니다. 테이프도 붙이고, 호일도 깔고. 정말 이 방법들이 마루에게 통할까? 마루의 호기심을 꺾을 수 있을까? 조마조마했지요.

　결과는, 끈끈이 테이프도, 호일도 마루에게는 새로운 장난감이 되었다는 것. 하지만 시간이 흐르고 다행히 마루도 탐색이 더 이상 필요치 않다고 생각했는지 주방에 드나드는 일은 점점 잦아들었습니다. 요즘에는 아침에 유산균 밥을 먹는 일 외에는 주방에 별다른 흥미를 느끼지 못하는 듯하고요.

그런데 주방 문제가 해결되자, 최근 또 다른 고민거리가 생겼습니다. 바로 옷방! 요즘 마루는 하루의 반나절을 옷방에서 보냅니다. 그 결과 검은 옷은 온통 마루의 하얗고 노란 털들로 뒤덮였고, 점퍼는 마루의 발톱 자국으로 구멍이 숭숭 뚫렸으며, 목도리 술은 뜯겨서 형체를 알아볼 수 없는 지경이 되었습니다. 누구, 고양이 옷장 못 드나들게 하는 방법 아시는 분 계시나요?

🙍 사실 집에서 가장 위험한 곳이 주방이에요. 고양이한테는 주방이 정글 같아요. 탐험하고 싶은 미지의 세계. 숨기에도 좋고요. 반대로 우리 집사들에게는……. 잘못하면 여기서 위험천만한 상황이 생길 수 있죠. 저희 병원에 어떤 보호자가 아기 고양이와(이름이 꾹꾹이였어요) 오셨는데 꾹꾹이가 냉장고에 들어간다는 거예요. 무슨 고양이가 냉장고에 들어가냐고 하실 수 있는데, 진짜 잽싼 아기 고양이들은 냉장고 문을 연 사이에 쏙 들어가서 반찬통 뒤에 숨어 버려요. 아기 고양이한테는 여기가 호기심 천국인 거죠. 그걸 모르고 집사가 냉장고 문을 그냥 닫아 버리면 엄청난 상황이 벌어질 수 있습니다.

🙎 소보로에게는 인덕션이 호기심 천국이에요.

🙍 인덕션 진짜 위험해요.

🙎 고양이 발로 인덕션을 켤 수 있더라고요.

🙍 실제로 병원에 강아지가 온 적이 있어요. 보호자분이 라면을 끓였는데 평소에 사람 음식을 반려동물과 나눠 먹는 습관이 밴 집이었어요. 보호자가 펄펄 끓는 라면을 상에 딱 내려놓는 순간 강아지가 와서 발을 푹 담근 거예요. 발바닥을 데어서 병원에 진료를 온 거죠. 고양이도 마찬가지예요. 고양이도 컵이나 물에 관심이 많거든요. 잠깐 한눈 판 사이에 뜨거운 차나 커피에 발을 집어넣는 고양이들이 많아요.

🙍 요새 싱크대 위에 칼꽂이 많이 올려 두잖아요. 내가 고양이를 키우고 있는데 그런 걸 마련하면 이상하지만, 원래 싱크대 위에 칼꽂이 두고 살던 집에 고양이가 들어오면 미처 신경 못 쓸 수 있잖아요.

🙍 그렇죠. 책에 보면 이럴 때는 분무기를 써서 고양이에게 주의를 주라고 쓰여 있어요. 요리할 때 분무기를 인덕션 옆에 놔두고 고양이가 딱 뛰어오르려고 준비를 하면 물을 뿌리라는 거죠. 효과가 있을 수도 있지만, 고양이가 누가 물을 뿌렸는지 알게 되는 상황에서는 뿌린 장본인과 고양이는 평생 등지고 살아야 돼요. (웃음) '미쳤나?' 뭐 이렇게 되는 거죠.

🙍 '네가 나한테 이럴 줄 몰랐어.'

🙍 그렇죠. 고양이 입장에서는 갑자기 물벼락을 맞고, 게다가 물에서 시트러스 향, 레몬 향까지 나면 기겁하게 되는 거죠.

🙍 예전에 모모모피디가 고양이한테 분무기로 물을 뿌렸다는 얘기를 한 적이 있죠.

 모모모피디뿐만 아니라 생각보다 많더라고요. 이것저것 하다가 안 되니까 결국에는 분무기로 물을 뿌리는데 고양이들이 기억력 좋다고 말씀 드렸잖아요. 고양이들은 일단 나쁜 기억이 생기면 웬만해서 잘 잊지 않아요. 반대로 생각하면 고양이에게 주방에 대해 '여기 가면 별로 안 좋아' 하는 기억을 만들어 주면 됩니다. 나와 등지는 일은 없도록 하면서요.

위험한 주방

"고양이에게 주방은 놀이동산 같은 곳이에요."

Q. 주방에서 체크할 곳

A1. 냉장고

잽싸고 호기심 많은 고양이를 두셨다면 냉장고 문을 열고 닫을 때 반찬통 뒤를 샅샅이 살펴보세요.

냉장고 뒤쪽으로 숨어 들어가는 고양이도 많습니다. 새 집으로 이사했는데 고양이가 사라졌다, 하면 냉장고 뒤를 먼저 찾아보세요. 고양이에게는 냉장고 뒤가 가장 구석진 곳이라 그곳에 숨었을 가능성이 큽니다. 이럴 때는 억지로 꺼내지 말고 고양이의 흥미를 끌어 유인하세요. 평소에 냉장고 뒤는 골판지나 하드보드지로 고양이의 출입을 막아 주는 게 좋습니다.

A2. 세탁기, 식기세척기

식기세척기 안은 그릇 사이사이에 숨을 곳이 많고 적당히 어두워서 고양이가 무척 좋아합니다. 원룸 주방에 많이 있는 드럼세탁기 역시 아이들이 좋아하는 공간이고요. 아이들이 안에 있는지 모르고 기계를 작동시킨다면, 상상만 해도 끔찍하죠. 식기세척기나 세탁기를 작동할 때는 스위치를 누르기 전에 습관적으로 안을 꼭 살펴보시고, 이름을 불러서 고양이가 어디 있는지를 확인해 주세요.

A3. 인덕션, 하이라이트

조리하고 있는 중에 고양이가 뛰어 올라가기도 하지만 요리가 다 끝난 뒤에 남은 열 때문에 다치는 수도 있습니다. 특히 발바닥 볼록살에 화상을 자주 입습니다. 또한 고양이가 인덕션 전원 버튼을 눌러 화재가 난 경우도 있고요. 외출할 때

인덕션은 코드를 뽑거나 덮개를 씌워 주세요. 덮개가 가벼우면 덩치 큰 고양이들에게는 밀릴 수 있으므로 그 위에 매트 등으로 무게를 더해 주면 효과가 있습니다.

A4. 전기주전자

버튼을 누르기만 하면 작동이 되는 전기주전자 역시 위험합니다. 외출 때마다 똑딱이 코드로 전원을 내려놓거나 코드를 뽑으세요.

A5. 음식물 분쇄기(그라인더)

발을 집어넣으면 굉장히 위험합니다. 개수대에 음식물쓰레기 분쇄기가 장착돼 있는 집은 분쇄기의 음식을 비우고 난 뒤에 레몬을 넣고 갈아 버리세요. 위생에도 좋고 레몬향을 싫어하는 고양이의 접근을 막을 수 있습니다.

A6. 칼꽂이 등 주방도구

가위도 떨어지면 위험하고 포크도 밟으면 다칩니다. 싱크대의 칼꽂이 등 위험 가능성이 있는 도구들은 사용하고 나서는 바로 보이지 않는 곳에 넣어 주세요. 부지런한 집사가 돼야 합니다.

A7. 뜨거운 음식

뜨거운 음식에는 접근하지 않도록 보호자가 항상 주의하고 잠시라도 자리를 비울 때는 덮개를 씌워서 안전하게 해 주세요.

주방에서 일어날 수 있는 사고를 막으려면 먼저 평소에 이름을 부르면 집사에게 오는 연습이 되어 있어야 합니다. "꾹꾹아~" 하면 꾹꾹이가 냉장고 안에서 나오고 "소롱아~" 하면 방에 있던 소롱이가 "냐옹~ 나 여기 있다~" 하면서 나오는 거죠. (4-1장 〈포상놀이〉 편 참고)

싱크대 원천봉쇄법

"좋은 곳이 아니야. 나쁜 곳이야~"

 의외로 싱크대에 올라오는 아이들이 많습니다. 처음에는 '싱크대에 올라가는 게 별 문제겠어?'라고 대수롭지 않게 보아 넘기지만 음식을 조리하거나 칼질을 하는 등 원치 않는 때에도 고양이가 올라올 수 있으므로 처음부터 싱크대에 못 올라오게 하는 게 좋습니다. 무턱대고 소리치고 혼내는 건 도움이 되지 않습니다. 오히려 올라갈 때마다 소리치면 관심을 받기 위해 올라가기도 하거든요. 싱크대 올라가기, 완벽하게 막아 봅시다.

Q. 불쾌한 싱크대 만드는 방법

A1. 녹색 테이프로 양면 테이프를 만들어 붙입니다.
싱크대의 어디로 올라갈지 모르니 한 줄이 아니라 여러 줄의 양면 테이프를 덕지덕지 붙입니다. 고양이들은 끈적끈적한 느낌을 싫어하므로, 싱크대에 올라갔을 때 불쾌해할 가능성이 높습니다. 끈끈함을 유지하기 위해 테이프를 매일 갈아 줍니다.

A2. 카펫 보호대나 플라스틱 카펫 프로텍터*를 깝니다.

A3. 물컹물컹한 고무빗을 여러 개 올립니다.

★ 플라스틱 카펫 프로텍터(plastic carpet protector)
주로 카펫을 까는 나라에서 많이 쓰는 물품으로, 카펫이 밀리지 않게 보조한다. 카펫을 깔기 전에 그 아래 깔아 두며, 플라스틱 재질이고 뾰족한 작은 돌기가 솟아 있다.

질문 있어요!

 얼마나 오랫동안 이런 상태를 유지해야 하나요?

 4주 정도 유지합니다. 그동안 정상적으로 밥을 해 먹을 생각일랑 접어 두세요. 한 번의 원천봉쇄로 평생의 안전을 도모합니다. 처음 1주차에 싱크대 전면을 아이들이 싫어하는 물건으로 덮었다면, 순차적으로 싱크대 안쪽(몸으로부터 먼쪽)부터 물건을 제거해 나갑니다. 마지막 4주차에도 싱크대 앞 테두리에는 고양이 기피 물건을 유지해 놓는 식으로, 단계적으로 유지 관리하세요.

원인을 알면 해결이 쉬워요

"아이가 자꾸 관심을 갖는 데는 반드시 이유가 있어요."

 주방같이 위험한 곳을 싫은 장소로 만드는 것보다 더 근본적인 대책은 바로 그 공간에 왜 관심을 갖는지 원인을 파악하고 대안을 만들어 주는 것입니다.

> 저희 집 둘째 고양이 마루는 이제 8개월령입니다. 3~4개월령 때 입양을 와서 같이 살고 있습니다. 첫째 고양이는 이제 네 살인데 과묵한 편이고요. 그래선지 둘째는 저를 따라다니면서 야옹야옹 잘 우는 편인데요, 이런 둘째가 유독 싱크대에 잘 올라갑니다. 음식 욕심이 많거나 요리에 호기심이 많지도 않은데요. 왜 싱크대에만 관심을 가질까요?
> - 타마맘

싱크대에 호기심을 보이는 이유는 크게 세 가지로 볼 수 있습니다.
1) 주방 호기심
2) 자신만의 공간 부족
3) 관심 끌기

1) 주방 호기심이 이유인 경우는 앞서 설명드린 대로 해결해 주시면 되고요, 2), 3)일 때는 어떻게 해야 하는지 알아 봅시다.

2) 자신만의 공간 부족
아이가 싱크대에 자꾸 올라간다면 단순 호기심이 아니라 뭔가 널찍한 공간이 필요해서일 수 있습니다. 자기 몸을 쫙 펴고 기지개를 켜면서 드러누워 쉴 수 있는 공간이 없어서일 수도 있죠. 싱크대란 공간이 고양이한테는 굉장히 매력적입니다. 널찍하고 적당히 높고 아늑하잖아요. 또, 다묘가정일 때는 자기 공간을 확보하기가 더 어렵죠. 고양이는 공간을 용도별로 분리해서 점거하고 다른 고양이의 영역은 피하는 경향이 있다는 점을 생각해 보면, 싱크대가 어떤 고양이에게는 자기만의 휴식처가 될 수 있습니다. 대신 **다른 곳에 쉴 공간을**, 예를 들어 캣타워 등을 마련해 주면 문제가 쉽게 해결될 수 있습니다.

3) 관심 끌기

타마맘님의 둘째는 '관심 끌기'에 해당됩니다. 보호자의 관심을 끌기 위해서 싱크대에 올라가는 것이죠. 생각해 보세요. 대부분 고양이가 싱크대에 올라가면 집사가 "뚱땡아, 하지 마~" 이러면서 안고 쓰다듬어 주고 "다음부턴 올라가지 마~" 하면서 내려 준단 말이에요. 고양이는 그럴 때마다 관심을 받고 스킨십을 할 수 있다고 생각할 수 있어요. 그런 스킨십을 계속하고 싶으니까 또 올라가겠죠? '아, 심심해. 오늘 엄마랑 놀아 달랄까?'

아이들은 생각보다 똑똑합니다. 이럴 때는 고양이에게 절대 화를 내거나 소리를 질러서는 안 되고요, **"안 돼!"라고 낮게 말한 다음에 눈을 마주치지 않고 안아서 무심하게 내려놓으세요**. 그러고 나서는 **방으로 들어가 버리세요**. 방에서 3~5분 뒤까지 나오시지 않는 겁니다. '아, 내가 여기에 올라가니까 엄마가 사라지네? 가 버리네?'라고 생각할 수 있게요. 여기서 중요한 점은 무심하고 시크한 것. 소롱이의 경우에는 식탁 위에 올라가면 제가 "안 돼"라는 말도 안 하고 그냥 툭 내려놓고 들어가 버렸어요. 소롱이는 그 "안 돼"라는 말조차도 좋아하는 듯해서요. 집사가 무심하게 행동하고 눈앞에서 사라지는 일이 반복되면 싱크대는 관심을 불러일으키기에 마땅치 않은 장소라고 생각할 거예요.

집에 혼자 있는 고양이가 전자레인지 등을 켜서 화재를 일으켰다는 뉴스들이 종종 보입니다. 집사로서, 홀로 있는 고양이가 다치지 않게 하기 위해서라도 반드시 주방기기, 전열기기로 인한 사고를 예방합시다.

2018년 7월 20일 새벽 1시에 가까운 늦은 밤. 대전 유성구 한 주상복합 아파트 주방에서 연기가 피어오르기 시작했다. 다행히 자동 화재감지기가 작동, 소방관이 즉시 출동해 불을 껐다. 이 불로 내부 $3m^2$가 타는 등 121만 원 상당(소방서 추산)의 재산 피해가 발생했다.
소방관들은 집 안에 있던 고양이를 '실화범'으로 지목했다. 집을 홀로 지키고 있던 고양이가 전기레인지에 올라가 터치 방식의 전원 스위치를 켠 것으로 본 것이다. 주인은 외출한 지 오래된 것으로 보여, 아무도 없는 집에서 전기레인지 스위치를 작동시킬 수 있는 것은 고양이뿐이었기 때문이다.
비슷한 화재는 열흘 전인 7일 대전 중구 다가구주택도 발생했다. 불은 전기레인지에서 시작된 것으로 보였고 주인은 정오부터 외출한 상태였다. 전기 합선이나 방화 등의 흔적도 보이지 않았다. 역시 고양이가 범인으로 지목됐다. (중략)
지난달 제주시 애월읍 단독주택과 서울 금천구 한 주택에서도 각각 같은 원인으로 추정되는 불이 나는 등 6월부터 이날까지 고양이로 인한 전기레인지 화재가 알려진 것만 네 건이다. (중략)
전문가들은 반려묘의 보호자들이 화재가 발생하지 않도록 주의를 기울여야 한다고 조언한다. ○○ 대전소방본부 화재조사담당 소방위는 "당시 고양이를 데리고 간단히 시험해 봤을 때 터치식 전기레인지가 매우 작동이 잘됐다"며 "외출할 때 전기레인지 코드를 뽑거나 고양이가 터치하지 못하도록 전기레인지 위에 덮개를 씌우고 나가야 한다"고 당부했다.

전기레인지 제조사가 화재 예방을 위한 더욱 근본적인 해법을 내놔야 한다는 지적도 나왔다. ○○○ 우송대 소방방재학과 교수는 "전기레인지를 만들 때부터 고양이 등이 실수로 터치해도 작동되지 않도록 하는 안전장치가 마련돼야 한다"며 "또 가스레인지처럼 중간 밸브를 만들어 외출할 때 잠그고 나갈 수 있도록 하는 방법 등 안전을 확보할 본질적인 방안 마련이 필요해 보인다"고 말했다.

-2018년 7월 20일, <연합뉴스>

고양이와 전선전쟁

🐾 나눌 이야기

· 전선을 좋아하는 이유
· 전선 원천봉쇄법
· 감전 시 응급처치법

모모모의 집사일기

　사각사각……. 뭔가 잡아뜯는 소리에 노이로제 있으신가요? 고양이 집사 맞으시군요. 저도 그렇답니다. 매일 밤 '당나귀 귀를 가진 임금님'처럼 귀가 커져서 벌떡 일어납니다. 귀찮고 피곤하지만 혹시라도 무슨 일이 있을지 모르잖아요. 며칠 전에도 모모가 단열을 위해 창에 붙인 뽁뽁이 비닐에 관심을 보여서 아예 뜯어 버렸네요. 추위보다 안전이니까요. ㅠㅠ
　이렇게 저를 깨우는 건 주로 모모입니다. 모모는 호기심이 많아요. 새로운 물건, 비닐, 끈, 전선 들에 참 관심이 많습니다. 물체에 얼굴을 대고 이를 갈거나 핥기를 좋아해요. 그러다 보니 무슨 물건이든 바로바로 치워야 하죠. 한번 관심을 가지면 도대체 막을 수가 없으니까요. 그 대표적인 물건이 휴대폰 충전선이었습니다. 이갈이 시기였는지, 왠지 모르게 충전선에 집착하던 모모. 조용한 가운데 어디선가 들려오는 사각사각, 이 가는 소리. 정체는 모모가 충전선을 끊어 먹는 소리였습니다. 감전사고가 걱정돼서 진작 전원은 내려놓았지만 혹시라도 끊어서 이걸 먹으면 어쩌나, 그 자체로 스트레스였어요. 셀로판테이프를 붙여서 두껍게도 해 보고, 숨겨도 봤지만 세 개에 만 원 하는 충전선을 계속 사야 했죠. 결국 충전선은 모두 단명했네요.
　다행히도 두어 달 후 모모는 휴대폰 충전선에 관심을 끊었습니다. 왠지 모르지만 정말 다행이었죠. (고마워, 모모.) 하지만 지금도 여전히 전선 숨기기가 저희 집에서는 아주 중요한 일과입니다. 요즘도 출근하면서 늘 고민해요. '이 선을 누가 건드리진 않을까? 저 선이 평소보다 삐져나왔는데 누가 건드렸나? 전선들을 가능한 눈에 안 띄게 정리해야 하는데?' 같이 사는 엉클조는 제가 좀 많이 예민하다며 핀잔을 주기도 합니다만 고양이 집사라면 다들 그렇지 않나요? 제가 이상한 건 아니죠? 그렇죠?

5. 고양이와 전선전쟁 _ 409

고양이 키우는 집은 전선 때문에 곤혹스러울 때가 있을 거예요.

저희 집 애들은 전선에 정말 1도 관심이 없거든요. 눈앞에서 뭐가 흔들거려도 연연하지 않을 만큼 뚱뚱해져서 그래요. (웃음) 그런데 얘기 들어 보니까 다른 집들은 굉장히 고민이 많더라고요.

모모는 휴대폰 충전기 전깃줄을 여덟 개나 끊어 먹었다고 알고 있어요.

맞아요. 저희 병원 간호사 선생님네 고양이는 피카츄처럼 자꾸 전선을 씹어 먹어서 별명이 '보카츄'인데요. 전선 때문에 몇 번 병원에 입원한 적도 있어요. 아예 전선을 완전히 눈에 보이지 않는 곳으로 치워 버렸더니 지금은 벽지를 뜯고 있다는 소문을 어제 들었습니다.

아, 뭐가 됐건 파괴를 하고는 있군요.

네, 그런데 전선을 씹는 고양이에게 그때마다 "하지 마!" 소리치며 단속한다고 말려지는 게 아니더라고요. 보카츄 얘기를 더 하면요, 드라이어로 머리카락을 말릴 때 전선이 왔다갔다 하잖아요, 보카츄가 그걸 봐 뒀나 봐요. 사용하지 않을 땐 드라이어를 세워 놨는데 그 상태의 드라이어 전선을 보카츄가 당긴 거예요. 드라이어에 맞아서 또 병원에 입원한 적이 있어요.

딱밤 맞은 정도가 아니겠는데요!

드라이어가 꽤 무겁고 높은 데 놓여 있다 보니까 떨어지면 발가락이 부러질 수도 있어요. 그리고 헤어세팅기는 사용하고 얼마간은 약간 뜨겁단 말이에요.

그렇죠. 잔열이 남아 있을 거예요.

네, 그럴 때 애들이 잘못 건드려서 문제가 되는 경우도 있어요. 다리미는 정말 위험해요. 집사가 다리미대 위에서 다림질을 하고 있으면 다리미 움직임에 따라 선이 움직이잖아요. 고양이가 밑에서 선을 건드리다가 확 잡아당겨지면 다리미가 움직이면서 사람이 다치는 수가 있어요. 다리미가 떨어져서 고양이가 다칠 수도 있고요. 아기 고양이들이 전선에 몸을 감고 놀다가 목이 감긴 채로 발견되는 경우도 있다고 들었어요.

저도 최근에 걱정이 있는데요, 애들이 자꾸 TV 뒤로 가요. 그런데 그 뒤에는 전선도 있고, AI 스피커 연결하는 케이블도 있어요. 제가 또 최근에 게임기 플레이스테이션 4를 샀는데 그 선은 제발 안 건드렸으면 좋겠다고, 그걸 건들면 내가 화가 날

것 같다고 아이들한테 얘기했는데도 자꾸 그 뒤로 가요.

정말 TV 뒤에 전선이 엄청 많잖아요. 셋톱박스 선도 있고요.

예, 그래서 걱정이 되죠. 플레이스테이션 4도 상당히 걱정이 되지만 애들이 그 선 많은 데를 요리조리 다니다가 넘어져서 다치거나, 아니면 플레이스테이션 4가 깨지거나, 전선이 엉키거나 빠지면서 뭔가 사고가 날 수도 있고요.

지금 플레이스테이션 얘기를 세 번 하셨습니다. 전선 얘기를 하시면서. (모두 웃음)

고양이 얘기 횟수보다 많은 것 같은데……. (웃음) 저희 어머니 집 아이들은 셋톱박스 위에 올라 앉아 있는 걸 굉장히 좋아해요. 따뜻해서인지.

네, 맞아요.

인터넷이 잘 안 돼서 수리 기사를 몇 번 부르셨대요. 그때마다 간단하게 선만 연결하면 되는 접촉 불량이라고, 출장비만 받고 간다는 거죠. 이런 일이 너무 잦다고, 왜 이런지 모르겠다고 하시는데, 저는 답을 알 것 같거든요. 고양이가 왔다갔다 하다가 전원 연결부나 전선을 건드린 거겠죠.

전선을 좋아하는 이유

"생각보다 다양한 이유가 있습니다."

Q. 고양이가 전선을 좋아하는 이유
A1. 본능
A2. 강박증(앞서 보카츄의 사례처럼 무언가 하나에 집착하는 경우)
A3. 치주질환(이가 간지럽고 아파서 뭔가를 뜯으려는 본능)
A4. 스트레스(스트레스로 뭔가 계속 입에 집어넣으려는 이식증)

전선 원천봉쇄법

"전선 차단, 비법은 없습니다. 부지런한 집사가 되세요."

 전선에 관심을 끊도록 접근을 차단하는 게 유일한 예방법이자 해결법입니다.

Q. 전선 관심 봉쇄법
A1. 전선을 숨기세요.
전기기구와 컴퓨터 주변 등 전선이 모여 있는 곳 전선들을 한데 묶어서 두툼하게 만들고 가능하면 눈에 보이지 않게 숨기세요. 아예 높이 들어 올려도 됩니다. 요즘에는 콘센트와 전선 일부를 안에 감출 수 있는 콘센트 박스도 많이 나오니까 그런 제품을 사용해도 좋겠습니다.

A2. 한번 사용한 기구는 그때그때 치우세요.
고데기, 드라이어, 다리미 등 사용한 기구는 전선을 돌돌 말아서 보이지 않는 곳에 치워주세요. 특히 헤어드라이어는 욕실 선반에 걸어 두면 사고가 날 수 있습니다. 헤어드라이어가 떨어져서 고양이가 다칠 수도 있고요. 드라이어 거치대는 단순히 못 몇 개로 지지돼 있는 경우가 많은데요, 고양이들이 아래에서 당기면 거치대가 같이 떨어질 수 있습니다. 아예 거치대에 드라이어를 두지 않는 게 좋겠습니다.

A3. 전기콘센트도 덮개가 필요해요.

전기콘센트 구멍은 아기 고양이의 발 사이즈에 딱 맞습니다. 콘센트 구멍에 관심을 보이는 아기 고양이는 으레 발을 콘센트 구멍에 넣었다 뺐다 합니다. 사람도 어린이들이 쇠젓가락으로 콘센트 구멍을 찔러서 나는 감전사고가 있잖아요, 마찬가지로 아기 고양이들의 발도 위험하니 덮개가 있는 콘센트를 사용해 주세요.

A4. 전선을 두껍게 묶어 주세요.

전선은 무조건 두껍게 묶어야 합니다. 고양이들은 가느다란 전선에 관심이 있으니까요. PVC 파이프, 케이블 타이, 벨크로 다 좋습니다. 단, 케이블 타이나 벨크로로 묶은 뒤에 남은 부분은 깔끔하게 잘라 주세요. 달랑거리는 남은 부분에 관심을 갖게 되거든요.

A5. 코드를 뽑아 주세요.

상습적으로 전선을 건드리는 고양이들의 모든 순간을 다 감시할 수는 없으므로 출근할 때는 아예 전선을 다 뽑는 게 좋습니다. 멀티탭은 전원을 껐다 켰다 하는 버튼 스위치가 있는 제품으로 바꾸고 적어도 외출할 때는 그 스위치를 끄는 것도 방법입니다.

Q. 기피제를 사용한 전선 봉쇄법

고양이가 이미 전선을 좋아해서 가지고 놀기 시작했다면 전선에 고양이가 싫어하는 냄새를 묻혀 피하도록 하는 방법도 있습니다.

A1. 레몬 스프레이, 아로마 오일을 사용합니다.

고양이가 싫어하는 레몬향, 시트러스향 오일을 스펀지에 아주 살짝 묻혀서 전선을 닦습니다. 다만, 아로마 오일 사용은 고양이 후각과 관련해서는 적용하기 부담스러운 방법입니다. 싫어하는 냄새를 풍겨 전선을 피하고 다른 곳으로 관심을 돌리도록 하는 게 목적이지만 전선에 묻은 오일을 고양이가 핥아 먹으면 위험할 수 있습니다. 수의사 선생님과 상담하여 사용에 신중을 기해 주세요. 냄새를 맡고 피하는 게 아니라 자꾸 핥는다면 이 방법은 추천하지 않습니다.

A2. 파스
붙이는 파스를 길게 잘라 전선에 붙입니다.

감전 시 응급처치법

 만약 고양이가 감전이 되어 쓰러지면 절대 손으로 만지면 안 됩니다. 이 점을 가장 먼저 기억해 주세요.

1단계: 두꺼비집을 차단합니다.
고양이가 전선을 씹어 감전이 됐다면, 그 순간 고양이의 근육이 수축되면서 전선에 몸이 붙을 겁니다. 급한 마음에 고양이에게 다가가 손을 대면 함께 감전될 수 있으므로 다급하더라도 고양이를 손으로 떼어 내면 절대 안 됩니다. 먼저 두꺼비집을 찾아서 전원을 차단하세요.

2단계: 절연체로 고양이를 전선에서 떼어 냅니다.
감전이 되지 않을 절연체, 즉 나무 막대기나 고무장갑 등을 이용해 고양이를 전선에서 떼어 냅니다.

3단계: 고양이의 상태를 체크합니다.
감전 시 대부분의 고양이가 의식을 잃거나 쇼크 상태일 수 있습니다. 숨을 쉬지 않으면 인공호흡을 해 주고 쇼크 상태라면 몸을 따뜻하게 수건이나 담요로 감싼 뒤 바로 동물병원으로 가세요.

4단계: 겉보기엔 멀쩡해도 병원에 꼭 데려갑니다.
감전 때문에 심장에 쇼크가 오거나 의식을 잃을 수도 있지만, 겉보기에 멀쩡한 고양이도 있을 수 있습니다. 그런데 감전된 직후가 아니라 하루 정도 지나서 폐에 물이 차는 경우도 있기 때문에, 겉으로 봐서 멀쩡하다고 해도 반드시 병원에 가서 체크를 해 보시면 좋겠습니다.

또, 감전사고 후에는 고양이의 호흡을 주의 깊게 봐야 합니다. 고양이가 계속 서성댄다거나, 노력성 호흡을 하거나, 입을 벌리고 호흡을 하거나, 혹은 잠을 자지 못하고 계속 엎드려 있다거나, 제대로 눕지 못하는 상태라면 서둘러 병원에 가야 합니다.

두꺼비집 위치를 확인하세요

몇 년을 같은 집에 살아도 두꺼비집 어디 있는지 모르는 사람도 많습니다. 당장은 감전사고 시 유의해야 할 사항들이 '아, 그렇게 하면 되겠구나' 싶지만 막상 일이 터지고 당황하면 뭐부터 해야 할지 잘 모르고 헤매게 되죠. 그러니 바로 지금, 어디에 두꺼비집이 있는지 체크하고, 고무장갑 같은 절연체 도구가 내 눈에 잘 띄는 곳에 있는지도 확인하면 좋겠습니다.

화상 응급처치

🐾 나눌 이야기

- 뜨거운 열에 화상을 입었을 때
- 화학약품에 화상을 입었을 때

소롱누나의 집사일기

 고양이는 조심성이 많은 친구들이죠. 고양이 화상이 생소한 단어일 수도 있습니다만, 의외로 사고는 왕왕 있습니다. 지금은 하늘나라에 있지만, 전에 함께 살던 고양이 오도리는 가스레인지를 사용할 때 싱크대 위에 올라와서 알짱거리다 수염을 태워 먹은 적이 있습니다. 아후, 그때만 생각하면 지금도 가슴이 콩닥거립니다.
 병원에 살던 꽃남이는 전기난로에 딱 붙어 앉아 한 몸이 되기도 하고, 라디에이터 위에 올라 앉아 뭉근한 뜨뜻함을 즐기다 화상 직전까지 간 적도 있었죠. 소롱이는 걸핏하면 뜨거운 커피잔에 집적댑니다. 모모모피디님네 아이들도 뜨거운 커피잔만 보면 몰려든다고 합니다. 물잔에 앞발을 자꾸 넣는 고양이라면 자칫하다 뜨거운 맛을 볼 수도 있습니다. 아마 이쯤 되면 "아, 맞아! 우리 아이도 그래!"라고 맞장구치는 분들도 꽤 될걸요?
 얼마 전에는 보호자분이 손이 너무 시려서 일회용 손난로를 사용하다가 내려놨는데, 그 위에 고양이가 앉아 있다가 배를 살짝 데여서 온 경우도 있었습니다.
 생각보다 화상의 경우가 주위에 꽤 많죠? ^^ 방심하면 안 된다고요오욧~!

고양이들이 호기심이 굉장히 많잖아요? 전열기구를 켜면 '저 앞으로 가면 열기가 느껴져, 저 앞으로 가면 빨간 게 일렁여' 이러면서 자꾸 그 앞에 와서 보고 있어요. 정말 호기심 많은 고양이는 대 볼까, 말까 고민하는 모습도 역력하고요. 저는 멀리서 다른 일을 하다가도 얼룩이나 저스틴이 전열기구 앞에서 폼을 잡고 있으면 후다닥 달려가게 되더라고요.

난로가 되게 따뜻하잖아요? 가장 흔한 사고가 따뜻하니까 거기에다 등을 대거나 붙어 앉아 있는 거예요. 그슬리거나 저온화상을 입게 되는데, 고양이는 자기가 타는지 잘 몰라요. 거기다 철망 안에 꼬리가 본의 아니게 들어가서 데는 경우도 있고. 한번은 저희 이비이비가 이렇게 앉아 있는데 너무 위험한 거예요. "이비, 이비, 이리 와!" 막 이러니까 자기 딴에는 좋다고 꼬리를 치면서 계속 난로의 뜨거운 불에 닿더라고요. 이런 경우가 꽤 많아요. 생각보다 화상 위험을 많이 겪으실 거예요. 저스틴하고 얼룩이는 옥장판 좋아하잖아요?

저는 전기장판을 사서 제가 별로 써 본 적이 없어요. 늘 아이들이 등허리를 지지고 있어요. 그래서 타이머를 맞춰 놓고 온도를 2단계 정도로만 해 놔요. 그래야 아이들이 오래 있어도 저온화상을 피할 수 있을 듯해서요. 선풍기처럼 돌아가는 소형 히터를 쓰는 분들도 많은데 저는 겁나서 못 쓰겠더라고요.

맞아요. 저도 집에서는 치웠어요. 그런데 병원에서는 추우니까 로비에다가 틀어 놓는단 말이에요. 그럼 어느새 고양이들이 와서 앉아 있는데 뭐라 말리기도 뭣하고요. 정말 따뜻한 걸 좋아하는 아이들이라 이걸 막기가 참 힘들어요. 그래서 특히 겨울철에는 화상 사고에 대비해 두는 일이 필요해요. 뜨거운 물이나 차를 마시다가 엎는 경우를 비롯해서 여러 가지 상황이 있을 수 있어요.

요즘 갓 없는 LED 전구 있잖아요? 그것도 되게 뜨거워지더라고요. 전열기구 아니더라도 다칠 일이 참 많아요.

네, 맞아요. 또 저는 병원에서 일할 때 핫팩을 붙이거든요. 너무 추워서. 그런데 핫팩을 맨살에 붙이면 안 되잖아요. 고양이들은 이게 따뜻하니까, 제가 의자에 붙여 놓은 핫팩을 깔고 앉거나 등을 대고 누워 있다가 화상을 입는 경우가 있어요.

그거 온도가 꽤 올라갈걸요.

실제로 제가 너무 추워서 맨살에 붙여 봤다가 5분 뒤에 뗀 적이 있습니다. 그랬더니 빨갛게 자국이 남더라고요. 화상을 입은 거죠. 이럴 때, 이렇게 화상을 입기 전에 미리 준비해야 할 것들이 몇 가지 있습니다.

뜨거운 열에 화상을 입었을 때

"가장 빠른 건 그냥 찬 물수건!"

Q. 응급 대처법
A1. 1도 화상: 찬 물수건 감기
표피만 살짝 데인 1도 화상의 경우입니다. 깨끗한 천에 찬물을 적셔서 화상 부위를 감아 주세요. 돌기 있는 수건은 자칫하면 감싸면서 상처가 쓸릴 수 있습니다. 반질반질한 천을 사용하세요. 만약 발바닥 볼록살(젤리 발바닥)을 데었다면 문지르지 마시고 아주 조심조심 눌러서 식혀 주세요. 문지르면 피부가 상하거나 물집이 심해질 수 있어요. 안정되면 병원으로 가세요.

A2. 2도 화상: 찬 물수건 대고 그 위에 깨끗한 천을 감아서 병원 가기
피부가 빨갛게 달아오르고 물집이 잡힌 경우는 마찬가지로 찬 물수건을 대고 그 위에다 다시 깨끗한 천을 감아서 바로 병원으로 가세요.

Q. 절대 하시면 안 돼요.
A1. 직접 얼음 대기
급한 마음에 얼음을 비닐봉지 같은 데에 싸서 화상 부위에 바로 대면 피부 표면의 열은 식을지 모르지만 피부 밑에 있는 조직에는 동상 등의 문제가 생길 수 있습니다. 얼음은 얼음주머니에 넣어서 찬 물수건을 댄 자리 위에다 놓아 주세요. 보드랍고 도톰한 천으로 얼음주머니를 만들었다면 이럴 때는 다시 천을 한 겹 더 감싸서 상처 부위에 대 주시면 좋겠습니다.

A2. 버터, 마가린, 바세린 등 민간요법

일단 피부조직이 손상된 상태에서는 이물질이 들어가면 재생에 문제가 생길 수 있습니다. 민간요법으로 사용되는 제품들은 쓰지 말아 주세요.

A3. 알로에

역시 손상된 피부조직에 이물질이 들어가면 문제가 생길 수 있고 2차 감염의 위험이 있습니다. 알로에도 상처가 있는 부분에 직접 들어가면 엄청나게 빨개집니다.

화상 주변의 털도 가능하면 깎아 주세요

상처를 깨끗하게 유지해야 합니다. 진물이 나서 상처 부위가 축축해질 수 있고, 소독을 위해서도 털은 깎는 게 좋습니다. 혼자서 깎아 주기 어렵다면 병원에서 처치하세요.

화학약품에 화상을 입었을 때

"고양이는 그루밍을 하기 때문에 즉각적인 조치가 필요합니다."

Q. 화학약품 화상에 대비한 응급 품목
A. 식염수, 멸균거즈, 깨끗한 천

Q. 응급 대처법
A1. 흐르는 식염수에 깨끗이 씻어 줍니다.
특히 화학제품이 눈에 튀었을 때 빨리 씻어 줘야 합니다. 얼른 수건으로 아이를 싸고 얼굴을 약간 옆으로 기울여서 식염수를 눈에 흘려 주세요. 식염수 병을 너무 세게 눌러서 압력을 주면 눈이 손상될 수 있으니 **아주 살살 흘려서 계속 씻어** 냅니다.

A2. 멸균거즈와 깨끗한 천으로 싼 뒤 병원에 데려갑니다.

A3. 화학약품의 성분을 알아 가세요.
병원에서 더 빠른 조치가 가능합니다.

한밤중 우다다

🐾 나눌 이야기

· 한밤중 우다다 상담실

아나엄마의 집사일기

　1년 전 갑자기 집을 절반으로 줄여서 이사를 했습니다. 두 고양이는 밤이고 낮이고 자주 싸우고, 특히 키아라는 매일 침대에 '스프레이'를 했습니다. 새벽 무렵에는 '우다다'가 시작되고, 우다다는 늘 아나가 베란다 창문을 긁으며 마무리되었습니다. 저는 매일 잠을 설쳐야 했고요.

　키아라와 아나는 청소년기를 지나는 1~2년 동안 우다다를 많이 했습니다. 집에 도둑(아주 서툰 도둑)이 든 것 같은 그런 느낌 있잖아요, 무엇인가가 푸드덕푸드덕 날아다니다 착지하는 듯한. 그 난리에 식탁이나 책상, 거실 테이블 위에 있는 물건들도(책, 디퓨저, 화장품, 물컵 등) 죄다 함께 바닥으로 착지하는 그런 소리요. 자다가 화들짝 깨게 만드는 우다다 소리를 두 달 이상 겪었던 것 같습니다. 거실에서 난리가 나면 그나마 다행이었습니다. 침실에서 우다다가 일어나면 제 배나 목을 밟고 점핑하는 통에 호흡곤란을 겪기도 했지요. 사람 목 아래쪽에 오목하게 들어간 부분을 아나와 키아라는 자기들 발에 딱 맞는 디딤판이라고 생각하는 것 같았습니다. ㅠㅠ

　새 집에서 거의 매일 이불 빨래를 하면서 저도 점점 지쳐 갔습니다. 아나와 키아라가 운신할 수 있는 공간은 사실상 침실과 옷방밖에 없었는데(거실과 방 두 개가 갑자기 없어진 거죠) 아나가 원천봉쇄하는 바람에 옷방에 들어가지 못하는 키아라는 침실에 들어와 자신의 불안감을 침대 위에 스프레이를 하며 표현하는 것 같았습니다. 결국 제 눈앞에서 키아라가 스프레이 하는 모습을 보게 되었는데 저는 화가 나기는커녕 미안하고 슬펐습니다. '엄마 저 너무 불안해요'라고 키아라가 말하는 듯했거든요.

　지금은 어떻냐고요? 저 또 이사했습니다. 중문도 있고 햇빛도 잘 들고 거실과 부엌 창을 통해 하늘과 새를 볼 수 있는 집으로요. 작은 집에서 우다다 하던 아나와 키아라가 조금은 더 넓어진 집에 가니 얼마나 좋아하던지요. 이삿날 언니네 집에 둘을 맡겼다가 이사를 다 마치고 데리고 왔는데 집에 들어서는 순간부터 벌써 이 아이들의 걸음걸이나 표정에서 만족감이 느껴지는 거 있죠. 방마다 조심조심 탐색을 하더니 거실 이쪽과 저쪽 바닥에 배와 다리를 늘어뜨린 채 나른하고 편안한 얼굴로 저를 바라봐 주는 아나와 키아라의 표정에서 "이 집 합격!"이라는 음성지원을 느꼈습니다.

첫날 아나는 재빨리 침실을 점령했고 키아라는 아쉬운 대로 거실 캣타워에서 밤을 보냈습니다. 며칠이 지나자 키아라는 침대 맞은편에 놓아 둔 캣타워와 책장 꼭대기에서 아나의 공격을 걱정하지 않고 우리(아나와 저)를 굽어볼 수 있게 되었습니다. 첫 주에는 키아라의 스프레이가 있었지만 지금은 없어졌고요.

고양이를 키우다 보니 비언어적 의사소통의 힘이 얼마나 큰지 새록새록 느낍니다. 몸짓과 표정으로 아나와 키아라의 만족스러움을 제가 느끼고 나니 그간의 스트레스가 확 날아가면서, 이제 집사의 이 미천한 몸은 이 녀석들 아니, 주인님들의 만족과 안락한 묘생을 위해서라면 어떠한 노력도 아끼지 않겠다는 다짐이 절로 드는 거 있죠. 아나, 키아라의 불만족이 저의 근심거리가 되고 아나, 키아라의 만족이 저의 행복과 직결되는 경험. 바로 '한밤중 우다다'가 있느냐, 없느냐의 사이에서 벌어진 일들. 애석하게도 집사가 한밤중 우다다의 고통에서 벗어나기 위해서는 우리가 모시는 이분들을 편하게 해 드리는 길밖에 없는 것 같습니다.

한밤중 우다다 상담실

세 야깽이의 한밤중 우다다

To 키티피디아

안녕하세요. 〈키티피디아〉 애청자 치르, 율무, 엘리자베스 엄마입니다. 11개월령 턱시도 치르와, 10개월령 치즈 율무, 그리고 얼마 전 입양한 10개월령 엘리자베스를 키우고 있습니다. 최근 이사를 앞두고 아이들을 한 달 정도 본가에 맡겼는데 좁은 원룸에서 살다 넓은 아파트에 가서 신났는지, 밤마다 우다다를 하여 아랫집 항의도 받았어요. 본가에 살 때는 밤 12시부터 아침 7시까지 엄청난 우다다를 하더니, 새로 이사한 집으로 와서는 새벽 4시부터 아침 7시 반까지 우다다를 합니다. 장난감들이 이리 쾅 저리 쾅 굴러다니고, 밥그릇 물그릇 엎고, 테이블에선 뭔가 떨어지죠.

직장인인 제가 새벽 4시가 되면 깨 버립니다. 매번 이런 식이니 평일엔 내내 수면 부족에 시달리고요. 전에 살던 집에서는 이 정도까진 아니었는데. 생활패턴을 바꿀 순 없을까요? 정말 괴롭습니다. 살려 주세요!

– 유경

왼쪽부터 치르, 율무, 엘리자베스ⓒ묘한사진관

제가 유경님의 사연을 채택한 이유는 "살려 주세요!" 때문이었어요. 10개월짜리 애들 셋인데 이때는 한창 뛸 시기예요. 6개월 이후부터 한두 살까지, 가장 활발하게 뛰어다니기 때문에 제일 많이 파양이 되기도 합니다. 애들이 미친 듯이 뛰고, 정신이 하나도 없고, 모든 물건을 다 흩트리고, 식탁 그릇도 깨고, 찬장이고 싱크대고 거기 있는 것들을 다 무너뜨리기도 하니까, 도저히 살 수가 없겠죠. 그런데 그런 시기의 고양이가 이 집에는 셋이나 있어요.

오죽하면 사연 끝에 "살려 주세요"라고 하셨을까 싶은데, 도움이 될지 모르겠지만, 또 100% 고칠 수 있다는 장담도 못 드리지만, 어느 정도 완화는 될 수 있을 것 같아요. 고양이의 생활패턴을 바꾸는 방법, 새벽 시간대에 무료해하지 않게 해 주는 방법, 이 두 가지를 써 볼 수 있어요. 먼저 고양이의 생활패턴부터 찬찬히 설명을 드릴게요. 안 되더라도 저희를 너무 원망하지 마세요. (웃음)

1. 고양이의 생활패턴 바꾸기
1) 고양이의 하루 일과
야생에서 고양이는 먹이를 찾아 사냥을 하고, 배부르게 식사를 한 다음 그루밍을 합니다. 다음 번 먹이에게 자기 냄새를 드러내지 않기 위해 완벽하게 위장을

해야 하거든요. 그루밍을 한참 공들여서 하고 위장이 끝나면 휴식을 취합니다. 바로 이 패턴을 실제로 응용해 보자고요.

2) 이렇게 해 보세요 ──── 고양이의 생체리듬을 자연스럽게 바꿔 줍니다.
가장 중요한 건 잠자기 직전에 아주 격하게 놀아 주기입니다. 고양이의 생활패턴은 사냥하고, 식사하고, 그루밍하고, 그다음에 휴식하기라고 했잖아요. 집사가 자기 전 15~20분간 격하게 놀아 주면서 그 패턴을 이어 가도록 만들어 주는 겁니다. 내가 12시에 잔다면 11시 40분부터는 고양이가 사냥하는 기분을 느낄 수 있도록 격하게 놀아 주세요. 그런 다음에 밥을 주세요. 자율급식을 하는 고양이라면 그때 맛있는 간식이나 캔을 주시면 됩니다.

제한급여를 해야 하는 고양이라면 퇴근하자마자 밥을 평소의 절반만 주시고 나머지는 이렇게 논 다음에 주세요. 밥을 먹은 뒤에 고양이가 그루밍을 하며 휴식을 취하게 되면 이제 집사도 잠자리에 들 수 있을 겁니다. (놀이 방법은 2-5장 〈놀이〉 편 참고)

2. 새벽 시간 혼자 보내기
유경님네 고양이들은 새벽 4시부터 우다다를 심하게 한다고 하니, 그루밍하고 휴식을 취하고 난 뒤에도 다시 쿵쾅거릴 가능성이 높습니다.
고양이들은 대부분 집사가 잠자리에 들면 옆에 와서 서성대다가 자기 혼자만의 시간을 갖는데요, 집사가 잠든 그 고요한 시간에는 밖에서 나는 소리와 집을 비추는 빛과 그림자가 고양이의 호기심을 자극합니다. 이런 시간을 무료하지 않게 보내게 하는 방법들을 알아봅시다.

1) 장난감
에너지가 넘쳐서 새벽에도 꼭 놀아야 하는 고양이한테는 장난감을 주세요. 활동

성을 증강시켜 주는 장난감이 좋습니다. 발로 치면 막
움직이는 장난감들을 고양이가 자주 다니는 길목에 놔
두고 주무시는 거죠. '윙' 하고 소리를 내며 움직이는
것들도 좋습니다. 단, 이런 장난감을 낮에는 꺼내 놓지
마세요. 고양이들이 '이렇게 움직이는 친구들은 밤에만
나타난다'고 생각할 수 있게요. 낮에는 숨겨 놨다가 자기

전에 짠, 하고 꺼내 주시면 훨씬 효과적입니다. 어쨌든 밤에 고양이가 뛰면 아랫
집에서 항의가 들어올 수 있으니 바닥에 두꺼운 놀이방 매트를 깔아야 할 수도
있습니다.

2) 자동급식기

고양이가 새벽에 집사를 깨우는 가장 큰 이유는
배고픔입니다. 고양이가 주로 잠을 깨우는 시간
에 자동급식기 타이머를 맞춰 놓으세요. 평일엔
일찍 일어나지만 주말엔 늦게 일어나고 싶은 분
들에게도 유용하겠죠.

3) 밖을 보게 해 주기

원룸이라면 침대에서 제일 먼쪽 창문에 캣타워나 고양이가 앉을 수 있는 의자
등 수직 구조물을 놔두세요. 밖을 내다보면서 시간을 보낼 수 있게 해 주는 겁니
다. 거실 쪽 창문에 블라인드나 커튼이 있다면 그걸 살짝 열어 두어도 좋습니다.
활짝 열면 또 재미가 없으니까 살짝만요. 그사이로 아이들이 왔다갔다 하며 밖
을 볼 수 있습니다.

고양이가 아무리 괴롭혀도 일어나지 마세요

자고 있는데 새벽에 가슴팍에 올라와서 명치를 누르고 기다린다거나 베개 위에 올라와서 "아양아양~" 하는 아이들도 있어요. 저희 소롱이처럼요. 이런 습관을 고치기 위해서는 원칙적으로 집사가 여기에 반응하면 안 됩니다. 아마도 처음 "아웅아웅" 했을 때 안아 주거나 올려 주거나 일어나서 먹을 걸 주었기 때문에, 고양이가 이걸 기억하고 같은 행동을 보이는 걸 거예요. '이 시간에 이렇게 깨우면 되겠구나' 하고 머릿속에 기억해 두었다가 툭툭 치고 뽀뽀하고 앞발로 누르는 거죠. 무조건 무시하는 게 중요합니다. 대신 자기 전에 꼭 격렬하게 놀아 주고, 너무 열심히 노는 고양이에게는 밤에만 나타나는 장난감을, 새벽에 밥 달라고 하는 고양이한테는 타이머 밥그릇을 주세요.

산책해도 될까요?

🐾 나눌 이야기

· 산책을 권하지 않는 이유
· 흥미로운 환경 만들기

아나엄마의 집사일기

　고양이와 산책하고 싶다는 분들을 종종 만납니다. 저는 방충망도 뚫고 모기장도 빠져나가며 총 다섯 번을 외출했다 구사일생으로 되돌아온 아나 때문에 이런 이야기는 듣기만 해도 덜컹합니다. 저희 아나가 '빠삐용'이던 시절 이야기를 해 보자면요…….

　2017년 9월, 이사한 지 일주일도 되지 않은 어느 날, 외출 중이었는데 모르는 번호로 전화가 왔습니다. 아파트 경비 아저씨였는데, "그 집 고양이가 지금 밖에 나와 있어요. 방충망을 뜯은 것 같아요" 하셨어요. 묘상착의를 말씀하시는데, 정말 저희 아나가 맞더라고요. 순간, 키아라 생각이 나서 아저씨께 저희 집에 고양이가 한 마리 더 있으니 일단 방충망을 좀 막아 달라고 부탁을 드리고는 택시에 올라탔습니다. 혼비백산인 나머지 택시기사님께 주소를 잘못 알려 드리고 반대 방향으로 가고 있다는 사실도 한참 지나서야 알았습니다.

　결국 아나는 저희 아파트에서 20분 거리에 사는 언니가 찾아 주었습니다. 아파트 입구에 들어서자마자 아나를 발견해서 겨우 집에 들여놓을 수 있었다고 해요. 그때 저희 집이 1층이었고, 경비실과 엘리베이터 바로 옆이었는데 제가 복도로 향하는 방의 창문을 열어 놓고 나갔었거든요. 사람들 소리가 나니까 아나가 그 창문들에 올라가 방충망을 뜯고 탈출을 한 거였습니다.

　아나의 2차 탈출은 일주일도 안 돼 벌어졌습니다. 대문에 방충망(망사형겊으로 된)을 설치했기에 안심을 하고 잠시 문을 열어 환기를 시키다가 제가 그만 잠이 들었어요. 저녁 무렵에 문을 닫았는데 아나가 보이지 않는 거예요. 불안해서 살펴보니 대문에 설치하는 미닫이식 방충망 아랫부분은 접착이 되어 있지 않더라고요. 망을 밀면 아랫부분의 레일과 천 사이가 뜨는데 그사이로 아나는 흘러 나간 거였어요. 저녁 8시가 넘어 가로등이 켜지는 시각이었고 퇴근하는 차량들이 막 들어오는데 저는 미친 사람처럼 낚싯대를 들고 "아나야!

8. 산책해도 될까요? _ 433

아냐!" 부르고 다녔네요. 아무나 붙들고 혹시 얼굴이 갈색인 고양이 못 보셨느냐고 물어보면서요. 그러는 와중에 갑자기 제 다리에 아나 꼬리가 느껴지는 거예요. 제 목소리를 듣고 아나가 저를 찾아왔는데 컴컴해서 저는 보지도 못했던 거죠.

세 번째 탈출은 아주 좁게 열린 베란다 창문 틈으로 방충망을 뜯고, 네 번째 탈출은 에어컨을 설치하던 날에 이루어졌습니다. (에어컨 설치 날은 고양이 잃어버리는 날이 될 위험성이 아주 큽니다. 정말 조심하셔야 해요.) 다섯 번째는, 사실상 아나가 탈출한 건 아니었는데 저에게 엄청난 트라우마를 안겼기에 이야기해 봅니다.

지독히 덥던 2018년 여름, 외출하던 참에 아나, 키아라가 둘 다 집에 있는가 하고 불렀어요. 키아라는 확인이 됐는데 아나가 보이지 않았어요. 약속 시간은 임박했지만 아나 얼굴을 보지 않고는 나갈 수가 없었습니다. 간식도 꺼내 보고 낚싯대도 흔들어 보고 목청껏 이름도 불러 보았지만 찬장, 화장실, 세탁기, 서랍, 옷장, 방충망…… 다 살펴봐도 아나는 없었습니다. 또다시 멘붕 상태로 낚싯대를 들고 땀을 줄줄 흘리며 30분 정도 아나를 부르며 집 주변을 뛰어다녔습니다. 결국 못 찾고 집으로 들어왔고요. 대문을 열면 아나가 날 반겨 줄지도 몰라, 집에 있는데 몰랐던 거라면 정말 좋겠다, 하면서 문을 열었지만 헛된 기대였습니다. 키아라만 저를 맞아 주더라고요. 이 정도 되니 탈진도 오고 이대로는 못 살겠다는 생각이 들면서 너무 속이 상했습니다. 낚싯대를 얼마나 휘젓고 다녔는지 줄이 심하게 꼬여서 흔들어지지도 않았어요. 그 줄을 풀면서 '이렇게 급박한 때에 낚싯대 줄이나 풀고 있는 수밖에는 없는 건가' 자괴감을 느끼고 있는데 갑자기 낚싯대 앞에 아나가 서 있는 거예요. 무슨 일이 있었는지 전혀 모르겠다는 듯 말간 얼굴을 하고 말입니다! 대체 아나는 어디에 있었던 걸까요? 다시 살펴보니 저희 집에 책상처럼 쓰는 테이블이 있는데 의자 하나가 테이블 아래로 집어넣어져 있었어요. 테이블보가 길게 늘어져 있으니 의자의 등받이는 보여도 의자 위는 보이질 않았던 거죠. 만져 보니 따끈따끈한 것이 조금 전까지도 아나가 그곳에서 낮잠을 즐긴 모양이었어요. 얼마나 아늑했는지 제가 그렇게 목청껏 불렀는데도 나오지 않았던 겁니다. 너무 낙심이 됐던 순간이었기에 아나의 탈출 사건은 저에게 다섯 번으로 각인이 되었네요.

아나가 한 번씩 나갔다 올 때마다 키아라는 집사의 엄청난 감정기복을 느끼는 모양인지 항상 무척 온순하고 얌전하게 집을 지키고 있습니다. 똑같이 문이 열려 있었어도 키아라는 나가지 않았습니다. 나가려는 시도도 하지 않았고요. 지금 살고 있는 집은 1층이 아니라는 점과 중문이 있다는 점 두 가지만 보고 바로 계약해서 이사한 곳입니다. 고양이에게 1층과 2층의 차이는 엄청난 것 같아요. 애초에 2층만 되어도 밖은 그저 구경 정도 하는 곳이지 나가는 곳은 아니지 않았을지. 1층은 고양이의 탈출 본능을 엄청나게 자극하는 것 같습니다. 얼마나 자극이 많았으면 방충망을 뜯었을까요? 방충망을 뜯을 수 있으리라고는 생각도 못 했기에 1차, 2차 탈출 때의 충격이 가장 심합니다. 앞뒤로 다 뜯을 줄이야! 똑같은 상황이라 할지라도 지금 살고 있는 2층에서는 탈출 시도 자체가 없습니다.

탈출 아닌 탈출 사건이 있고 6개월이 더 지났지만 지금도 제정신은 다 돌아오지 않은 것 같아요. 집사님들! 이 기막힌 사건들을 겪은 제가 꼭 드리고 싶은 말씀은 하나입니다. 집사 사전에 '산책'이라는 단어는 아예 지우세요.

탈출을 한 번씩 겪을 때마다 저희 집에는 캣타워가 한 개씩 늘었습니다. 공기청정기가 생겼고요. 버티다 버티다 결국 이사를 했습니다. 아나처럼 탈출 시도 때마다 아이를 찾은 경우는 정말 기적 같은 확률이지 않을까 싶어요. 아나의 가출 시도로 가슴이 벌렁거리는, 정신줄 돌아오지 않은 집사의 절규를 잊지 말아 주세요.

"봄이 되니 사람들은 벚꽃놀이 한다고 거리로 쏟아져 나오는데, 우리 고양이들은 이렇게 그냥 집에만 있어야 할까요? 고양이와의 산책, 너무 하고 싶습니다. 해도 될까요?"
-하나삐삐집사"

〈키티피디아〉 앞으로 이런 사연이 도착했어요. 사실 저도 소롱누님께 여쭤 본 적이 있어요. 봄이 되니까 아나가 문을 긁으며 나가고 싶다는 표현을 해서요. 제가 하네스(가슴줄)도 다 사 놓았거든요. 그리고 아나에게 저도 응답을 했죠. "추억을 만들고 싶어~ 너랑 나랑~."

뭐라고요? (기겁)

'올봄, 너와 함께 꽃놀이하며 산책하고 싶다' 이런 마음이었던 거죠. (웃음) 마지막 점검 차원에서 소롱누님께 산책해도 되냐고 물어봤더니 단번에 "아나가 탈출할 겁니다" 이러시는 거예요.

아나와 영원히 이별할 수 있습니다!

하네스 가격표까지 이미 똑똑 끊어 놨는데, 결국 못 나갔죠. 정말 밖에 나가도 된다고 생각했거든요. 내가 하네스로 아나를 잡고 있는데, 보호하고 있는데, 뭐가 문제야? 싶어서요.

- 시골에 가면 "얘는 들어올 때도 있고, 안 들어올 때도 있고, 그려~" 이런 분들 계시잖아요. (웃음)

- "그래도 밤에는 드루와~" 그러시고요. (웃음) 그러니까 도시에서도 산책이나 외출이 가능하지 않을까 했어요, 저도.

- 저도 얼룩이 키우기 시작한 지 얼마 안 됐을 때 하네스에 묶어서 산책 나간 적이 있어요. 첫 산책은 잘했는데, 두 번째 산책 때 얼룩이가 하네스를 풀고 도망갔죠.

- 정말 순간이에요.

- 집 앞에서 열쇠를 꺼내고 있었는데 얼룩이가 어깨를 빼더니 후다닥 나가서……. 얼룩이 다시 찾아오는 데 40시간 걸렸어요. 그때가 거의 13년 만에 최강 한파여서……. (한숨)

- 찾아서 정말 다행이에요. 그나마 얼룩이는 원래 동네고양이로 살던 아이라 어느 곳에 있어야 추위를 피할 수 있는지를 파악할 수 있었을 거예요. 그렇지 않았다면…… 무시무시한 일입니다.
  고양이와 산책하고 싶다는 분들이 정말 많아요. 나는 외출도 하고, 사계절도 다 느끼는데, 나 좋자고 고양이들을 실내에 가둬 놓는 게 아닌가, 하는 고민이 든다고들 하시더라고요. 고양이에게 내 집은 감옥 같은 게 아닌가 싶다고.

- 저도 그런 마음을 이해하는 게, 동네고양이들은 자기 구역이 넓잖아요. 얼룩이도 동네의 서너 개 구역을 자기 구역으로 쓰다가 아주 좁은 집으로 들어오게 된 셈이고요. 처음에는 저도 그 점이 너무 안돼 보였어요. 그래서 얼룩이랑 넓게 다니며 산책을 해야겠다 생각하고 산책을 시작했던 건데. 선의에서 시작된 어처구니없는 실수였죠.

- 고양이에게 바깥활동이 좋냐, 나쁘냐를 두고 우리가 왈가왈부하기는 어려워요. 안전한 곳이 있다면 나가면 좋겠죠. 그런데 그런 곳이 있느냐는 말이죠. 고양이가 나한테서 벗어나서 조금만 다른 곳으로 빠지면 곧바로 자동차나 오토바이의 위험권에 들게 되는, 그런 곳이 우리나라, 특히 서울과 수도권의 대부분이에요. 최악의 경우를 떠올려 봤을 때, 감당해야 할 리스크가 너무 커요. 그래서 저는 고양이 산책 안 시키셨으면 좋겠다는 입장이에요.
  저희 병원에 온 보호자 중에 "우리 고양이는 개냥이예요. 아주 착해요"라고 말씀하시던 분이 있어요. 평소에 옷에 싸서 고양이를 안고 오시는데 하루는 병원 문 앞에서 고양이가 튀어 버린 거예요. 저희 병원 뒤, 산으로요.

찾았어요?

 못 찾았어요.

 말도 안 돼! (기겁)

 너무 순식간이라 현실인지, 아닌지 인식하기도 어려운 그런 순간이었죠.

 어머, 어떡해요.

 병원 선생님 중에도 고양이 아홉 마리를 키우는 분이 있는데요. 그중 한 아이와는 매일 산책을 했었어요. 하네스를 묶어서, 인적이 드문 새벽 1~2시에 학교 운동장에서, 몇 년간을. 그렇게 산책한 이야기를 들으면서 저도 산책도 괜찮을 수 있겠다 생각했었는데, 그 아이가 한번은 하네스를 끊고 달아났다는 거예요. 매일 산책하던 곳에서. 난리 났었죠. 다시 한번 산책이란 게 절대 안심할 수 없구나, 하는 생각을 했어요.

산책을 권하지 않는 이유

"최악의 경우, 감당해야 할 리스크가 너무 큽니다."

 고양이와의 행복한 산책은 솔직히 모든 집사의 로망입니다. 하지만 한 번의 사고로 돌이킬 수 없는 상황이 되는 경우가 너무나 많기 때문에 키티피디아에서는 산책을 권하지 않습니다.

Q. 산책 시 위험 요소
A1. 교통사고

고양이를 키우는 우리들이 사는 곳은 대부분 도시입니다. 도시는 고양이들이 다닐 수 있는 골목보다는 차들이 다니는 도로나 대로가 많습니다. 주택가 골목 안에서 갑자기 튀어나오는 오토바이도 있고요. 이런 요소들 때문에 도시에서 고양이 산책은 매우 위험합니다.

A2. 동네고양이와 개

고양이는 후각에 예민한 동물이고, 영역 중심의 동물입니다. 나와 고양이가 즐기는 산책이 그곳에 사는 동네고양이 입장에선 다른 고양이가 자기 구역을 침범해 들어오는 일이 될 수 있습니다. 또 고양이와 산책 중에 개를 만날 가능성도 있고요. 만약 그 개가 고양이를 향해 "왕!" 하고 짖으며 덤벼들었다고 생각해 보세요. 놀란 고양이가 도망을 치고, 그 뒤를 개가 쫓고, 내가 그 속도를 따라가지 못해 아이를 놓쳐 버리면? 고양이는 단거리 선수입니다. 빨리는 뛸 수 있지만 오래 뛰지 못해요. 금방 지쳐 개에게 따라잡힐 겁니다. 상상도 하기 싫은 이런 상황들은 생각보다 많이 일어납니다.

A3. 사람

고양이를 좋아하는 사람도 많지만 고양이를 싫어하는 사람도 여전히 정말 많습니다. 산책 시 더 큰 문제는 오히려 고양이를 좋아하는 사람일 수도 있어요. 고양이를 보고 어린아이가 무작정 달려오는 등 돌발상황이 있을 수 있으니까요. 이런 상황에 고양이가 놀라서 달아난다면 누구를 탓할 수 있을까요?

Q. 건강 관련 문제

A1. 진드기나 기생충 감염과 전염성 질환, 외부 독성물질에 노출 가능성
진드기나 기생충 감염 등에 대한 위험은 물론, 전염성 질환의 위험도 있습니다. 그 밖에 외부 환경에 있는 독성물질에 노출될 가능성도 생각하지 않을 수 없습니다.

A2. 질환의 조기 진단 어려움
산책하는 고양이들은 주로 밖에서 배뇨를 하는 습관이 들기 때문에, 집사가 배뇨 횟수나 분량, 배뇨 시의 어려움을 체크하기 어렵습니다. 그래서 하부요로질환의 조기 진단이 어려울 수 있습니다.

A3. 나이가 들었을 경우
산책도 고양이의 성격, 나이, 건강 상태에 따라 점검을 해야 합니다. 평소 산책을 즐기던 고양이더라도 나이가 들었거나 건강에 문제가 있다면 산책을 삼가야 합니다.

질문 있어요!

 산책이 너무 하고 싶은데 위험하다고들 해서 걱정입니다. 하지만 SNS에서 강아지처럼 하네스를 하고 당당하게 거리를 활보하는 고양이를 보면 세상 부럽거든요. 그리고 우리 고양이는 하네스에 적응도 잘했어요. 하네스를 싫어하지 않는다면 산책도 가능하지 않을까요?

 산책의 위험성을 강조하는 이유는, 열 번을 잘 산책했어도 한 번 탈출하면 모든 것이 돌이킬 수 없는 악몽이 되기 때문입니다. 하네스에 잘 적응했다고 해도 앞에서 말한 여러 가지 돌발상황에서 고양이는 언제든지 하네스를 탈출할 수 있습니다. '고양이 액체설'을 기억하세요. 어깨를 빼낸 다음 몸 전체를 빼내는 순서로, 이 모든 것이 순식간에 일어납니다.

 산책 마치고 현관문 열려고 열쇠를 찾고 있는데, 얼룩이가 하네스에서 어깨를 빼더니 후다닥 달려 나가더라고요.

흥미로운 환경 만들기

"실외만큼 재미있는 환경을 만들어 주면 어떨까요?"

Q. 바깥을 호시탐탐 노리는 고양이가 있다면
A. 중문 혹은 방묘문을 설치하세요.
고양이가 자꾸 현관문 바깥에 관심을 보인다면 안전을 위해 중문을 설치해 주세요. 중문을 못 다는 구조라면 방묘문도 고려해 보세요. 나무 또는 금속으로 되어 있어서 고양이가 찢거나 뚫을 수 없습니다. 현관문 앞에 높게 설치할 수 있습니다.

Q. 현관문을 열어 달라고 보챌 때
A1. 절대 열어 주지 마세요.
새벽에 밥 달라고 조르면서 집사 얼굴을 솜방망이로 치고 몸을 밟을 때, 집사가 일어나서 밥을 주면 고양이는 집사가 잠을 자고 있을 때도 이렇게 하면 밥을 준다는 신호로 받아들인다고 말씀드렸잖아요. 똑같습니다. 현관문을 열어 주기 시작하면, 같은 방식으로 고양이는 계속 의사표현을 합니다. 애초에 버릇을 들이면 안 되는 건 물론, 원치 않는 요구를 할 때에는 무관심과 무시가 필수입니다. 시선을 피하고 무시하기 힘들다면 자리를 피해 버리세요.

A2. 다른 쪽으로 관심을 돌립니다.
고양이가 현관 쪽에 관심을 보이려고 할 때는 이름을 불러서 관심을 돌립니다. 이때 현관에서 멀리 떨어진 곳으로 부른 뒤 간식을 줍니다. 이름을 부르는 타이밍이 중요한데요, 현관 쪽으로 고개를 돌리려고 하는 그 순간을 잘 포착해서 그

직전에 이름을 불러야 합니다. 이름을 불렀을 때 돌아보면 맛난 간식을 주고, 또 이름을 불렀을 때 돌아보면 맛난 간식을 주고. 이런 식으로 보상을 해서 이 행동을 강화시켜 줍니다. 고양이가 '아, 이름을 불러서 돌아보니까 맛있는 걸 주는구나!'라는 걸 알게끔 말이에요. 이렇게 만들려면 간식을 잘게 잘라 주머니에 넣어 두고 수시로 해 보시면 됩니다.

간식을 줄 때 주의할 점은 역시 타이밍입니다. 다시 한번 강조하지만 **고양이가 현관문을 벅벅 긁을 때 이름을 부르고 간식을 주는 게 아니라, 이름을 불렀을 때 현관문에서 내 쪽으로 관심을 돌리면 그때에 간식을 주어야 합니다.** 안 그러면 문을 긁으면 집사가 간식을 준다는 오해를 하게 돼서 배가 고플 때마다 문을 긁을 수 있어요.

A3. 좋아할 만한 환경을 만들어 주세요.

현관에서 가능한 먼 곳에 고양이가 좋아할 공간을 만들어 주세요. 앞의 방법(이름부르기)을 현관문에서 먼 곳에서 하시면서 당분간은 간식, 캔을 모두 같은 곳에서 주는 게 좋습니다. 장난감 놀이도 거기서만 해 주세요. 수직공간, 숨을 공간도 그곳에 더 만들고요. 집에 오는 택배박스에 구멍을 뚫어서 새로운 숨을 곳과 놀이 장소를 마련해 주는 것도 다양한 환경 제공에 도움이 됩니다. 바깥보다 이곳이 더 좋다고 느끼도록 해 주세요.

베란다에 여유 공간이 있다면 캣그라스로 잔디밭을 만들어 주세요

베란다에 아주 큰 화분, 화단 수준의 큰 화분을 마련하고 그곳에 캣그라스를 키워서 고양이가 잔디도 밟고 냄새도 맡을 수 있게 해 주세요. 실내에서 자연을 느낄 수 있게 해 주는 것도 좋은 방법입니다. 공간이 좁다면 긴 화분을 여러 개 계단식으로 배치해 주는 것도 좋고요.

뚱냥이 다이어트

🐾 나눌 이야기

· 눈으로 확인하는 비만
· 비만도 체크
· 다이어트 방법 ① 식이조절
· 다이어트 방법 ② 운동

얼룩아범의 집사일기

"우리 집 애도 이렇게 뱃살이 좀 두둑했으면 좋겠어요. 뚱냥이가 제일 귀엽잖아요." 주변 사람들이 덕담이라고 하는 소리에 마음이 또 주저앉습니다. 살집이 두툼한 게 보기엔 귀여울지 몰라도 건강에는 좋지 않음을 알고 있기 때문이죠. 이제라도 아이들 체중조절을 해야 한다는 절박함으로 급여량을 조절하고 다이어트 사료를 먹인 지 어언 3년째인데, 얼룩이와 저스틴의 체중은 줄기는커녕 꾸준히 증가 중입니다.

우리 집 애들도 처음 집에 왔을 때는 여느 고양이들처럼 균형 잡힌 몸매를 지닌 아이들이었어요. 그러나 길에서 살다가 온 탓에 일단 눈앞에 먹을 게 있으면 토할 때까지 때려 넣는 게 습관이 되어 버린 얼룩이와, 전에 있던 집에서도 허질 듯한 식탐 때문에 다른 고양이들 밥그릇까지 기웃거렸다는 저스틴이 같이 살기 시작하며 상황은 악화됐습니다.

잘 먹는 애 옆에 잘 먹는 애를 붙여 두면 어떻게 되는지 아세요? 각자의 식탐이 서로를 자극합니다. 저스틴은 얼룩이 밥까지 다 긁어 먹고는 마치 한 끼도 못 먹은 아이처럼 태연한 표정으로 밥을 달라고 울어 댔고, 그런 일이 몇 차례 반복되니 얼룩이 밥그릇이 비어 있어도 얼룩이가 먹었는지 저스틴이 먹었는지 알 수 없는 지경이 됐거든요. 얼룩이는 심지어 이런 상황을 역으로 이용하더군요. 빈 밥그릇 앞에서 처연하게 울고 있으면, 혹시 저스틴한테 밥을 빼앗겼나 걱정하는 동거인들이 사료를 새로 부어 주리라는 것을 알더라니까요. 결국 두 마리 모두 가필드 같은 체형이 된 뒤에야 저는 깨달았습니다. 아, 요 두 놈한테 내가 속았구나.

해서 저는 뚱냥이 다이어트에 대해선 할 말이 없습니다. 두 손을 모으고, 다이어트에 실패한 고양이들과 함께 숙연하게 정독을 하는 것 말고는 정말이지 할 수 있는 일이 없어요. 지금 알고 있는 것들을 그때도 알고 있었더라면. 그랬다면 아이들이 이렇게 기하급수적으로 커질 일도, 아이들의 성인병을 걱정할 일도 없었을 텐데. 다시는 이 나라에 본인과 같은 불운한 집사가 없었으면 하는 마음으로, 여러분께 <뚱냥이 다이어트> 편을 권합니다.

고양이 다이어트는 저와 저희 집 고양이들한테는 평생의 숙원사업입니다.

 다이어트라는 말에 눈을 반짝이시는 게 아니라 그냥 눈매가 촉촉해지시네요. 얼룩 아범님, 울지 마시고요. 잘 살고 계시잖아요, 뚱냥이들과 함께. 죄송해요, "뚱냥이"라고 얘기해도 되나요?

 아, 괜찮아요. 저희 집 애들은 부정할 수 없이 뚱냥이거든요. (웃음)

 그런데 뚱냥인지 어떻게 알죠? 사람 같으면 BMI(Body Mass Index: 신체질량지수)도 재어 보고 하는데……. 저희 아나처럼 몸이 쭉 늘씬한 고양이는 비만일 수 없겠죠?

 좋으시겠어요.

 너무 좋고요. (웃음) 그런데 키아라 같은 경우는 독일에서 점점 눈사람처럼 되어 가더라고요. 어떤 분이 샴 고양이면 보통 5~6kg 이하여야 한다고 하시던데. 그래서 '품종마다 기준이 있나? 우리 키아라가 뚱냥이인가?' 하는 생각이 들어서 선생님께 여쭤 보고 싶었어요.

 뚱냥이의 기준을 몸무게로 정하기는 좀 힘들어요. 그리고 품종별로 말하기도 좀 애매해요. 자주 "코숏(코리안숏헤어)의 정상 몸무게는 몇 kg인가요?"라고 물어보시는데, 저희 병원냥이 중 창덕이, 상덕이 같은 경우는 워낙 키가 큰데, 덩치가 좀 큰 거지 저는 뚱뚱하다고 생각하지 않거든요.

 그건 소롱누님 생각 아닌가요?

 저도 본 적 있는데 창덕이랑 상덕이가 덩치가 있긴 있어요. 키가 저스틴보다 약간 작나 그렇죠. 그렇다고 살이 안 쪘다고 보기도 좀 어렵지만.

 (웃음) 그래서 뚱냥이의 기준을 간략하게 설명해 드리면, 아이들 체격에 따라 다를 수 있다는 거죠. 아이들의 몸을 볼 때 "얘는 단순히 몇 kg이니까 비만이야, 샴 고양이인데 5kg이야? 너무 뚱뚱한데?" 이렇게 말하긴 어렵다는 얘기예요. 코숏 같은 경우는 책에 따라서는 "코숏은 3~5kg이 정상이다"라고 얘기하는데 그렇게 따지면 저희 병원에서 둘 빼고는 다 비만이거든요. 정확하지 않은 기준이죠.
그런데 뚱냥이가 문제가 되는 이유가 있어요. 상대적으로 개는 비만이면 당장에 눈에 보이는 문제들이 생기거든요. 관절염이 생긴다거나 십자인대가 끊어진다거나 호흡이 가빠진다거나 하는데, 비만 고양이들은 두드러지게 나타나는 특징이 없기 때문에 사람들이 우리 고양이가 비만인지 아닌지 판단하기가 어려워요. 뚱냥이가 귀엽다고만 생각하고 문제점을 인식하지 못하기도 하고요. 게다가 뚱냥이들이 사람들한테 인기가 많고 SNS에서 굉장히 관심을 많이 받기도 하잖아요. 그런데 실제 고양이가 뚱뚱해지면 몸에 여러 가지 문제가 발생해요. 가장 흔하게는 당뇨, 지방간 등이 있어요. 이런 인식을 바꾸기 위해서라도 뚱냥이 인형이 나오지 않아야 합니다. 허리가 잘록한 인형이 나와야 한다고 생각해요. 전문가의 소견입니다. (웃음)

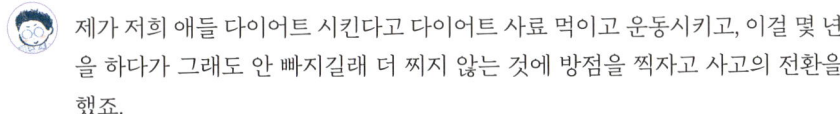 제가 저희 애들 다이어트 시킨다고 다이어트 사료 먹이고 운동시키고, 이걸 몇 년을 하다가 그래도 안 빠지길래 더 찌지 않는 것에 방점을 찍자고 사고의 전환을 했죠.

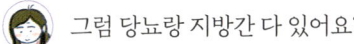 그럼 당뇨랑 지방간 다 있어요?

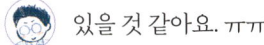 있을 것 같아요. ㅠㅠ

눈으로 확인하는 비만

"뱃살이 늘어졌다고 다 비만은 아니에요."

Q. 이곳을 체크하세요.

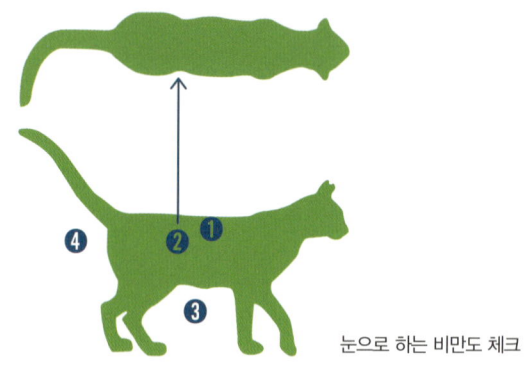

눈으로 하는 비만도 체크

A1. 갈비뼈 (눈으로 하는 비만도 체크 ❶)

고양이를 위에서 내려다봤을 때 갈비뼈 뒤쪽으로 잘록한 부분이 있는데 이곳을 만져서 갈비뼈를 확인할 수 있는 상태가 가장 이상적인 상태입니다. 손으로 갈비뼈가 어느 정도 만져지는지 점검합니다. 갈비뼈가 하나하나 느껴진다면 살집이 약간 있어도 비만으로 보지 않습니다. 그렇지만 갈비뼈가 쉽게 만져지지 않는다면 비만의 범위에 속합니다.

A2. 허리 (눈으로 하는 비만도 체크 ❷)

고양이가 서 있는 상태에서 위에서 내려다봤을 때 고양이의 허리가 잘록해야 합니다. 갈비뼈 있는 가슴 부분이 약간 튀어나오고 허리가 살짝 들어가 있는 상태에서 엉덩이로 내려가야 하는데요, 그렇지 않고 가슴 아래로 갈수록 둘레가 점점 커진다면 비만을 의심해야 합니다.

A3. 배(눈으로 하는 비만도 체크 ❸)

배에는 당연히 지방이 적어야 합니다. 하지만 비만이어서 늘어진 뱃살과 단순히 늘어진 뱃살은 구별할 필요가 있습니다. 가끔 "우리 애가 걸어 다닐 때 뱃살이 너무 출렁거려요. 살 빼야 하나 봐요" 하며 걱정하는 보호자들이 있는데요, 비만인 경우에 늘어진 배는 축 처진 느낌보다는 단단하고 빵빵한 살집일 가능성이 높습니다. 이때에는 갈비뼈도 만져지지 않을 겁니다. 이와 달리 어릴 때부터 뱃살이 늘어져 있는 고양이들도 있어요. 단순히 뱃살이 늘어져서 배가 출렁이는 경우는 비만이 아니랍니다. 본의 아니게 비만으로 착각해서 무리한 다이어트를 하게 되지 않도록 헷갈리지 않으셨으면 좋겠습니다.

A4. 꼬리(눈으로 하는 비만도 체크 ❹)

사람도 너무 살이 찌면 손가락, 발가락에도 살이 찐다고 하죠? 애들도 꼬리에 살이 찝니다.

비만도 체크

"효과적인 다이어트를 위해서 필요합니다."

 비만도를 알면 얼마나 체중을 빼고 얼마를 먹여야 할지에 대한 기준을 잡을 수 있습니다. 고양이의 비만도를 체크하는 가장 쉬운 방법을 소개하겠습니다.

Q. BCS로 우리 아이 비만도 체크하기

A. BCS란 Body Condition Score, **신체충실지수**를 말합니다. 우리도 어릴 적 신체검사 후 신체충실지수를 가, 나, 다, 라, 마로 나누었던 것처럼 고양이도 BCS에 따라 신체조건을 구분합니다. BCS상 고양이의 신체는 9등급으로 나누어집니다. (더 간단하게 5등급으로 나누기도 합니다.) 그중 가운데인 5등급이 가장 이상적인 몸의 상태라고 봅니다. BCS 4에서 1로 갈수록 점점 저체중이 되고요, 6, 7, 8, 9로 갈수록 과체중이 됩니다. 1단계가 올라갈수록 그 전 단계에 비해 비만도가 10~15% 정도 증가한다고 보면 됩니다.

비만도를 알면 고양이의 목표 체중을 알 수 있습니다. 얼마만큼 빼야 하고 얼마만큼 먹여야 하는지를 알 수 있기 때문에 BCS를 알아 두시면 좋겠어요. 여기에서는 BCS 5 이상만 설명합니다.

1) 이상적인 컨디션: BCS 5

BCS표를 보면 역시 손으로 만졌을 때 갈비뼈가 느껴지고, 허리가 약간 잘록하고 날씬하게 유선형으로 빠지는 느낌입니다. 복부지방이 적은 상태로 균형이 잘 잡힌 몸매입니다.

2) 과체중 컨디션: BCS 6, BCS 7

BCS 6은 비만도가 10~15%, BCS 7은 20~30% 정도로, 지방이 약간은 있지만 갈비뼈는 만져지는 상태입니다. 가슴 부분을 보면 가슴뼈 있는 부분이 살짝 볼록하지만 그 뒤부터 엉덩이까지가 허리 없이 엉덩이로 바로 연결되는 느낌입니다. 복부지방이 있고, 꼬리 있는 쪽이 조금 더 볼록합니다. 꼬리 밑에서 엉덩이로, 회음부로 연결되는 부분이 약간 도톰해집니다.

3) 슈퍼과체중 컨디션: BCS 8, BCS 9

BCS 8, BCS 9에 이르면 비만도 45%, 60%에 달하는 상태이며 이때부터는 두꺼운 지방 때문에 아래에 있는 갈비뼈가 만져지지 않습니다. 옆구리를 꾹 눌러야 갈비뼈가 느껴지는 정도일 거예요.

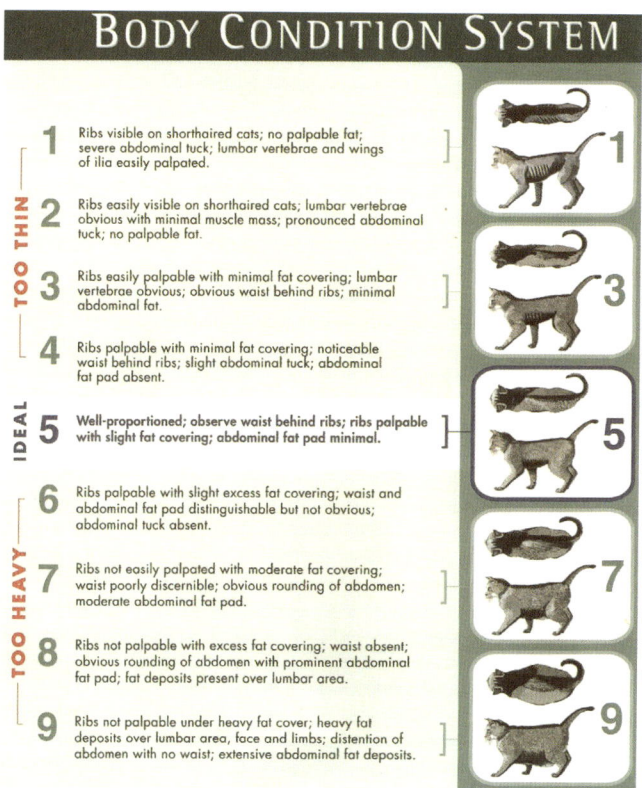

BCS표
(출처: nestle Purina)

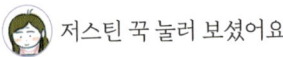 저스틴 꾹 눌러 보셨어요?

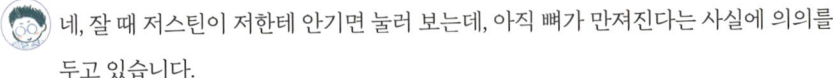 네, 잘 때 저스틴이 저한테 안기면 눌러 보는데, 아직 뼈가 만져진다는 사실에 의의를 두고 있습니다.

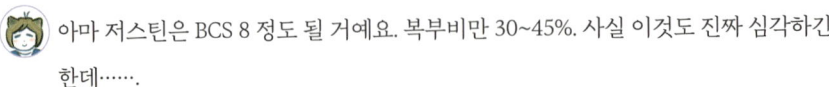 아마 저스틴은 BCS 8 정도 될 거예요. 복부비만 30~45%. 사실 이것도 진짜 심각하긴 한데…….

Q. 적정 체중 구하기
A. [100 / (100 + BCS상의 비만도)] × 현재 체중 = 적정 체중

우리 아이의 BCS를 체크했다면 그것을 가지고 목표 체중을 구할 수 있습니다. 예를 들어 몸무게가 7kg인 아이가 BCS 8등급이라면, 비만도가 30이기 때문에 아래와 같은 공식에 넣어 볼 수 있겠죠? (BCS 8등급의 비만도는 30~45%인데 편의상 30%로 계산했습니다.)

[100 / (100 + BCS상의 비만도)] × 현재 체중 = 적정 체중
[100 / (100 + 30)] × 7 = 5.4

이 아이의 적정 체중은 5.4kg이에요. 여기에 맞춰서 사료량을 체크해야 합니다.

체형					
BCS	BCS 1	BCS 3	BCS 5	BCS 7	BCS 9
상태	수척한	마른	이상적인	무거운	극도비만

질문 있어요!

 사람은 기계에 올라가서 체지방률(BMI)을 측정하는데, 고양이도 기계에 올라가서 자동으로 계산되면 좋겠어요~.

 할 수 있습니다. 기계에 올라가서 잴 순 없지만, 집사가 직접 측정할 수 있어요. 사람의 체지방률을 재는 BMI처럼 고양이는 FBMI(Feline Body Mass Index: 고양이 신체질량지수)가 있습니다. 이걸 통해 우리 아이의 체지방률(비만도)을 구할 수 있죠.

FBMI 재는 방법
[1.5 × (가슴둘레 - 종아리뼈 길이)] - 9 = 체지방률(비만도)
※ 종아리뼈 길이와 가슴둘레(아홉 번째 갈비뼈의 둘레)는 모두 cm로 재 주세요.

뒷다리 종아리뼈의 길이와 가슴둘레를 가지고 측정합니다.
종아리뼈 길이는 재기가 쉽지 않기 때문에 애들이 자고 있을 때 줄자로 재 두시면 좋습니다. 성묘의 경우 다리뼈 길이는 크게 변하지 않으니까요.
가슴둘레는 갈비뼈에서 하나씩 하나씩 세어서 아홉 번째가 되는 곳이 가장 두껍거든요. 이 아홉 번째 갈비뼈의 둘레를 재는 게 원칙이지만, 만져지지 않는다면 가슴에서 가장 두꺼운 데를 찾아 재는 방법도 있습니다.

다이어트 방법 ① 식이조절

"좌절하지 말고, 끈기 있게, 천천히 바꾸어 주세요."

Q. 얼마만큼 먹는 양을 줄일까요?
A. 매주 감량해야 하는 열량의 20%씩 줄여 나갑니다.
앞선 과정을 통해 현재 비만도와 목표 체중을 알고 나면 감량해야 하는 kcal도 알게 됩니다. 그렇다고 한번에 줄이면 안 됩니다. 감량 kcal의 20%씩 줄여 나가세요. 첫 번째 주에는 20%의 kcal를 줄이고, 그다음 주에는 또 거기에서 20%의 kcal를 줄이는 방식으로요.
예를 들어 우리 아이가 100kcal를 줄여야 한다면, 첫 주에는 (100kcal의 20%인) 20kcal를 줄이고, 그다음 주에는 (80kcal의 20%인) 16kcal를 줄이는 식이죠.
이렇게 해서 일주일에 줄어드는 체중이 0.5~1%만 되어도 미미해 보이지만 진짜 의미 있는 수치입니다. 일주일에 0.5%면 한 달에 2% 줄어드는 셈이고 이 정도면 충분히 다이어트가 된다고 볼 수 있습니다.

Q. 얼마 동안 다이어트를 해야 할까요?
A. 6개월에서 1년, 길게는 5년까지도 생각해 주세요.
고양이에게 급격한 다이어트는 절대 금물입니다. 아무리 적극적인 다이어트를 한다고 해도 1개월 안에 체중의 7% 이상이 빠지면 안 됩니다. 부작용으로 당뇨나 지방간이 생길 수 있습니다.

질문 있어요!

 꼭 다이어트 사료를 먹여야 하나요?

 꼭 그렇지는 않아요. 이미 비만 처방식 사료를 먹고 있다면 그걸 계속 주시는 게 좋고요. 아니면 지금 먹이고 있는 사료의 kcal를 계산해서 열량을 줄여 나가는 방법도 있습니다. 다이어트를 위한 사료로는 단백질 함량이 높은 제품을 골라 주세요. 그레인프리나 일반 사료 외에 닭가슴살을 갈아서 섞어 먹이는 것도 괜찮습니다.

사료보다는 자연식이나 습식이 비만 문제를 좀 더 효과적으로 해결해 줄 수 있습니다. 용량 대비 열량이 적기 때문입니다. 주식캔이나 홈메이드로 만드는 습식, 자연식이 해당됩니다. 단, 간식캔만 먹는 것은 안 됩니다.

다이어트 방법 ② 운동

"움직이지 않는 고양이여, 먹지도 마라!"

얼마나 먹일지를 정했다면 이제는 먹기 위해서는 움직여야 한다는 것을 고양이에게 알려 줍시다. 하루에 100보도 안 걷는 고양이들이 있습니다. 10kg이 넘는 거대 뚱냥이들은 거의 안 움직여요. 실제로 비만 고양이는 정상 체중의 고양이보다 기초대사량이 낮습니다. 좀 더 움직이게 하고 좀 더 놀아 주어서 에너지를 많이 쓰게 해 주세요.

Q. 고양이를 움직이게 하는 방법
A1. 밥그릇을 여러 군데 둡니다.
밥그릇을 열 개 이상 준비합니다. 종이그릇이나 간장종지 같이 작은 그릇에 사료를 다섯 알씩 감질나게 놓는 거예요. 그렇다고 지금 줘야 할 사료량이 30알인데, 처음부터 30알 모두를 평소와 다른 곳에 두는 게 아니에요. 고양이들이 못 찾아 먹을 수도 있으니까, 처음에는 전체 사료의 일부만을 조금씩 영역을 넓혀 가며 여기저기다 두는 거죠. 첫날엔 두 군데, 다음 날엔 세 군데, 그다음 날엔 네 군데……. '먹기 위해 움직이는 고양이'가 되게 해 주세요.

A2. 제한급여하되 밥 주는 횟수를 많이 늘립니다.

쉽지 않은 방법이긴 하지만 고양이 다이어트를 할 때는 사료를 제한급여하되 하루에 4회 이상으로 나눠 주는 것이 좋습니다. 간식은 당연히 끊는 게 좋고요.

A3. 한 알씩 던져 줍니다.

잘 놀아 주는 것도 하나의 방법이라고 말씀드렸잖아요. 사료를 던져 주며 놀이를 할 수도 있습니다. 예를 들면 한 알씩 던져 주면서 놀아 주듯이 사료를 주면 고양이는 그걸 먹기 위해서 움직이게 되겠죠.

A4. 공간을 재배치합니다.

고양이의 동선을 고려하여 최대한 비효율적으로 공간을 재배치합니다. 예를 들어 밥그릇과 쉬는 공간 사이의 거리가 너무 짧으면 다이어트에 좋지 않습니다. 공간이 제한돼 있어 배치를 바꾸는 일이 어렵다면, 밥그릇과 쉬는 공간 사이에 높이를 더 줘 보세요. 단 몇 걸음이라도 두 공간을 오갈 때 더 걸을 수 있게요.

A5. 장난감을 활용합니다.

퍼즐 먹이통에 사료를 넣어 고양이가 가지고 놀면서 먹도록 유도합니다. 앞서 말했듯이 계란판 위에 음식을 놓고 인형으로 덮어 둔 뒤 찾아 먹도록 유도하는 방법도 있습니다. (2-5장 〈놀이〉 편 p.222 참고)

캣닢 인형 활용법

캣닢 인형이 있다면 인형 배를 갈라서 그 안에 간식을 넣고 숨겨 두는 건 어떨까요? 트릿 장난감도, 캣닢 인형도 어렵다면 직접 한지로 배, 삼각형, 개구리 등을 접어 보세요. 그 안을 살짝 갈라서 고양이가 헤집으면 금방 사료 몇 알이 나오도록 만들어 줍니다.
만약 다묘가정이라면 장난감을 여러 개 만들어야 합니다. 이때 한 개의 장난감에 들어가는 사료량을 줄여서 여러 군데 놔두는 게 포인트입니다. 한 장난감 안에 들어 있는 사료가 많으면 한 고양이가 독점해서 다 먹어 버릴 가능성이 있거든요.

A6. 재미있게 놀아 줍니다

고양이가 반응을 보이는 장난감을 다양하게 여러 개 사 두고 집사가 같이 놀아 주면 아이들의 활동량이 늘어날 겁니다. (2-5장 〈놀이〉 편 참고)

질문 있어요!

 저희 집은 다묘가정이라 제한급여가 어려운데 어떻게 밥을 줘야 할까요?

 다묘가정에서는 사실 제한급여 다이어트가 어렵습니다. 그래서 자연식이나 습식같이, 용량 대비 열량이 낮은 음식으로 먹이를 대체하는 것이 가장 효과적입니다. 그것마저 어렵다면 운동량을 늘리는 방법을 찾아야 합니다. 적어도 1일 2회씩은 집사가 같이 움직이며 밥을 주고, 나머지 시간에 먹을 수 있는 식사는 조금씩만 놔두세요.

"근거 없는 속설로 고양이를 오해하지 맙시다."

고양이만큼 "~카더라" 속설이 많은 동물도 없습니다. 알쏭달쏭한 얼굴과 미스터리한 행동이 유난히도 인간들의 주목을 끌기 때문일 겁니다. 좋아하는 사람은 홀린 듯 자진해 '캔따개'가 되지만, 싫어하는 사람은 보기만 해도 피해서 돌아가잖아요. 역사적으로도 고양이는 수많은 인간들의 숭배와 지탄을 동시에 받았습니다. 그래선지 동서고금을 막론하고 많은 고양이 속설이 생겨났죠. 하지만 인간의 입장에서 만들어진 속설들은 고양이를 오해하게 하고, 때로 그분들의 편안함을 해치기도 합니다.

〈냥프라이즈〉에서는 우리가 사랑하는 고양이님들에 대한 오해를 바로잡으려 합니다. 그것이 집사인 우리가 해야 할 일이니까요. 제대로 알아서 그분들을 좀 더 편안히 모셔 봅시다. 어쩌면 그분들과 더욱 큰 사랑에 빠질지도요!

속설 1 고양이는 외로움을 타지 않는다?

"출근하려고 보니 나를 보는 고양이의 눈빛이 외로워 보여요." "비가 오는데 창밖을 보는 고양이의 얼굴이 슬퍼 보여요."

집사로 살다 보면, 이런 식으로 집사의 감정을 고양이에 이입하곤 합니다. 감정이입은 집사의 자유지만, 외로워 보이니 친구를 만들어 주겠다며 둘째 고양이를 입양하시면 곤란합니다.

지금은 고양이가 사람과 함께 생활하지만 고양이의 조상은 야생에 살았답니다. 야생 고양이들은 고립된 생활을 했어요. 암컷 고양이는 2km 사방을 자기 영역으로 삼아 독립적으로 생활했고, 수컷 고양이는 몇몇 암컷 고양이의 영역 근처를 확보해 생활했지만 다른 수컷 고양이의 영역은 침범하지 않고 독립적으로 생활했죠. 한 배에서 태어난 형제들이 생후 4~5개월 동안 함께 사는 시기를 제외하면, 고양이는 오직 짝짓기 시기에만 다른 고양이의 영역을 침범했습니다. 그러니 군집 생활보다는 독립 생활이 본능이라고 할 수 있겠죠.

그렇다면 정말 고양이는 외로움을 안 탈까요? 실제로 다른 고양이와 사이좋게 지내는 고양이들도 있어서, 고양이들이 원래 혼자 있기를 좋아하는지 아닌지는 좀 헷갈리기도 합니다. 이런 결론이면 어떨까요? "고양이는 외톨이 본능을 타고났지만 어떤 상대와는 끈끈한 유대관계를 맺기도 하는 특유의 사회성을 가지고 있다." 그러니 "고양이는 외로움을 타지 않는다", "고양이도 외로움을 탄다" 둘 중 하나가 정답이라고 말할 수는 없겠습니다.

혼자 있기 좋아한다고 해서 고양이가 집사와 각자 생활하는 것을 원하는 건 아닙니다. 오히려 고양이는 한 공간에서 살고 있는 집사와 최대한 끈끈한 유대를 원할 겁니다. 그러니 고양이와 더 많이 잘 놀아 주세요. (2-5장 〈놀이〉 편 참고) 이때 중요한 점은 고양이가 무언가를 좋아해서 맺는 유대관계는 고양이 자신의 선택으로 이루어진다는 점입니다. 즉, 고양이가 자신의 기호에 따라서 다른 고양이를 좋아하거나 싫어할 수 있고, 이는 집사가 정해 줄 수 있는 문제는 아닙니다. 집사가 고양이의 취향을 정할 수 없어요. 그러니 둘째 고양이를 입양하실 때는 여러 가지를 신중하게 고려하고 결정해 주세요. 또한 섬세한 합사 과정을 거쳐야 합니다. (5-1장 〈둘째 고양이 입양하기〉 편 참고)

출근할 때 바라본 고양이의 눈빛이 외로워 보였다고요? 여러분이 외로우신 건 아닌가요? 혹시 출근하기 싫은 집사의 마음이 반영되지 않았을까요?

속설 2 고양이는 높은 데서 떨어져도 다치지 않는다?

고양이는 점프를 할 때 안정적으로 착지합니다. 그래서 흔히 고양이는 높은 데서 떨어져도 다치지 않는다고 생각하기 쉬운데요.

고양이는 관절이 워낙 부드러워서 팔, 다리, 몸을 자유자재로 돌릴 수 있습니다. 착지할 때는 마찰력을 줄이고 충격을 흡수하기 위해 다리에 들어갔던 힘을 빼고요.

그런데, 고양이가 당하는 사고 중 2~6층의 높이에서 떨어지는 사고가 가장 많이 일어난다는 사실 아시나요? 고소추락증후군(high rise syndrome)이라고 하는데요, 2~6층은 고양이들이 착지를 준비할 수 있는 높이가 아니라서 고양이들이 대비 없이 떨어져 다치는 일이 많습니다.

그렇다고 '6층보다 높은 데서 떨어지면 안 다치나?'라고 생각하시면 당연히 안 됩니다! 고양이들이 높은 곳에서 뛰어내릴 수 있고, 그래도 덜 다치는 것도 사실이지만, 골절 부상도 있어요. 그러니 책꽂이에 올라간 고양이를 방심하고 놔두시면 안 됩니다. 다리를 접질러 다칠 수 있어요. 일부러 높은 데서 떨어뜨려 보는 건 더욱 안 될 일이고요. 게다가 우리 고양이는 집고양이잖아요. 높은 곳에서 뛰어내리는 본성도 야생 고양이 시절에 바깥 생활을 통해 높이를 가늠하고 뛰어내리며 단련되었겠지만 집고양이들은 그럴 수 있는 환경에 있지 않습니다. 충분한 경험을 갖고 있지 못해요. 위험할 수 있습니다.

또한 이런 경우도 주의해 주세요. 환기를 하거나 이불을 터는 등 창문을 열어 놓고 있다가 고양이가 다치는 경우가 정말 많습니다. 특히 아파트 10층, 20층에 사는 분들이라면 더더욱이요. 고양이가 바람 쐬는 걸 좋아한다고 창문 열어 뒀는데 창문 밖의 새나 나비 등 공중에 날아다니는 무언가, 혹은 집 안에서 날아다니는 뭔가를 잡으려고 고양이가 점프를 하고 앞발을 휘젓다가 열린 창문으로 떨어질 수 있어요. 정말 돌이킬 수 없는 사고가 됩니다.

결론을 말씀드리자면, 고양이에게 높은 곳에서 뛰어내릴 때 몸을 회전하고 근육을 이완하며 안전하게 착지하는 능력이 있는 것은 진실! 하지만 이는 경험을 통해서 단련되는 능력입니다. 야생 고양이는 저 높이 있는 나무에도 오르내릴 수 있지만 나의 고양이는 책상에서 떨어져도 다칠 수 있습니다. 잊지 마세요.

속설 3 검은 고양이는 불길하다?

검은 고양이는 동서양을 막론하고 뭔가 안 좋은 일이 일어날 만한 징조라고 많이 얘기되는데요. 결론부터 말하면 당연히 거짓입니다.

역사적으로 고양이가 사람과 함께 살아가게 된 것은 인류가 농경생활을 시작하면서부터라고 합니다. 남는 곡식을 쥐 같은 설치류 동물들이 갉아먹으면서 고양이를 키우게 되었죠. 쥐를 잡는 존재다 보니 농가에서는 고양이를 아주 예뻐했었대요. 고대 이슬람, 이집트에서는 사람들이 고양이를 친구로 여기거나 신성시하기도 했습니다. 파라오 무덤에 고양이 그림이 있을 정도니까요.

한국에는 불경과 함께 고양이가 들어온 것으로 추측됩니다. 이때도 역시 고양이는 호의적인 존재였습니다. 불경을 수호하는 존재로 들어왔으니까요. 밤에 눈이 반짝이는 모습이 무서웠다는 기록도 남아 있지만, 대체로 여러 민담이나 민화에서 고양이는 민중과 가까운 동물로 묘사되어 있습니다. 쥐를 잡아 주니까 농경사회에서도 환영할 만한 존재였겠죠.

고양이 혐오는 기독교가 발전하는 과정에서 생긴 부작용으로 보입니다. 중세 로마 가톨릭 시절 다른 교파와 이단이 많이 등장했는데요, 13세기 초 교황 그레고리 9세는 어느 이단 심문관으로부터 흥미로운 조사결과를 받게 됩니다. 사탄 숭배자를 고문하던 기록인데요, (고문 기록이니 '아무말 대잔치'가 일어나던 중이었겠죠?) "검은 고양이 엉덩이에 입맞춤을 하면 사탄이 등장한다"는 내용이 있었던 거죠. 이 기록을 본 교황은 검은 고양이를 부정한 동물, 사탄의 현신이라고 판단합니다. 그렇게 많은 고양이들이 죽어 나갔고, 이는 고양이 자체에 대한 불안과 공포, 박해로 이어지게 됩니다.

영국에서 벌어진 수많은 마녀재판의 기록을 살펴보면 다수의 마을 사람들이 '마녀의 고양이'가 아이들을 아프게 하고 고열과 기침으로 괴롭게 했다고 증언하는 내용이 나옵니다. 이런 편견이 탄생한 데에는 몇 가지 이유가 있는데요, 하나는 야행성인 고양이가 밤에 돌아다니는 마녀들과 잘 어울린다는 선입견이고, 또 하나는 조금 더 설득력 있는 의학적 가설로, '고양이 알레르기' 때문에 고양이와 접촉한 후 알레르기 반응으로 아이들이 고열이나 기침을 경험했던 것이 '마법' 때문이라 생각했다는 겁니다.

종교적인 배경 외에도 중세 유럽 사람들이 고양이를 부정적인 동물로 보게 된 역사적, 경제적 이유도 있습니다. **고양이 혐오는 '도시의 형성'이라는 사건과 밀접한 관계가 있다고 보여지는데요.** 중세까지만 해도 농촌과 교회에서는 고양이를 키웠습니다. 두 곳 모두 경전과 곡식을 갉아먹는 쥐 때문에 고양이가 필요한 곳들이었죠. 또, 고양이는 조용한 동물이고 손을 덜 타서 수녀원에서도 키울 수 있는 유일한 반려동물이었다고 합니다. 하지만 중세에 형성되기 시작한 도시에서는 이런 공감대가 사라집니다. 도시에서 고양이는, 수적으로는 너무 많은데 경제적으로는 그다지 도움이 되지 않는, 애물단지 같은 존재였던 거죠. 도시인들에게는 너무 자주 출몰하는 시끄러운 존재였던 것입니다. 요즘 우리나라에서 동네고양이를 대하는 태도와 비슷해 보이네요.

결국, 중세에 고양이를 박해한 결과는 어땠나요? 바로 흑사병이 도래했습니다. 고양이가 급감한 탓에 쥐가 창궐하면서 흑사병이 더욱 확산되었습니다. 당시에는 고양이가 오히려 흑사병을 옮긴다고 오해해서 고양이를 더 잡아 죽이는 악순환이 계속되었다고 하네요.

고양이가 불길한 존재라는 오해 때문에 생긴 속설은 무궁무진합니다. 에드가 앨런 포의 소설 〈검은 고양이〉는 '집 지을 때 고양이를 산 채로 벽에 넣으면 집이 튼튼하다'는 속설을 반영하고 있습니다. 이 밖에, '고양이를 산 채로 불구를 만들면 마법에 걸리지 않는다', '고양이를 죽이면 불행이 찾아온다', '고양이가 잠자는 아이의 숨을 빨아들여 아이를 죽인다', '환자와 고양이가 같이 살면 안 된다(환자의 침대에 고양이가 뛰어오르면 환자가 사망하기 때문에)', '고양이 꼬리를 밟은 소녀는 시집을 못 간다' 등등. 반대로 '고양이를 잘 돌봐 주는 남자는 예쁜 아내를 얻는다'는 속설도 있네요. **모두 다 거짓인 것 아시죠?** (참고: 진중권, 《고로 나는 존재하는 고양이》, 천년의 상상 & 애비게일 터커, 《거실의 사자》, 마티)

속설 4 고양이는 자기 영역을 떠나지 않으니 이사 갈 때 두고 가야 한다?

고양이는 영역동물입니다. 이때 영역은 비단 장소만이 아니라, 영역 안의 구성원들과의 관계까지 포함합니다. 고양이들은 같은 공간 안에 살고 있는 구성원인 우리도 영역으로 인식하는 거죠. 더군다나 집고양이는 같이 밥 먹고 살 부비고 산 우리를 부모라고 여길 수 있어요. 이 아이들에게 사람과의 관계는 엄마와 아이 같은 애착관계입니다. 특히 구성원 모두를 똑같이 생각하지 않고 한두 사람을 특정해서 애착관계를 굉장히 강하게 형성하는 성향이 있고요.

때로 '고양이는 영역동물이기 때문에 자기가 사는 곳을 떠나지 않는다, 그래서 이사 갈 때 두고 가야 한다'고 하는 분들이 있어요. 그러면서 이사 가기 전에 고양이가 사라졌다고 말하기도 하고요. 저는 고양이가 자기를 대하는 사람의 태도에서 '고양이는 두고 갈 거야' 하는 분위기를 눈치챘기 때문에 먼저 사라졌을 거라고 생각해요. 고양이들은 그런 걸 느끼는 촉, 능력이 상당하거든요. 이미 사람에게서 자기를 향한 관심이 떨어졌음을 아는 거죠.

만약 이사 간다고 고양이를 두고 간다면, 아이는 어느 날 엄마가 집에서 사라졌다고 느낄 겁니다. 당연히 상처받고 스트레스 받고 무척 힘들어하겠죠. 집을 옮기는 스트레스가 더 크겠습니까, 가족을 잃는 스트레스가 더 크겠습니까? 그러니 이사 간다고 절대 고양이를 두고 가시면 안 됩니다!

속설 5 고양이는 귀신을 본다?

귀신이 있냐, 없냐는 질문부터 해야 하지 않을까 싶은데요. (웃음) 본다 한들 우리가 물어볼 수 있는 것도 아니고요. 저희 어머니도 제가 어렸을 때 고양이가 밤에 돌아다니면서 허공에 헛발질도 하고 앞발을 갖고 노는 모습들을 보고 고양이가 귀신을 본다고 말씀하셨었어요. 우리가 보지 못하는 걸 보는 거다, 귀신하고 노는 거다, 그런 말씀을요. 수의사가 되어서 그런 모습은 고양이가 먼지랑 노는 모습임을 알게 되었고요. 어머니껜 안 알려 드렸어요. 단지 우리 집에 먼지가 많았구나, 하는 생각을 했죠. (웃음) 귀신의 유무와 관계없이 고양이가 허공에 발짓을 하는 건 먼지 때문입니다.

그런데 의외로 고양이는 낮에는 잘 못 봅니다. 10~80cm 거리에 있는 사물만 식별이 가능하고 너무 가까이 있거나 너무 멀리 있으면 잘 보지 못합니다. 낮엔 우리보다 시력이 좀 떨어지는 정도죠. 그러니 장난감도 너무 가까이 대면 헷갈릴 수 있어요. 10cm 정도 떨어져서 놀아 주세요. 덧붙여 얘기하자면, 밤에 고양이는 시력이 좋습니다. 완전히 칠흑 같아서 빛이 전혀 없으면 못 보겠지만, 눈 안에 있는 망막세포 덕분에 아주 적은 빛으로도 우리보다 훨씬 더 잘 볼 수 있어요.

속설 6 고양이에게는 사람에게 없는 육감, 자연재해 감지능력이 있다?

저는 동물들에게 소위 말하는 육감, 다른 감각이 있다는 주장은 상당히 일리가 있다고 생각해요. **고양이의 경우 사람이 못 듣는 주파수의 소리를 들을 수 있는 청력 때문에 자연재해 등을 감지할 수 있습니다.** 실제로 지진 연구소 같은 데서는 고양이, 쥐 등 동물들의 지진, 폭풍우 감지 능력에 관한 실험을 활발하게 하고 있습니다.

예를 들어 폭풍우가 일면 엄청난 양의 전기가 구름으로 방출돼서 전자기파가 발생하는데요, 그러면 대기 중에 양(+)이온과 음(-)이온 중 양이온이 가득해져요. 양이온의 농도가 동물의 뇌에 들어 있는 특정 화학물질에 영향을 주는데요, 사람 중에도 정말 예민한 사람들은 천둥 칠 때 두통을 느끼기도 하잖아요. 고양이는 그런 이온에 훨씬 더 민감하다는 거죠.

또한 고양이는 발바닥, 우리가 '젤리'라고 말하는 부분에 진동이나 전자기파를 감지하는 능력이 뛰어나서 우리보다 훨씬 먼저 지진을 알 수 있습니다. 또 '제이콥슨'이라고 페로몬을 감지하는 기관이 있어, 이 기관을 통해 대기 중에 희미하게 흩어진 냄새분자를 느낄 수도 있고요.

실제로 2차 세계대전 때 공습경보가 울리기 전, 고양이들이 움직였다는 제보가 많았는데요, 고양이들이 먼저 초조해하고 나가려고 하면 그다음에 이어서 바로 공습경보가 울렸다는 거죠. 이렇게 여러 감각이 발달되어 있어서 동물들은 인간보다 자연재해를 감지하는 능력이 뛰어날 수 있다고 생각합니다.

속설 7 고양이 수염은 뽑으면 다시 나지 않는다?

저는 어릴 때 고양이 수염 뽑으면 죽는다는 얘기도 들었어요. 저희 어머니께서 고양이는 수염 자르면 바보 된다고, 힘없이 비틀댄다고, 죽는다고까지 하셨거든요. (웃음)

고양이 수염이 한번 뽑히면 나지 않는 건 아닙니다. 하지만 완전히 다 자라는 데 3개월 이상이 걸려요. 그리고 '수염 자르면 죽어'라는 말은 과장이지만, 일리가 아주 없는 말은 아닙니다. 야생 고양이는 수염이 없으면 살기 어려울 정도로 수염은 민감한 감각기관이거든요. 수염의 뿌리 부분에는 안테나처럼 촉각을 감지하는 신경세포가 있어요. 이걸로 아주 미세한 물체나 온도, 기후변화까지 감지합니다. 또 지진이나 해일을 미리 감지할 수도 있고요. 이 수염은 코와 입가뿐만 아니라, 눈썹 위, 관절, 발 쪽에도 있어요. 이런 것들이 다 복합적으로 안테나 역할을 합니다. 그만큼 중요합니다.

또한 수염은 의사표현 기관이기도 합니다. 기분 좋을 때 축 늘어져 있고, 호기심 있을 때 앞으로 좀 당겨져 있고요. 너무 무서울 때는 덜 위협적으로 보이려고 수염을 뒤로 당겨 붙여 얼굴을 작게 만듭니다. 그런 맥락에서 야생 고양이는 수염이 없으면 정말 위험할 수 있어요. '나는 널 공격할 의사가 없어', '난 지금 기분이 좋아' 하는 표현을 할 수 있는 방법이 없기 때문에 공격당할 가능성이 큽니다. 그러니 고양이 수염을 자르시면 안 됩니다. 뽑지도 말아 주세요.

거짓

속설 8 고양이는 개보다 지능이 낮다?

강아지는 일을 많이 하는데 상대적으로 고양이는 그렇지 않다 보니 고양이가 강아지보다 지능이 낮다는 얘길 많이 하는데요, 저는 틀린 얘기라고 생각합니다. 우리가 사람의 지능을 말할 때는 어떤 상황들을 종합적으로 판단하고 추리하고 새로운 상황에 적응하는 능력 등을 지칭합니다. 그런데 동물의 지능을 평가할 때는 판단기준이 달라지는 것 같아요. 복종을 잘하고 내 말을 잘 들으면 지능이 높다고 판단하죠. 어쩌면 고양이는 내 말을 듣고 싶지 않아서 듣지 않는 것일 수 있어요. **우리가 일반적으로 사람의 지능이라고 평가하는 부분들을 놓고 보자면, 고양이는 지능이 높은 아이들입니다.**

앞서 언급했듯이 고양이는 **여러 사건을 연합해서 기억하는 능력이 아주 뛰어난 동물이에요.** 특히 후각이 뛰어나서 불쾌했던 순간에 맡았던 냄새는 철저히 피하려고 합니다. 습식캔에 약 타서 줬는데 안 먹으면 앞으로도 그 캔은 먹을 일이 없다는 것, 집사라면 한번쯤 경험해서 아실 겁니다. 또 알코올 냄새, 병원 특유의 냄새를 밖에서부터 맡고 이미 병원 가기를 맹렬하게 거부하기도 하고요.

참고로 사람을 잘 따르는 지능에 관해서 말씀드리자면, 생후 2~7주 사이에 사람으로부터 보살핌을 받은 고양이가 비교적 이 부분의 지능이 높다고 합니다. 이때 가장 활발하게 교육을 해 볼 수 있겠죠. 물론 나중에도 얼마든지 해 볼 수 있고요.

마지막으로, 저는 고양이가 지능이 높다고 생각하는 이유가, 고양이가 집사를 가르치고 길들이잖아요? (웃음) 우리가 훈련되니까, 그래서 각자 다 길들여져 있을 테니까…… 무슨 말인지 아시리라 믿어요.

거짓

속설 9 고양이는 생선을 가장 좋아한다?

원칙적으로는 '아니다'라고 생각하지만 개묘차가 있다 보니 '그런가?' 싶기도 해요. 고양이의 조상은 사막에서 살았습니다. 거긴 생선이 없죠. 새, 쥐, 곤충 등을 잡아먹고 살았을 테고, 단백질이 많은 육류를 더 좋아했다고 해요. 그런데 흔히 '고양이 하면 생선이지'라고 생각하게 된 계기는 **2차 세계대전 이후 어느 사료회사의 광고 때문이라고 합니다**. 2차 세계대전 이후라면 모든 물자가 부족할 때잖아요. 사료를 만들어야 하는데 사료의 공급원으로 쓸 고기가 부족했던 거죠. 고기 대신 비교적 값싼 단백질 공급원으로 생선을 사용하게 됐는데, 생선과 고양이라는 조합이 그때까지는 낯설었기 때문에 대대적으로 광고를 만든 겁니다. 고양이 하면 생선, 이라는 식으로요. 그때 이미지가 지금까지 전해져 내려오는 것이라고 합니다.
한편, "고양이에게 생선가게 맡기냐" 같은 속담이 있잖아요. 고양이가 생선을 좋아하니 생긴 말이 아니냐고 생각하기 쉽습니다. 아마도 고양이 입장에서는 정육점의 육류보다는 생선가게 매대 위의 생선이 더 가져오기 쉽지 않았을까요? 그 때문에 이런 속담까지 나오게 되지 않았나…… 저는 그렇게 생각합니다. (웃음)

진실 또는 거짓

속설 10 고양이 액체설, 고양이는 액체다?

고양이는 정말 유연합니다. 액체라고 착각할 정도로요. 고양이가 이렇게 유연한 이유는 고양이 뼈의 개수와 구조 때문인데요, 일반적으로 다리가 네 개인 다른 동물은 오른쪽 앞다리와 왼쪽 뒷다리, 왼쪽 앞다리와 오른쪽 뒷다리가 같이 움직이지만, 고양이는 그렇지 않습니다. 오른쪽 앞다리와 오른쪽 뒷다리가 같이 움직이고, 왼쪽 앞다리와 왼쪽 뒷다리가 같이 움직입니다. 그만큼 척추가 유연합니다. 고양이는 사람보다 뼈의 수가 네 배 정도 많아요. 고양이 몸보다 우리 몸이 훨씬 크다는 점을 생각하면 고양이 뼈가 얼마나 촘촘한지 아시겠죠? 그러니 관절이 부드러울 수밖에 없고, 덕분에 몸을 자유자재로 말고 몸 구석구석을 그루밍할 수 있답니다.

또 고양이는 쇄골이 없어서 어깨를 사방으로 돌릴 수 있습니다. 그래서 아주 좁은 곳도 빠져나갈 수 있어요. 그러니 '고양이 액체설'이 나올 만도 합니다. 물론 당연히(!) 고양이는 액체가 아니지만요.

거짓

속설 11 고양이는 앙갚음을 한다?

고양이는 나쁜 기억과 상황을 결합시켜 생각하는 능력이 뛰어납니다. 앞서 저희 소롱이 얘기를 들려 드렸잖아요. 윗집의 공사, 라디오 노랫소리에 대한 싫은 감정을 지나가던 바둑이에게 전이한 경우인데요.

이렇게 대상이 전이된 공격을 하는 고양이 사례는 꽤 많아요. 예를 들어 고양이들끼리 싸울 때 혼내거나 소리를 지르면 집사가 화내는 소리와 상대 고양이를 결합시켜 기억합니다. 상대 고양이를 공격할 가능성이 높아지겠죠. 이런 이유로 '고양이가 앙갚음한다'는 속설이 생겨난 듯합니다. 이제 고양이의 습성을 알았으니, 아이들과 생활할 때 유용하게 참고하시면 좋겠습니다. 앙갚음당할 일도 없을 거고요. (웃음) (방향 전환 공격성은 4-2장 〈공격하는 고양이〉편 참고)

거짓

속설 12 흰 고양이는 귀가 안 들린다?

털이 하얀 고양이가 소리를 못 듣는다는 말은 100%는 아니지만 90% 가까이는 맞는 말입니다. 통계적으로 흰 고양이 90%는 소리를 못 듣습니다. 유전적인 이유 때문인데요. 엄마 몸속에서 수정세포일 때 세포분열 과정에서 일어나는 일입니다. 이때 피부, 털, 눈 색깔을 결정하는 멜라닌 줄기세포와 청력을 결정하는 내이세포가 같이 분화를 하는데요, 신경능선 세포 단계에서 분열이 제대로 이루어지지 않으면 멜라닌 줄기세포와 내이세포에 동시에 영향을 미치게 됩니다. 이 때문에 털 색깔이 하얗고 동시에 청각능력이 상실된 고양이가 생기는 확률이 90%에 달하는 거죠.

만약 우리 아이가 털이 하얀데 눈은 파랗거나 호박색이라면 청력검사를 해 보세요. 야생 고양이에게 청력손실은 살아가는 데 큰 어려움이 될 수도 있지만, 집고양이 입장에서 아주 불편한 일은 아닙니다. 집사가 그만큼 더 잘 챙겨 주고 배려하면 되니까요.

대체로 진실

속설 13 고양이는 집사의 감정을 안다?

고양이는 인간의 신경전달물질이 분비되는 것을 감지할 수 있습니다. 그래서 집사가 너무 슬프거나 기쁘거나 할 때 이를 알 수 있다고 하네요. 내가 느끼지 못하고 보지 못하는 나의 신경전달물질의 분비까지 감지하면서 우리 아이가 나의 감정을 안다고 하니까 사랑이 더 샘솟지 않으시나요? (웃음)

진실

5장
세상 모든 고양이님 모시기

둘째 고양이 입양하기

🐾 나눌 이야기

· 둘째 입양하기 전에
· 단계별 합사하기

모모모의 집사일기

첫째 모모가 저를 한창 물고 할퀴던 시절, 어느 지인이 이런 얘길 했어요. "둘째 고양이를 들여 봐. 친구가 있으면 덜 물고 잘 놀지 않을까?" 지금 생각하면 말도 안 되는 얘기죠. 하지만 고양이에 일자무식이던 저는 당장 고양이 카페의 입양신청 코너를 뒤졌습니다. 그리고 '레오'를 발견했어요. 어느 식당 앞에서 쫓겨나게 된 레오. 이름처럼 씩씩하게 생긴, 아메리칸숏헤어 고양이. 저는 입양 절차를 거쳐 레오를 데려왔고, 저희 집에서 레오는 '제제'가 되었습니다.

제제를 데려온 첫날, 모모와 제제는 서로 마주 보았습니다.

"모모, 엄마가 동생 데려왔어. 제제야, 모모 형과 인사해."

모모가 하악질을 정말 많이 했던 기억이 납니다. 작은 원룸이라 박스로 간이막을 세우고 합사 첫날밤을 보냈어요. 그렇지만 그 뒤로도 둘을 격리해야겠다는 생각은 못 했습니다. 모모는 제제를 엄청나게 공격했습니다. 월령은 비슷하지만 몸집은 두 배나 큰 모모로부터 계속 공격당하고 물리던 제제. '밀림의 왕자' 같던 성격이 소심하기 그지없게 변해 갔습니다. 특히 모모가 제제의 엉덩이를 물기 좋아했는데요, 그 상처 때문에 제제는 항생 주사만 세 번을 맞아야 했습니다.

그럼에도 저는 여전히 이유를 몰랐습니다. 왜 모모가 제제를 공격하는지, 어떻게 공격을 막아야 하는지, 모모가 동료를 받아들이는 데 왜 그렇게 어려움을 겪는지, 새 가족을 맞이하려면 어떤 과정을 거쳐야 하는지, 궁극적으로 고양이의 기본 성격과 습성이 어떠한지. 정말 아무것도 몰랐네요. 그저 '혼내고 떼어 놓고 화내고'의 무한 반복. (쓰고 보니 저는 둘째 입양에서 하지 말아야 할 일을 모두 다 한 사람, 즉 호통받아 마땅한 사람이었군요.)

이호와 소보로까지 함께 살게 된 지금도 모모는 제제를 괴롭힙니다. 그래도 이전보단 덜 하고, 집도 넓어져서 제제가 도망칠 공간이 생긴 게 그나마 다행이죠. 한번 잘못 정해진

관계는 정말 돌이키기 어렵더라고요. 모모, 제제 모두에게 평생 너무나 미안한 일입니다.
무지했던 집사로서, 이 주제는 일종의 속죄에 가깝습니다. 절대 여러분은 저처럼 하지 마시길.
(변명 같지만, 셋째, 넷째 고양이는 정말 '간택받아서' 들였답니다.)

이번에는 둘째 입양하기에 관한 이야기를 나눠 볼 텐데요, 음……. (한숨) 먼저 말씀드리자면, 저는 둘째 고양이를 들이는 일에 기본적으로는 반대하는 편입니다.

아!

둘째를 들일 때 집사들이 흔히 혼자 있는 고양이가 너무 심심해 보인다고들 해요. "다묘가정의 고양이들이 더 행복해 보이더라"면서요. 하지만 새로운 고양이가 집에 오는 일이 원래 있던 터줏대감 고양이에게는 상처를 주는 경우도 많아요. 그러니 원래 있던 고양이가 외로워할까 봐 둘째 입양한다는 얘기는 사실 맞는 논리가 아니에요. 그래서 저는 터줏대감 고양이가 심심해할까 봐 하는 둘째 입양은 반대예요. 그보다 고양이가 심심해하지 않게 집사가 잘 놀아 주는 게 당연히 먼저 생각해야 하는 선택지입니다. 어쩔 수 없는 상황 때문에 둘째를 들이는 경우가 아니면 반대인 거죠. 새로운 고양이와 잘 지내는 첫째들도 있지만 그건 정말 굉장히 운이 좋은 경우라고 봐야 해요. 잘 지내던 고양이도 새로운 고양이가 온 순간부터 스트레스로 아플 수 있어요. 집사가 "소롱아, 심심하지? 누나가 친구 데려왔어" 이렇게 하는 말에 고양이는 "닥쳐! 이건 나를 위한 게 아니야"라고 말할 수도 있는 거예요. (웃음)

아나와 키아라는 아나가 터줏대감이죠?

 네.

 아나가 일기를 쓴다고 상상해 보세요. 어제까지 "행복했다, 오늘도 즐거웠다"고 쓰던 아이가 오늘 일기에는 이렇게 쓸 거예요. "오늘 문을 열고 엄마와 함께 이상한 아이가 들어왔다." 아나 입장에서는 현관문을 열고 갑자기 적이 나타난 거죠. 그것도 엄마 품에 안겨. 집에 들어온 엄마가 한 팔에 새 고양이를 안은 채로 나를 다른 팔로 안아 들고 "아나야, 네 동생이야. 사이좋게 지내~" 하며 얼굴을 맞대면, 고양이 입장에서는 정말 최악이죠.

 아이고~.

 정말 동시에 안아서 "사이좋게 지내~" 하는 분들이 있어요. 특히 2~3개월령 고양이를 입양해서 6~7개월령까지 키우며 너무 푹 빠지신 분들. 우리 고양이가 혼자 있는 시간이 너무 안쓰럽다시면서 둘째 입양을 알아보시죠.

 제 얘기 하시는 거예요? 내가 사연 썼나? (웃음) 어쩜, 월령도 똑같아요.

 그게 굉장히 흔한 루트예요.

- 너무 흔해요. 어린, 사춘기 접어들 무렵의 터줏대감과 신참 고양이를 같이 키우게 되는 경우가요.
- 키아라 오는 날, 바로 아나 눈앞에 데려가서 보여 줬죠, 제가!
- 아이고~ 진짜~.
- 오늘 또 거듭나야 되는 날인 듯한데……. (웃음) 암튼, 저희 아나, 키아라 잘 지내요.
- 굉장히 운이 좋은 케이스입니다. 제가 진심으로 아나와 키아라에게 따로 고마움을 표시해야 할 것 같습니다.

둘째 입양하기 전에

"둘째를 원한다고? 그건 집사 네 생각이고-_-;;"

Q. 입양 전 생각해 볼 것

A. 왜 둘째를 입양하려 하는지 생각해 보세요.

혹시 둘째를 입양하려는 이유가 '혼자라서 외로울까 봐'인가요? 고양이는 기본적으로 혼자 사는 데 만족합니다. 본능적으로 무리지어 사는 동물이 아니기 때문에 오히려 여러 마리와 같이 사는 걸 부자연스러워 합니다. 집사만 잘 놀아 준다면 둘만의 관계로도 충분히 행복할 수 있습니다.

물론 새로 온 아이와 터줏대감 아이가 잘 지내는 경우도 많습니다. 하지만 모든 고양이가 그런 것은 아닙니다. '내가 많이 놀아 주지 못하니까 둘이서 재미있게 놀아~'라는 마음으로 하는 둘째 입양은 절대 안 됩니다. 둘째가 생기면 2배로 더 놀아 주셔야 하고, 2배로 더 신경 써야 한다는 점 기억하세요.

길에서 만난 친구를 둘째로 들일 때

동네고양이나 유기고양이의 입양공고를 보고 선의로 둘째를 입양하는 분들도 많은데요. 이럴 때도 충분히 고민하셔야 합니다. 새로 입양한 친구와 첫째가 서로 적응하지 못해 평생 원수처럼 살아야 할 수도 있고요, 새 고양이로 인해 전염병 감염이 될 수도 있습니다. 그런 부분까지 감수하면서도 둘째를 책임질 수 있을지 굳게 생각해야 합니다. 또 둘째를 입양하기 전에는 원래 살고 있는 아이의 접종 상태를 꼭 확인해 주세요. 접종을 한 지 오래됐으면 항체가검사를 해서 항체가 있는지 확인한 뒤 둘째를 입양하는 것이 좋습니다. 둘째 역시 입양 전에 바이러스검사를 할 수 있으면 제일 좋고요. (3-5장 〈건강검진〉 편 참고)

첫째 아이가 현재 아픈 상태라면 둘째 입양은 신중해야 합니다

특히 방광염이나 구토가 잦은 아이라면 둘째 입양 후 증상이 악화될 수 있다는 점을 꼭 기억하세요. 대놓고 싫어하는 경우가 아니더라도 스트레스로 인해 보이지 않던 증상이 둘째 입양 후 갑자기 나타날 수 있습니다.

단계별 합사하기

"어느 날 갑자기 나타난 둘째, 평생의 원수로 만드시겠습니까?"

고양이들이 새로운 존재에 적응하기까지는 시간이 필요합니다. 서로에 대한 정보를 모아서 다른 존재가 있다는 사실을 받아들이기까지 그 시간이 얼마나 걸릴지는 누구도 알 수 없습니다. 운 좋게는 하루, 길게는 몇 달이 될 수 있습니다. 사람 생각으로 "이쯤 하면 됐지, 너네 왜 아직도 하악거려!" 이렇게 화를 낼 수도 없는 문제입니다. 둘을 만나게 하기 전에 단계별로 서로에게 적응하는 것이, 합사에서 가장 중요합니다.

Q. 합사 단계
A. 터줏대감 고양이가 있는 집에 신참 고양이가 왔을 때 어떻게 합사해야 하는지 차근차근 단계별로 알아봅시다.

1단계: 냄새 익숙해지기
이 단계에서는 서로 눈이 마주치지 않게 해 주는 것이 가장 중요합니다. 가능하면 이동장보다 각방 격리가 좋고요. 제일 중요한 것은 서로의 눈에 띄지 않는 것입니다.

1) 보이지 않게 격리: 며칠 동안은 각자 다른 방에 따로 둡니다. 원룸에 살고 있다면, 신참 고양이를 이동장에 넣어서 격리합니다. 이때 이동장은 반 정도 가린 채로 구석에 두는 것이 좋습니다. 터줏대감 눈에 띄지 않게 하는 거죠.

2) 작은 수건에 냄새 묻혀 교환하기: 작은 천을 두 장 준비해 터줏대감 고양이의

몸과, 신참 고양이의 몸에 각각 문질러 냄새가 배게 하고, 그 천을 교환해서 서로에게 줍니다. 혹시 가능하다면 집에 데려오기 전부터 서로 냄새나는 천을 교환해 가지고 있게 해 줘도 좋습니다.

3) 큰 수건에 냄새 묻혀 교환하기: 더 큰 수건 혹은 이불을 두 장 준비해 상대방의 냄새를 묻혀 교환해 줍니다. 이런 식으로 냄새의 강도와 범위를 넓혀 줍니다.

2단계: 시선 교환하기

1) 안전문을 가운데 두고 시선 교환: 시선 교환을 위해서는 안전문(무릎 정도 올라오는 펜스, 방묘문 혹은 펜스망 등)이 필요합니다. 고양이는 낯선 존재가 있다고 먼저 공격하지 않습니다. 안전문은 둘 사이에 어느 정도의 거리를 주는 심리적 방어막이라고 생각하면 됩니다. 접촉하지 않을 수 있다는 안정감을 주는 것이지요. 그러므로 안전문이 개방되지 않게 주의해 주세요.

안전문만 닫고 방문을 열어 서로 존재를 확인하는 시간을 만듭니다. 처음에는 30분, 그다음 날은 한 시간, 그다음 날은 두 시간…… 이렇게요. 하루에 30분씩 두 번, 이런 식으로 짧게 그러나 횟수는 더해서 열어 두셔도 괜찮습니다. 냄새처럼 시각도 천천히 오픈하는 것이죠.

2) 안전문을 둔 채로 '밥 정(情)' 쌓기: 시선 교환에 어느 정도 익숙해지면 한쪽 구역 끝에 밥그릇을 두고, 또 다른 쪽 구역 끝에 밥그릇을 둡니다. 최대한 멀리, 그러나 서로 밥 먹는 모습을 볼 수 있게 합니다. 고양이에게 식사라는 좋은 기억과 상대 고양이를 결합시켜 주는 것이죠. 즉 '저 아이를 볼 때 나에게 좋은 일이 있었어'라는 기억을 심어 주는 겁니다. '서로 보면서 밥 먹기' 역시 점점 둘 사이의 거리를 좁혀 주세요. 마지막에는 안전문만 사이에 두고 서로 마주 보며 밥을 먹을 수 있게요. 이 전 과정을 1주 이상의 시간을 두고 진행해 주세요.

3) 안전문을 둔 채로 '놀이 정(情)' 쌓기: 깃털이 달린 낚싯대 장난감을 안전문을 사이에 두고 이쪽저쪽에 왔다갔다 하며 놀아 줍니다. 터줏대감 고양이는 이쪽 방에서 장난감을 가지고 놀고 신참 고양이는 저쪽에서 놉니다. 이런 놀이가 익숙해지면 뱀 모양이나 긴 밧줄 같은 장난감을 두 고양이의 공간에 길게 걸쳐지게 둡니다. 터줏대감 고양이는 이쪽 방에서 장난감 끄트머리를, 신참 고양이는 저쪽 바닥에서 반대편 끄트머리를 갖고 놀게끔요. 이때 밧줄 장난감의 길이는 아주 짧아서는 안 됩니다. '서로 보면서 밥 먹기'처럼 놀이 역시 긍정적인 상황들과 연결시켜 줍니다. 그렇게 1주 이상의 시간을 두고 놀이 시간을 조금씩 늘려 주는데요, 이 시기에 보호자가 두 고양이와 함께하는 놀이 외에도 각각의 고양이와 따로 충분히 놀아 주는 것도 중요합니다.

3단계: 만나기

1) 밥 먹을 때 안전문 열기: 아직 친하지 않은 상태입니다. 밥을 먹을 때 안전문을 조금 열어 보세요. 이후 문을 여는 범위를 점점 늘려 갑니다.

2) 방 바꿔 상대 구역 탐색: 신참 고양이가 터줏대감 고양이 영역에 관심을 보인다면 터줏대감을 다른 곳으로 옮긴 상태에서 신참을 터줏대감 영역에 놓아 한 바퀴 둘러보게 합니다. 마찬가지로 터줏대감도 신참 영역을 탐색하게 해 주고요.

3) 만남: 상대 구역 탐색을 며칠 진행한 뒤에는 안전문을 엽니다. 처음에는 5분만, 다음에는 10분, 이렇게 문을 여는 시간을 늘려 주세요.

만약 맞붙는다면

만약 둘이 맞붙는 상황이 되면 호루라기를 불어 주의를 환기시킵니다. 꼭 호루라기가 아니어도 되지만, 둘을 제지하기 위해 양손이 필요하므로 제 경험으로는 입으로 불 수 있는 호루라기가 가장 효과적이었습니다. 일단 공격 상황을 중단시킨 뒤, 바로 담요로 한 아이를 뒤집어 씌워서 안아 올려 주세요. 이때 누구에게 담요를 뒤집어 씌우든 관계는 없습니다. 담요를 완전히 뒤집어 씌워서 지금 무슨 일이 일어나고 있는지 모르는 상황으로 만들고 원래 구역으로 옮기세요.

공격 상황이 벌어졌을 때 혼내거나 소리를 지르면 안 됩니다. 터줏대감 고양이의 엉덩이를 때리거나 담요로 덮지 않고서 휙 집어 올리시면 절대 안 됩니다. 자신이 당한 가혹행위와 상대 고양이를 연결시켜, 지금까지의 모든 노력이 허사로 돌아가게 됩니다. 둘 사이가 나빠지는 것은 당연하고요.

4단계: 꾸준히 기다리기

모든 과정에서 보호자는 은근과 끈기를 가지고 기다려야 합니다. 사람도 성격에 따라 서로 친해지는 시간이 다르잖아요. 고양이도 마찬가집니다. 몇 주에서 몇 달 걸릴 수 있습니다. 기다려 주면서 이 어려운 합사 과정을 거치면 두 고양이는 90% 이상의 확률로 친해질 수 있습니다. 늘 터줏대감 고양이를 배려해 주시고요. 물론 예외도 있습니다. 이렇게 했는데도 친해질 수 없는 사이가 있습니다. 시간을 두고 조금씩 단계를 밟았는데도 공격적인 반응이 격렬하게 계속된다면, 원래 있던 고양이가 다른 고양이와 어울려 지내기 어려운 성격인 것입니다. 혼자 지내는 것이 더 나은 고양이이므로 다른 고양이와 격리해 키우는 편이 좋습니다.

 **여러 고양이가 함께 사는 경우 수직공간은 여유 있게**

공간이 넓어도 아이들이 공간을 나눠 쓴다고 생각하지 않으셨으면 좋겠어요. 캣타워도 마찬가지죠. 캣타워를 좋아하는 아이라면 여분의 캣타워를 마련해 주셔야 분쟁이 생기지 않아요. 공간 부족으로 캣타워를 두지 못한다면 책꽂이나 테이블 등을 활용해서 위에 올라가 휴식을 취할 수 있는 수직공간을 별도로 만들어 주셔야 합니다.

강아지와 함께 살기

🐾 나눌 이야기

· 함께 살기로 결정하기 전에
· 합사하기
· 함께 살 때 주의점
· 강아지와 함께 살기 상담실

엉클조의 집사일기

　한때 저의 녹음실에는 2살용 프렌치불독 땡구와 1개월 프렌치불독 방구, 그리고 4개월의 구조된 동네고양이 소보로가 같이 살고 있었습니다. 소보로가 처음 녹음실에 오던 날, 소보로 무게에 다섯 배가 넘는 땡구는 펜스를 부술 기세로 소보로의 존재를 확인하고 싶어 했어요. 평소에도 세상 모든 것을 가장 열심히 궁금해하는 열혈 강아지인 땡구는 소보로의 냄새와 행동, 그리고 작은 기척에도 신기해하며 다가가려 했습니다.

　수건으로 이동장을 가려 서로 볼 수 없게 했지만, 방구, 땡구, 그리고 소보로 모두 굉장히 작은 소리에도 예민하게 반응했습니다. 소보로는 모두가 잠든 새벽이 돼서야 이동장에서 내려와 잠깐 화장실을 사용하고 주위를 둘러보았습니다. 안심해도 된다고 생각하고 밥 한술 뜨려는 순간, 땡구가 그만 잠에서 깼습니다. '뭐야, 뭐야, 뭔 소리야? 사료 소리가 났는데!' 하며 소보로가 있는 쪽을 향해 밤새 낑낑대는 땡구. 이런 상황이 3주 이상 지속되면서, 고양이와 개의 합사라는 것이 정말 가능하긴 할까, 저는 의기소침해졌습니다.

　어느 순간에 어떤 계기로 관계가 발전했는지 솔직히 정확하게 기억이 나진 않습니다. 다만 시간이 꽤 지난 어느 추운 겨울날 우리 네 생명체는 침대에서 다 같이 자고 있었습니다. 땡구의 온기는 소보로를, 저를, 방구를 따뜻하게 데워 주었고, 소보로의 엄청난 밥 알랑 "마앙~~~~~~" 소리는 우리 모두를 깨우는 행복한 소리가 되었습니다.

👩 오늘의 주제는 엉클조가 가져왔는데요. 엉클조는 프렌치불독 두 마리를 키우고 있죠?

🕶️ 네, 프렌치불독 방구와 땡구를 키우고 있습니다. 방구의 원래 이름은 '피치'였는데 데려온 첫날 방귀를 너무 많이 뀌더라고요. 그래서 이름을 바꿨어요.

👩 방구와 땡구!

🕶️ 제가 〈키티피디아〉를 들으면서부터 살던 곳 근처에서 동네고양이들에게 밥을 주기 시작했어요. 그중 '모인이'라는 아기 고양이를 저희 집에서 같이 키우면 어떨까 하는 생각이 들어서요.

👩 '강아지를 키우는 집에서 고양이도 같이 살 수 있을까' 궁금하신 거네요. 저는 장기간으로 여행 갈 때, 저희 언니네 집에 고양이들을 맡겼는데요, 언니네에 스피츠 한 마리가 있어요. 이름이 '하치'인데, 일주일 맡겼는데, 되게 잘 지내던데요?

👧 스피츠 나이가 몇 살이죠? 좀 많죠?

👩 두세 살 정도 돼요.

👧 성격은요?

👩 아주 착하죠. 아나는 하치가 지나가면 오른발을 들고 있어요. 때릴 준비. (모두 웃음) 그래도 하치는 그냥 지나가서 항상 맞아요. (웃음)

👧 상상이 가요.

👩 너무너무 착한 애 있잖아요. 그런 애예요.

🕶️ 예전에 방구를 데리고 모모를 만나러 간 적이 있는데 엄청 난리가 났었어요.

👧 모모 입장에선 정말 핵폭탄급 테러 사건이었겠죠.

👩 온몸을 곤두세우고.

👧 완전 털이 이~~~만큼 뜬 것 같아요.

👩 처음에 아나도 그랬는데 한나절 지나니까 오른발 딱 들고 (웃음) 하치가 지나가면 맨날 때리고.

👧 저도 개랑 고양이를 같이 키우고 있잖아요. 바둑이, 달래랑 소롱이, 이비이비, 아이

린을 같이 키우고 있는데, 소롱이랑 달래는 엄청 살갑진 않은데 같이 누워서 자고 서로 냄새도 맡으며 있는 듯 없는 듯 잘 지내요. 그런 것 보면 꼭 같이 살 수 없는 것만은 아닌 것 같아요. 저희 병원에 있는 개와 고양이 들도 같이 드러누워 자니까요. 그런데 개와 고양이의 동거가 쉽지 않은 것도 사실이에요.

함께 살기로 결정하기 전에

"개와 고양이,
각각의 성향을 충분히 고려해 주세요."

 개와 고양이는 함께 살 수 없는 관계로 알려져 있습니다. 하지만 경우에 따라서 개와 고양이도 좋은 가족이 될 수 있습니다. 대신 서로 다른 종이기 때문에 각각의 성향을 충분히 고려해서 함께 사는 것을 결정하시면 좋겠습니다.

Q. 함께 살기 전 생각해 볼 것
A1. 나이 든 개와 어린 고양이는 비교적 수월합니다.

성향에 따라 차이는 있겠지만 새로운 것에 호기심이 넘치고 왕왕 잘 짖는 강아지보다는 조용하고 집적대지 않는 성향의 강아지가 고양이에게는 훨씬 수월합니다. 그리고 6주 이내의 아주 어린 고양이는 낯선 존재에 거부감이 심하지 않아요. 뭐든지 다 받아들이고 겁이 없는 시기라 그때 서로 만난다면 잘 적응할 가능성이 높습니다. 단, 나이 든 개를 너무 힘들게 하지 않도록 배려해 주세요. 또 아기 고양이가 귀엽다고 아기 고양이에게만 관심을 쏟는 건 절대 안 됩니다.

A2. 나이 든 고양이와 어린 강아지는 추천하지 않습니다.

고양이가 나이가 많고 강아지가 나이가 어린 경우가 함께 살기 가장 어렵습니다. 강아지 입장에서 좋다고 까불까불하는데 그 자체가 고양이에게는 자기에 대한 도전이고 시비일 수 있기 때문입니다.

A3. 강아지의 품종과 성향을 반드시 고려하세요.

사냥본능이 있는 테리어 품종의 강아지들은 고양이와 함께 사는 것을 추천하지 않습니다. 또 성격이 호전적이거나 산책 시에 고양이를 보고 쫓아가는 강아지라면 아무리 고양이가 예뻐도 강아지와 함께 살도록 해서는 안 됩니다.

A4. 감염될 수 있는 질환을 고려하세요.

피부병이나 귓병, 기생충, 파보바이러스 장염 등은 개, 고양이 모두 함께 감염될 수 있어요. 서로 병이 옮을 수 있으니 입양 시 질병 유무를 체크하셔야 합니다.

합사하기

"첫인상, 첫 경험이 중요합니다."

Q. 합사 단계
A. 차근차근 단계별로 진행합니다.

1단계: 냄새에 적응하기

고양이끼리의 합사처럼 무조건 격리해 따로 방에 두시고, 냄새에 먼저 익숙해지도록 해 주세요. 강아지 냄새가 묻어 있는 이불이나 천을 고양이 방에 넣어 줘서 냄새를 맡게 해 줍니다. 강아지에게도 그렇게 해 주시고요.

2단계: 소리에 적응하기

개는 "쿵쿵", "헥헥" 굉장히 많은 소리를 냅니다. 고양이 입장에선 달갑지 않은 소리라 경계할 수밖에 없죠. 고양이가 이 소리에 익숙해지기 위해서는 시간이 필요합니다. '마땅치 않지만 무언가 여기 같이 있구나'라는 사실을 인지시켜 준 다음에 서로 실물을 확인하게 해 주세요. 후각과 청각으로 익숙해진 다음이 시각입니다.

3단계: 마주하기

처음에는 안전문으로 격리된 상태에서 강아지를 보게 합니다. 이때 강아지는 목줄을 한 채 안전문에서 멀찍이 떨어져 있어야 합니다. 강아지는 아무리 헉헉거려도 그 자리를 벗어나지 못하도록 줄을 짧게 잡아 주세요. 고양이는 강아지가 가까이 다가오지 않는다고 안심하고 난 뒤에야 강아지가 보이는 공간 안에서 조금씩 움직이면서 가까이 다가올 겁니다. 고양이가 움직일 때 강아지가 흥분하며 반응하지 않게 안정시키는 것이 중요합니다. 강아지가 짖거나 제자리에서 점프한다면 고양이는 도망가 숨어 버릴 겁니다. "앉아", "기다려" 등의 지시어를 안다면 그 부분을 강화해서 최대한 안정시켜 주세요.

4단계: 거리 좁히기

강아지가 목줄을 한 상태에서 매일 안전문을 사이에 두고 둘이 만나는 거리를 조금씩 좁혀 주세요.

5단계: 만나기

매일 마주하는 지점이 안전문 근처까지 가까워지면, 안전문을 열고 강아지의 목줄을 잡은 채로 만납니다. 고양이가 먼저 다가와서 냄새를 맡을 때까지 강아지를 안정시키고 기다려 주세요. 여기까지만 돼도 굉장히 성공적인 만남입니다.

함께 살 때 주의점

"견묘지간, 집사하기 나름입니다."

 합사 과정을 마친 뒤에 함께 살면서도 때로는 고양이가 문제행동을 보일 수 있습니다. 주의 깊게 눈여겨봐 주세요.

Q. 주의점

A1. 단둘이 두지 마세요.

'우리 강아지는 순하니까'라고 안심하는 것은 금물입니다. 덩치가 있는 개라면 단둘이 두는 건 안 됩니다. 또 고양이가 강아지의 얼굴을 할퀴어 눈을 다치는 경우는 종종 벌어지는 사고입니다. 아주 오랜 시간 사이좋게 지낸 관계가 아니라면, 가급적 둘이서만 있지 않도록 주의해 주세요.

A2. 고양이의 화장실 문제행동이 생길 수 있습니다.

강아지와 함께 사는 고양이는 화장실의 위치와 화장실로 가는 동선을 배려해 주셔야 합니다. 마음 편히 배뇨할 수 있게 고양이 화장실은 강아지가 쉽게 접근할 수 없는 공간에 두어야 합니다. 고양이가 가기 수월한 장소여야 하고요. 캣워커 등 수직공간을 화장실 가는 동선 안에 배치해서 이를 통해 화장실에 갈 수 있게끔 해 주는 것도 하나의 방법입니다.

A3. 고양이만의 공간이 필수적입니다.

처음 한동안은 공간을 아예 따로 분리해서 사는 것이 좋습니다. 어느 정도 서로에게 익숙해진 다음에도 고양이가 마음만 먹으면 혼자 올라가서 몸을 피할 수 있는 공간이 반드시 필요합니다. 강아지가 귀찮게 굴 때 고양이가 캣워커나 캣타워, 책꽂이 등 수직공간에서 편히 쉴 수 있도록 배려해 주세요.

강아지와 함께 살기 상담실

강아지와 고양이가 같이 살 때 화장실 고르기

언젠가 개와 고양이들이 같이 있을 수도 있겠구나, 라고 생각하면 제일 걱정되는 게 화장실입니다. 화장실 관리를 잘해야 할 텐데, 방구, 땡구가 고양이 화장실을 보면 다 뒤집어 놓을 것 같아요. 개와 고양이가 같이 살 때 특별히 관리해야 할 점이 있을까요?

- 엉클조

강아지는 고양이 똥을 좋아합니다. 고양이는 고단백 고지방 사료를 먹고 있어서 나오는 변이 개랑은 달라요. 기름지죠. 향도 독특하고요. 한마디로 별미라고나 할까요. (웃음) 그 색다른 맛을 좋아하는 개들이 의외로 많습니다. 모든 개가 고양이 똥을 먹지는 않지만 한번 맛을 보면 멈출 수 없다고 합니다. 저희 병원 아이들도 줄 서서 먹었어요. (웃음)

물론 고양이 똥은 몸에 좋지 않아요. 그보다 더 큰 문제는 고양이 똥에 묻어 있는 벤토나이트 모래예요. 그 모래까지 같이 먹어 버리니까요. 고양이 똥을 먹는 것 때문에 직접적으로 질병에 감염되는 경우는 별로 없지만, 치아와 구강, 소화기에 문제를 유발할 수 있어요. 특히나 벤토나이트처럼 녹지 않는 모래가 섞인 분변을 먹는 경우에는, 당연히 건강에 좋지 않겠죠? 벤토나이트는 일종의 시멘트와 유사한 성분이라고 생각하시면 돼요. 소량이라도 그걸 먹었을 때 얼마나 안 좋을지, 이해되시죠?

그래서 제 생각엔 고양이들과 방구, 땡구가 같이 살려면, **고양이 화장실을 위한 공간을 따로 두셔야 할 것 같아요.** 이럴 때는 **원목 화장실**을 써야 하지 않을까 싶고요. 사실 프렌치불독이라면 덩치도 있어서 맘만 먹으면 고양이 화장실 뒤집는 건 일도 아니거든요. 그러니 아예 구조물로 되어 있는 원목 화장실이 좋을 것 같습니다.

후일담 **엉클조** 모인이는 결국 구조하지 못했지만 몇 달 뒤 소보로를 구조해서 방구, 땡구와 합사했습니다. 소보로가 있을 공간을 바(Bar)를 두어 분리했고 거기에 화장실을 두었어요. 방구, 땡구가 들어갈 수 없어서 다행히 두 녀석이 고양이 똥을 먹는 일은 없었네요. 바는 일종의 수직공간 역할도 해서 소보로는 놀다가 방구, 땡구로부터 떨어져 자신만의 공간에서 쉴 수도 있었습니다. 합사 몇 개월 뒤에는 친해져서 땡구 배 위에서 소보로가 자는 일도 있었고요. 지금 소보로는 모모, 제제, 이호와 합사를 거쳐 고양이만의 집에 있기 때문에 방구, 땡구와는 예전처럼 지내지 못합니다. 가끔 그 시절이 그립기도 하네요.

임신부와 고양이

🐾 나눌 이야기

· 임신, 출산과 관련된 고양이 속설
· 임신부가 고양이와 살면 기형아를 낳는다?
　– 톡소플라스마에 대한 진실
· 아기와 함께 살기

아나엄마의 집사일기

　이사를 위해 집을 내놓았을 때, 집을 보러 오신 분 중 임신부가 계셨습니다. 만삭이셨는데 그분께 반갑다며 슬며시 다가간 아나와 키아라를 보고 무척 귀여워하며 미소를 지어 주시더라고요. 저도 잠시 긴장했다가 마음을 놓으며 같이 웃을 수 있었습니다. 이분은 톡소 어쩌고와 관련한 그 낭설을 그다지 신경쓰지 않는 듯했어요.

　고양이를 키우고 싶지만 '아이를 낳으면 어떡할 거냐'는 주변의 만류로 어려움이 있다는 분들도 있더군요. 고양이와 임신부의 동거를 생각해 보면 일반적인 상황보다는 분명 고려하게 되는 지점이 많을 겁니다. 그런데 제 지인들 중에는 고양이와 더불어 임신과 출산, 육아를 성공적으로 해 나가고 계신 분들 역시 많습니다. 인간과 동거하는 동물 중 소리도 냄새도 이토록 나지 않는, 자기관리에 철저한 친구도 드물거든요. 조심성이 많아서 아기에게도 잘 다가가지 않으니 깨울 염려도 적습니다. 임신부와 고양이, 또 더 큰 그림으로 고양이와 아기, 고양이와 어린이는 의학적으로 보나 심리학적으로 보나 참 포근한 조합이 아닐까 싶어요.

🧑 이번에는 대표적인 고양이 속설, '임신부는 고양이를 키우면 안 된다'의 진실을 알아보기로 해요. 얼마 전에 저희 집에 임신부인 지인이 놀러왔었는데요, 아나와 키아라를 굉장히 부담스러워하더라고요. "언니, 고양이들 좀 딴 방에 있으면 안 될까요?" 그래서 아나, 키아라를 방에 가둬 놨어요. 그런데 얘네가 바득바득 방문을 긁어서 지인도 저도 서로 마음이 불편해서 오래 못 있었던 적이 있어요. 톡소플라스마? 그게 어떤 상관관계가 있는지 모르겠지만.

🧑 걱정하는 마음은 충분히 이해하지만 우리가 좀 더 자세히 알아야 할 필요가 있어요. 반려동물과 같이 살다가 임신 준비를 하게 되었을 때, 임신했을 때, 아이가 태어났을 때, 이런 단계단계마다 많은 분들이 반려동물을 계속 키울지 갈등을 실제로 많이 하니까요.

🧑 저희가 시어머니와 며느리의 갈등 상황을 떠올려 보면 어떨까요? 임신부는 고양이를 키울 수 없다는 시어머니와 고양이를 키우겠다는 며느리로 상황극을 한번 해 보죠. 그래서 며느리는 저, 아나엄마가. 그리고 시어머니는 얼룩아범이 해 보는 걸로요.

🧑 네?? (모두 웃음)

🧑 따뜻한 봄의 어느 날, 시어머님은 며느리의 임신을 축하해 주기 위해 며느리가 좋아하는 음식을 바리바리 챙겨 시골에서 갑작스럽게 아들 집을 방문했다. 그런데 그곳엔 며느리가 결혼 전부터 기르던 고양이가 그대로 있었으니…….

🧑 시어머니: (큰 소리로) 야야, 문 열어 봐라. 아가~.

🧑 며느리: 아, 예 어머님~ (호들갑) 웬일이세요?

🧑 시어머니: 야야, 네 임신했다 해 가지고, 내가 우리 아가 좋아하는 걸 좀 맨들어 왔지. 전도 부치고, 네가 저번에 왔을 때 식혜를 좋아하는 것 같아서 식혜도 담가 왔다~.

🧑 며느리: (소곤) 아나야, 키아라야, 들어가 있어, 조용히 해~.

🧑 고양이: 냐옹~.

🧑 시어머니: 아가, 아가. 네 아직도 괭이 키우나??

🧑 며느리: (정색) 어머님. 제가 정말 자식처럼 키우고 있는 아이들이라서.

시어머니: 야야, 자식처럼 키우는 거하고 자식하고 같나 어데…….

며느리: 어머님, 애네 좀 계속 키우면 안 될까요? 아기 낳고도 계속 키울 생각인데요.

고양이: 할매, 냐옹~~~. (웃음)

시어머니: 저래 울어쌌는데 저걸 어째 키우나? 안 된다~. 네가 처녀 때 키웠던 건 내가 뭐라 안 카는데 아를 낳는데, 계속 키울 수는 없는 거 아이가?

계속하실 겁니까? 지금 얼룩아범님이 시어머니에 빙의되셨어요. 아주 메소드 연기를 보여 주시네요.

시어머니: (계속 연기 중) 나중에 아를 할퀴거나 해코지하면 우얄라꼬?

어머니, 그런 걱정하지 마시고요. 이렇게 갑작스럽게 오지 마시고요. (모두 웃음)

시어머니: (계속 연기 중) 야 좀 봐라! 내가 내 아들 집에 오는데 갑작스럽고 아니고가 어데 있노?

가라옹~. (웃음)

이런 상황이 자주 벌어지거든요. 임보를 맡긴다 어쩐다 하다가 결국은 설득을 당해요, 많은 엄마들이.

실제로, 책공장더불어 출판사에서 나온 《임신하면 왜 개, 고양이를 버릴까》에 따르면 지금 반려동물과 아이를 키우는 데 가장 심하게 반대하는 사람은 1위가 46.1% 시부모님 등 남편 쪽 식구, 33.4%가 친정 부모님 등 아내 쪽 식구, 5.9%가 배우자, 기타 11.8%, 주치의 등 의료진이 2.9%라고 해요. (아기와 반려동물을 함께 키우는 사람들 90명을 대상으로 한 설문조사 결과)

물론 그렇다고 모든 시어머니나 시가와만 마찰이 있는 건 아니죠. 사실 지금 저희가 시어머니와 며느리의 상황을 설정했지만, 편견은 나이나 지식과는 상관이 없잖아요.

네, 맞아요. 저 아는 분 중에는 시어머니가 반려동물을 키우고 있는데, 며느리가 임신을 해서 시가에 가면 안 되겠다고 하는 경우도 있었어요.

오늘 상황 설정은 이해를 돕기 위한 예시라는 점, 다 이해하시리라 믿습니다.

임신, 출산과 관련된 고양이 속설

"근거 없는 속설로 고양이를 괴롭히지 맙시다."

Q. 고양이, 개를 키우면 모성 호르몬이 증가하며 여성호르몬 작용을 억제해서 아이가 안 생긴다?
A. '모성 호르몬'이라는 건 의학적으로 없습니다.

Q. 나팔관이 개, 고양이 털로 막혀서 난자 배출이 안 된다?
A. 자궁의 구조를 보면 외부에서 들어온 물질이 나팔관까지 가려면 자궁경부를 지나야 합니다. 자궁경부는 아무 때나 열려 있는 게 아니에요. **자궁경부도 굉장히 강력한 방어 작용을 합니다.** 외부에서 들어오는 세균도 막아 주는데 털을 못 막는다는 건 말이 안 되죠. 그렇게 생각하면 수영장은 어떻게 가고 공중목욕탕은 어떻게 가고 속옷은 어떻게 입습니까?!

Q. 난소나 나팔관에서 털이 나오는 진짜 이유
A. 산부인과 전문의들에 따르면 난소에서 털, 치아, 심지어 뼈 같은 것이 나오는 경우가 있다고 합니다. 이는 난소기형종(난소종양) 때문에 난소에 있는 난자가 웃자라면서 털, 치아, 그리고 뼈로 분화되어 나타나는 일입니다. 수정세포(태아)가 분화되는 과정에서 잘못된 증식이 일어나는 경우인데요, 의외로 상대적으로 젊은 나이대의 임신부에게 나타난다고 합니다. 즉, 난소에서 발견되는 털은 동물털이 들어가서가 아니라, 난소에 종양이 생기면서 새로 만들어지는 것이라고 봐야 하겠죠. 아직 이 현상의 원인은 알 수 없다고 합니다.

Q. 고양이 털이 아이 기도를 막는다?

A. 사람의 몸은 그렇게 단순하지 않습니다. 모든 고양이 털은 콧털과 비강에서 걸립니다. 콧털 재채기, 비강 재채기, 그리고 운이 나빠서 입을 통해 흡입이 됐다 하더라도 후두를 통해서 모두 배출이 됩니다. 정말 목으로 넘어갔다고 하더라도 기도가 아니라 식도로 넘어가기 때문에 위산을 통해서 모두 녹습니다. **전혀 문제가 되지 않습니다.**

임신부가 고양이와 살면 기형아를 낳는다?
-톡소플라스마에 대한 진실

'임신부가 고양이와 살면 기형아를 낳는다'는 주장은 '톡소플라스마'라는 기생충 감염을 근거로 한 이야기입니다. 여기에서는 톡소플라스마에 대한 정확한 의학적 지식을 배우고 이러한 주장에 산뜻하게 맞설 수 있는 방법을 알려 드리겠습니다.

Q. 톡소플라스마의 감염경로
A. 톡소플라스마는 태아에게 기형을 유발할 수 있는 기생충으로 주로 생선회, 육회, 생조개처럼 날고기나 날달걀을 먹었을 때, 흙이 묻은 야채를 제대로 씻지 않고 먹었을 때, 농사일이나 정원 일, 화분 가꾸기 등으로 흙을 만지고 나서 손을 씻지 않고 음식을 먹었을 때 감염됩니다. 이외에도 톡소플라스마에 감염된 사람의 혈액을 수혈받았을 때, 톡소플라스마에 감염된 고양이의 분변을 통해 톡소플라스마의 알을 먹었을 때 등의 경우에 감염되기도 합니다.

Q. 고양이와 톡소플라스마의 관계
A. 고양이가 톡소플라스마에 감염이 되면, 감염되고 2주 동안 분변으로 굉장히 많은 톡소플라스마 알을 배출합니다. 그 기간에 배출된 기생충의 알을 사람이 먹었을 때만 사람에게 감염이 됩니다.
고양이가 톡소플라스마에 감염이 된 지 오랜 시간이 지났다면 임신부에게 감염될 확률은 없습니다.

Q. 임신부는 톡소플라스마에 어떻게 감염되나요?

A. 임신부가 톡소플라스마에 감염되면 유산 혹은 기형아 출산에 대한 위험이 있다고 합니다. 하지만 집에서 키우는 고양이 때문에 임신부가 톡소플라스마에 감염될 확률은 거의 0에 가깝다고 할 수 있습니다. 또한, 고양이나 사람이 톡소플라스마에 항체가 있으면 감염되지 않습니다.

유일하게 고양이를 통해 감염되는 경로는 아래와 같습니다.
1) 우선 우리 집 고양이가 톡소플라스마에 항체가 없고,
2) 그 고양이가 밖에 나가서 톡소플라스마에 걸린 쥐나 새를 잡아먹고,
3) 그 고양이가 집에 돌아와서 배변하고, 그 분변을 치우지 않아 48시간 숙성되고
4) 숙성된 변을 임신부가 맨손으로 만지고 먹으면,
이 모든 조건을 다 충족했을 때 톡소플라스마에 감염될 수 있습니다.
다시 말하면 불가능에 가깝습니다.

Q. 그래도 불안하다면 무엇을 해야 할까요?

A1. 톡소플라스마 항체검사를 합니다.

사람과 고양이 둘 다 톡소플라스마 항체검사를 합니다. 고양이는 동물병원에서, 임신부 혹은 예비 임신부는 산부인과에서 톡소플라스마 검사를 실시하며 둘 중 하나라도 항체가 나오면 전혀 걱정할 일이 없습니다. (고양이는 톡소플라스마에 한 번 걸리고 나면 항체가 생겨 재감염이 되지 않습니다.)

A2. 고양이 분변은 임신부 아닌 다른 사람이 치웁니다.

분변은 자주, 임신부가 아닌 다른 가족이 치워 주세요. 또 맨손으로 고양이 분변을 치운 뒤 손을 안 씻고 음식을 먹거나 얼굴을 만지면 문제가 될 수 있으니, 손을 꼭 씻어 주세요.

A3. 생식하는 고양이는 반드시 구충해 주세요.

고양이가 생식을 할 때에는 모든 기생충을 예방하기 위해서 구충제 복용이 필요합니다.

A4. 낯선 고양이나 동네고양이를 만진 후 손을 깨끗이 씻습니다.

톡소플라스마에 감염된 사람이 있나요?

우리나라보다는 유럽이나 북미 등 서구에서 톡소플라스마 감염이 많습니다. 톡소플라스마는 토양에서 기생을 하는데요, 그 지역에서 정원 가꾸기가 활발히 이루어지기도 하고, 토양의 구성 성분 때문이기도 합니다. 우리나라에서는 최근 20년간 톡소플라스마에 감염된 사례가 두 건이 있는데요. 감염자 두 명 모두 농사일을 하는 분으로, 고양이와는 상관없는 케이스였습니다. (참고: 권지형, 김보경, 《임신하면 왜 개, 고양이를 버릴까?》, 책공장더불어)

일상생활에서 톡소플라스마 감염을 예방하려면

날고기, 날달걀, 생조개, 육회를 먹지 마세요. 야채는 익혀 먹는 게 좋고, 우물물이나 약수물, 개울물도 마시지 않습니다. 반드시 끓인 물이나 위생처리된 물을 마셔야 합니다. 날고기를 조리했다면 그 도마나 식기류는 반드시 깨끗하게 세척하세요. 흙을 맨손으로 만지면 절대 안 되고 일을 한다면 장갑을 끼세요. 일을 마친 뒤에는 반드시 비누로 손을 두세 번 씻으세요.

그러고 보면, 임신했을 때 지켜야 할 생활수칙과 같습니다. 공연히 고양이가 감염의 주범으로 억울하게 몰리지 않도록 신경 써 주세요.

아기와 함께 살기

"고양이와 아기, 평생의 좋은 친구가 될 수 있습니다."

가장 흔한 속설 중에 '고양이가 갓난아기를 질투한다'라는 이야기가 있습니다. 물론 갓난아기가 집에 왔을 때 고양이가 문제를 일으키는 경우도 더러 있습니다. 갑작스런 환경의 변화와 낯선 존재 때문에 아무 데나 오줌도 싸고 밥도 안 먹고 토하기도 하지요. 하지만 이런 행동은 질투 때문이 아닙니다. 고양이는 소유욕이 강한 동물이 아니라 영역 중심의 동물입니다. 그 영역 안에 우리, 함께 사는 사람도 포함되어 있고요. 고양이의 입장에선 집사의 출산 이후 모든 것이 갑작스럽게 바뀝니다. 냄새, 분위기, 새로운 존재, 고양이를 대하는 사람들의 태도까지. 갑자기 자기를 제외한 모든 것들이 바뀌기 때문에 고양이가 이 변화를 준비할 수 있는 시간이 필요합니다. 평생의 친구가 될 수 있는 고양이와 아기의 함께 살기를 미리 준비해 주셔야 합니다.

Q. 함께 살기 단계
A. 임신 기간 동안 함께 생활할 준비를 합니다.

1단계) 출산 전: 아기용품 냄새에 익숙해지게 합니다.
고양이 앞에서 아기 태명도 자주 부르고 부드러운 어조로 "아나야~ 우리 럭키(태명)가 지금 발길질을 한단다. 아나야, 럭키가 태어나면 잘 지내야 돼" 같은 대화를 반복합니다. 그 말에 기분 좋은 느낌을 가질 수 있도록요. 그리고 고양이는 냄새에 민감한 동물이기 때문에 먼저 아기용품을 산모가 자주 몸에 써서 고양이가 그 냄새에 익숙해지게 합니다. 아기 침대나 용품이 들어오면 그 냄새도 자주 맡게 해 주세요.

2단계) 출산 후: 산후조리원에서 배냇옷 등을 가져와 냄새에 익숙해지게 합니다.

대부분 출산 후에 산후조리원에 계시잖아요. 그때 아기의 배냇옷이나 이불 등을 집에 가지고 와서 먼저 고양이한테 깔아 주시고 옆에 와서 냄새를 맡게 해 주세요. 냄새로 먼저 친숙해지도록요.

3단계) 첫 만남: 어떤 경우에도 고양이를 혼내지 않아야 합니다.

이때가 가장 중요합니다. 아기와 처음 만났을 때 고양이가 다가가지 못하게 너무 배척하지 마세요. 고양이는 절대 먼저 공격하지 않습니다. 고양이가 아기를 공격한다면 그것은 분명 고양이를 대하는 사람의 태도에 문제가 있었기 때문입니다. 자신도 모르게 고양이를 배척하거나 긴장하는 태도를 보이지 않도록 보다 세심하게 주의해 주세요.

아기를 가만히 눕혀 놓고 가족들이 다 있는 자리에서 고양이가 다가오게 하면, 애네들이 살금살금 다가와서 냄새를 맡고 관찰을 할 겁니다. 운이 나쁘면 아기가 "으앙~~" 울 수 있는데 그럼 고양이가 당연히 놀라서 하악 한다거나 뒤로 물러날 거예요. 이때 사람의 리액션이 정말 중요합니다. "안 돼!!!"라든가 아기를 감싸안는다든가 소리를 지르며 고양이를 제지한다면, 고양이는 그때의 나쁜 기억과 갓난아이를 연관시켜서 생각하게 됩니다. 모든 고양잇과 동물들은 본능적으로 먼저 공격하지 않기 때문에 깜짝 놀랐을 때 뒤로 물러설 겁니다. 물러나면 물러난 대로 가만히 지켜보세요.

그다음에 다시 고양이가 다가오고 익숙한 냄새를 확인한 뒤 아기의 포대기나 침대 같은 곳에 뺨을 부비기 시작한다면, 그때부터는 둘 사이의 관계가 시작이 되었다고 보면 됩니다. 첫 만남 이전 냄새를 충분히 맡게 해 주라는 것, 첫 만남에서 사람의 리액션이 중요하다는 것. 이 두 가지만 기억하면 아기와 고양이는 아주 잘 지낼 수 있다고 생각합니다.

책 《임신하면 왜 개, 고양이를 버릴까?》를 추천합니다

이 책의 저자 중 한 명은 가정의학과 의사인데요. 주변에서 너무 많은 사람들이, 심지어 전문의들조차 아이가 생기면 가족처럼 키우던 반려동물을 다른 곳으로 보내라는 이야기를 많이 해서 이 책을 쓰게 됐다고 해요. 이 책에는 산부인과 전문의들도 참여해서 전문적으로, 그러나 알기 쉽게 반려동물과 임신의 상관관계를 알려 줍니다. 실제로 임신을 했을 때 마주하게 되는 상황들에 제대로 대처할 수 있도록 도움을 주는 책이에요. 임신과 출산, 육아를 앞둔 분들은 필독하시면 좋겠습니다.

아기 고양이 구조하기

🐾 나눔 이야기

· 아기 고양이를 발견했을 때
· 구조 후 보살피기

소롱누나의 집사일기

    10년 전 봄, 병원 앞 분수대를 지나는데 모여 있는 아이들 속에서 아웅아웅 고양이 소리가 났습니다. 가까이 가 보니 이제 눈을 갓 뜬, 2주령 된 아기 고양이가 초등학생들 손에 있더라고요. "너희들 고양이를 괴롭히면 안 돼!" 하고 혼내니까 학생들은 울먹이며 "새끼 고양이가 길에 있어서 데리고 왔는데, 깨끗하게 씻겨 주려고 했어요" 답하더군요.

    분수대에서 씻김을 당하던 그 아기 고양이는 병원의 첫 고양이였던 '꽃남이'였습니다. 그렇게 분수대에서 만난 아기 고양이가 제게로 왔습니다. 눈만 떴을 뿐 스스로 먹고 싸지 못하는 갓난 아기 고양이의 양육은 병원에서도 쉽지는 않았습니다. 초유를 먹이고, 젤을 발라 마사지해 주며 배변 유도를 하고, 운 좋게 젖동냥으로 며칠 고비를 넘기기도 했고요. 24시간 돌보는 병원 식구들의 도움이 없었다면 꽃남이는 버티지 못했을 거예요. 그렇게 천신만고 끝에 꽃남이는 무럭무럭 자라 줬고, 만 9년을 병원에서 지냈습니다.

    여자가 대부분인 우리 병원에서, 꽃남이는 우리의 아이돌이었습니다. 모든 여인들의 사랑을 한 몸에 받았습니다. 잘생긴 얼굴이 한몫했죠. 일하다가도 갑자기 꽃남이 얼굴을 보며 "와, 너 너무 잘 생긴 거 아니니!" 할 정도였으니까요. 꽃남이도 그런 우리의 추앙을 즐기기도 했고요.

    선물 같은 꽃남이를 보며 가끔은 그때 분수대에서 조금만 늦게 발견했더라면 어떻게 되었을까를 떠올려 본 적이 있었어요. 조금만 늦었으면 꽃남이는 분수대에서 강제로 목욕을 당하고 그날 밤 세상을 떠났을지도 모르겠죠……. 그 초등학생들의 선량한 마음에는 상처가 되었을 거고요. 아니 어쩜 자신들이 뭘 잘못했는지도 모를 수 있었겠네요.

    아기 고양이를 길에서 만난다면, 다들 어떻게 하실지 생각해 보셨나요? '냥줍'이 구조가 아니라 유괴가 될 수도 있다는 점을 꼭 기억해 주세요. 그리고, 작은 솜털 같은 아기 고양이를 구조한다면 어떻게 해 줘야 하는지를 미리 알아 두면 멋질 거예요.

2018년 하늘나라로 간 올리브동물병원 최고의 꽃미남 꽃남이. 병원의 '이 쌤' 덕분에 마지막 6개월을 집고양이로 살다가 떠난 우리의 꽃남이. 다음 생에도 '이 쌤'이나 나에게 와 주렴. 꼭 다시 만나자.

 봄이 되면 어디서 이렇게 애옹애옹~ 삐약삐약~ 소리가 많이 들려오죠. 이게 바로 아깽이(=아기 고양이) 소리다, 이런 제보도 많아서요, 이번에는 '아깽이 대란'에 대해 얘기해 보려고 해요. 소롱누님, 봄에 아깽이 소리가 많이 들리는 이유가 있나요?

 네, 고양이들의 발정기가 일조시간과 관련이 있기 때문이에요. 일조시간이 늘어나는 봄부터 가을까지가 발정기거든요. 봄에 발정기가 와서 임신이 된 고양이가 출산하는 시기가 이맘때인 거죠. 고양이는 보통 임신 기간이 65일 정도 되거든요. 그러면 한 9주 정도 되는 거죠. 그렇게 봤을 때 2월말쯤 임신한 고양이들은 5월경 출산을 할 거예요.

 그렇구나. 임신 기간이 짧으니까, 그죠? 거의 두 달이면 애 낳는구나.

 진짜 대란 시작이죠. 그런데 이 시기에 자주 일어나는 심각한 문제가 있어요. 안 데려와도 되는 아기 고양이들을 데려오는 분들 때문에요. 엄마 고양이가 대부분 아기 고양이들을 숨겨서 키우는데, 은신처를 이동하는 과정에서 엄마 고양이가 유모차를 밀고 갈 수 없으니까 아기 고양이들을 하나씩 물고 가잖아요. 엄마가 아기 고양이를 물어다 두고 다른 애들 옮기러 간 사이에 사람들 눈에 띄는 거죠. 애들이 기어 다니기 시작하니까. 그러면 그애를 보고 "어머, 아기 고양이다! 구조해야지" 하면서 집어 오는 경우가 의외로 많아요.

 꽤 있을 것 같아요.

 선의에서 한 일이지만 결과적으로만 보면 영아 유괴에 가깝죠.

 이산가족을 만드는 셈이죠. 저희 병원에 제일 오래 저희랑 같이 지낸 '꽃남이'란 아이도 어떻게 발견됐냐면, 저희 병원 앞쪽에 분수대가 있어요. 그 분수대에서 한 달이 안 된, 눈을 갓 떠서 백태도 아직 덜 빠진 아깽이를 학생들이 구조해서 데리고 있는 거예요. 분수대에서 아기 고양이를 씻기고 있는 모습을 봤는데, 아기 고양이가 저체온증으로 바들바들 떨면서 거의 기절 상태로 보였어요.

 씻기지만 않았어도 더 나았을 텐데.

 그러니까요. 젖도 못 뗀 아이라 죽을 뻔했는데 운이 좋게 대리모를 구해서 젖을 짜다가 먹였어요.

 심청이네, 심청이.

아기 고양이를 발견했을 때

"잘못하면 구조가 아니라 유괴가 될 수 있습니다."

Q. 냥줍에 대하여

A. '냥줍'은 집사로 입문하게 되는 가장 흔한 과정 중 하나입니다. 일반적으로 주인이 없는 고양이를 길에서 데려오는 경우를 '냥줍'이라고 표현합니다. 냥줍은 '아기' 고양이를 데려오는 것만 뜻하지는 않습니다만 아기 고양이를 '냥줍'하는 것은 신중해야 합니다. 울고 있다고 무조건 데려오시면 안 됩니다. 자칫하면 선의의 구조가 아니라 엄마와 생이별 시키는 유괴가 될 수 있습니다.

Q. 아기 고양이를 길에서 만났을 때 체크할 것
A. 아기 고양이의 상태

만약 털이 깨끗하고 울음소리가 우렁차다면 일단 지켜보세요.
엄마가 먹을 것을 구하러 갔거나 새 보금자리로 다른 아이들을 옮기는 중일 수도 있습니다. 만약 그사이 사람 손을 타서 아기 고양이에게 사람 냄새가 나면 엄마가 데려가지 않을 수도 있으니 무조건 집어 오면 안 됩니다. 아기 고양이가 대로변에 나와서 울고 있다면 가까운 화단 등 차가 다니지 않는 곳으로 옮겨 주고 엄마가 오는지 지켜봐 주세요.
한 달이 채 안 된 갓난아기 고양이가 엄마 없이 생존할 확률은 생각보다 낮습니다. 진짜 응급 상황이라고 판단되었을 때 구조하는 게 맞습니다.
하지만 기운이 없고 몸이 차거나 눈곱이 껴서 지저분하다면 구조가 필요합니다. 구조를 할 때는 그냥 안아 올리지 마시고(어린 고양이여도 할퀼 수 있습니다!) 따뜻한 옷이나 수건으로 감싸안아 병원으로 데려가서 상태를 체크해 보세요.

Q. 얼마나 지켜봐야 하나요?

A. 엄마 고양이가 먹을 것을 구하러 갈 때에는 짧게는 5분에서 길게는 여덟 시간까지 걸리기도 합니다. 이 부분을 참고해 주세요. 고양이가 걱정된다고 너무 가까이에 딱 붙어 앉아 지켜보는 것은 금물입니다. 만약 오랜 시간을 기다려도 엄마가 보이지 않거나 아기의 상태가 좋아 보이지 않으면 구조를 하는 게 맞습니다.

구조 후 보살피기

"정 안 되겠다면
젖동냥까지 해 보는 겁니다."

Q. 돌보는 방법

A1. 무조건 따뜻하게 해 주세요.

아기 고양이들은 스스로 체온을 유지하는 능력이 부족합니다. 겨울이든 여름이든, **무조건 따뜻하게 해 주세요**. 방 온도가 따뜻하다고 아기 고양이에게도 충분할 거라고 생각하시면 안 돼요. 담요를 깐 작은 상자로 보금자리를 만들고 거기에 보온등을 켜 두거나 물주머니를 수건에 싸서 아기 옆에 놓아 줍니다.

핫팩이나 뜨거운 물을 담은 페트병을 수건에 만 것

A2. 급여방법

1) 무엇을?

분유보다는 초유가 더 나을 겁니다. 초유를 구입해 먹이고 정 안 되면 분유를 희석해서 줍니다. 만약 한 달 이상 된 고양이라면 분유에 사료를 갈아서 조금씩 넣어 주시거나 주식캔을 섞어 주시는 것도 가능합니다. 엄마 젖을 먹던 아기 고양이들은 초유도 분유도 잘 먹지 않으려 하고, 설사를 하는 경우가 많습니다. 그래서 한 달 미만의 고양이가 엄마 없이 생존하기는 쉽지 않습니다. 소화가 잘되도록 분유에 정장제를 넣어 주면 배변에 도움이 될 수 있습니다.

2) 얼마나 자주?
아직 눈을 안 떴다면 하루에 12회 이상 급여해야 합니다.

3) 어떻게?
젖병이나 1cc 주사기로 급여해 주세요. 젖병을 사용하는 경우에는 꼭지에 큰 바늘 구멍을 여러 개 뚫어서 먹여 주세요. 2mm 정도 되는 작은 십자 모양으로 틈을 내어서 먹여 주셔도 됩니다. 너무 힘들게 나와서도 너무 콸콸 나와서도 안 됩니다.
원래 고양이의 젖 자세대로 엎드리게 한 상태에서 고개만 살짝 젖혀서 먹여 주세요. 못 먹으면 흘려 낼 수 있는 자세로요. 사람 아기 젖 먹이듯이 배를 보인 상태로 눕혀서 먹이면 안 됩니다. 분유가 기도로 넘어갈 수 있습니다.
먹이는 속도는 천천히, 먹을 때마다 조금씩 쉬는 틈을 둬야 합니다. 하나, 둘, 셋, 넷, 다섯 방울 먹이고 쉬었다가 다시 먹이는 식으로요.

고양이는 우유를 소화시키지 못해요

당장 먹일 게 없다고 아기 고양이에게 사람 우유를 데워서 주는 분들이 있는데요, 절대 금물입니다.

한밤중에 구조해서 먹일 게 없다면?

으깬 밥알이나 밥물을 끓여서 설탕을 살짝 넣고 수프처럼 먹입니다. 또는 고기를 익힌 후 갈아서 으깬 물을 소량씩 먹여 주셔요. (고기가 아닙니다.) 단, 이는 어쩔 수 없는 상황에서의 처치일 뿐이니, 날이 밝으면 초유나 분유를 사서 먹여 주세요.

A3. 트림과 배변 유도

1) 어떻게?

사람 아기처럼 밥을 먹고 난 다음에는 **약간 세워 안아서 등을 쓰다듬으며 트림을 시켜 줍니다.**

또 배뇨와 배변을 할 수 있도록 도와주어야 합니다. 원래는 엄마 고양이가 핥아서 아기 고양이의 배뇨, 배변을 도와주는데 구조된 아기 고양이는 엄마 고양이가 없어서 혼자 용변을 보는 게 어렵습니다. 사람이 직접 도와주어야 합니다.

먼저 **따뜻한 물수건** 같은 것으로 배를 문질러 주고, 그 다음에 물이나 젤을 묻힌 부드러운 헝겊, 티슈 혹은 손으로 항문을 자극해서 변이 나오게끔 유도합니다.

2) 얼마나 자주?

하루에 최소 5~6회 이상 배변 유도가 필요하며 이게 잘되지 않으면 고양이가 밥을 먹지 않습니다.

 **아이가 토하거나 설사하면?**

아기 고양이의 구토나 설사는 가벼운 문제가 아닙니다. 엄마 젖을 먹는 것과는 다르기 때문에 우리의 마음처럼 건강하게 생존하기는 쉽지 않습니다. 밥을 잘 먹지 않거나 설사가 계속된다면 주변에 도움을 요청해 새끼를 갓 낳은 어미 고양이에게 데려가는 방법이 있습니다. 그 집 고양이들에 같이 껴서 젖을 먹을 수 있게끔요. 엄마 고양이가 남의 새끼를 받아 주지 않을 것 같지만 종종 받아 주는 경우도 있습니다. 만일 엄마 고양이가 거부한다면 손으로 젖을 짜서라도 젖동냥을 해 주시기를 권합니다.

동네고양이와 함께 살아가기

🐾 나눔 이야기

· 동네고양이 밥 주기
· 겨울철 밥 주기
· TNR
· 동네고양이 상담실
· 한국 동네고양이 잔혹사

모모모의 집사일기

모모를 키우면서부터 동네고양이들이 눈에 많이 보이기 시작했습니다. 원래 있었는데, 아는 만큼 보이는 거겠죠. 유난히 동네고양이가 많던 예전 엉클조네 집 앞, 거기에서 사료를 나누어 주면서 고양이들과의 인연이 시작됐습니다. 아이들이 많아지면서 큰 그릇 두세 개에 사료를 가득 담고, 물도 두 그릇씩 놓았습니다. 겨울엔 고양이 집도 만들어 놓고요. 코 옆에 흰점이 있는 섹시한 검정 고양이 '코점이', 눈, 코, 입이 모여 있는 '모인이', 밥 달라고 찡찡대던 '찡찡이', 가장 오래 만난 '레드', 나초칩과 살사소스가 생각나는 치즈냥 '나초', 장동건만큼 잘생긴 '거니', '우니', '투니', 피부병이 심한 '금메달', 뚱뚱한 '뚱레', 눈이 초록색인 '그리니', 동네 알파메일인 '제트', 옆집에서 밥 먹으러 오던 '삼색이'. 많은 친구들과 만나고 이별했네요. 작년에 이사를 가면서 근처에 계신 분께 밥 자리를 넘겼습니다. 루니와 다섯 마리 아깽이가 무사히 잘 지내기를 바랍니다.

저는 캣맘이 세상에서 가장 책임감도 크고 슬픈 직업이라고 생각해요. 무더운 여름날 사료에 꼬이는 파리를 쫓고, 추운 겨울 꽁꽁 언 물을 깨부수고, 피곤한 퇴근길에도 밥 자리에 들러야 하고, 근처 주민에게서 험한 말 듣고 험한 일도 당하고요. 비가 와도, 날이 더워져도, 추워져도 걱정. 휴가를 가면 누구에게 맡겨야 하나 고민. 그러다 '무지개 다리'를 건너는 친구도 생깁니다. 처음부터 끝까지, 슬프거나 혹은 좀 더 슬픈 일만 있는 캣맘의 일상. 하지만 피곤하고 힘들다가도 밥 먹는 아이가 나타나면 그저 반갑고, 이 한 끼를 줄 수 있어서 고마워집니다. 왜 굳이 이 일을 하냐고 묻는 사람들도 있어요. 그 질문에 대한 답을 생각하다가, 반대로 묻고 싶어졌습니다. 같은 동네에 사는 이웃을 외면하지 않는 일, 당연하지 않나요? 인간이라고 다른 종에게 폭력적으로 굴어도 되나요? 그리고 사회가 해야 할 일을 개인이 하면 칭찬받아 마땅한 것 아닌가요?

아마 모든 캣맘, 캣대디의 마음일 겁니다. 내가 하지 않고도 동네고양이들이 모두 잘 살 수 있다면, 그런 시스템이 만들어질 수 있다면, 그래서 이 일을 속시원히 그만둘 수 있다면. 제가 〈캣피디아〉를 만들면서 가장 하고 싶었던 이야기일지도 모르겠습니다.

아무도 시키지 않지만 누구보다 강한 책임감을 가지고 동네고양이, 우리의 이웃을 챙기는 분들. 당연한 사회의 책임을 자신의 책임으로 기쁘게 받아들이는 분들을 응원해 주세요. 그리고 우리도 좀 더 '인간적'으로 다른 종과의 공존을 고민해 보면 어떨까요?

요즘 지나다니다 보면 동네고양이가 많이 보여요. 그래서 뭘 주고 싶은데 뭐를 주면 좋을지 잘 모르니까, ○○ 소시지를 항상 주머니에 가지고 다닌다는 분도 계세요. 그런데 고양이를 키우고 보니까 ○○ 소시지를 절대 주면 안 되는 거던데.

그렇긴 한데요. 저는 일단 동네고양이를 보면 밥을 주고 싶다, 이런 마음을 먹고 계시다는 사실 자체에 굉장히 감사드려요. 몇몇 캣맘, 캣대디만으로는 동네고양이들이 충분히 밥을 먹는 데 한계가 있거든요. 우리 중에 밥 주시는 분들 많잖아요. 엉클조도 굉장히 넓은 구역에서 고양이 밥을 주고 계시지 않나요?

네. 모모모피디하고 같이 주고 있는데요, 정해진 자리에 밥그릇, 물그릇을 두고 아이들 먹는 양에 따라 조절해서 주고 있어요. 가끔 지나가다 만나는 친구들한테도 주고요.

잘하고 계시네요. 저는 동네고양이들에게 밥을 주고 싶다는 분들이 있으면 사료를 봉지에 넣어서 가지고 다니라고 말씀드려요. 봉지에 넣고 마주치는 아이가 있으면 던져 주세요. 아니면 우리 고양이 진료 보러 병원에 갔을 때 사료 샘플을 달라고 하세요. 고양이 사료 샘플을 몇 개 얻어서 갖고 있다가 동네고양이를 만나면 주시는 거죠.

수완 있다, 수완 있어.

단, 주의해 주시기를 바라는 부분은 동네고양이가 밥을 먹는지 확인하고, 밥 먹은 자리를 치워 주시라는 거예요. 가끔 아파트 주차장에서 차가 빠지고 나면 군데군데 사료더미가 남는 경우가 있어요. 고양이를 안 키우는 분들이 보면 '동네고양이 밥 주는 사람들 때문에 이렇게 지저분해' 하고 생각할 수 있거든요. 우리가 작은 호의로 시작한 일들이 오히려 동네고양이들에게 해가 될 수도 있어요. 잘 치워 주시면 좋겠습니다.

지금 해 주신 이야기는 저희 말고도 많은 분들의 고민과 닿아 있어요. 동네고양이 밥 주는 일이 쉽지가 않거든요. 지켜보고 있으면 고양이들이 잘 안 오기도 하고요. 아무리 멀찍이 떨어져 있다고 해도 경계하는 고양이들이 꼭 있어요. 저는 산책하다가 고양이가 보이면 밥을 주고 멀리서 지켜보는 편인데요, 그러다가 '나 지금 너무 스토커 같은가, 비주얼이?' 하는 거죠. (웃음) 풀숲 뒤에 숨어서, 혹여 바스락 소리라도 나면 애들 도망갈까 봐 숨죽이면서 보고 있으면 (웃음) 게다가 겨울이면 얼마나 춥게요.

나중에 가방에 망원경 넣고 다니면서 훔쳐 보시는 거 아니에요?

왠지 신고해야 할 것 같은 비주얼이네요. (모두 웃음)

 길에서 우연히 마주치는 동네고양이들에게 밥 주실 때는 몰래 던져 놓아도 상관없을 것 같습니다. 하지만 정해진 장소에서 주기적으로 동네고양이들에게 밥을 주고 계시다면, 차가 다 빠진 주차장처럼, 사료나 캔이 남아서 그걸 누군가가 따로 청소해야 하는 상황을 만들지 않았으면 좋겠습니다. 이를테면 환경미화원 같은 분들이나 아파트 청소노동자가 그곳을 청소하면서 좀 속상하실 수도 있겠다고 생각해주세요. 캣맘, 캣대디한테 제일 많이 쏟아지는 비판 중에 하나가 먹이 주는 사람 따로 있고 치우는 사람 따로 있냐, 이런 거거든요. 밥을 주다 보면 알게 되시겠지만 고양이들이 결코 그 자리에서 밥을 다 먹지 않아요. 애매하게 남기고 가는 경우가 많아요. 그런 부분을 조심하면 좋겠습니다.

동네고양이 밥 주기

"어쩌다 마주친 동네고양이에게 마음을 빼앗겨 버렸다면"

Q. 동네고양이에게 줄 수 있는 먹거리

A. 고양이 사료가 있다면 당연히 사료를 주시는 것이 가장 좋습니다. 하지만 당장 고양이 사료를 갖고 있지 않은 경우라면 편의점에서 쉽게 살 수 있는 (사람용) 닭가슴살캔이나 연어캔을 추천합니다. (사람용) 참치캔보다는 염분이 적어서 그 편이 낫거든요. 요즘은 고양이용 먹거리를 구비해 둔 편의점도 많으니 고양이용 습식캔이나 파우치를 살 수 있다면 그걸 사서 주시면 좋겠습니다.

만약 길을 가다 마주치는 정도가 아니라 꽤 자주 보게 되는 고양이가 있다면 집에 고양이 사료를 마련하시는 편을 추천합니다. 찾아보면 사료 중에 놀랄 만큼 싼 것들도 있어요. 그 사료를 소분해서 갖고 다니다가 마주치면 주시는 거죠. 혹은 집에 찾아오는 동네고양이가 있다면 이 아이에게도 이 사료를 챙겨 주시면 되고요.

이렇게 동네고양이들에게 밥을 주다 보면 '이 고양이가 내가 주는 밥을 하루 종일 기다리고 있었구나' 하는 생각이 들 때가 올 거예요. 그런 마음이 들기 시작하면서 동네고양이에게 매일 밥을 주게 되는 것 같습니다. '내가 아니면 안 되겠구나' 라는 마음이 드는 순간이 오는 거죠. 그게 바로 시작입니다.

Q. 밥 주는 방법
A. 한곳에 부어 주고 조금 떨어진 곳에서 지켜봐 주세요.

"자~ 이리 와~"한들 한국의 동네고양이들은 사람에게 잘 다가오지 않습니다. 약간 떨어진 곳에 사료나 습식캔, 혹은 파우치를 부어 주세요. 그리고 가능한 고양이가 식사를 마칠 때까지 멀찍이서 지켜봐 주시고 아이가 밥을 남기고 가면 치워 주시면 좋겠습니다.

밥 주실 때 물도 챙겨 주세요

동네고양이라고 밥만 먹지 않겠죠? 밥 주실 때 가능하면 물도 함께 챙겨 주시면 좋겠습니다. 편의점에서 생수와 일회용 용기를 사서 밥 옆에 놓아 주세요.

사실 동네고양이들은 터무니없이 적은 물을 먹고 있기 때문에 대다수 신부전이나 유사 질병에 노출되어 있습니다. 앞서 고양이가 하루에 섭취해야 하는 수분 권장량은 1kg당 40~60mL라고 말씀드렸는데요 (2-2장 〈물 마시기〉 편 참고). 음식에서도 수분을 섭취할 수 있다는 점을 감안하면 동네고양이들도 하루에 최소 100mL 정도씩은 물을 마셔야 하지 않을까 생각합니다. 종이컵 하나를 80mL로 계산한다면, 작은 종이컵 분량의 물만으로도 동네고양이에게 큰 도움이 될 거예요.

겨울철 밥 주기

"겨울은 동네고양이들한테 너무나도 힘든 계절입니다."

Q. 겨울철에 추천하는 사료
A. 아기 고양이용 건사료

겨울은 춥고 에너지를 많이 필요로 하는 계절입니다. 때문에 평소보다 단백질이나 지방이 많은 음식을 주시기를 추천합니다. 아기 고양이용 사료는 어른 고양이용 사료보다 지방, 단백질 함량이 높은 편이거든요. 그래서 겨울철에는 아기, 어른 고양이 가릴 것 없이 모두에게 아기 고양이 사료를 주시면 좋겠습니다.

질문 있어요!

 사료보다 습식캔이 단백질 함량이 높다고 하셨잖아요. 습식캔을 주면 어떨까요?

 단백질 함량이 높은 습식캔이 건강에는 더 좋겠죠. 하지만 겨울철에 캔이나 파우치는 따자마자 바로 먹지 않으면 얼기 쉽습니다. 그러면 오히려 동네고양이들이 먹기 힘들겠죠. 캣맘, 캣대디가 밥을 줄 때 직접 마주치지 못해도 오며가며 먹는 아이들도 있잖아요. 그래서 겨울철에 동네고양이 밥을 주실 때는 습식보다는 사료를 추천합니다.
다만 고양이 중에 구내염 같은 질병이 있어서 약을 먹여야 하는 경우에는 습식 급여가 필요할 텐데요. (사료에 약을 뿌려서 주면 약 냄새가 많이 나서 고양이가 사료를 입에 대지도 않으려 할 테니까요.) 이때는 습식캔에 미지근한 물과 약을 섞어 주시면 좋겠습니다.

Q. 물 주는 방법
A. 얼지 않도록 보온에 신경 써 주세요.

겨울철 동네고양이들에게는 밥보다 물이 긴급합니다. 겨울철엔 사방팔방 물이란 물은 모두 꽝꽝 얼어 버리니까요. 그래서 겨울철 물을 주실 때는 물이 얼지 않도록 보온에 각별히 신경 써 주셔야 합니다.

제가 본 캣맘들의 노하우 중에 인상 깊었던 방법을 알려 드리고 싶은데요. 일회용 라면 용기 세 겹을 겹친 뒤 그 안에다 물그릇을 놔두는 방식이었습니다. 저는 여기다가 핫팩을 추가해 봤어요. **물그릇과 라면 용기 사이에 핫팩을 하나 더 붙여 보니 정말 효과적이었습니다.** 이렇게 용기 자체에 보온을 더하는 방법도 있고, 용기를 둘러싼 외장 박스를 마련하는 방법도 있는데요. 앞서 말씀드린 라면 용기 세 겹에 핫팩, 물그릇을 합친 것을 스티로폼 박스에 넣어 놓는 거죠. 전체 용기를 **스티로폼 박스에 넣고**, 그 옆에 동글동글한 **충전재나 신문지, 뽁뽁이 비닐**을 함께 넣어 주면 더 긴밀하게 보온을 유지할 수 있습니다.

Q. 동네고양이 집 만들기
준비물: 스티로폼 박스, 리빙박스나 아주 두꺼운 종이박스, 뽁뽁이 비닐, 시트지

A. 순서대로 만들어 보세요.
1) 스티로폼 박스 안쪽에 시트지를 붙여 주세요. (고양이들이 스티로폼을 뜯지 않도록)
2) 스티로폼 박스 겉부분은 안 쓰는 은박 돗자리를 잘라서 두르거나 뽁뽁이 비

닐을 씌워 줍니다.
3) 바람을 막아 줄 수 있는 플라스틱 소재(리빙박스)의 상자 안에 스티로폼 박스를 넣어 줍니다.
4) 스티로폼 박스 앞과 리빙박스 앞에 구멍을 뚫어서 출입구를 만들어 줍니다. 구멍을 너무 작게 하면 좋지 않습니다. 들어갈 때는 잘 들어가지만, 나올 때 쉽게 나오지 못해서 넉넉하게 구멍을 뚫어 주는 게 중요합니다. 출입구 위쪽은 뽁뽁이 비닐을 붙여서 바람을 막을 덧문을 만듭니다.

동네고양이를 위한 겨울 집, DIY가 어렵다면

최근 동네고양이에 대한 호감이나 관심도가 조금씩 늘어나는 덕분인지, 동네고양이를 위해 겨울에 집을 만들어 주고 싶다는 분들이 많습니다. 만약 직접 만들기 어렵다면 인터넷에 '길냥이 집', '길고양이 집'이라고 검색해 보세요. 다양한 집들이 있습니다. 눈비를 다 막아 주는 기능성 제품도 있고 센스 있는 디자인의 제품도 있어요. 그중 자신이 돌보는 아이와 지역 환경에 맞춰 따뜻하고 안전한 고양이 집을 마련해 보시면 어떨까요.

TNR

"동네고양이는 원래 그곳에 사는
우리의 이웃입니다.
지자체에서 우리 이웃을 돌보는 일에 앞장서 주세요."

Q. TNR이란

A. Trap(포획), Neuter(중성화), Release(방사)의 준말로 지역 내 동네고양이 개체수를 일정하게 유지하며 관리하는 공존 방법을 의미합니다. TNR을 한 고양이는 한쪽 귀 끝을 살짝 컷팅해 TNR을 했다는 표시를 합니다.

TNR은 전 세계적인 공용어로, 동네고양이 개체수 조절에 있어 오랜 경험과 여러 시도 끝에 도출된 가장 현명하고 **합리적이고 효율적인 방법**입니다. 때로 공적 자리에서 동네고양이 TNR 비용이 아깝다, 안락사시키면 된다는 식의 발언을 듣게 되는데요. 이는 사실이 아닙니다. 한 지역의 아이들을 안락사시킨다고 가정해 봅시다. 고양이의 습성상 한 지역에 고양이 개체수가 줄면 주변 지역의 고양이가 그 지역으로 유입됩니다. 계속해서 그 모든 고양이를 죽일 수 있을까요? 실제로 몇 년 전 종로구에서 고양이들을 대대적으로 살처분했을 때 갑작스럽게 쥐떼가 출몰한 일은 어떻게 생각하시나요? (종로구 고양이 학살사건은 p.539 참고) 이러한 무차별적 안락사는 현재 우리나라의 동물권 감수성에도 한참 못 미치는 생명 경시의 행태일뿐더러, 생태계의 원리를 조금만 생각해 보면 비효율적이고 오히려 또 다른 문제를 야기하는 방법임이 자명합니다.

TNR의 지속성과 효율성에 대해서는 서울시의 사례를 참고할 수 있습니다. 2019년 초 서울시는 4년간 동네고양이(길고양이) TNR사업을 진행한 결과를 모니터링해 통계자료를 발표했는데요, TNR사업으로 동네고양이 개체수 조절이 가능함을 입증하였습니다. (2013년 25만 마리 → 2015년 20만 마리 → 2017년 13만 9천 마리) 물론 현재 서울시의 TNR 과정에서도 보완해야 할 부분들이 드러나고 있습니다만, TNR 자체의 효율성에 대해서는 긍정적으로 평가할 수 있을 것 같습니다. 즉, 비용뿐 아니라 동물권 감수성, 그리고 개체수 조절의 지속성, 모두를 고려했을 때 TNR은 현재로선 최선의 공존 방법이라 할 수 있겠습니다.

Q. TNR을 하려면
A. 관할 지역구청에 TNR을 요청하시거나 동물단체 혹은 지역모임을 통해 하실 수 있습니다.

동네고양이는 우리의 이웃입니다. 그렇기 때문에 동네고양이의 TNR 역시 **지자체를 통해 하는 방법이 우선되어야 한다고 생각합니다.** 하지만 지자체마다 동네고양이 TNR을 지원하는 상황이 조금씩 다른 만큼, 모든 지자체에서 TNR 신청이 원활하지는 않습니다. 그래서 몇몇 동물단체를 통하거나, 개인 사비로 혹은 지역 내 캣맘 카페를 통해 TNR을 하는 분들도 많이 계십니다. **한국고양이보호협회**에서는 정회원에 한해서 일정 비용을 내면 수술비를 지원해 주기도 하고요, **동물자유연대** 또는 **동물권행동 카라** 등에서도 TNR사업을 지속적으로 하고 있습니다.

질문 있어요!

3년째 밥을 주는 코점이가 올해도 임신한 것 같아요. ㅠㅠ 몸이 회복되는 대로 TNR을 시켜 주고 싶은데 어떻게 해야 할까요?

많은 지자체들이 TNR사업과 동네고양이(길고양이) 급식소 설치를 위해 움직이고 있습니다만, 아직까지는 지자체마다 사정이 달라 TNR하는 방법을 일괄해서 말씀드리기 어렵습니다. 여기서는 서울시를 예로 들어 TNR을 신청하는 방법에 대해 알아보겠습니다.

1. TNR 신청
다산콜 120번으로 TNR 신청을 합니다. 다산콜 120번으로 전화를 걸어 자신이 사는 구와 용건(TNR 신청)을 이야기하면 자치구의 담당부서로 연결해 줍니다. 각 구에서 담당자가 정해지면 다시 나에게 연락을 줄 거예요.

2. TNR 과정

TNR 일정이 확정되었다면 포획 전 과정에 가능한 함께하시는 것이 좋습니다.

1) 포획할 때: 포획에 동행해서 다음 사항을 체크해 주세요.
- ☐ 통덫이 놓인 위치가 밥 먹는 장소인지
- ☐ 어떤 고양이가 잡혔는지
- ☐ 고양이 건강 상태
  (포획되었을 때 고양이가 콧물이나 눈곱이 심하거나 침을 흘리는 등 건강 상태가 좋지 않거나 임신 중으로 보인다면 TNR을 미뤄야 합니다.)

2) 수술할 때: 서울시는 동네고양이(길고양이) TNR사업 진행과정을 동물보호관리시스템 홈페이지(animal.go.kr)에 공개하고 있습니다. 실시간 업데이트가 되지는 않지만, 자신이 돌보던 고양이가 TNR을 위해 포획되었다면 여기에서 현재 상태를 확인할 수 있습니다.

3) 방사할 때: 수술 후 3~5일 사이에 방사합니다. 담당자에게 방사 날짜를 확인해서 꼭 방사에 동행하시면 좋겠습니다. 이때도 다음 사항들을 체크해 주세요.
- ☐ 방사 전 아이의 몸 상태 (수술 부위가 잘 아물었는지, 밖에서 생활해도 될 정도의 건강 상태인지)
- ☐ 여기서 포획했던 고양이가 맞는지
- ☐ 아이가 방사되는 지역이 이전에 포획된 곳인지, 밥 먹던 곳인지

방사 후에는 충격 때문에 며칠 동안 자신이 잡혔던 지역에 안 오기도 합니다. 주의 깊게 방사하시고 중성화 수술 후 체력 회복에도 힘써 주세요.

최근 몇몇 지자체의 아기 고양이 TNR로 인해 피해가 발생하고 있습니다

지자체의 TNR사업에 대해 기본적으로 찬성하면서도, 그 과정에서 여러 문제가 있어 많은 캣맘, 캣대디분들께서 우려의 목소리를 높이신 일이 많았는데요. 특히 최근 몇몇 지자체에 의한 자묘 TNR이 발생, 여러 피해 사례가 나타나고 있습니다. 한국고양이보호협회의 모니터링에 따르면(2018년 10월) 성동구, 부천시, 수원시, 영등포구 등에서 2kg 미만의 자묘를 대상으로 TNR을 실행한 정황이 다수 확인되었고, 사실로 드러났습니다. 그렇기 때문에 지자체에 TNR을 신청하실 때 캣맘, 캣대디분들께서 반드시 전 과정에 동행해 아이들에게 위험 요소는 없는지 확인하고 모니터링해 주시기를 당부드립니다.

고양이에게는 TNR이 너무나 낯설고 무서운 일일 겁니다. 가능한 한 TNR 전 과정에 함께해 주시면 아이들도 덜 무서울 수 있고 포획의 과정도 안정적일 수 있습니다. 또 가끔 담당자가 아이들을 착각해서 다른 지역에 엉뚱하게 방사되는 경우도 있으니, 마지막 과정까지 확인이 필요합니다.

한국고양이보호협회 지자체 자묘 TNR 항의문

동네고양이 상담실

> ① 아픈 동네고양이를 발견했어요
>
> 집 앞에서 동네고양이 밥을 주는데 새로운 고양이가 나타났어요. 눈물을 많이 흘려요. 피눈물도 흘리고 눈이 팅팅 부어 있어요. 날이 더워서 그런지 밥도 잘 먹지 않네요. 어떻게 도와줄 수 있을까요?　　　　　　　　　　　　　　　　　- 모모모

　캣맘, 캣대디분들이 아픈 동네고양이 문제로 많이 질문하시는데요, 몇 가지 경우를 생각해 볼 수 있습니다.

1) 식사량이 줄고, 평소와 다르게 밥을 남기거나 몇 번 깔짝거리다가 안 먹고 옆에 있다면, 확실히 문제가 있다고 보셔야 합니다. **밥에 면역증강제나 영양제를 넣어 줘도 좋고, 3개월 단위로 먹어야 하는 기생충 약을 챙겨 주셔도 좋습니다.** 병원과 상담해 기생충 약을 받아 오신 뒤, 그날만 맛있는 간식캔에 약을 섞어 주세요.

2) **눈이 팅팅 붓고 눈곱이 심한 경우**는 허피스바이러스에 걸린 상태일 수 있습니다. 허피스는 감염된 고양이들이 직접 그루밍하는 게 아니면 전염되지 않으므로 동네고양이들 밥 줄 때 전염 걱정은 안 하셔도 됩니다. 물론 밥을 주신 뒤 손은 꼭 깨끗이 씻으시고요.
이런 바이러스질환은 항생제뿐만 아니라 항바이러스제를 먹이거나 직접 눈에 약을 넣어 주는 방법이 효과적이긴 합니다. 하지만 동네고양이를 잡아서 안약을 넣는 일은 사실상 불가능에 가깝죠. 그래서 캣맘이 유일하게 할 수 있는 일이란 잘 먹이는 것뿐입니다. 증상이 1~2주 이상 갈 텐데요, 영양가 있는 음식을 주면서 버텨 낼 수 있는 몸 상태를 만들어 주는 겁니다. 가능하다면 먹는 약으로 **항바**

이러스제를 처방받아서 항생제와 같이 밥에 섞어 주셔도 좋겠습니다. 그러면 또 잘 안 먹는 것이 동네고양이의 딜레마이기도 하지만요.

밥을 주는 동네고양이가 아프고, 때로 무지개 다리를 건너는 경우, 많이 절망하게 되기도 합니다. 너무 마음이 아파서 '난 다시는 애들 밥 못 주겠다', '정 주지 말아야지' 이렇게 생각하지는 않았으면 좋겠습니다. 동네고양이들은 수명이 그렇게 길지 않아요. 길어야 2~3년입니다. 운이 좋아서 가족을 이루고 늘 돌봐 주는 캣맘이 있다고 해도, 6~7년을 넘기는 경우는 거의 없어요. 동네고양이가 우리와 함께 지내는 동안 밥만 잘 먹어도 최선을 다하는 것이라고 생각해 주세요. 이별하는 일이 있더라도 마음을 내려놓으시고, 고양이를 잘 보내 줄 수 있으면 좋겠습니다.

안 잡히는 고양이를 안정제를 먹여서 잡을 수 있을까요?

아픈 동네고양이를 어떻게든 잡아 보겠다고 수면제나 안정제 처방을 요청하는 분들이 가끔 계십니다. 그런데 수면제나 안정제는 먹는 즉시 약효가 나타나는 것이 아니에요. 서서히 약효가 나타나서 일정 시간 지속됩니다. 약을 먹은 고양이가 언제 어디서 길을 가다가 쓰러질지 모르는 거죠. 자동차에 치일 수도 있고, 다른 동물에 해코지 당할 수도 있어요. 그렇기 때문에 매우 위험합니다. 권하지 않습니다.

후일담  모모모 저 때가 초복쯤이었어요. 계속해서 날은 더워지는데 고양이가 눈을 거의 못 뜨고 피눈물에, 저만 보면 울어서…… 결국 제가 구조하게 됐습니다. 그 아이가 바로 지금 저희 집 넷째 고양이 소보로예요. 지금도 소보로는 눈물을 많이 흘리지만 피눈물은 없어졌어요. 밥도 설거지하듯 싹싹 비우고, 우다다도 잘 하고, 화장실도 잘 가고, 배를 뒤집어 애교도 부릴 줄 아는 세상에서 제일 귀여운 고양이입니다. 이렇게 귀엽고 사랑스러운 아이라니, 그때 구조하길 너무 잘했다고 생각합니다!

② 지역 주민과 마찰이 있어요

> 4인 가족의 40대 가장입니다. 어릴 때 고양이에게 물렸던 트라우마가 있어서 고양이를 안 좋아합니다. 그런데 저희 건물에 고양이 밥 주시는 분이 있어요. 몇 번 현장을 보고 정중하게 고양이 밥 주지 말라고 요청했습니다. 그 자리에서는 알았다고 하더니 이후에도 계속 주신 것 같고, 근처 고양이들이 저희 건물로 몰려와 밤마다 시끄러워 잠을 잘 수가 없습니다. 최근 그분과 마주쳐서, 계속 이러시면 고소하겠다고 말씀드린 상태입니다.
>
> 이 지역에 유독 고양이 좋아하는 분도 많고 생명이 소중한 것도 압니다만, 제 권리도 중요하지 않나요? 다른 주민들은 고스란히 피해를 입어야 하나요?
>
> — 연남동 I

사연 주신 I님께는 죄송합니다만 고양이에게 밥 주는 행위는 불법이 아니기 때문에 고소로 막을 수 없습니다. 대신 서로 상황을 배려해 **고양이 밥 주는 분과 이야기해서, 고양이에게 밥 주는 시간대를 조절하면 어떨까요.** 해가 지고 밤 9시나 10시가 됐을 때 밥을 주는 식으로요. 무엇보다 I님이 꼭 알아 두셔야 할 점은 동네고양이는 유기동물이 아니라는 겁니다. 원래 그 동네에 사는 이웃입니다. 민원보다 이웃(사람과 고양이 모두를 포함한)에 대한 배려의 마음을 먼저 당부드립니다.

그리고 고양이들 때문에 시끄럽다고 하셨는데 고양이가 밥을 먹으러 와서 시끄럽게 굴지는 않습니다. 발정기 때문에 시끄러울 수는 있지만요. 고양이는 배가 부르면 음식을 먹지 않는 동물이라 오히려 동네고양이에게 밥을 주기 시작하면 음식물쓰레기 봉투를 뒤지는 일이 줄어든다는 점을 알려 드려요.

더 나아가 동네고양이가 우리 이웃이라는 점에서, 동네고양이 민원은 개인과 개인이 싸워서 될 일이 아닙니다. 생명이 소중한 것을 인지하고 계시다면 주민센터, 구청 등 지자체에 지역 내 고양이 이웃을 위해 본인 건물과 좀 떨어진 곳에 **급식소를 설치해 달라고 요청하세요.**

덧붙여 지자체도 반려동물 문화사업, 페스티벌 같은 행사에만 집중하지 말고, 우리 동네에 사는 이웃부터 챙기면 좋겠습니다. 동물 민원의 대부분은 동네고양이 문제일 겁니다. 이를 해결하는 **가장 좋은 방법은 고양이 급식소 설치고요.** 좋게 해결할 수 있도록 적극 동참해 주시면 좋겠습니다. 그렇게 생각하고 밥 좀 주십쇼!

캣맘, 캣대디를 공격하는 사람이 있다면

다짜고짜 침 뱉고 욕하고 밥그릇을 엎고 "쥐약 놔서 다 죽여 버릴 거야" 협박하는 사람들이 있습니다. 그럴 때는 사진과 동영상을 찍고 녹음하세요. 증거는 많을수록 좋습니다. 고양이는 유해동물이 아닙니다. 또 유해동물이라고 하더라도 법적으로 동물을 허가 없이 해치는, 죽음에 이르게 하는 행위는 불법입니다. 동물보호법에 의해 징역 2년 이하 혹은 벌금 2천만 원 이하의 처벌을 받을 수 있습니다.

만약에 계속 위력을 행사하는 사람이 있다면 파출소나 구청, 다산콜센터 120번에 전화하세요. 동물단체에 자문을 구할 수도 있습니다. 요즘 지역 단위로 인터넷 캣맘 카페도 많죠. 커뮤니티에 도움을 구하는 방법도 있습니다.

동물보호법 읽기

한국 동네고양이 잔혹사

어떤 국가가 선진국인지 아닌지를 가늠하려면 약자에게 어떤 태도로, 어떤 정책을 펼치는지를 보라는 말이 있습니다. 그것이 한 사회에서 구성원의 권리를 어느 정도로 보호하는지를 보여 주는 바로미터이기 때문일 겁니다.

고양이는 특히나 우리나라에서 약자 중의 약자입니다. 동네고양이와 관련된 잔혹한 일들이 여러 번 일어났었죠. 가슴 아픈 역사를 공유하며, 다시는 이런 일이 일어나지 않기를, 이제는 '동네고양이'라는 이름 아래 더 많은 고양이들이 각 지역에서 평화롭게 공존하며 살아가길 바라 봅니다.

종로구 고양이 학살사건

서울시 종로구는 2006~2009년까지 3년간 '고양이 대학살'을 벌였다. '고양이를 잡아 달라'는 민원에 주2회 고양이 잡기 운동을 펼치는 등 대대적인 살처분을 실시했다. 그 결과 2009년 여름 이후 종로구 일대 음식점에 쥐들이 출몰해 엄청난 피해를 입었다. 결국 종로구가 고양이 살처분 대신 중성화사업(TNR)으로 정책을 전환한 뒤에야 쥐가 줄어들기 시작했다.

한강맨션 고양이 억류사건

2006년 서울 용산구 동부이촌동에 위치한 한강맨션에서 동네고양이들이 감금당하는 일이 벌어졌다. 당시 아파트 운영위원회는 동네고양이들이 지하 전기시설을 건드려 정전사고를 일으키고 악취를 풍긴다며 전기시설이 있는 지하실 아홉 군데를 폐쇄하기로 결정했다. 이에 아파트 운영위원회는 해당 동 지하실 철문을 용접해 고양이들을 감금하였고, 덫에 걸린 고양이만 꺼내 유기동물보호소에 보내기로 했다. 유기동물보호소에서도 일정 기간이 지나면 유기고양이를 안락사하기 때문에, 많은 동물애호가들이 한강맨션의 비인도적 처사를 비난하며 시위를 벌였다. 용산구청이 나섰으나 중재에 실패했고, 이 사건으로 지하실에서 몸을 피하던 많은 동네고양이들이 떼죽음을 당해야 했다.

삼청동 동네고양이 사건

2012년 7월 21일, 서울 종로구 삼청동에서 850g의 아기 고양이가 죽은 채 길에서 발견되었다. 배에는 개복수술의 흔적이, 귀는 일부 잘린 중성화 표지가 남아 있었다. 5일 뒤인 26일 같은 지역에서 550g의 아기 고양이가 같은 모습으로 발견되었다. 550g, 850g이면 생후 2개월 가량으로 사람으로 치면 생후 3~4개월 갓난아이. 길고양이 TNR사업의 미숙한 진행으로 아기 고양이들이 죽음에 이르게 된 사건이다.

얼룩아범의
고양이 책장

고양이를 키우며 "우리 아이가 어디가 아프다",
"우리 아이가 음식을 잘 못 먹는다",
이런 이야기만 하고 지내지는 않잖아요.
고양이와 함께 사는 사람이라면 고양이에게 감정이입한 경험,
혹은 내가 외롭고 쓸쓸할 때 고양이가 다가와 위로를 해 주었던 일……
깊고 풍요로운 순간순간들도 참 많을 테고요.
〈얼룩아범의 고양이 책장〉에서는 집사님들,
혹은 고양이를 좋아하는 누구라도
공감하며 읽을 수 있는 책들을 소개합니다.
차 한잔 곁들여 읽어도 좋으실 겁니다!

이용한, 《365일 고양이 일력》, 위즈덤하우스

오랫동안 길 위에서 살아가는 고양이들을 촬영하고 기록해 온 이용한 작가가 낸 고양이 일력. 책이라기보다 책상 위에 올려놓고 볼 수 있는 팬시상품처럼 여겨질 수도 있겠지만, 계절의 변화에 따른 고양이의 생태와 그들에게 필요한 것들을 세심하게 적어 둔 이용한 작가  의 배려는 일력의 가치를 높여 준다. 682마리의 고양이들 사이로 고양이와 관련된 격언과 속담, 전세계 고양이 관련 기념일들이 빼곡하게 기록되어 있다. 요일이 따로 적혀 있지 않은 탓에 실용성은 다소 떨어지지만, 그 덕에 해가 바뀌어도 계속 쓸 수 있다는 점은 장점이다.

> **이런 사람에게 추천합니다**
> - 고양이를 보는 건 좋아하나 여러 가지 사정상 고양이와 함께 살 수 없는 분들.
> - 매일매일 책상 위에서 새로운 고양이 사진을 보고 싶은 분들.
> - 아직까지는 고양이를 보는 게 낯설지만 편견을 깨 보고 싶은 분들.

악센트, 《길고양이 권법》, 윌스타일

일본 큐슈 지방에서 고양이 사진을 찍는 작가 악센트가 기록한 고양이들의 사진. 먹이를 향해 점프하거나 장난감을 잡으려 도약하는 고양이들의 순간을 포착한 사진들이 마치 초식을 시전 중인 무림고수들처럼 보인다. 고양이가 귀엽다는 점 외에 다른 실용  적 가치나 정보값이 있느냐 하면 그건 아니지만, 사진을 보다 보면 그런 생각을 하지 않을 수 없다. 앞에 있는 사람을 얼마나 신뢰하길래 길에서 사는 고양이들이 이렇게까지 무방비한 모습을 다 보여 주는 걸까? 우리 동네 고양이들도 이렇게 안심하고 사람 앞에서 자유롭게 뛰놀 수 있을까?

> **이런 사람에게 추천합니다**
> - 고양이는 개랑 달라서 배은망덕하다는 편견을 지닌 주변인을 설득하고 싶은 분들.
> - SNS에서 익살스러운 고양이 사진을 볼 때마다 '좋아요'를 누르는 분들.
> - 역동적인 고양이들의 모습에서 활력을 얻고 싶은 분들.

soon, 《탐묘인간》, 애니북스

〈키티피디아〉의 든든한 동반자인 soon 작가의 대표작. 길에서 만난 반려묘 '미유', 공원에서 구조된 반려묘 '앵두'와 함께 살아가는 삶에 대해 다룬 에세이툰으로, 길 위에서 고양이의 간택을 받아 얼결에 집사의 삶을 살게 된 이들이라면 누구나 공감할 수 있는 내용들이 가득하다. 질감이 고스란히 느껴지는 콩테 스케치 위에 얹어진 온화한 색감의 그림 또한《탐묘인간》만의 독특한 매력. 단순히 고양이의 귀여움을 즐기는 게 아니라 고양이와 함께하는 삶에 수반되는 진지한 고민을 엿보고 싶다면 이 책을 추천한다.

이런 사람에게 추천합니다
- 고양이와 함께하는 삶의 애환에 공감해 줄 누군가가 필요한 분들.
- 두 마리(이상의) 고양이와 함께 사는 삶이란 어떤 모습인지 궁금한 분들.
- 길에서 만난 묘연에도 그 나름의 아름다움이 있다는 사실을 강조하고 싶은 분들.

한국고양이보호협회, 이용한, 《공존을 위한 길고양이 안내서》, 북폴리오

길에서 만난 고양이에게 마음을 주는 데에도 준비와 지식이 필요하다. 고양이의 안전과 권리증진을 위해 앞장서 온 시민단체 한국고양이보호협회와 이용한 작가가, 한 동네를 공유하는 인간과 고양이 사이의 평화로운 공존을 위해 함께 마련한 가이드북. 고양이들의 생태나 행동양식에 대한 기초적인 용어 설명부터, 밥 주기, 돌보기, 인도적인 TNR 등 고양이와 함께 살아가기 위해 필요한 지식까지 꽉 차 있는 작지만 든든한 책이다. 동네고양이에게 밥을 주고 싶은데 어디서부터 시작해야 할지 모르겠다면, 이 책이 답이 될 수 있다.

이런 사람에게 추천합니다
- 자꾸 고양이 우는 소리가 재수없다는 말을 일삼는 주변인을 설득하고 싶은 분들.
- 나도 우리 동네 고양이 챙겨 주고 싶은데 뭘 어쩌면 좋을지 잘 모르겠는 분들.
- 내가 지금 애들 잘 돌봐 주고 있는 게 맞는지 확신이 안 드는 분들.

얼룩아범의 고양이 책장 _ 543

보경, 《어느 날 고양이가 내게로 왔다》, 불광출판사

한 신도가 절간 창고를 지키라고 풀어놓은 고양이 '냥이'. 영역 다툼에서 지고 어슬렁거리다가, 작은 처소에서 따로 지내는 보경 스님을 발견한 냥이는 보경 스님을 집사로 간택했다. 출가 이래 그 어떤 인연에도 매여 본 적 없던 스님, 그만 속세의 중생들이나 하는 생각인 '보살펴 주면 나랑 살 건가'를 고민해 버렸다. 《어느 날 고양이가 내게로 왔다》는 고양이와 함께 살아가는 초보 집사로서의 삶과, 허공을 멍하니 보는 고양이의 눈빛 속에서도 구도와 수양의 길을 찾는 종교인의 삶이 혼재되어 있는 흥미로운 기록이다.

> **이런 사람에게 추천합니다**
> - 책으로나마 산사의 조용한 평화로움을 한껏 느끼고 싶은 분들.
> - 독실한 종교인이면서 유독 고양이에게만 자비가 없는 주변인을 설득하고 싶은 분들.
> - 다 큰 어른이 고양이 한 마리 앞에서 안절부절못하는 모습을 보는 게 즐거운 분들.

무라카미 하루키, 안자이 미즈마루, 《후와 후와》, 비채

소설가 무라카미 하루키와 그의 오랜 동료인 일러스트레이터 안자이 미즈마루가 함께 만든 그림책. 하루키가 어린 시절 사랑했던 고양이 '단쓰'와 함께했던 순간의 기억을 짧은 글과 그림으로 남긴 책이다. 이미 나이를 지긋하게 먹은 상태로 어린 하루키의 집에 오게 된 단쓰를, 하루키는 '소유물'이나 '애완동물'로 대하는 대신 친구로 여기며 우정을 쌓았다. 작고 어린 개체만 예쁘다고 추켜세우는 시대, 반려묘를 자신보다 아래에 있는 존재라 생각하는 이들이 아직도 많은 시대에 《후와 후와》의 이런 태도가 시사하는 바는 결코 작지 않다.

> **이런 사람에게 추천합니다**
> - 하루키의 글은 소설보다는 소소한 수필이 더 낫다고 생각하시는 분들.
> - 작고 어린 고양이만 찬양하는 세상이 못내 서운한 노령묘 반려인 분들.
> - 집에 있는 아이와 함께 읽을 만한 고양이 그림책이 한 권 있었으면 싶은 분들.

초, 《내 어린 고양이와 늙은 개》, 북폴리오

웹툰 〈용이 산다〉로 충성도 높은 팬들을 보유한 초 작가가 자신의 반려동물들을 기록으로 남긴 웹툰. 백내장으로 시력을 잃어 가는 노령의 개 '낭낙이'와, 안구 부종 장애를 안은 채 유기되어 하마터면 안락사당할 뻔했던 어린 고양이 '순대'와 함께한 시간을 기록한 작품이다. 어린 고양이는 세상 모든 게 신기하고 재미있다. 늙은 개는 활력을 잃어 가며 서서히 제 마지막을 준비한다. 이 대조적인 광경 속에서 살아가는 사람은 생의 역동성과 유한함을 동시에 실감한다. 장애를 가진 아이들과 함께 살아가는 법, 노령동물과 공존하는 법을 고민하는 모든 사람들이 읽어 보면 좋을 작품.

이런 사람에게 추천합니다
- 함께 살고 있는 아이가 노령에 접어든 분들.
- 함께 살고 있는 아이가 장애를 가지고 있어서 마음이 쓰이는 분들.
- 아이가 다치거나 아프면 어떻게 해야 할지 생각하면 막막한 분들.

스노우캣, 《옹동스》, 위즈덤하우스

한국 웹투니스트 1세대이자 반려묘 웹툰의 선구자 격인 스노우캣 작가의 책. 오랫동안 함께 살아온 고양이 '나옹'의 곁에 둘째 '은동이'를 들이는 과정에서 겪은 시행착오들로 시작한 웹툰은, 두 고양이들과 사랑하며 살아가는 집사의 행복함을 지나, 후반부는 나옹이 지상에서 보낸 마지막 날들에 대한 이야기로 채워진다. 스노우캣의 홈페이지를 들락거리며 나옹에 대한 기억을 공유했던 독자들이라면, 나옹과 조금이라도 천천히 이별하고 싶었던 스노우캣의 절절한 마음에 공감할 것이다. 스노우캣은 자신의 경험을 솔직하게 《옹동스》에 기록했고, 덕분에 모니터 너머로 나옹을 사랑했던 많은 독자들 또한 마음을 다해 나옹과 이별할 수 있었다.

이런 사람에게 추천합니다
- 펫로스의 고통을 공유하고 이해할 누군가, 같이 붙잡고 울어 줄 누군가가 필요한 분들.
- 스노우캣의 작품들을 꾸준히 따라오며 나옹을 익숙하게 눈에 담아 두었던 분들.
- 노환으로 투병하는 고양이를 위해 집사가 할 수 있는 일이 무얼까 고민하는 분들.

버드폴더, 《고양이인 척 호랑이》, 놀

고양이인 척 살아가는 호랑이와, 호랑이가 되고 싶었던 고양이 사이의 우정을 그린 그림동화다. 눈이 어두운 할머니는 길에서 버려진 작은 고양이를 데려와 함께 살기 시작했다. 문제는 그게 고양이가 아니라 호랑이였던 것. 호랑이는 성장과정에서 자신의 정체를 알게 됐지만, 할머니가 놀라지 않게 고양이인 척하며 살려 노력한다. 한편 길에서 살아남는 게 고단했던 고양이는 자신이 실은 호랑이가 아닐까 하는 착각 속에 살아간다. 사람들 사이에 어울리며 살기 위해 자신의 진짜 정체성을 숨겨야 하는 사람들, 나에게 없는 재능을 갈망하며 살아가는 사람들, 그 모든 현대인들을 보듬어 주는 눈물 나게 아름다운 우화다.

이런 사람에게 추천합니다
- 나와는 다른 정체성으로 살아가는 이들을 더 잘 이해하고 싶은 분들.
- 내가 아닌 모습으로 위장해야 하고, 내가 아닌 모습을 부러워하느라 지친 분들.
- 우정에 대해 다룬 텍스트만 읽으면 눈물이 주르륵 흐르는 분들.

젬마 코렐, 《고양이 집사를 위한 일러스트북》, EJONG

흔히 남는 건 사진뿐이라고 하지만, 못 그리는 그림이나마 내 고양이를 내가 직접 그려 보는 체험은 각별하다. 내 머릿속에만 있던 기억을 손에 잡히는 기록으로 남길 수 있기도 하거니와, 직접 손으로 그리다 보면 사람이 고양이에게 느끼는 유대감도 배가 된다. 일러스트레이터 젬마 코렐이 낸 수많은 일러스트북 중 한 권인 《고양이 집사를 위한 일러스트북》은, 고양이를 그리는 일이 생각보다 크게 어렵지 않으며 심지어 쉽고 즐거운 일이라는 걸 알려 주는 좋은 책이다. 이 책은 〈키티피디아〉 촬영 중 10여 분 만에 소롱누나의 그림 실력 향상이라는 쾌거를 거둔 바 있다.

이런 사람에게 추천합니다
- '금손 존잘님'들처럼은 아니더라도 내 고양이를 내가 그려 보고 싶은 분들.
- 동네에서 만난 고양이들이 사진기만 들이대면 도망가는 통에 기록을 못 남긴 분들.
- 이래저래 그림연습이 필요한 분들.

에필로그

〈키티피디아〉는 라디오피디인 제(모모모피디)가 2016년 사심으로 기획한 팟캐스트였습니다. 개인적인 프로젝트였죠. '아이 키우는 엄마들을 위한 육아 방송처럼 고양이 키우는 집사들을 위한 육묘 팟캐스트를 만들어 보자' 하는 마음이었습니다. 첫 고양이 모모를 키우며 무수한 시행착오를 거듭하면서, 때때로 생겨나는 질문들을 믿을 수 있는 전문가에게 직접 묻고 싶다는 사심이 큰 동기가 되어준 것도 사실입니다. 이 사사로운 기획은, 훈조(엉클조)의 도움으로 "키티피디아"라는 이름을 짓고 시그널뮤직을 만들며 틀을 갖췄습니다. 그리고 드디어 2016년 5월, 박정윤 수의사(소롱누나), 이승한 문화칼럼니스트(얼룩아범), 김필원 아나운서(아나엄마)와 함께 "고양이에 대한 모든 것-고양이와 사람, 그리고 더불어 살아가는 사회를 만드는 고양이 전문방송" 〈키티피디아〉 시즌1이 시작되었습니다.

〈키티피디아〉는 초보 집사인 아나엄마와 생계형 집사 얼룩아범, 그리고 무지렁이 집사들을 혼내는 '프로호통러' 소롱누나의 조합이 삼각편대를 이루며 초반부터 많은 분들께 진한 사랑을 받았습니다. 고양이에 관한 기초 지식, 생활, 질병, 문제행동 대처법, 동물권 공약 및 동네고양이 이야기뿐만 아니라 고양이 관련 문화 콘텐츠까지도 소개했습니다. 고양이 관련 생태적, 사회적, 문학적, 문화적 주제까지도 폭넓게 다루며 다양한 이야기를 나누었습니다. 회차를 거듭할수록 청취자들의 사연을 소개하고 함께 고민하며 소통하는 방송으로 자리잡게 되었습니다.

2016년 5월부터 10월까지 시즌 1, 2017년 2월부터 5월까지 시즌 2를 진행한

〈키티피디아〉에는 2018년 시즌 3부터 큰 변화가 생깁니다. 제가 다니는 회사 CBS의 콘텐츠로 소속이 바뀌게 된 거죠. 이때부터는 동영상을 제작해 팟캐스트뿐 아니라 유튜브로도 많은 분들을 만날 수 있게 됐지요. 또한 새로 합류한 제작진 이현희 작가님(타마맘), soon 작가님 덕분에 더욱 재미있고 탄탄한 〈키티피디아〉가 만들어졌음은 물론입니다.

2018년 11월에 시작한 시즌 4에서는 각 분야에서 고양이를 비롯한 동물들과의 공존을 위해 노력하는 분들을 모시고 '동물권'과 '공존'에 대한 이야기를 나누었는데요. 방송 기간 중 "'도둑고양이'나 '길고양이' 대신 '동네고양이'로 고양이들을 부르자"는 취지에서 '동네고양이 캠페인'을 진행했습니다. 우리의 이웃, 동네고양이와 캣맘, 캣대디를 응원하며 많은 호응을 이끌어 내기도 했지요. 그렇게 2018년 12월, 〈키티피디아〉는 시즌 4를 끝으로 마무리되었습니다.

처음에 "고양이와 사람, 그리고 더불어 살아가는 사회를 만드는 방송"이라는 모토를 내걸었을 때는 이만큼 확장된 주제로 삶의 변화를 이야기하고 우리 스스로가 변화할 줄은 몰랐습니다. 하지만 말에는 힘이 있더군요. 〈키티피디아〉는 그 모토처럼 "사람과 고양이(혹은 모든 동물), 그리고 더불어 살아가는 사회"를 만드는 데 기여하려고 노력한 방송이었습니다. 그러한 관점이 방송 내내 깔려 있었고 그 시선은 이 책 속에서도 여전히 유효합니다. 이 책을 쓰는 동안 말이 아닌 글로서 남겨질 때의 책임감을 생각하며 내용을 더욱 보강했음은 물론, 모든 문장 하나, 단어 하나에도 고양이 눈높이를 유지하려 노력했습니다.

시작은 다소 사적이었으나 끝은 조금이나마 세상 누군가들에게 이롭기를 바라며, 이 책을 맺습니다. 키티피디아가 가진 다정한 변화의 기운, 따뜻한 공존의 기운이 봄볕처럼 전해질 수 있기를 바랍니다.

2019년 3월, 봄을 기다리며
여미영

p.s. 지난 3년간 〈키티피디아〉 방송의 여러 순간들을 사진으로 남겨 봅니다.
호통도 많이 들었지만, 덕분에 즐겁게 변화하고 공존을 생각할 수 있었던 시간들.
참 감사할 따름입니다.

〈키티피디아〉 시즌 4의 초대 손님들과 함께

with 박주연 PNR 변호사(왼쪽 위)
with 김하연 '허술한 길고양이 집사 겸 찍사'(오른쪽 위)
with 산새마을 런캣집사(왼쪽 아래)
with 김보경 책공장더불어 출판사 대표(오른쪽 아래)

〈키티피디아〉 제작현장 1

〈키티피디아〉 제작현장 2

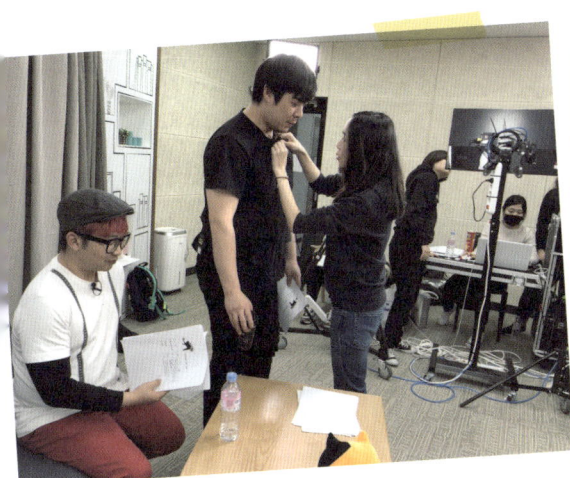

시즌 3부터 〈키티피디아〉의 식구가 된 삼냥이. 빗질하기, 다이어트 등 고양이 몸을 이용한 설명이 필요한 순간마다 자신의 몸을 내주며 제작에 혁혁한 공을 세웠다.

비하인드 〈키티피디아〉

찾아보기

ㄱ

가수분해 사료
133, 309

각막궤양
76~78

간독성
279

간부전
279

갑상선기능항진증
307, 310, 332

결막염
71, 75~77, 81, 185, 188, 267

결석
163, 302, 315, 317

경련
163, 236, 371, 372

골절
302, 330, 461

곰팡이
84, 87, 88, 128~132, 135

구내염
41~43, 45~47, 50, 51, 267, 301, 332, 528

구토
48, 152, 162, 163, 254, 266, 269, 291, 309, 310, 319~322, 480, 520

귀진드기
83, 84, 86, 87, 94, 276

그레인프리(grain free) 사료
133, 154, 455

급성 신부전
318~321

기생충
132, 133, 276~281, 310, 441, 491, 505, 506, 535

ㄴ

낚싯대
39, 207, 209, 213, 216, 226, 327, 433, 434, 483

내시경(검사)
61, 303, 309, 310

노령묘
26, 97, 291, 302, 304, 327~338, 544

넥칼라
77, 78, 81, 273, 281

노르웨이숲
118

녹내장
71

다묘가정
76, 103, 184, 185, 226, 239, 258, 274, 281,
359, 392, 405, 457, 458, 477

단백뇨
305, 323

당뇨
131, 171, 307, 337, 447, 454

대리석
229, 232, 384, 385

대중교통
253

동물보호법
347, 538

동상
421

두부모래
76, 181, 183, 188, 189, 313

레날어드밴스
322

레몬
387, 401, 414

레이저포인터
39, 219

레스큐레미디
254

마이코플라스마
(미코플라스마, mycoplasma)
65, 67

마이크로스포룸 캐니스
(microsporum canis)
131

만성신장병, CKD
(chronic kidney disease)
318

만성 신부전
319, 320~322, 325

말라세치아(malassezia)
87

멀미
235, 252, 254

메인쿤
118

물티슈
73, 80, 121, 190

미국사료관리협회(AAFCO)
154, 156, 157

바이러스검사
62, 308, 480

방광염
171, 246, 312~317, 319, 480

방사선검사, 엑스레이
47, 50, 278, 296, 302, 304

범백혈구감소증
264, 266, 271
베이킹소다
58, 152, 175
벤토나이트
181, 183, 188, 189, 313, 391, 496
변비
292
복부초음파(검사)
302, 304, 305, 321, 322
비강내시경
61
비눗방울
219
비듬
114, 120, 131, 137, 138
비염
60, 114
비오틴(biotin)
162
빈혈
161, 302, 303, 322, 325

사막화
76, 185, 187~190
사회화
211, 215, 364, 366, 368, 371, 372
산책냥이
268

상부호흡기질환, 상부호흡기계 질환, 상부호흡기증후군
55, 57, 60, 62, 63, 76, 267
샴
26, 65, 288, 446
설사
151, 152, 162, 266, 269, 290, 291, 325, 390, 518, 520
소변검사
302~306, 321~323
소염안약
81
스케일링
41, 43, 46, 47, 49, 50
스코티시폴드
83, 88, 97
스테로이드
81
스프레이
316, 425, 426
식중독
162
식욕부진, 식욕저하
162, 266, 319
식초
152, 159, 175, 387
신부전, 급성 신부전, 만성 신부전
59, 131, 171, 279, 301, 304~306, 312~314, 318~325
실리카겔(크리스털 모래)
188, 189
심장사상충
273~281

심장초음파(검사)
278, 302
심전도
303

ㅇ

아로마 오일
59, 414
아르기닌(arginine)
289, 290
아메리칸숏헤어
26, 475
아비딘(avidin)
162
아세트아미노펜
164
아조딜
292, 332
안정제
254, 372, 536
알레르기
20, 60, 71, 88, 114, 120, 130, 132, 133, 153, 309, 462, 463
알루미늄 호일
219, 394
알부민(albumin)
323
암모니아혈증
290
액티베이트
291

약물중독
164, 320
염증성장질환(IBD)
309, 310
에톡시퀸(ethoxyquin)
157
엑스레이 → 방사선검사
엘라이신(L-lysine)
289~291
오메가 3
103, 287, 288
오메가 6
103
옥수수모래
188, 189
우다다
332, 425~430, 536
유산균
187, 283, 287, 291, 292, 318, 325, 395
이개혈종
88
이그조틱 (고양이)
70, 79, 80
이동장(케이지)
236, 245, 247~258, 295, 355, 481, 487
인조잔디
187, 190
인지장애증후군
335, 337
인터페론
62

자연식
133, 148~150, 158, 170, 317, 322, 324, 325, 455, 458
자율배식
151
장모종
20, 107, 108, 109, 113, 120, 229, 233
장염
266, 491
저알러지 처방식, 저알러지 사료
133, 309
저혈압
319, 320
중성화 수술
24, 205, 261, 262, 296, 303, 316, 367, 378, 392, 531~534, 539, 540
진드기
276, 441
진료수첩
260, 262

처방식, 처방사료
169, 309, 317, 322, 324, 325, 455,
초음파(검사)
278, 302, 304, 305, 309, 318, 321, 322
추적검사
65, 294, 299
췌장염
314, 317

치아흡수성병변
41~43, 47~51
치은구내염
41, 45~47
치은염
41, 42~45, 50, 51
치주염
33, 41, 43~45, 49~51, 301, 332

칼리시바이러스(Calici virus)
33, 45, 51, 62, 67, 261, 264, 267
캣닢
211, 212, 221, 222, 335, 457
캣워커
494, 495
캣타워
134, 214, 229, 330, 332, 334, 383, 392, 405, 426, 430, 435, 485
코리안숏헤어, 코숏
26, 446
코코넛 오일
59, 103, 138, 288, 289
콜레스테롤
302
크레아티닌(creatinine, CRE)
306, 324, 325
크레아틴(creatine)
325
클라미디아(chlamydia)균, 클라미디아 감염증
62, 75, 76, 264, 267

클리커 (트레이닝)
351~354, 356~361, 370, 378, 385

ㅌ

타이로신 타르트레이트(tylosin tartrate)
80
탈취제
57, 58, 187
테오브로민(theobromine)
163
톡소플라스마(toxoplasma)
308, 499, 500, 505~507
특발성 방광염
312, 317
티아민(thiamine)
162

ㅍ

패드
189
페르시안 고양이
26, 70, 79, 80, 305
펠릿
76, 183, 188, 189, 390, 391
폐쇄성 방광염
319
포도막염
71
포르피린(porphyrin)
70

페로몬
254, 466
펠리웨이
254
플라워에센스
254
플루맥스
289, 290
피부사상균증
128~132
피시 오일
288, 289

ㅎ

하네스
436~438, 441
하부요로질환(feline lower urinary tract disease, FLUTD)
20, 151, 163, 171, 315, 317, 319, 320, 391, 441
항산화제
291, 292
항생안약
77, 78, 81
항생제
46, 80, 87, 135, 153, 317, 535, 536
항진균제
135
허피스바이러스(헤르페스바이러스, herpesvirus)
55, 62, 65, 71, 72, 76, 81, 261, 264, 266, 267, 271, 289, 290, 535

헤어볼
114, 154, 309
혈구검사
302
혈변
266
혈압검사
302, 304, 305
혈액검사
261, 278, 296, 303~306, 309, 322, 323
혈청화학검사
302
형광염색검사
78
호르몬검사
303, 307
호흡곤란
236, 425
홀리스틱(holistic) 사료
145, 153~155

chlamydia trachomatis
76
chlamydia psittaci
76
CKD → 만성신장병
CRE (수치) → 크레아티닌(creatinine, CRE)
CT(검사)
303
MRI(검사)
303
PCR검사
62
SAM-e(s-Adenosyl-L-Methionine)
291
SDMA(symmetric diMethylarginine)검사
303
UPC검사
323

BHA(butylated hydroxyanisole)
157
BHT(butylated hydroxytoluene)
157
BNP(brain natriuretic peptide)
303~305,
BUN (수치)
324, 325
CBC검사(혈구검사)
302

키티피디아: 고양이와 사람이 함께 사는 세상의 백과사전
KITTIPEDIA: Full Guide for Cat Care

ⓒ CBS, 박정윤, 여미영, 이승한, 김필원, 훈조, 이현희, soon 2019
Printed in Korea

1판 1쇄 2019년 4월 10일
ISBN 979-11-89385-04-0
지은이. 박정윤, 여미영, 이승한, 김필원, 훈조, 이현희, soon
의학 부문 감수. 박정윤
펴낸이. 김정옥
디자인. 풀밭의 여치
편집 도움. 이지혜
제작. 정민문화사
종이. 한승지류유통
펴낸곳. 도서출판 어떤책
주소. 03925 서울시 마포구 월드컵북로 400, 5층 1호
전화. 02-3153-1312
팩스. 02-6442-1395
전자우편. acertainbook@naver.com
블로그. acertainbook.blog.me
페이스북. www.fb.com/acertainbook
인스타그램. www.instagram.com/acertainbook

파본은 구입하신 서점에서 바꾸어 드립니다.
이 도서의 국립중앙도서관 출판예정도서목록(CIP)은 서지정보유통지원시스템 홈페이지(http://seoji.nl.go.kr)와 국가자료공동목록시스템(http://www.nl.go.kr/kolisnet)에서 이용하실 수 있습니다.
CIP제어번호. CIP2019009813

안녕하세요, 어떤책입니다. 여러분의 책 이야기가 궁금합니다.

블로그 acertainbook.blog.me
페이스북 www.fb.com/acertainbook
인스타그램 www.instagram.com/acertainbook

점선을 따라 가위로 오려서 보내 주세요. 우표 없이 우체통에 넣으시면 됩니다.

보내는 분

이름
주소
이메일

03925 서울시 마포구 월드컵북로 400, 5층 1호

도서출판 어떤책

우편요금
수취인 후납
발송유효기간
2018.7.1~2020.6.30
서울마포우체국
제40943호

점선을 따라 가위로 오려서 보내 주세요. 우표 없이 우체통에 넣으시면 됩니다.

저희 책을 읽어 주셔서 감사합니다. 독자엽서를 보내 주시면 지난 책을 돌아보고 새 책을 기획하는 데 참고하겠습니다.

1. <키티피디아>를 구입하신 이유

2. 구입하신 서점

3. 이 책에서 가장 유익했던 부분

4. <키티피디아> 지은이들에게 하고 싶은 말씀

5. 출판사에 하고 싶은 말씀

※ 보내 주신 내용은 어떤 경우 SNS에 인용될 수 있습니다. 이해 바랍니다.